କୋସଲି ସାହିତ୍ୟର ଇତିହାସ

ସାକେତ ଶ୍ରୀଭୁଷଣ ସାହୁ

ବିଦ୍ୟା ପବ୍ଲିଶିଙ୍

ଟରୋଣ୍ଟୋ, କାନାଡ଼ା ॥ ଭୁବନେଶ୍ୱର, ଓଡ଼ିଶା

କୋସଲି ସାହିତ୍ୟର ଇତିହାସ

<table>
<tr><td>ଲେଖକ</td><td>: ସାକେତ ଶ୍ରୀଭୁଷଣ ସାହୁ</td></tr>
<tr><td>ପ୍ରକାଶକ</td><td>: ଡ. ତନ୍ମୟ ପଣ୍ଡା, ଡ. ସୁନନ୍ଦା ମିଶ୍ର ପଣ୍ଡା
ବିଦ୍ୟା ପବ୍ଲିଶିଙ୍ ଇଙ୍କ୍, ଟରୋଣ୍ଟୋ, କାନାଡ଼ା</td></tr>
<tr><td>ପ୍ରଥମ ସଂସ୍କରଣ</td><td>: ମେ, ୨୦୨୫</td></tr>
</table>

....

KOSHALI SAHITYARA ITIHASA

By Saket Sreebhusan Sahu

ISBN : 978-1-998475-63-6

First Edition	: May, 2025
Published by	: Dr. Tanmay Panda & Dr. Sunanda Mishra Panda Vidya Publishing Inc., Toronto, Canada || Bhubaneswar, Odisha
Website	: www.vidyapublishing.com
Email	: vidyapublishinginc@gmail.com
Cell	: +1 6478389884
Odisha Contact	: Nirmalya Garden, Plot 516/1719, House 10, KIIT Post Office, Patia, Bhubaneswar - 751024
Cell	: +91 8984131810
Cover Design	: Srushti Panda
Printed at	: Biswanath Enterprises, India
Price	: ₹ 400/-

ସୂଚୀପତ୍ର

ମୁହଁଡ଼ା

ଗୁଟେ ଭାଷା ଗୁଟେ ଜାତିର ପରିଚୟ ଏ । ଗୁଟେ ସଂସ୍କୃତିର ପରିବାହକ ଏ । ଦୁଇ କୋଟି କୋସଲି ଲୋକର ମାତୃଭାଷା ଏଜ ଭିନ ଭିନ ଭୌଗୋଲିକ, ରାଜନୈତିକ କାରଣରୁ ତାର ଥିତିକେ ଜାହିର କରବାରକେ ଲେଢ଼ବେଢ଼େଇ ଜଉଛେ । ଦିନେ ଦିନେ ଆଁଖଲ ଥେବେ ନେଁ । ପଣ୍ଡିତ ପ୍ରୟାଗଦଉ ଯୋଷୀଙ୍କୁ କେଭେ ନେଁ ଭେଟି, ହେଲେ ଯେତେବେଲେ ତାଙ୍କର "କୋଶଲୀ ଭାଷାର ସଂକ୍ଷୀପ୍ତ ପରିଚୟ"ର ଚିରା ଜେରକ୍ କପିଟେ ପାଇଥିଲିଁ, ହେଟା ଆଁଖଲ ବୁହି ଆସିଥିଲେ । ପ୍ରାକକଥନ ପଢଲେ ପଣ୍ଡିତ ଯୋଷୀଙ୍କର ପ୍ରତି ବେଭାର ଆର ତଥାକଥିତ ଓଡ଼ିଆ ବୁଦ୍ଧିଜୀବୀ ମାନକର ମନୋଭାବ ଜନାପଡ଼ିଯାଏସି । ଏଜ ବି କୋସଲି ଭାଷା ପ୍ରତି ଓଡ଼ିଆ ବୁଦ୍ଧିଜୀବୀଙ୍କର ମନୋଭାବ ଟିକେ ବି ନି ବଦଲି । କାଣା କୋସଲିକେ ସାମ୍ବିଧାନିକ ସ୍ୱୀକୃତି ମିଲିଗଲେ ଓଡ଼ିଆ ଭାଷାର କିଛି ଉନା ହେଇଯିବା କାଯଁ? ଇ କଥାଟା ମୁଁ ବୁଝିନିପାରେଁ! ଓଡ଼ିଆର ସଂବୃଦ୍ଧି କି ପତନ ଲାଗି ଓଡ଼ିଆମାନେ ଦାଇ ହେବେ ଆର କୋସଲିର ଲାଗି କୋସଲିମାନେ । କୋସଲି ଭାଷା ସାମ୍ବିଧାନର ଅଷ୍ଟମ ସୃଚୀଥି ସାମିଲ ହେବାର ଉଚିତ ଭାବିକରି ୨୦୦୩ରେ ସୀତାକାନ୍ତ ମହାପାତ୍ରଙ୍କର ଅଧ୍ୟକ୍ଷତାଥି ବନିଥିବା କମିଟି ୩୮ଟା ଭାଷା ଭିତରେ କୋସଲିକେ ରଖଲେ; ସେ ବି ୫ନେ ଓଡ଼ିଆ । ଓଡ଼ିଶାର ମୁଖ୍ୟମନ୍ତ୍ରୀ ନବୀନ ପଟ୍ଟନାୟକ ବି କୋସଲିକେ ସାମ୍ବିଧାନିକ ମାନ୍ୟତା ମିଲୁ ବଲି ସିଫାରିଶ କଲେ; ସେ ବି ୫ନେ ଓଡ଼ିଆ । ହେଲେ ଓଡ଼ିଶାରେ ଓଡ଼ିଆ ବୁଦ୍ଧିଜୀବୀମାନଙ୍କର ପ୍ରକାର ଭେଦ କେତନି; ଗୁଟେ ସ୍କେଲରେ ଉଦାର ଆର ଅଁହକାରିଆ । କୋସଲିରେ ରାମାୟଣ, ମହାଭାରତ, ମେଘଦୂତ, ଭାଗବତ ଗୀତା, ଭାଷାକୋଶ, ଆର ଏତା କେତେ ଗ୍ରନ୍ଥ ବନିସାରଲା ନ ଆର କେତନି ଲେଖା ଚାଲିଛେ । ମୋର ମନ ଭିତରେ ଦିନେ ଏତା ଖିଆଲ ଆଏଲା, ଆମର ସାହିତ୍ୟର ଇତିହାସକେ ସାଁଚିବାର ଲାଗି । ୨୦ ଜୁଲାଇ ୨୦୧୨କେ କାମ ମୂଲ କରିଦେଲିଁ ।

ବହି ଲାଗି ତଥ୍ୟ ଠୁଲେଇଥିଲେ ବି ଛାପବାରକେ ତୟ ନି କରିଥେଇ । ଫେର ଗଲା ବଛର ଭାବଲିଁ ଲେଖଲା ବହି ସବୁ ଗୁଟ୍ ଗୁଟ୍ କରି ଛାପିକରି ବାହାର କରିଦେସିଁ । ଆର ସଂଯୋଗକେ ବିଦ୍ୟା ପବ୍ଲିଶିଙ୍ ସାଙ୍ଗେ ଯୋଗାଯୋଗ ହେଲା । ବିଦ୍ୟା ପବ୍ଲିଶିଙ୍ ବହି ଛାପବାର ସବୁ ଦାୟିତ୍ୱ ନେଇଥିବାର ଲାଗି ମୁଇଁ ତାର ମାଲିକେନ ଡ. ସୁନନ୍ଦା ପଣ୍ଡାଙ୍କୁ ହୁରୁଦ ଭିତରୁ କୃତଜ୍ଞତା ଜନଉଛେଁ ।

ଇ ବହି ଲେଖବାର ଲାଗି ଭିନେ ଭିନେ ସମିଆଁକେ ଯେନମାନେ ମତେ ତଥ୍ୟମାନେ ଦେଇକରି ସହଯୋଗ କରିଛନ, କି ତାଙ୍କର ଲେଖା ବେଭାର କରବାରକେ ଅନୁମତି ଦେଇଛନ, ତହଁକେଇଛନ ସେ ସମକୁ ହୁରୁଦ କରପନୁଁ ଧନ୍ୟବାଦ! ସେ ଭିତରୁ କିଛି ମୁଖିଆ ଲୋକ ହେଲେ:

ଡ. ଅର୍ଜୁନ ପୁରୋହିତ, ପ୍ରଫେସର କେଶରଂଜନ ପ୍ରଧାନ, ସ୍ୱର୍ଗତଃ ପ୍ରଫେସର ହୃଦମଣି ପ୍ରଧାନ, ଡ. ଦୋଳଗୋବିନ୍ଦ ବିଶୀ, ଡ. ଚିତ୍ରସେନ ପଶାୟତ, ଡ. ସୁବାସ ମେହେର, ସ୍ୱର୍ଗତଃ ନିମାଇଁ ଚରଣ ପାଣିଗ୍ରାହୀ, ଅଧ୍ୟାପକ ବ୍ରଜମୋହନ ମେହେର, ବଳଦେବ ଦୀକ୍ଷିତ, ଅଧ୍ୟାପକ ବିନୟ କୁମାର ଦାଶ ।

ଇ ବହି କୋସଲି ସାହିତ୍ୟ ଇତିହାସର ଶେଷ ବହି ନୁହେଁ । ମୁଇଁ ଚେଷ୍ଟା କରିଛେଁ ଜହ ନୁ ଜହ ଆର ସଠିକ ତଥ୍ୟ ଲେଖବାରକେ । ଯଦି ଆର କିଛି ପାଶ୍ୱର ଉସୁର ହେଇଥିବା ବେଲେ ମତେ ବତାବେ, ଆଏବା ସଂସ୍କରଣମାନକୁ ଯୁଡମାଁ ।

ଆଶା କରୁଛେଁ ଇ ବହି କୋସଲି ଭାଷା-ସାହିତ୍ୟ ପ୍ରେମୀ, ଗବେଷକ, ଛାତ୍ରଛାତ୍ରୀ ଆର ପାଠକମାନକର କାମେ ଆଏବା ।

ସାକେତ ଶ୍ରୀଭୂଷଣ ସାହୁ

୧

ପରିଚୟ

ମୁନୁଷ ଜୀବନରେ ଭାଷାର କବାର କେତନି । ଈ ଭାଷା ହିଁ ମୁନୁଷକେ ଅଲଗା ଯାଁତୁ ଠାନୁ ଭିନେ ଆର ବନେ ବଲି ଜନାସି । ମନର ଭାବକେ ଠାର-ନାରଥି ଜନଉଥିବା ମୁନୁଷ ଭାଷା ବନାବାର ଲାଗି କେତନି ସମିଆଁ ଆର ମେହନତ କରିଛେ । ମନୁଷ କେବେ ଭାଷା ବନାଲା ତାର ସଠିକ ସମିଆଁ ଇହାଦେ ବି କହି ନି ହେବାର । ଫେର କେନ ଭାଷା ପହେଲା ବନିଛେ ସେଟା ବି ଜାନବାରଟା କଠିନ । ତଥାପି ବି ଭାଷା ମୁନୁଷର ଗୁଟେ ସାଫୁଲ ଉଦଭାବନ । ଭାଷା ଗୁଟେ ସଂସ୍କୃତିର ପରିବାହକ, ଗୁଟେ ଜାତି ଆର ଇଲାକାର ପରିଚୟ ଏ । ଓଡ଼ିଶାର ପଶ୍ଚିମ ଭାଗରେ ଗୁଟେ ସୁରୁଟ ଭାଷାଟେ ଚଲସି ତାହାକେ କିଏ ସମ୍ବଲପୁରି ବଲସି ତ କିଏ କୋସଲି । ମୁଇଁ ବ୍ୟକ୍ତିଗତ ଭାବେ ଈ ଭାଷାକେ କୋସଲି ବଲି ଚର୍ଚା କରବାରକେ ଚାହେଁମି ।

କୋସଲି ନାଁ'ର ପଛର କଥା

ପଶ୍ଚିମ ଓଡ଼ିଶାର ଭାଷାର ନାଁକେ କୋସଲି ବଲି ପହେଲା ଖଡ଼ିଆଲର ପଣ୍ଡିତ ପ୍ରୟାଗଦତ୍ତ ଯୋଷୀ ନାଁ ଦେଇଥିଲେ । ତାଙ୍କର ହିସାବେ କେନସି ଭାଷାର ନାଁ ବାଛଲା ବେଲକେ ଦୁଇଟା କଥାକେ ନଜରଥି ରଖାଯାଏସି । ଯଦି ସେ ଭାଷାଭାଷୀ ଲୋକ ନିହାତି କମ ସଂଖ୍ୟାର ହେଇଥିବେ ଆର ଇଆଡ ସେଆଡ ବିଚ୍ଛି ହେଇକରି ଥିସନ ଆର ସେମାନକର ନିଜର ବଲି କେନସି ଦେଶ କି ରାଏଜ ନି ଥାଏ ବଏଲେ ସେମାନକର ଭାଷାର ନାଁ ତାଙ୍କର ଗୁଷ୍ଠିର ନାଁ ହିସାବେ ହିଁ ହେଇଥିସି ଯେନ୍ତା କନ୍ଧ, କୋୟା, ପରଜା, ମୁଣ୍ଡା, ଆଦି । ହେଲେ ଯେନ ଭାଷା କହେବାରକେ କେତନି ଗୁଷ୍ଠି କି ଜାତି ଥିସନ ଆର ମୁଖିଆ କରି ଗୁଟେ ଇଲାକା ଭିତରେ ରହୁଥିସନ, ସେଠାନେ ଉଁଚ୍ୟା ଭାଷାଭାଷୀ କେତନି ଛୁଆ ଛୁଆ ଗୁଷ୍ଠି ଥିଲେ ବି ସେମାନେ ଇଲାକାର ମୁଖିଆ ଭାଷା ବେଭାର କରିଥିସନ ବଏଲେ ସେନ ଦେଶର ନାଁ ହିସାବେ ଭାଷାର ନାଁ

ଦିଆହେସି । ଯେତ୍ତ: ବଙ୍ଗଲା, ଅସମିଆଁ, ଗୁଜରାଟି, ମରାଠି, କି ଇଂଗ୍ଲିଶ, ଫ୍ରେଞ୍ଚ ଆଦୀ । ଇ ନିଅମ କାହିଁ କେତେଦିନୁ ଚଲୁଛେ ।

ବାଣଭଟ୍ଟ ବି "ଅପଭ୍ରଂଶସ୍ତୁ ଯଚ୍ଛୁଦ୍ଧଂ ତତ୍ତଦ୍ଦେଶେଷୁ ଭାଷିତମ୍" ଆର ଭାମହ ବି ମଧ୍ୟ ପ୍ରାକୃତ ପ୍ରକାଶର ସୂତ୍ର ୪-୩୩ ବ୍ୟାଖ୍ୟାରେ "ତେନ ସର୍ବ ଏବ ଦେଶ ସଙ୍କେତ ବୃତ୍ୟା ଭାଷା ଶଦ୍ଧା ପରିଗୃହୀତାଃ" କହିଛନ । ବଏଲେ ଇଲାକାର ଝୁହ୍ନ ନାଁ ଦକ୍ଷିଣ କୋସଲ ହିସାବେ ଇ ଭାଷାର ନାଁ କୋସଲି ଥିଲା ଇଥି ସଦେହ ନେଇଁ ନ ।

ଆମର ଇ ଇଲାକା ଜରୁର ଉପକୂଳ ଇଲାକା ନୁ ଭିନେ ଭାଷା କହୁଥିଲେ । ଡ: କୃଷ୍ଟଚନ୍ଦ୍ର ପାଣିଗ୍ରାହୀ ଟାଙ୍କର ୧୯୮୧ରେ ପ୍ରକାଶିତ History of Orissa, Page 284ରେ ଇହାଦେର ହିସାବେ ଭାଷାକେ ନାଁ ଦେଇ ନି ପାରିକରି ଲେଖିଛନ:

"The people of Kosala tract originally spoke a language which was akin to Bhojpuri Prakrit, while the language of the Coastal strip had family affinity with Magadhi"

ମହାନ ଭାଷା ଗବେଷକ ଡଃ ସୁନୀତି ଚାଟାର୍ଜୀ ଲେଖିସନ:

"When did the Aryan language Penetrate to Orissa? We have spoken about the two routes of its passage from North India to this state, one from Magadha and West Bengal and the other from Kosala or Mahakosala." (Dr. S. K. Chatterji, The People, Language and Culture of Orissa, Artaballabha Mahanti Memorial Lectures, first series, 1964 Page 20, Orissa Sahitya Academi-Publication-1960)

ଯେହେତୁ ପଣ୍ଡିତ ପ୍ରୟାଗଦତ୍ତ ଯୋଷୀ କି ଆର ପୁରଖା ଲୋକ ଆମର ଦେଶର ନାଁ ହିସାବେ ଭାଷାର ନାଁ ପଡଲା ବଲି ଆଲୋଚନା କରିଛନ ବଏଲେ ଆମର କୋସଲ ଇଲାକା କେତେ ଝୁହ୍ନ ପରଖିବାର ଜରୁରୀ ଆଏ । ଇଲାକାର ଭୁଗୋଲର ଇତିହାସ ନୁରଲେ ଜନାଯାଏସି ଯେ କୋସଲ ନାଁ କାହି କେତେଦିନୁ ପୁରାଣ ଯୁଗୁଁ ଚଲି ଆସୁଛେ ଆର ଇହାଦେର ଆଧୁନିକ ଯୁଗର ଗବେଷକ ମାନେ ବି ଇ ଇଲାକାକେ କୋସଲ ବା ଦକ୍ଷିଣ କୋସଲ ବଲି କହୁଛନ ।

ପୁରାଣ ଯୁଗ

କୋସଲ ଦେଶର ଜନ୍ମ ବାବଦରେ କୋସଲ ଖଣ୍ଡ ଗ୍ରନ୍ଥୁଥୁ ଅଛେ । ବିନ୍ଧ୍ୟାଚଲର ଦକ୍ଷିଣ ପ୍ରଦେଶର ରାଜଧାନୀର ନାଁ ନାଗପଟନ ଥିଲା । ସେନର ରଜା କୋସଲର ନାଁ ଅନୁସାରେ ଇଲାକାର ନାଁ କୋସଲ ହେଲା । ସେ ବଂଶର ରଜା ଭାନୁମନ୍ତଙ୍କର ଝିଅ ହଉଛନ କୋଶଲ୍ୟା । ଭାନୁମନ୍ତଙ୍କର ପୁଅ ନି ଥେଇ ବଲି ଦଶରଥ ରଜାକେ ଜୁୱାଁ କରି କୋସଲର ଅଧିକାରୀ ବନାଲେ । ସେ ସମୟାଁ ନୁ ଅଯୋଧା ଉତ୍ତର (ପଛର ବା later) କୋସଲ ଆର ନାଗପଟନ ଦକ୍ଷିଣ କୋସଲ ବଲି ନାଁ ପଡଲା । ଯଜ୍ଞମାନକୁ ମାହାରାଜ ଦଶରଥ ଯେନ ରଜାମାନକୁ ନିଉତା ଦଉଥୁଲେ ସେ ଭିତରେ କୋସଲର ରଜା ଭାନୁମନ୍ତ ବି ଥୁଲେ:

"ତଥା କୋସଲ ରାଜନଂ ଭାନୁମନ୍ତଂ ସୁସଂସ୍କୃତମ୍

ମଗଧାଧ୍ୱପତିଂ ସୁରଂ ସର୍ବଶାସ୍ତ୍ରବିଶାରଦଂ" ।

କୃତିବାସ ରାମାୟଣଥୁ ବି ଅଛେ:

"କୋସଲେର ରାଜା ସେ କୋସଲ ଦଣ୍ଡଧର

କୋଶଲ୍ୟା ନାମେ ତା କନ୍ୟା ଅଛେ ତାର ଘର"

ଖାଲି ହେତକି ନୁହେଁ, ରାମାୟଣ, ମହାଭାରତ, ବାୟୁପୁରାଣ ଆର ରଘୁବଂଶଥୁ ଅଯୋଧାକେ ଉତ୍ତର କୋସଲ ଆର ଦକ୍ଷିଣ କୋସଲକେ କୋସଲ ବଲି ବତା ହେଇଛେ । ଉତ୍ତର ବଏଲେ ପଛେ ଅର୍ଥଥୁ ବି ବେଭାର ହେସି ।

"କୋସଲେସୁ କୁଶଂବୀର ମୁଉରେସୁ ତଥା ଲବମ୍

ଅଭିଷିତ୍ୟ ମହାତ୍ମାନାବୁଭୌ ରାମ କୁଶୀ ଲବୌ ।।" ରାମାୟଣ ୭ । ୧୭

"କୁଶସ୍ୟ କୋସଲରାଜ୍ୟଂ ପୁରୀଚାପୀ କୁଶସ୍ଥଲୀ

ରମ୍ୟ ନିବେଷିତା ତେନ ବିନ୍ଧ୍ୟପର୍ବତ ସାନୁଷ ।।" ୧୯୮

ଉତ୍ତରା କୋଶଲେ ରାଜ୍ୟଂ ଲବସ୍ୟ ଚ ମହାତ୍ମନ

ଶ୍ରାବସ୍ତି ଲୋକ ବିଖ୍ୟାତ କୁଶବଂଶ ନିବୋଧନ ।।" ୧୯୯ ବାୟୁପୁରାଣ

"ପିତୃରତ୍ତର ମୁଭୋର କୋସଲା ସମାଧିଗମ୍ୟ ସମାଧି ଜିତେନ୍ଦ୍ରୟ

ଦଶରଥ ପ୍ରମଶାସ ମହାରଥୌଯମବତାମବଭ୍ୟା ।।" ରଘୁବଂଶ ୬ । ୧

ମହାଭାରତଥି ବି ଉତ୍ତର କୋସଲ ଆର ଦକ୍ଷିଣ କୋସଲ ବାବଦେ ଅଛେ:
"ତତଃ କୁମାରବିଶୟେ ଶ୍ରେଣୀମନ୍ତମଥାଜୟତ
କୋସଲାଧିପତିଂ ଚୈବ ବୃହଦ୍ବଲମରିନ୍ଦମ।।" ସଭାପର୍ବ ୩୦। ୨
"କାନ୍ତାରକଷ୍ଟସମରେ ତଥା ପ୍ରାକ୍‌କୋସଲାନ୍ ନୃପାନ
ନାଟକୟାଂଶ୍ଚ ସମରେ ତଥା ହେରମ୍ବକାନପି ।।" ସଭାପର୍ବ ୨୧। ୧୩
ମହାଭାରତ ସମିଆଁ ବେଲକେ କୋସଲଟା ମହାଜନପଦ ବନିସାରିଥିଲା
ନ। ପଛର ପୁରାଣମାନକୁ ସପ୍ତକୋସଲର କଥା ଅଛେ । ମୂଳ କୋସଲ ଜନପଦ
କାନ୍ତାରକ (ବସ୍ତର-କଳାହାଁଡି) ଆର କୋସଲ ଦୁଇଭାଗ ହେଇ ବଁଟା ହେଇଥିବାର
ବି ଲେଖା ଅଛେ ।

ଐତିହାସିକ ସମିଆଁ

ଐତିହାସିକ ସମିଆଁଥି ତିନ ନୁ ପାଁଚ ସଦୀ ନ ଗୁପ୍ତମାନକର ସମିଆଁକେ
ସମୁଦ୍ରଗୁପ୍ତକର ପ୍ରଶଂସାରେ ଲେଖା ହେଇଥିବା ଏଲ୍ଲାବାଦ ଖମର ଶିଲାଲେଖଥି ଧାଡି
୧୯ ନୁ ୨୦ ଭିତରେ କୋସଲର ରଜା ମହେନ୍ଦ୍ର କୋସଲ, ମହାକାନ୍ତାରର ବ୍ୟାଘ୍ରରାଜା
ଆଦିଙ୍କୁ ହରେଇକରି ପଛେ ଛାଡିଦେଇଥିବାର ବତାହେଇଛେ । ଗୁପ୍ତମାନକର ରାଏଜ
ଖପିଗଲା ଉତାରୁ କୋସଲ ଇଲାକାକେ କେତନି ଭିନେ ଭିନେ ରଜା ଶାସନ କରିଛନ ।

ମଧ୍ୟଯୁଗ ମାନେ ପହେଲା ଇସବି ନୁ ୧୪୦୦ ଇସ୍‌ବିର ପ୍ରାୟ ୨୦୦ ନୁ
ଅଏତକା ଶିଲାଲେଖ, ତମାପତା ଆର ପୁଥିମାନକର ନୁ ପୁର୍ବଘାଟ ପର୍ବତର ପଶ୍ଚିମ
ଦିଗର ମହାନଦୀର ଉଲେନକେ କୋସଲ ଦେଶ ବଲି ବତା ହେଇଛେ । ସେ ଭିତରୁ
କେତେଟା ନମୁନା ହଉଛେ ଗୁଁଜା ଶିଲାଲେଖ, ସୋମବଂଶୀ ତମାପତା, ମହଦା-
କୁମାରୀସିଂହା ତମାପତା, ଭିଲହାରୀ ଶିଲାଲେଖ ଆଦି ।

ଗୁଁଜା ଶିଲାଲେଖ (ପହେଲା ସଦୀ)

ପହେଲା ସଦୀର ଗୁଁଜା ଶିଲାଲେଖ ସମଲପୁର ଆର ରତନପୁର ରାଏଜର
ସୀମା ନ ଥିବା ଶକ୍ତିର ଗୁଁଜା ପର୍ବତଥି ଅଛେ । ମହାଭାରତର ବନପର୍ବଥି କୋସଲ
ନ ରଷଭ ତୀର୍ଥ ଅଛେ ବଲି ବତାହେଇଛେ । ଇ ରଷଭ ତୀର୍ଥ ଗୁଁଜା ପର୍ବତଥି
ଅଛେ । ଇନର ରଜା ବରଦତଉଶ୍ରୀ ଇଠାନେ ଦୁଇ ଥର ୨ ହଜାର ଲେଖା ଗାଏଦାନ
କରି ବାଜପେୟ ଯଜ୍ଞର ଫଲ ପାଇଛନ ବଲି ଲେଖାହେଇଛେ । (Epigraphica
India Vol 27 page 48)

ସୋମବଂଶୀ ତମାପଟା (୭୦୦-୮୮୫)

ସୋମବଂଶୀ ରଜାମାନେ ନିଜକୁ 'ସକଲ କୋଶଲାଧୂପତୀ' ବଲି ଶ୍ରୀପୁର, ମୁରସିମ, ବିନକା ଆର ସୋନପୁରକେ ରାଜଧାନୀ ବନେଇ କୋସଲକେ ଶାସନ କରିଥିଲେ । ତୀବରଦେବ, ବାଲାର୍ଜୁନ, ଜନ୍ମେଜୟ ଆର ଯଯାତିଙ୍କର ତମାପଟାଥୁ ସମଲପୁର, ବଲାଂଗିର, ଆର କଲାହାଁଡି ଜିଲାର ଗାଁମାନକୁ ଦାନ ଦେବାର ପ୍ରମାଣ ମିଲିଛେ । ଜନ୍ମେଜୟ ରଜାଙ୍କର ଅର୍କି ଗାଁ ତମାପଟାଥୁ କୋସଲ ଦେଶେ ତୁଲ୍ୟ ବିଷୟୀୟ ଅର୍କିଗାଁକେ ସମଲପୁର ଜିଲାର ତୁରୁମ ଆର ଅରିଗାଁ ରଣ୍ଢା ତମାପଟାଥୁ କୋସଲ ଦେଶେ ପୋବା ବିଷୟୀୟ ରଣ୍ଢା ଗ୍ରାମେଁ ଆର ଅଲାଣ୍ଢଲା ଗାଁକେ ସୋନପୁର ପାଶର ପୋବା ଆର ବଲାଂଗିର ପାଶର ରେଣ୍ଢା, ସତଲମା ତମାପଟାର କୋସଲ ଦେଶର ସତଲମା ଆର କମଲ୍ଲୋଡୋକେ ବରଗଡ, ବରପାଲି ଇଲାକାର କର୍ମଡା ଗାଁ ବଲି ଜନାପଡିଛେ । ବାକି ସବୁ ତମାପଟା 'ମହାନଦୀ କୋସଲ'ର ଶହ ଶହ ଗାଁକେ ଚିହ୍ନଟ କରିଛେ ।

ମହଦା–କୁମାରି ସିଂହା ତମାପଟା (୧୦୦୦-୧୨୦୦)

କୋସଲ ଦେଶର ରଜାମାନେ ସୋନପୁର ରାଜଧାନୀ ନୁ ଜାରି କରାହେଲା ମହଦା–କୁମାରିସିଂହା ଆର ପଟନା ମ୍ୟୁଜିଅମ ପ୍ଲେଟଥୁ ବିରାମାହାରାଜପୁର, ବିନକା, ଆର ସୋନପୁର ଇଲାକାର ଗାଁମାନେ ଦାନ କରିଥିବାର ଲେଖା ହେଇଛେ । ଫୁଲମୁଠି, ଦୋହଲି, ମହଦା, ଚଁପାମାଲ, ଅତେଣ୍ଡା, ମେଢାମାଲ, କୋଟସମଲେଇ, ଦାବପାଲି ଆଦି । ଇ ରଜାମାନେ ନିଜକେ 'ସକଲ କୋଶଲାଧୈଶ୍ୱର' ବଲି ବତେଇଛନ ।

ଭିଲହାରୀ ଶୀଲାଲେଖ

ଭିଲହାରୀ ଶୀଲାଲେଖ କଲଚୁରି ରଜାମାନକର ରତନପୁର ରାଜ (ଛତିଶଗଡର ବିଲାସପୁରଥୁ ଅଛେ) । ଇ ଲେଖାଥୁ କଲଚୁରି ରଜା କୋସଲ ଆର ଓତ୍ର ଦେଶ ଜିତବାର ବତାହେଇଛେ ।

ଜିତ୍ୱା କୋଶଲନାଥମୋତ୍ର୍ନୃପତେ ରାସ୍ତ୍ରସ୍ୟଃ ଜ କାଲିୟୋ

ରତ୍ନାସ୍ୱର୍ଣ୍ଣମୟଃ ସ ଯେନ ବିହିତ ସୋମେଶ୍ୱରାଭ୍ୟର୍ଚ୍ଚ ନମ୍ ।।

ଇ କୋସଲ ରାଏଜ ସୋନପୁର, ସମଲପୁର, ପାଟନା ଆଦି ଇଲାକାଥୁ ଥିଲା । ପାଁଚ ନୁ ଛ ସଦୀ ଭିତରେ ଦକ୍ଷିଣ କୋସଲକେ ସରଭପୁରିଆ ମାନେ ଶାସନ

କରୁଥିଲେ ବଲି ନେହେନା ଆର ଆମଗୁଡା ନୁ ମିଳିଥିବା ତମାପଟା ନୁ ଜନାଯାଏସି ।

ସରଭପୁରିଆ ମାନକର ଉତାରୁ ଦକ୍ଷିଣ କୋସଲ ବା କୋସଲ ଇଲାକାକେ ଛୋଟ ଛୋଟ ମୁଖିଆ ଯେତା ଅମରାଯ କୁଲ, ରାଜର୍ଷୀ ତୁଲ୍ୟ କୁଲ, ମେକଲ ପାଣ୍ଡୁବଂଶୀ ଆଦୀ ଶାସନ କରୁଥିଲେ । ତାର ଉତାରୁ ପାଣ୍ଡୁବଂଶୀ ବା ସୋମବଂଶୀ ମାନେ ୬୭୦ ସଦୀ ଆଡକେ କୋସଲକେ ନିଜର ଦଖଲକେ ନେଇଛନ । ସୋମବଂଶୀ ମାନକର ଶାସନ ସମିଆଁ ଥିଲା ସପ୍ତମରୁ ଅଷ୍ଟମ ସଦୀ । ସୋମବଂଶୀ ରଜା ତୀବରଦେବଙ୍କର ଶୀଲାଲେଖ ହିସାବେ ତାହାକୁ 'କୋସଲାଧିପତି' କୁହାହଉଥିଲା ।

ହୁଏନସାଂ

ଚିନି ବୁଲାକି ହୁଏନସାଂ ୬୩୯ ସଦୀରେ ସୋମବଂଶୀ ରଜା ମହାଶିବଗୁପ୍ତ ବଲାର୍ଜୁନଙ୍କର ସମିଆଁକେ ଆସିଥିଲେ । ସେ ଲେଖିଛନ ଯେ ରାଜଧାନୀର ନାଁ କିଓ-ସା-ଲୋ (କୋସଲ), ରାଜଧାନୀର ପରିଧ ୪୦ ଲି, ଉର୍ବର ମାଏଟ, ଜଜବଜ ରକ୍ଷ ହେସି, ଲୋକ ବହଲ ହେଇ ଅଛନ, ମୁନୁଷମାନେ ଡେଙ୍ଗ ଆର କଳିଆ, ଲୋକର ପ୍ରକୃତି ଟାନ ଆର ମାଡୁଆ, ସେମାନେ ଧରମ ବିଶ୍ୱାସି ଆର ଅଧର୍ମୀ ବି । ସେମାନେ ପଢବାରଥ୍ ଗୁହେର ଆର ବଡା ବୁଦ୍ଧିମାନ । ରଜା କ୍ଷତ୍ରୀଯ ଜାତିର ଆନ । ସେ ବୁଦ୍ଧଙ୍କର ନିଅମକେ ମାଏନ ଦେସନ ଆର ତାଙ୍କର ନୀତି ଆର ପ୍ରେମ ଦୁରିଆ ଦୁରିଆ ତକ ଫଏଲିଛେ । ସେନ ପ୍ରାଯ ୧୦୦ ସଂଘରାମ, ଆର ୧୦,୦୦୦ ନୁ କମ ପୁଖାରୀ, ସବେ ମାହାଯାନ ପଢୁଥିଲେ । ପ୍ରାଯ ୭୦ ଦେବ ଗୁଡିକେ ଭିନେ ଭିନେ ବିଶ୍ୱାସର ଲୋକ ଯା'ଆସ କରୁଥିଲେ । ସହରର ଦକ୍ଷିଣକେ ଜୁହ୍ନା ସଂଘରାମ ଅଛେ, ତାର ପାଶେ ଅଶୋକ ବନାଲା ଗୁଟେ ସ୍ତୁପ ଅଛେ । ହୁଏନସାଂ ପୋ-ଲୋ-ମୋ-ଲୋ-କି-ଲି ଠାନେ ବୁଦ୍ଧ ବାବା ନାଗାର୍ଜୁନ ରହୁଥିବାର ବି ଲେଖିଛନ । ହୁଏନସାଂ ବତେଇଛନ ପୁରୁବ ସମୁଦ୍ର ଖିଣି କୋସଲ ବଲି ଗୁଟେ ବନ୍ଦର ବି ଥିଲା ।

ସୋମବଂଶୀ ମାନକର ଉତାରୁ ଦକ୍ଷିଣ କୋସଲର ଭିନେ ଭିନେ ଇଲାକାକେ ଛିଦଗନାଗ, ତେଲୁଗୁ ଚୋଡ, କାଲଚୁରି, ଆର ଗଙ୍ଗ, ନିଜର ଦଖଲକେ ନେଇ ଶାସନ କରିଥିଲେ । ଇତାର ଉତାରୁ ଚୌହାନମାନେ ଉଭରିକରି ଆସିଛନ । ୧୩୬୦ ମସିହାଥ୍ ରମାଇଁ ଦେବ ଚୌହାନ ଶାସନର ନିହି ପକାଲେ ପାଟନାଗଡ ନ । ଚୌହାନ ରଜାମାନକୁ 'କୋସଲେଶ୍ୱର' ବଲା ହଉଥିଲା । ସେହି ଚୌହାନ ବଂଶର ରଜା

ନରସିଂହ ଦେବ ତାକର ସାନ ଭାଏ ବଲରାମ ଦେବକେ ଭିନେ ଭିନେ କାରଣରୁ ଇହାଦେର ସମ୍ବଲପୁର ଇଲାକା ଦେସନ ।

ବଲରାମ ଦେବ

୧୫୭୦ରେ ବଲରାମ ଦେବ ସମ୍ବଲପୁରକେ ରାଜଧାନୀ ବନେଇ ହୀରାଖଣ୍ଡ ରାଏଜର ଥାପନା କରସନ । ସମ୍ବଲକ ବା ସମ୍ବଲପୁର ଗୁଟେ ଜୁନ୍ନା ସହର । ଗ୍ରୀସର ବୁଲାକି ଲେଖକ ଟଲେମି ହୀରା କାରବାର ଲାଗି ଜନାଶ୍ରୁନା ବଲି କହିଛନ । ହେଲେ ଗୁଟେ ରାଏଜ ବା ସହର ହିସାବେ ବଲରାମ ଦେବ ଉଁଚା ତକ ନେଇଥିଲେ ।

ବଲରାମ ଇତି ଖ୍ୟାତୋ ଭୂପାନାଂଭୁତି ସନ୍ତତେଃ

ଯେନ ବିସ୍ତାରିତା କୀର୍ଭି ସନ୍ତି ପ୍ରାଦେଶ ଭୁମିପାଃ

ବଡ ଭାଏ ନରସିଂଦେବ ନୁ ଅଂଗ ନଏଦର ଉଭରକେ ଥିବା ହୁମ ଦେଶ ଭାଗ ପାଇକରି ପହେଲା ମହାନଦୀର ଭୁଜନି ଫାଲେ ସାମ୍ବରପୁର (ଚାଉଁରପୁର) ନ ରାଜଧାନୀ ବସାଲେ ଆର ନିଜକେ ରଜା ଘୋଷଣା କଲେ । ଇହାଦେ ବି ଚାଉଁରପୁର ନ ମହଲାର ଖଂଡିଆ ଠିବାର ଜନାଯାଏସି । ପଚ୍ଛେ ଚାଉଁରପୁର ନୁ ନଏଦ ଲହଁକିକରି ଆରଫାଲେ ଥିବା ସମଲପୁର ନ ରାଜଧାନୀ ବସାଲେ ଆର ନିଜକେ ସମ୍ବଲପୁରର ରଜା ଘୋଷଣା କଲେ । ସେ ସରଗୁଜା, ଶକ୍ତି, ବରଗଡ, ଆଠମଲିକ ଆଦିକେ ନିଜର ଆଏତକେ ନେଇଥିଲେ । ଇ ବେଲାକେ ଇଲାକାର ରାଜନୈତିକ ଏକତା, ଭାଷା ସଂସ୍କୃତି ବଜର ହେଇଥିଲା ।

କୋଶଲାନନ୍ଦ କାବ୍ୟମ

ସମ୍ବଲପୁରର ଚୌହାନ ରଜା ବଲିଆର ସିଂଙ୍କର ରାଜକବି ଗଙ୍ଗାଧର ମିଶ୍ର ୧୬୭୪ ସାଲେ ଚୌହାନ ବଁଶର ଇତିହାସକେ କାବ୍ୟ ହିସାବେ ଲେଖଲେ ଆର ତାର ନାଁ ଦେଲେ କୋଶଲାନନ୍ଦ କାବ୍ୟମ । ଇ କାବ୍ୟଥ କେତନି ଠାନେ ସମ୍ବଲପୁର ଇଲାକାକେ କୋସଲ ବଲି ଲେଖାହେଇଛେ । କୋସଲାନନ୍ଦ କାବ୍ୟମ ଥି କୋସଲ ଦେଶର ରଜାମାନକର ବଁଶାବଲୀ, ଶାସନ ଆର ଇତିହାସ ବାବଦେ ଲେଖା ହେଇଛେ ।

"ମଲୟଜ ଜଲଧାରାକାରାବାରାମୁଦାରା ସୁରଭିଭିରୂପଜାତି ପ୍ରେୟସେ କୋଶଲେୟଂ ।" ୧୫ ସର୍ଗ

"ପ୍ରାପ୍ତପୁରୀ ସମବରୁଧ ବିରୁଦ୍ଧବୌଦ୍ଧଂ ରାଜ୍ୟଜଲୈନିଜବଲେରେପି କୋଶଲାୟାଃ ।" ୨୩ ସର୍ଗ

"ଦକ୍ଷିଣସଂସ୍ତଟେ ବ୍ୟାଗ୍ରୀ କୋସଲାୟାଂ ଅଥୋଭରେ
ହରିଦ୍ବେତ୍ରି ନଦୀୟାଦ୍ଦ୍ୱଂ ରାଜ୍ୟସ୍ୟଦନ୍ତିନଃ" ।

ଜୟଚନ୍ଦ୍ରିକା (୧୭୮୨-୧୮୦୦)

ସମ୍ବଲପୁର ରାଜା ଜୟନ୍ତ ସିଂଙ୍କର ଶାସନ ସମିଆଁଥୁ ପ୍ରହଲ୍ଲାଦ ଦୁବେ ଜୟଚନ୍ଦ୍ରିକା କାବ୍ୟ ଲେଖ୍‌ଛନ । ଈ କାବ୍ୟଥୁ ସମ୍ବଲପୁର ରାଜା ବଁଶର ଇତିହାସ ଲେଖାହେଇଛେ । ସାରଂଗଗଡ ଦରବାର ନ ଜତନକରି ରଖାହେଇଥିବା ଈ ହାତଲେଖା ପୁଥିର ପହେଲା ଅଧ୍ୟାୟର ଶେଷେ ଲେଖା ହେଇଛେ:

୧) ଇତିଶ୍ରୀ କୋଶଲେଶ୍ୱର ଚୌହାନ ଚକଇା ନରେନ୍ଦ୍ର ଶ୍ରୀ ଜଏତ ସିଂହ ସୁୟଶ ଚନ୍ଦ୍ରିକାୟାଂ ବଂଶାବଲୀ ଚରିତ ବଣ୍ଡନୋନାମ ପ୍ରଥମୋଧ୍ୟାୟ

ପୁଥିର କେତନି ଠାନେ କୋସଲର କଥା ଲେଖାହେଇଛେ:

୨) କୋଶଲ ମୁଖ୍ୟ ସମ୍ବଲପୁର ଦେଶା
ଜହାଁ ବସତ ଚୌହାନ ନରେଶା ।

୩) ଚିତ୍ରୋପ୍ଲା ବହତ ଜହଁ ନଦୀ ହୈ କୋଶଲକେ ଜିରା
ପୁଣ୍ୟକ୍ଷେତ୍ର ସରିତାତଟ ଜାମେ ଉପଯେ କଞ୍ଚନ ହୀରା ।

୪) ଦେଶୈ କୋଶଲ ସୁଭପୁରୀ ଭୟୋଚିତ ଅଭିରାମ
ଚାରୋଁ ଦେଶ ଫିରି ମୌଜମେ ରହ୍ୟା ଚୌରପୁର ଗ୍ରାମ

୫) କୋଶଲ ମେ ମୁଖମାନ ମହାନଦୀ ପଟନାମେ ବସୁଧା ବସୁଥାଇ
ସମ୍ବଲପୁର ପବିତ୍ରପୁରୀ ପ୍ରହଲ୍ଲାଦ କହେ ମୋହେ ବର୍ଣନ ଯାଇ

ଗବେଷକ ବି.ସି. ମଜୁମଦାର ବି ତାଙ୍କର ବହି Chouhan Rulers of Sonepur ଥି ଈ ଅଞ୍ଚଲକେ କୋସଲ ବଲି ବଟେଇଛନ ।

କପିଲ ସଂହିତାଥି ବି ଈ ଅଞ୍ଚଲକେ କୋସଲ ବଲି କୁହାହେଇଛେ । ଯେଥା:

"ପୁଣ୍ୟ ସ୍ୱର୍ଣ୍ଣପୁରୀ ପ୍ରୋକ୍ତା ପୁଣ୍ୟ ଚିତ୍ରୋପ୍ଲା ନଦୀ
କୋସଲେସ୍ତୁ ତ୍ରୟ ପୁଣ୍ୟା, ପୁଣ୍ୟୋ ମାର୍ଜାରକେଶରୀ ।।"

୧୮ ସଦୀର ବାବୁ ରେବାରାମ କାୟସ୍ତ ତାଙ୍କର କାବ୍ୟ 'ବିକ୍ରମ ବିଲାସ'ଥି ଲେଖୁଛନ:

"ପାବନ ଦଛିନ୍ କୋସଲ ଦେଶା

ଜହିଁ ହରି ଓତୁ କେଶରୀ ବେଶା ।।"

ଆଧୁନିକ ଯୁଗ ତକ ସବୁ ଇତିହାସକାର ରାମଚନ୍ଦ୍ର ମଲ୍ଲିକ, ପୂର୍ଣଚନ୍ଦ୍ର ରଥ, ଈ ଅଞ୍ଚଳକେ କୋସଲ ବଲି ଲେଖୁଛନ । ଆର ମାହାରାଜା ରାଜେନ୍ଦ୍ର ନାରାୟଣ ସିଂ ଦେଓ କୋସଲି ଚିନ୍ତାଧାରାର ସମର୍ଥକ ଆର ବକ୍ତା ଥିଲେ । ଈ ଅଞ୍ଚଳର ଭାବନା ସାଂଗେ ଯୁଡିଥିବା କୋସଲି ଡଂଗା, କୋସଲା ଗଉର, କୋସଲା ମାଲି, କୋସଲା ଭାଜି, କୋଶଲେଶ୍ୱର ମାହାଦେବ, କୋଶଲେଶ୍ୱରୀ ଦେବୀ, କୋସଲି ବାମହନ, ଈ ଅଞ୍ଚଳର ମନ୍ଦିର ବନାବାର ଢାଁଚାକେ କୋସଲି ଶୈଲୀ ଆଦି ନୁ ସାଫ ଯେ ଈ ଅଞ୍ଚଳରେ ବ୍ୟାପକ ହିସାବେ ବେଭାର ହଉଥିବା ଲୋକର ଭାଷା ହଉଛେ କୋସଲି ।

ଇହାଦେ ଭିନ ଭିନ କାରଣ ନୁ ଅଞ୍ଚଳଟା ଛତିଶଗଡ ଆର ଓଡିଶା ନ ଭାଗ ହେଇକରି ପଡିଥିଲେ ବି ଭାଷା ଆର ସଂସ୍କୃତିକେ ଦେଖଲେ ଓଡିଶାର ପଶ୍ଚିମ ଫାଲର ଦଶଟା ଜିଲ୍ଲା, ଆଠମଲିକ ସବଡିଭିଜନ ସାଂଗେ କୋରାପୁଟର ଉଭର ଭାଗ, ଛତିଶଗଡର ଭତରି ଅଞ୍ଚଳ, ଦେଭୋଗ, ଫୁଲଝର, ରାୟଗଡ, ସାରଂଗଗଡ, ନୁ ଜଶୀପୁର ତକ ଭାଷା କୋସଲି ହିଁ ଏ ।

ସମଲପୁରି ନାଁ କେନ୍ତା ଉଭିରଲା

ଇନ କଥା ଉଠିପାରେ ଯେ, ଫେର କିଛି ଲୋକ ପଶ୍ଚିମ ଓଡିଶାର ଭାଷାକେ ସମଲପୁରି ବଲି କେନ୍ତା କହେସନ? ଚୌହାନ ମାନକର ରାଜପଣ୍ଡିତ ଗଂଗାଧର ମିଶ୍ର ଆର ପ୍ରହଲ୍ଲାଦ ଦୁବେ ଦେଶକେ କୋସଲ ଦେଶ ବଲିଛନ ଆର ରାଜଧାନୀ ସମଲପୁର ବଲି ବତେଇଛନ । କୋସଲଟା ରାୟେଜର ସରକାରୀ ଆର ଦରବାରି ନାଁ ଥିଲା । ସମଲପୁର ଅଠରଗଡ ଭିତରୁ ମୁଖିଆଗଡ ଥିଲା । ୧୮୦୦ ତକ ଚୌହାନ ରଜାମାନେ ଶାସନ କରିଛନ । ୧୮୦୦ ଏପ୍ରିଲରେ ମରାଠାମାନେ ସମଲପୁର ଦଖଲ କଲେ । ମାହାରାଜ ଜୟନ୍ତ ସାଏ ଆର ଯୁବରାଜ ମାହରାଜ ସାଏଙ୍କୁ ଚାନ୍ଦାଗଡ ଠାନେ ବନ୍ଦୀ କରାଗଲା । ୧୮୧୭ରେ ଇଂରେଜ ମେଜର ରଫସିଜ ମରାଠା ମାନକୁ ହରେଇକରି ଜୟନ୍ତ ସାଏ ଆର ମାହାରାଜ ସାଏଙ୍କୁ ମୁକଲାଲେ । ୧୮୨୦ଥି ଇଂରେଜମାନେ ମାହାରଜ ସାଏଙ୍କୁ ରଜା ବନାଲେ । ୩୪ ଖଁଣ ଖମାର ଗାଁ ଆର

ହୀରା ଖୁଦାନ ଦିଆହେଲା । ୧୮୨୧ରେ ବାକି ଗଡଜାତ ମାନକୁ ଅଲଗ ଅଲଗ ସନଦ ଦିଆହେଲା । କନ୍ଧମାଲ ନୁ ବଉଦକେ ଅଲଗ କରି ବଉଦ–ଆମଲିକକେ କଟକଥି ମିଶେଇ ଦେଲେ । ରାଏଗଡ–ସାରଂଗଗଡକେ ପହେଲା ବିହାର ପଚ୍ଛେ ନାଗପୁରଥି ମିଶେଇ ଦିଆହେଲା । ଖଡିଆଲ, ପଦମପୁର, ଫୁଲଝର, ବିନ୍ଧ୍ରା–ନୁଆଁଗଡ, ଶକ୍ତି, ରାଏଗଡ, ଆର ସାରଂଗଗଡକେ ମଧ୍ୟପ୍ରଦେଶଥି ସାମିଲ କରାହେଲା ।

ଇଂରେଜମାନେ ଆଏଲା ଉତାରୁ ଗଡମାନକୁ ପ୍ରିନ୍ସଲି ଷ୍ଟେଟ (princely state) ବଏଲେ । ସମଲପୁର ଅଧୀନରେ ଅଠରଗଡ ଥିଲା ବଲି ଇଲାକାକେ ସେମାନେ (Sambalpur tract) ସମଲପୁର ଟ୍ରାକ୍/ସମ୍ବଲପୁର ଭାଗ ବଏଲେ । ସମଲପୁର ନ ବ୍ରିଟିସ ପଲିଟିକାଲ ଏଜେନ୍ଟ ବି ରହୁଥିଲେ । ଇ ସମିଆଁରେ ହିଁ ସମଲପୁର ଟ୍ରାକ୍ କି ସମଲପୁର ଫାଲର ଭାଷା ହିସାବେ ସମଲପୁରି ନାଁ ଉଭରିଛେ ।

ସମଲପୁରକେ ୧୮୬୦ଥି ବଂଗ ପ୍ରଦେଶ, ୧୮୬୨ଥି ମଧ୍ୟପ୍ରଦେଶ, ୧୯୦୫ଥି ଫେର ବଂଗ ପ୍ରଦେଶଥି ମିଶାଗଲା । ୧୯୩୬କେ ଓଡିଶା ଗଠନ ବେଲକେ ଖଡିଆଲ ଆର ପଦମପୁରକେ ଫେର ଓଡିଶାଥି ମିଶାହେଲା । ୧୯୪୮କେ ଗଡଜାତ ମାନକୁ ଧମକ ଚମକ ଦେଇକରି ରାଜନୈତିକ ସର୍ଜରି କରି କରି ଓଡିଶାଥି ମିଶେଇ ଦିଆଗଲା ।

୧୯୬୩ ସାଲେ ଅଲ ଇଣ୍ଡିଆ ରେଡିଓ ସମଲପୁର ଟେସନ ମୁଲ ହେଲା । ସମଲପୁର ରେଡିଓ ଟେସନ ପଶ୍ଚିମ ଓଡିଶାର ଭାଷାଥି କାର୍ଯ୍ୟକ୍ରମ ପ୍ରସାରିତ କରବାର ଆଘୋନୁ ସରକାରୀ କି ବେସରକାରୀ ହିସାବେ ପ୍ରାୟ ଇ ଅଞ୍ଚଲର ଭାଷାର ନାଁ କେନସି ଠାନେ ବି ବେଭାର ହଉଥିବାର ଜନା ନି ପଡବାର । ସମଲପୁର ରେଡିଓ ଟେସନ ପହେଲା କରି 'ସମ୍ବଲପୁର ଅଂଚଲର ଲୋକଗୀତ', ଆର ପଚ୍ଛେକା 'ସମ୍ବଲପୁରୀ ଲୋକଗୀତ' ବଲିକରି ପ୍ରଚାର କରିଛେ ।

ଆଜିର ପଶ୍ଚିମ ଓଡିଶାର ଭୌଗୋଲିକ ଠତି ଭିନେ ଭିନେ ସମିଆଁକେ ଦକ୍ଷିଣ କୋସଲ ନୁ କୋସଲ ଭାଗ (Kosal Tract) ସେନୁ ଫେର ସମଲପୁର ଭାଗ (Sambalpur Tract)/ସମ୍ବଲପୁର ଇଲାକା (Sambalpur Region) ବନିଛେ । ଚୌହାନ ମାନକର ହାତୁ ପଶ୍ଚିମ ଓଡିଶା ଗଲା ଉତାରୁ ଇଂରେଜମାନେ ସମ୍ବଲପୁର ନ ତାକର ଡେରା ପକେଇଥିଲେ । ଆର ସେ ସମିଆଁକେ ହିଁ ଇତିହାସରେ ଇ ଅଞ୍ଚଲକେ ସମ୍ବଲପୁର ଇଲାକା ବଲି ବତାହେଇଛେ ।

ଯେତେବେଲେ ଓଡିଆ ଭାଷା ଆଦୋଲନ ଜୋର ଧରିଥିଲା । ସମ୍ବଲପୁରକେ

ଓଡ଼ିଶା ସାଙ୍ଗେ ମିଶାବାରକେ ଚେଷ୍ଟା ଚାଲିଥିଲା । ସେ ବେଲକେ "ସମ୍ବଲପୁର ହିତୈଷିଣୀ" ବାହାର କରିଥିଲେ ବାମଣ୍ଡାର ରଜା ସାର ବାସୁଦେବ ସୁଢଲ ଦେବ । 'ସମ୍ବଲପୁର ହିତୈଷିଣୀ'ର ସଁପାଦକ ଥିଲେ ନୀଲମଣି ବିଦ୍ୟାରତ୍ନ । ସେ ସମ୍ବଲପୁର ହିତୈଷିଣୀଥି ୧୮୯୫ଥି କବି ମଧୁସୂଦନ ବଲି ୫ନେ କବିଙ୍କର ଗୁଟେ କବିତା ବାହାର କରି କରି, ଆମର ଅଞ୍ଚଲର ଭାଷାକେ ଗାଲି ଦେଇଥିଲେ । ସେ ଲେଖିଥିଲେ "ସମ୍ବଲପୁର ଅଞ୍ଚଲର ଭାଷା ନିତାନ୍ତ କଦର୍ଯ୍ୟ ଦଶାପନ୍ନ" । ତ ୧୮୯୫ ତକ ବି ଭାଷାର ନାଁ ସମ୍ବଲପୁରି କି କୋସଲି ବଲି କିଛି ବତା ନି ହଉଥେଇ । ଇତାର ଉତାରୁ ବଲାଂଗିର ନ ୧୯୪୬ ସାଲେ "କୋସଲ ସାହିତ୍ୟ ସମ୍ମେଲନ" ଉଜୁକ ହେଇଥିଲା । ସେନ ବି ଜନା ନି ପଡ଼ବାର ଯେ ଭାଷାର ନାଁ କାଣା ବଲି ବତା ହଉଥିଲା । ହେଲେ ଦକ୍ଷିଣ କୋସଲ ନୁ କୋସଲ ଭାଗ ନୁ ସମ୍ବଲପୁର ଭାଗ ବା ସମ୍ବଲପୁର ଅଞ୍ଚଲ ନ କାହିଁ କେତନି ଦିନୁ ଇଲାକାର ଭାଷାଥି ସାହିତ୍ୟ ଲେଖା ହଉଥିଲା ।

ଏତେ ଖିନ୍ଦଖିନ୍ଦାଲି କଲା ଉତାରୁ ବି ଇ ଇଲାକା ନ ସାହିତ୍ୟ ବନିଛେ । ଭାଷା, ସଂସ୍କୃତି ବଁଚି ରହିଛେ କେଡ଼ନିକେଡ଼େ କଥାଟେ ଆଏ ।

କୋସଲି ଭାଷା ବନଲା କେଡ଼ା କରି

ସିରଜିନାର ମୂଲୁ, ଯେଉଭୁ ଇ ଅଞ୍ଚଲ ଅଛେ, ଇନର ଲୋକମାନେ ନିଜର ଭିତରେ କଥାବାର୍ତା ହେବାର ଲାଗି ଜରୁର ଗୁଟେ ଭାଷା ବେଭାର କରୁଥିଲେ । ଇ ଅଞ୍ଚଲ ଝାର-ଜଂଗଲ, ଡଂଗର-ପର୍ବତଥି ଘେରେଇ ହେଇଥିଲା । ଇନ କେତନିକେତେ ଜନଜାତିର ଲୋକ ରହୁଥିଲେ । ବିଶେଷ କରି କନ୍ଧ, କିଷାନ, ଗଁଡ଼, ଓରାମ, ମୁଣ୍ଡା, ବିଂଝାଲ, ସଁରା, ଖଡ଼ିଆ ଆଦି ଜାଏତ ବହଲ ହେଇଥିଲେ, ଏଜ ବି ଅଛନ । ଇଲାକାର ଭାଷାର ମୁଖିଆ ଧାରେ ଭିନେ ଭିନେ ସମିଆଁକେ ଲେନଦେନ, କଥାବାର୍ତା, ବିହାବରପନ ଆଦି ଲାଗି ଜନଜାତିର ଭାଷା-ସଂସ୍କୃତି ମିଶିକରି ଇଲାକାର ମୁଖିଆ ଭାଷାର ଧାରକେ ବଜର କରିଛେ ।

ଇଲାକାକେ ଭିନେ ଭିନେ ସମିଆଁଥି ଭିନେ ଭିନେ ଶାସକ ଶାସନ କରିଛନ । ଶାସକମାନେ ବି ନିଜର ନିଜର ଭାଷା ଆର ସଂସ୍କୃତି ଇଲାକାର ମୁଖିଆ ଭାଷାର ଧାରେ ମିଶେଇଛନ ।

ମରାଠି – ଫୁଗା, କୋସଲି – ଫୁକା
ପାର୍ସି/ଆରବି/ଉର୍ଦୁ (ମୁଗଲ) – ଆମଖାସ, କମିଜ, ତକ୍ତା

ଇତାର ବାହାରେ ଅଞ୍ଚଲକେ ଆର ବି ଭିନେ ଭିନେ ଜାଏତ ବାହାରୁ ଆସି ହମିଶା ଲାଗି ଇନ ଆସିକରି ବସି ଯେଇଛନ, ଯେମ୍ତା ଉଡ଼ିଆ(ଉକ୍କଲୀ) ବାମ୍ହନ, ଅଘରିଆ ଆଦି । ଇ ଜାଏତମାନେ ବି ନିଜର ନିଜର ଭାଷା ଆନିକରି ଅଞ୍ଚଲର ଭାଷାଥି ମିଶେଇଛନ । ଏଜ ଯେନ କୋସଲି ଭାଷା ଆମର ସାମନେ ଅଛେ, ସେ ଭାଷା ହଜାର ବଛରର ବିବର୍ତ୍ତନ ଉତାରୁ ଆଟିର ଇ କିସମେ ଆମର ସାମନେ ଅଛେ । ଆମେ କହିପାରମା ଯେ, କୋସଲି ଗୁଟେ କେତନି ଝୁନ୍ନା ଭାଷା ।

ପଣ୍ଡିତ ଜୟଚନ୍ଦ୍ର ନାରଂଗ ଇ ଭାଷାର ନାଁ କୋସଲି ଦେଇକରି ଲେଖିଛନ:

"This language was formerly known as Eastern HIndi but linguistic took pains to clarify that western and Eastern HIndi were two separate languages. To remove this confusion I proposed in my article in the first edition of this work that they should be called HIndi and Koshali respectively. This suggestion was suggested by India's leading linguistic Dr Suniti Kumar Chatterji."

ଭାଷାବିତ୍ମାନଙ୍କର ହିସାବେ କୋସଲି ଗୁଟେ ଇଣ୍ଡୋଆର୍ଯ୍ୟନ ଭାଷା । ଇତାକେ ପୂର୍ବୀ ହିନ୍ଦୀ ବିଭାଗ ବା କୋସଲି ବିଭାଗର ଭାଷାମାନଙ୍କର ସାଂଗେ ରଖାହେଇଛେ । ପୂର୍ବୀ ହିନ୍ଦୀ ବିଭାଗର ବାକି ଭାଷାମାନେ ହେଲେ ଅବଧ, ବଘେଲି, ଛତିଶଗଡି ଆର କୋସଲି ।

ଜର୍ଜ ଗ୍ରିଅରସନ ପଶ୍ଚିମ ଓଡ଼ିଶାର ଭାଷା ବାବଦେ ବିବରନ ଦେବାରକେ ଯେଇକରି ଲେଖିଛନ:

"From Raigarh in the North to Kalahandi in the South and from Raipur in the west to Bamara in the east the language is exactly same in grammar."

ଏଜ କୋସଲି ବଢ଼େଟେ ଜାକର ଇଲାକା ନ ବେଭାର ହେସି । ଇହାଦେର ଓଡ଼ିଶାର ସୁନ୍ଦରଗଡ଼, ଝାରସୁଗୁଡ଼ା, ସମଲପୁର, ବରଗଡ, ଦେବଗଡ, ବଲାଂଗିର, ସୋନପୁର, କଲାହାଣ୍ଡି, ନୂଆଁପଡ଼ା, ବୌଦ୍ଧ, ଫୁଲବାଣୀ ଆର ଉଭର କୋରାପୁଟ ଅଞ୍ଚଲ, ଛତିଶଗଡର ଦେଭୋଗର ପୁରୁବ ଭାଗ, ଫୁଲଝର, ରାଏଗଡ, ସାରଂଗଗଡ, ନୂ ଜଶପୁର ତକ ସବୁ ନ କୋସେଲି ଫି ଦିନିଆଁ କବାରେ ବେଭାର ହେସି ।

କୋସଲିଥି ଭିନ ଭିନ ବିଭାଗର ଉଁଚା ଦର୍ଜାର ସାହିତ୍ୟ ଲେଖା ଚାଲିଛେ । ରାମାୟଣ, ମହାଭାରତ, ଭଗବତ ଗୀତା, କୋସଲି ଅଭିଧାନ, ଆର ମେଘଦୂତ ଆଦି ଭିନେ ଭିନେ ଗ୍ରନ୍ଥାବଲି, ମହାକବ୍ୟ ଅନୁବାଦିତ ହେଇସାରିଛେ । ଫି ଦିନ ରେଡିଓ ଆର ଦୁରଦର୍ଶନ ମାନକୁ ଭିନ ଭିନ କାର୍ଯ୍ୟକ୍ରମ ପ୍ରସାରିତ ହେସି ।

ସରକାରି ଥିତି

୨୦୦୩ ମସିହାରେ କେନ୍ଦ୍ର ସରକାରଙ୍କର ନିର୍ଦ୍ଦେଶରେ ସୀତାକାନ୍ତ ମହାପାତ୍ରଙ୍କର ଅଧ୍ୟକ୍ଷତାରେ ଗୁଟେ କମିଶନ ଗଠନ ହେଇଥିଲା । ମହାପାତ୍ର କମିଶନ ୨୦୦୪ରେ ତାର ରିପୋଟ ଦେଇଥିଲା । ମହାପାତ୍ର କମିଟୀ କୋସଲିକେ ମିଶେଇ ୩୮ଟା ଭାଷାକେ ସମ୍ବିଧାନର ଅଷ୍ଟମ ସୂଚୀରେ ସାମିଲ କରବାର ଲାଗି ମତ ଦେଇଥିଲେ । କୋସଲି ଭାଷା ଭାରତର ସମ୍ବିଧାନର ଅଷ୍ଟମ ସୂଚୀରେ ସାମିଲ ହେବାର ଲାଗି ବିଚାରଧୀନ ଥିବା ବେଲକେ ତାର ସାମ୍ବିଧାନିକ ମାନ୍ୟତା ଲାଗି ଯୋରଦାର ଉଲଗୁଲାନ ଚାଲିଛେ ।

ରେଜଷ୍ଟ୍ରାର ଅଫ ନ୍ୟୁଜପେପରସ ଫର ଇଣ୍ଡିଆ ତାର ଭାଷା ତାଲିକାଥି ବି ୨୦୧୨ ନୁ ଠାନ ଦେଇସାରିଛେ । ଆଘୋନୁ ତାଲିକାରେ 'ଓରି-କୋସଲି' ଦେଖଉଥିଲା, ଇହାଦେ ଅଗବାର କୋସଲି ଦେଖାସି ।

ଇହାଦେ କୋସଲି ଭାଷାଥି ସମ୍ବଲପୁର ୟୁନିଭର୍ସିଟି ନ ଗୁଟେ ପିଜି ଡିପ୍ଲୋମା କୋର୍ସ ପଢ଼ାହେସି ଆର ହଲଧର ଆବାସିକ ବନବିଦ୍ୟାଲୟ, କୁଦୋପାଲି ନ ପ୍ରାଥମିକ ସ୍ତରରେ ପଢ଼ାହେସି ।

୧/୩/୨୦୧୪ରେ ଓଡ଼ିଶାର ସେ ବେଲର ମୁଖ୍ୟମନ୍ତ୍ରୀ ନବୀନ ପଟନାୟକ, କୋସଲି ଭାଷାକେ ଅଷ୍ଟମ ସୂଚୀଥି ସାମିଲ କରବାର ଲାଗି କେନ୍ଦ୍ର ଗୃହମନ୍ତ୍ରୀ ସୁଶୀଲ ସିନ୍ଦେକୁ ସିଫାରିଶ କରିଥିଲେ ।

୨୦୧୪ର ସାଧାରଣ ଭୋଟ ଉତାରୁ କେନ୍ଦ୍ରରେ ସରକାର ବଦଲିଗଲା । ନୂଆଁ ସରକାରକେ ଫେର ଥରେ ୧୪/୭/୨୦୧୫ରେ ସିଫାରିଶ ଚିଠି ଲେଖିଥିଲେ ।

୨

ଚର୍ଯ୍ୟାଗୀତି
କୋସଲିର ପହେଲା ଲିଖିତ ସାହିତ୍ୟ

କୋସଲି ଭାଷାର ଲିଖିତ ସାହିତ୍ୟ କେଭେ ନୁ ପହେଲା କରି ହେଇଛେ କହେବାରଟା ବଡ଼ା କଠିନ ଏ । ହେଲେ କୋସଲିକେ ପଢ଼ଲା ବେଲକେ ଆସରିଜ ହେବାରକେ ପଡ଼ସି ଯେ ବଂଗାଲି ପଣ୍ଡିତ ହରପ୍ରସାଦ ଶାସ୍ତ୍ରୀ ୧୯୧୭ରେ ନେପାଲ ନୁ ପାଇଥିବା ଚର୍ଯ୍ୟାଗୀତି ଥି କେତନି କେତେ କୋସଲି ଶବ୍ଦ ଅବିକଲ ବେଭାର ହେସି । ଚର୍ଯ୍ୟାଗୀତିରେ ଥିବା ବୌଧଗାନ ଆର ଦୋହାକେ ଭାଷାବିତମାନେ ୭ମ ଆର ୮ମ ଶତାଦୀ ଭିତରେ ଲେଖା ହେଇଥିବାର ଅନୁମାନ କରସନ । ଇହାଦେର ପଶ୍ଚିମ ଓଡ଼ିଶାର ଭିନେ ଭିନେ ଠାନେ ୨ୟ ନୁ ୮ମ ଶତାଦୀ ତକ ବୌଦ ଧର୍ମ ବନେ ଫ଼ଏଲିଥିଲା । ବୌଦ ଧର୍ମର ଗୁଟେ ଲେଖା "ଅଶୋକବାଦନ" ଥି ଲେଖା ଅଛେ କି ସମ୍ରାଟ ଅଶୋକଙ୍କର ଛୋଟ ଭାଏ ତିଷ୍ୟା ଦକ୍ଷିଣ କୋସଲକେ ବୌଦ ଧର୍ମର ପ୍ରଚାର କରବାର ଲାଗି ଆସିଥିଲେ । ଦକ୍ଷିଣ କୋସଲ ନ ୧୦,୦୦୦ ସ୍ତୁପ ଆର ୫,୦୦୦ ସଂଘରାମ ଆର କେତନି କେତେ ବୌଦ ବିହାର ଥିଲା । ଦକ୍ଷିଣ କୋସଲକେ ୭ ସଦୀ ଆଡକେ ଚିନି ବୁଲାକି ହୁଏନସାଂ ବି ଆସିଥିଲେ । ସେ ଲେଖ୍ଛନ ଯେ ରାଜଧାନୀର ନାଁ କିଓ-ସା-ଲୋ (କୋସଲ) । ରାଜା କ୍ଷତ୍ରୀୟ ଜାତିର ଆନ । ସେ ବୁଦ୍ଧଙ୍କର ନିଅମକେ ମାଏନ ଦେସନ ଆର ତାଙ୍କର ନୀତି ଆର ପ୍ରେମ ଦୁରିଆ ଦୁରିଆ ତକ ଫ଼ଏଲିଛେ । ସେନ ପ୍ରାୟ ୧୦୦ ସଂଘରାମ, ଆର ୧୦,୦୦୦ ନୁ କମ ପୁଖାରି, ସବେ ମାହାଯାନ ପଢ଼ୁଥିଲେ । ପ୍ରାୟ ୭୦ ଦେବ ଗୁଡ଼ିକେ ଭିନେ ଭିନେ ବଶ୍ବାସର ଲୋକ ଯା'ଆସ କରୁଥିଲେ । ସହରର ଦକ୍ଷିଣକେ ଜୁହ୍ନା ସଂଘରାମ ଅଛେ, ତାର ପାଶେ ଅଶୋକ ବନାଲା ଗୁଟେ ସ୍ତୁପ ଅଛେ । ହୁଏନସାଂ ପୋ-ଲୋ-ମୋ-ଲୋ-କି-ଲି ନ ବୁଦ୍ଧ ବାବା ନାଗାର୍ଜୁନ ରହୁଥିବାର ବି ଲେଖ୍ଛନ ।

ପ୍ରଫେସର ନବିନ କୁମାର ସାହୁଙ୍କର Buddhism in Orissa ହିସାବେ ବଡଭାରି ତନ୍ତ୍ର ସାଧନାର କେନ୍ଦ୍ର ଉଡ୍ଡିୟାନ ଓଡିଶା ନ ଥିଲା ବଲି ଖୁଜେର କରବାର ଚେଷ୍ଟା କରିଛନ । ତାଙ୍କର ହିସାବେ ତାନ୍ତ୍ରିକ ପୀଠ ସମ୍ବଲ ଆର ଲଙ୍କା ହଉଛେ ଆଜିରର ସମ୍ବଲପୁର ଆର ସୋନପୁର । ଇନ୍ଦ୍ରଭୁତି ଥିଲେ ସମ୍ବଲପୁରର ରଜା ଆର ତାଙ୍କର ବୁହେନ ଲକ୍ଷ୍ମୀଙ୍କରା ସୋନପୁରର ରଜା ଜଲେନ୍ଦ୍ରଙ୍କର ପୁଅକେ ବିହା ହେଇଥିଲେ । ସେମାନେ ତାନ୍ତ୍ରିକ ବୁଦ୍ଧ ଧର୍ମର ସିଦ୍ଧ ଥିଲେ । କୁହାୟାଏସି ଯେ ପିଟୋପାଦ ବଲି ଝନେ ବୁଦ୍ଧ ବାବା ସମ୍ବଲ ରଜା ଇନ୍ଦ୍ରଭୁତିଙ୍କର ଗୁରୁ ଥିଲେ । ସେ ରତ୍ନଗିରି ବିହାର ନୁ ସୋନପୁରକେ ଆସିକରି ସେନ କାଲଚକ୍ରୟାନ ମୂଲ କରିଥିଲେ । ପିଟୋପାଦଙ୍କର ମାରନ ଉତାରୁ ତାଙ୍କର ଚେଲା ଇନ୍ଦ୍ରଭୁତି ବକ୍ରୟାନ ମୂଲ କରିଥିଲେ । ପ୍ରଫେସର ସାହୁ ବତାସନ କି ୭୦୦ ରୁ ୧୧୦୦ ସଦୀ ଭିତରେ ୮୪ ସିଦ୍ଧ ଆର କେତନିକେତେ ବାବା ବୁଦ୍ଧ ଧର୍ମର ପ୍ରଚାର ଲାଗି କାମ କରୁଥିଲେ । ଇନ୍ଦ୍ରଭୁତିଙ୍କର ବୁହେନ ଲକ୍ଷ୍ମୀଙ୍କରା ସହଜୟାନ ମୂଲ କରିଥିବାର ଜନାୟାଏସି । ଇ ସବୁ ଲେଖା ନୁ ଜନାୟାଏସି ଯେ ଦକ୍ଷିଣ କୋସଲ ଇଲାକା ନ ବୁଦ୍ଧ ଧର୍ମ କେତନି ଯୋର ଫଏଲିକରି ଥିଲା ।

ବୁଦ୍ଧ ଧର୍ମର ଚିହ୍ନାମାନେ ଦକ୍ଷିଣ କୋସଲ ଭଏର ଭଏର ଫଏଲିକରି ଥିଲା । ବୁଦ୍ଧ ବାବା ମାନକର ମଠ, ଚୈତ୍ୟଗୃହ, ମାହାୟାନ, ତନ୍ତ୍ରୟାନ ସମିଆଁର ପଖନ ଚିତ୍ର, ସ୍ତୁପ ଆର ଉଁଚ୍ୟା ଚିହ୍ନାମାନେ ୫ ନୁ ୧୧ ସଦୀ ତକ ଥିବାର ଜନାପଡିଛେ । ଇ ଚିହ୍ନାମାନେ ଇହାଦେର ପଶ୍ଚିମ ଓଡିଶାର ଗନିଆଁପାଲି, ନଗରାଜ, ସୋନପୁର, ରାନିପୁର ଝରିଆଲ, ଅମାଡଗଡ, ହରିଶଙ୍କର ନ ଥିବାର ଜନାପଡିଛେ ।

ବୌଦ ଆର ତାର ଆଖରପାଖର ଇଲାକା ନ କେତନି କେତେ ବୌଦ୍ଧ ଧର୍ମର ସ୍ତୁପ, ମଠ ଆଦି ମାହାୟାନ-ତନ୍ତ୍ରୟାନର ଚିହ୍ନ ସବୁ ଅଛେ । ଇହାଦେର ବୌଦ ସହରେ ବଡେ ବୁଦ୍ଧ ମୁର୍ତିଟେ ଅଛେ । କଁସାଥି ବନାଲା ମୈତ୍ରେୟ, ଲୋକେଶ୍ୱର, ତାରା ଆର ହେରୁକାର ମୁର୍ତିମାନେ ଅଛେ । ରାମେଶ୍ୱର ମନ୍ଦିରର ଭିତରେ କେତନି ମାହାରି ତାରା ମୁର୍ତି ଅଛେ । ଲଲିତାସନ ଥି ବସଲା ମୈତ୍ରେୟଙ୍କର କଁସା ମୁର୍ତି ଥି ଡେବରି ହାତେ ନାଗେଶର ଫୁଲ ଆର ଭୁଜନି ହାତେ ମହୁ ଗିନା । ଚାଏରଟା ହାତ ଥିବା ଲୋକେଶ୍ୱର ଲଲିତାସନ ମୁଦ୍ରାଥି ପଦମଫୁଲ ଆସନ ଥି ବସିଛନ । ଉପରର ଭୁଜନି ହାତ ବରଦମୁଦ୍ରାଥି ଅଛେ । ତଲର ଡେବରି ହାତ ସିଁହାସନକେ ଲାଗିକରି ଅଛେ । ଇ ମୁର୍ତିକେ ପ୍ରଫେସର ନବୀନ କୁମାର ସାହୁ ଶଁଖନାଥ ଲୋକେଶ୍ୱର ବଲୁଛନ । ଇତାର ବାହାରେ ଅଷ୍ଟମ ସଦୀର ବୁଦ୍ଧଙ୍କର ବଡେ ମୁର୍ତିଟେ ମାଏଟକେ

ଲାଗିକରି ବକ୍ରଯାଙ୍କ ମୁଦ୍ରାଥି ଅଛେ । ବୌଦର ଆଖେପାଖେ ଶ୍ୟାମସୁନ୍ଦରପୁର, ପରଗଲପୁର ଆଦି ନ କେତନି ବୁଦ୍ଧ ଧର୍ମର ଚିହ୍ନାମାନେ ଦେଖବାରକେ ମିଲିଛେ । ଶ୍ୟାମସୁନ୍ଦରପୁର ନ ବୁଦ୍ଧଙ୍କର ୫ ଫୁଟିଆ ମୁର୍ତ୍ତିଟେ ମିଲିଛେ ଆର ପରଗଲପୁର ନ ତାରାଙ୍କର ମୁର୍ତ୍ତି । ଇ ବୁଦ୍ଧ ମୁର୍ତ୍ତି ମୁଚଲିନ୍ଦ ବୁଦ୍ଧ ବଲି ଜନାପଡିଛେ ।

ସୋନପୁର ବି ମହାଯାନ ବୁଦ୍ଧ ଧର୍ମର ବଡେଟେ ଠାନ ଥିଲା । ଯଯାତି ୨ୟଙ୍କର ଶିଲାଲେଖ ହିସାବେ ଯଦିବି ସୋନପୁର ନ ଗୁଟେ ବିହାର ଥିଲା ହେଲେ ବି ଇହାଦେ ତାର କେନସି ଚିହ୍ନାବନା ନେଇଁ ନ । ହେଲେ ଚୌହାନ ମାନକର ସ୍ମାରକ ଭିତରେ କେତନି ମାହାଯାନ ମୁର୍ତ୍ତିମାନେ ଦେଖବାରକେ ମିଲିଛେ । ବିଶ୍ୱାସ କରାଯାଏସି କି ସୋନପୁରର ସୁରସୁରି ପିଠ ନ ଆଘୋନୁ ବୁଦ୍ଧ ଧର୍ମର ଦେବୀ ତାରାଙ୍କୁ ପୁଜା କରାହଉଥିଲା । ପଛେକା ଚୌହାନମାନେ ସୁରସୁରିଙ୍କୁ ରାଷ୍ଟ୍ରଦେବୀ ହିସାବେ ମାଏନ ଦେଲେ ଆର ଗୁଡି ଭିତରେ ପୁଜା କଲେ । ତାରାଙ୍କୁ ସୁରସୁରିଙ୍କର ପହେଲା ରୂପ ବଲି ବି ମାନାଯାଏସି । ସୁବର୍ଣ୍ଣମେରୁ ଗୁଡିର ବେଧ ନ ପାଖରଦେବତା ହିସାବେ ଅଛନ । ସୋନପୁର ପାଖର ଲଙ୍କେଶରି ପଖନ ନ ବୁଦ୍ଧ ଧର୍ମର ଆକାରମାନେ କଟା ହେଇଛେ । ପାଖେ ବୁଧବାର ନାଁଥି ଗୁଟେ ଗାଁ ବି ଅଛେ । ତାରାପୁର ଆର ମାରିଚପୁର ନାଁଥି ବି ଗାଁ ଅଛେ । ଇ ନାଁ ମାନେ ସୁଚଉଛେ କି ଇଲାକା ନ ବୁଦ୍ଧ ଧର୍ମ ଫଏଲିକରିଥିଲା ।

ଦକ୍ଷିଣ କୋସଲ ନ ବୁଦ୍ଧ ଧର୍ମର ସବୁନୁ ବଡ ଖୋଜ ଥିଲା ଇହାଦେର ବରଗଡ ଜିଲ୍ଲା ଗାଏସିଲେଟ ବ୍ଲକର ଗନିଆଁପାଲି ଗାଁ ନ ଥିବା ବୁଦ୍ଧ ବିହାର । ୧୯୭୮ ସାଲେ ପ୍ରଫେସର ନବୀନ କୁମାର ସାହୁ ଇ ଯାଗାକେ କୁଡେଇଥିଲେ । ଗୁପ୍ତ ସମିଆଁର ଗୁଟେ ମୁଚଲିନ୍ଦ ବୁଦ୍ଧ ମଠ ବାହାରିଥିଲା । ଅଂଗ ଆର ମଗର ନଏଦ ମିଶବାର ଠାନେ ମଠ ବାହାରିଥିଲା । ଡ. ସାହୁ ବିଶ୍ୱାସ କରସନ ଯେ ସେନ ଗୁଟେ ନୁ ଅଏତକା ମହଲାର ମଠ ବନା ହେଇଥିଲା । ମଠ ପୁଡା ଇଟାଥି ବନାହେଇଥିଲା । ଗୁଟେ ଚୈତ୍ୟ ହଲ ସାଁଗେ ବାବା ମାନକର ରହେବାର ବଖରାମାନେ ଜନାପଡସି । ଇତାର ବାହାରେ ୨ଟା ବୁଦ୍ଧ ମୁର୍ତ୍ତି ମିଲିଛେ । ସେ ଭିତରୁ ଗୁଟେ ମୁଚଲିନ୍ଦ ବୁଦ୍ଧ ମୁର୍ତ୍ତି ଆର ଗୁଟେ ସାରନାଥ ନ ପହେଲା ଉପଦେଶ ଦେଲା ମୁଦ୍ରାର ମୁର୍ତ୍ତି ପଖନ ମଣ୍ଡପ ସାଁଗେ ମିଲିଥିଲା । କୁଡଲା ବେଲକେ ହାରିତି ଆର ପଞ୍ଜିକା ମୁର୍ତ୍ତି ବନାଲା ପଖନ ବି ମିଲିଛେ ।

ଗନିଆଁପାଲି ନୁ ୧୫ କିଲୋମିଟର ଦୁରିଆ ନଗରାଜ ନ ସମଲାପୁର ୟୁନିଭର୍ସିଟି ତରଫରୁ କୁଦା ହେଇକରି ବିନ ମୁଡ ବାଲା ବୁଦ୍ଧ ମୁର୍ତ୍ତି ମିଲିଥିଲା । ପୁଡା ଇତାର କିଛି କାଁଥ ଆର ଭଂଗା ଖମ୍ବା ମିଲିଥିଲା ।

ବଲାଂଗିର ଜିଲ୍ଲାର ଟିଟିଲାଗଡ ଇଲାକା ନ ବି ବୁଦ୍ଧ ମୁର୍ତ୍ତିମାନେ ଘୁଡାର, ସିହିନି, ଉଦୟପୁର, ଆର କୁମଡାର ଖେତମାନକୁ ପଡିଛେ । ରାଣୀପୁର ଝରିଆଲ ନ ବି ଗୁଟେ ଗଛ ତଲେ ବୁଦ୍ଧ ମୁର୍ତ୍ତି ରଖାହେଇଛେ । ହରିଶଙ୍କର ମନ୍ଦିରର ତରାକେ ବି ଗୁଟେ ମୁଚଲିନ୍ଦ ବୁଦ୍ଧ ମୁର୍ତ୍ତି ରଖାହେଇଛେ ।

ବୁଦ୍ଧ ଧର୍ମର ଚିହ୍ନାମାନେ ଅମାଗୁଡା, ପାଇକପାଲି, ତାଲପଦର, କଁସିଲ, ନରଘନ୍ଦ ଡଂଗର, ସୋନପୁର ଇଲାକା, ମାଣିକବଦ ଆଦୀ ନ ଫଁଏଲି କରିଥିଲା । ସମଲାପୁର ୟୁନିଭର୍ସିଟି ମ୍ୟୁଜିଅମ ବି ଭଜଲପୁର ନୁ ବୁଦ୍ଧ ମୁର୍ତ୍ତି ସଁକଲିକରି ରଖିଛେ ।

ବୁଦ୍ଧ ଧର୍ମର ଚିହ୍ନାମାନେ ଦକ୍ଷିଣ କୋସଲ ଭଏର ଭଏର ଫଁଏଲିକରି ଥିଲା । ବୁଦ୍ଧ ବାବା ମାନକର ମଠ, ଚୈତ୍ରଗୃହ, ମାହାଜାନ, ତନ୍ତ୍ରଜାନ ସମିଆଁର ପଖନ ଚିତ୍ର, ସ୍ତୁପ ଆର ଉଁଚ୍ୟା ଚିହ୍ନାମାନେ ୫ ନୁ ୧୧ ସଦୀ ତକ ଥିବାର ଜନାପଡିଛେ ।

ଇ ବୌଦ୍ଧ ଧର୍ମର ସିଦ୍ଧମାନେ ବା ବାବାମାନେ ଚର୍ଯ୍ୟାପଦ କବିତା ଲେଖୁଥିଲେ । ଚର୍ଯ୍ୟାପଦ ଗାଏବାର ଲାଗି ଲେଖାହଉଥିଲା । ଚର୍ଯ୍ୟାପଦ ସାହିତ୍ୟ "ସାନ୍ଧ୍ୟା ଭାଷା" ବଲି ଗୁଟେ ରୂପକ (metaphor) ଦେଇକରି ଲେଖାହଉଥିଲା । ଚର୍ଯ୍ୟାଗୀତିଥି ସେ ସମିଆଁର ସମାଜର ବର୍ଣ୍ଣନ ଅଛେ । ଭିନେ ଭିନେ ଚରିତ୍ରମାନକର କଥା ଲେଖା ହେଇଛେ । ଯେତ୍କା ଶୀଲାରି, ଡଂଗାବାଲା, କୁମହାର, ଭୁଲିଆ, କାଠରିଆ ଆଦି । ବେଶ୍ୟାମାନକର କଥା ଲେଖାହେଇଛେ ହେଲେ ଚାଷୀମାନକର କଥା ନେଇଁନ । ଚର୍ଯ୍ୟାଗୀତି ତନ୍ତ ପରମ୍ପରା ବଜ୍ରୟାନର ସିଦ୍ଧକବି ମାନକର ରହସ୍ୟବାଦୀ କବିତା ଏ । ଇ କବିତାମାନେ ଗୁଟେ ସିଦ୍ଧ ପ୍ରବୃଦ୍ଧ ଅନୁଭୂତିର ଏକସରଲଗ ବର୍ଣ୍ଣନ ଏ । ଇ ଚର୍ଯ୍ୟାପଦ ସାହିତ୍ୟଥି କବି ବା ସିଦ୍ଧ ମାନକର ନାଁ ପହିଲ ପଦେ ଲେଖା ହେଇଥିସି ଆର ସେମାନକର ନାଁ ଅନସାରେ, ଯେତ୍କା କାହ୍ନୁ ସିଦ୍ଧକର କାହ୍ନୁପଦ, ଲୁଇ ସିଦ୍ଧକର ଲୁଇପଦ, ଭୁସକୁ ସିଦ୍ଧକର ଭୁସକୁପଦ, ଶବର ସିଦ୍ଧକର ଶବରପଦ, ଡମ ସିଦ୍ଧକର ଡମପାଦ ଆଦି ହଉଛେ ଭିନେ ଭିନେ ଚର୍ଯ୍ୟାଗୀତି । ଚର୍ଯ୍ୟାଗୀତିର ଭାଷା ପ୍ରାକୃତ ଆର ବୁଦ୍ଧ ଧର୍ମର ପ୍ରଚାର-ପ୍ରସାର ବିଶେଷ କରି ସେ ସମିଆଁଥି ସେଠାନର ପ୍ରାକୃତ ଭାଷା ବେଭାର କରୁଥିଲେ । ଚର୍ଯ୍ୟାଗୀତି ଇହାଦେର କୋସଲି ସାଁଗେ ବନେ ମେଲ ଖାଏସି:

"ଏକୁସୋ ପଦୁମୋ ଚୌଷଠି ପାଖୁଡ଼ି

ତହିଁ ଚଢ଼ି ନାଚୋ ଡୋମ୍ବି ବାପୁଡ଼ି ।" - କାହ୍ନୁପା

ଏକୁସୋ - ଏକୁସ, ପଦୁମୋ - ପଦ୍ମ, ଚୌଷଠି - ଚୌଷଠି, ପାଖୁଡ଼ି -
ପାଖୁଡ଼ା, ତହିଁ - ତେହିଁ, ଚଢ଼ି - ଚଢ଼ି, ନାଚୋ - ନାଚ, ଡୋମ୍ବି - ଡମ (ଡମ ଜାତିର
ମାହେଜି), ବାପୁଡ଼ି - ବୁପରି ।

"ହଲି ଡୋମ୍ବି ତୋତେ ପୁଛ୍ମି ସଦଭାବେ

ଇସିସି ଜସି ଡୋମ୍ବି ନବେ ।" - କାହ୍ନୁପା

ପୁଛ୍ମି - ପଚରାମି, ସଦଭାବେ - ସୁଦଭାବେ ।

"ନଗର ବାହାରେ ଡୋମ୍ବି ତୋହରି କୁଡ଼ିଆ

ଛୋଇଛୋଇ ଜାହ ସୋ ବ୍ରାହ୍ମଣ ନାଡ଼ିଆ ।" - କାହ୍ନୁପା

ବାହାରେ - ବାହାରେ, ସୋ - ସେ, ଜାହ - ଜାଏ

"ଅଂଘଣ ଘରପଣ ସୁନ ଭି ବିଆଁତି

କାନେଟ ଚୋରେ ନିଲ ଅଧରାତି ।" - କୁକ୍କୁରି ପାଦ

ବିଆଁତି - ବିହାରି ମାହେଜି

"ହେରି ସେ କାହ୍ନ ନିଆଡ଼ଇ ଜିନଭର ବଇଇ

ଭଣଇ କାହ୍ନୁ ମୋହି ଅହି ନ ପଇସଇ ।" - କାହ୍ନୁପା

ହେରି - ଡୁଂଗି /ଡୁଂଗବାର

"ଉଁଚା ଉଁଚା ପାବତ ତହିଁ ବସଇ ଶବରୀ ବାଲି" - ସାରହପା

ଉଁଚା - ଉଚା

"ଚିଅ ଧାଉ ଖାଟ ପାଡ଼ିଲା ସବରୋ ମହାସୁଖ ସେଜି ଛାଇଲି

ସବରୋ ଭୁଜଂଗ ତାଇରାମଣି ଦାରି ପେକଁଖି ରାତି ପୋହାଇଲି ।"- ସାରହପା

ଖାଟ - ଖଟ, ଛାଇଲି - ଛିଆଁବାର, ଦାରି - ବେଶ୍ୟା

"ବାମ ଦାହିଣ ଚାପି ମିଲି ମିଲି ମାଂଗା

ବାଟ ତ ମିଲିଲ ମହାସୁଖ ସାଂଗା ।"- କମ୍ଲାମର

ମାଂଗା - ମାଗବାର, ବାଟ - ବାଟ

"ନାଡ଼ି ସକ୍ତି ଦାଢ଼ ଧରିଅ ଖଟେ

ଅନାହା ଡମରୁ ବାଜଇ ବିର ନାଦେ ।"- କାହ୍ନୁପା

ଦୀଘ – ବରକସ, ଅନାହା – ଦେଖ, ଡମରୁ – ଡମରୁ

"ବାମ ଦହିଣ ଯୋ ଖାଲ ବିଖାଲା

ସରହ ଭଣଇ ବାପା ଉଜ ବାଟ ଭାଇଲା ।"– ସାରହପା

ଯୋ – ଯେନ, ଖାଲ – ଖାଲ, ଉଜ – ଉଁଚ୍ୟା/ଭିନେ/ଅଲଗା, ଭାଇଲା–
ଫବଲା।

"କୁଲ ଲଉଖର ସୋତ୍ତେ ଉଜାଅ

ସରହ ଉନେ ଗଅଣେଁ ସମାଅ ।"– ସାରହପା

ଲଇ– ଲହଁକିବାର, ଉଜାଅ – ଅୟେଇ ହେବା/ଖଣି ଲାଗବା, ସମାଅ –
ପସ/ପସାବାର

ଏତା କେତନି ଶଢ ଚର୍ଯ୍ୟାପଦ ନୁ ଦେଖବାରକେ ମିଲସି । ଚର୍ଯ୍ୟାଗୀତିର ଉତାଉତି
କୋସଲିଥି ଯେନ ବଢେଟେ ସଂବୃଢ ସାହିତ୍ୟ ରଚନା ହେଇଥିଲା ସେଟା ହଉଛେ
ଉଁଡ ।

୩

ଡଁଡ

ରଜାମାନେ ନିଜର ରାଏଜେ ଧର୍ମ ଥାପନା କରବାର ଲାଗି ଆର ସେ ଧର୍ମକେ ରାଏଜେ ଚଲାବାର ଲାଗି ସାହିତ୍ୟର ସାହାପକ ଦରକାର ହେସି । ସାହିତ୍ୟ ଯେ ଖାଲି ରଜାର ଦରବାର ନ ରଜାର ମନକେ ଉସାସ କରବାର ଲାଗି ବେଭାର ନି ହୁଏ, ବରଂ ରାଏଜେ ଧରମ ଥାପନା କରି ଚଲାବାର ଲାଗି ବି ସାହିତ୍ୟର ଦରକାର ହେସି । ଡଁଡ ସାହିତ୍ୟର ଜନମକେ ନେଇକରି ଗୁଟେ ରୋଚକ କଥା ସାମନାକେ ଆସିଛେ ।

ସାତ ରୁ ଆଠ ସଦୀ ଆଡକେ ସମ୍ବଲ (ଇହାଦେର ସମଲପୁର)ର ରଜା ଥିଲେ ଇନ୍ଦ୍ରଭୂତୀ । ଆର ସମ୍ବଲର ପାଖର ରାଏଜ ଲଙ୍କାପୁରୀ (ଇହାଦେର ସୋନପୁର)ର ରଜାଥିଲେ ଜଲେନ୍ଦ୍ର । ଇନ୍ଦ୍ରଭୂତୀଙ୍କର ବୁହେନ ଥିଲେ ଲକ୍ଷ୍ମୀଙ୍କରା । ସେ ଛୁଆବେଲୁ ଗୁରୁ ଲବପାଙ୍କର ଠାନୁ ଶୁନି ଶୁନି ମନ୍ତ୍ରତନ୍ତ ଶିଖିଯାଇଥିଲେ । ତାଙ୍କର ବିହା ବ୍ୟଏସ ହେଲା କି ସୋନପୁର ରଜା ଜଲେନ୍ଦ୍ରଙ୍କର ପୁଓ ସାଁଗେ ବିହା କରେଇଦେଲେ ।

ଲକ୍ଷ୍ମୀଙ୍କରା ନୌକର, ଚାକର ଆର କେତନିକେତେ ଯୌତୁକ ଧରିକରି ଲଙ୍କାପୁରୀକେ ଗଲେ । ସେ ଯେତେବେଲେ ଲଙ୍କାପୁରୀରେ ପହଁଚିଲେ ସେ ଦିନଟା ଭଲ ଦିନ ନି ଥେଇ ବଲି ତାହାକୁ ମହଲ ବାହାରେ ଅଟକିବାରକେ କୁହାହେଲା । ସେ ମହଲ ବାହାରେ ଥିଲା ବେଲକେ ରାଏଜର ଲୋକକୁ ନିଘା କଲେ । ସେମାନେ ବୁଢ ଧର୍ମର ନେଇଁସେ ବଲି ଜାନଲେ କି ତାଙ୍କର ମନ ଭାଁଗିଗଲା । ତେହରୁ ସେ ଦେଖିଲେ ଯେ ମହଲ ଆଡକେ ଗୁଟେ ଖୋଦାକରି ଯାଇଥିବା ଦଲ ଫିରୁଛନ ଆର କେତନି ମଲା ଯାଁତୁ ଆନିଛନ ଆର ସେ ଦଲର ମୁଖିଆ ହଉଛନ ତାଙ୍କର ହେବାରକେ ଥିବା ମୁନୁଷ । କେତନି ଯାଁତୁକେ ଖାଲି ଖେଲବାର ଲାଗି ବଲି ମାରିଦେଇଛନ । ସେ ଜାନଲେ ଯେ ତାଙ୍କର ହେବାରକେ ଥିବା ମୁନୁଷ ବି ବୁଢଧର୍ମୀ ନେଇଁସେ । ଇ କଥା

ଜାନିକରି ତାଙ୍କର ହୁରୁଦ ଭାଙ୍ଗିଗଲା । ସାଙ୍ଗେ ଆନଲା ସବୁ ଯୌତୁକ ଲଙ୍କାପୁରୀର ଗରିବ ଲୋକଙ୍କୁ ବାଁଟିଦେଇ ଗୁଟେ ପଖନଖୋଲ ନ ରହେଲେ । ଦିହେଁ କାଦୋ ମାଖିକରି ଜଖେଇ ମାନକର ବାଗିର ହେଇଗଲେ । ହେଲେ ମନ ଭିତରୁ ସେ ହମିଶା ସତକେ ନୁରବାର ଲାଗି ଏକମନା ଥିଲେ । ସାତ ବଛର ତକ ହେନ୍ତା ପଖନଖୋଲ ଭିତରେ ରହିକରି ଶେଷକେ ସଫଲ ହେଲେ ।

ଲକ୍ଷ୍ମୀଙ୍କରା ବୁଦ୍ଧଧର୍ମର ଯେନ ତନ୍ତ୍ରଧାରା ଚଲେଇଥିଲେ ତାହାକେ ସହଜତନ୍ତ୍ର ବା ସହଜିଆଆଯାନ ବଲାହଉଥିଲା । ସେଟା ସାଧାରଣ ଲୋକଙ୍କୁ ପସନ ଆସୁଥିଲା ଆର ବୌଧ ଧର୍ମର ପ୍ରଚାର-ପ୍ରସାର ବନେ ଯୋର ଧରିଥିଲା ।

ସେ ସମିଆଁର ଦକ୍ଷିଣ କୋସଲରେ ୭ ସଦୀର ଶେଷ ଆଡକେ ସୋମବଂଶୀ ବା ପାଣ୍ଡୁବଂଶୀମାନେ ଶାସନ କରୁଥିଲେ । ୮୮୬ ରୁ ୯୭୬ ତକ ଜନ୍ମେଜୟ ୧ ମାହାଭାବଗୁପ୍ତ ଇହାଦେର ସମଲପୁର, ବଲାଂଗିର ଇଲାକାକେ ସୁବର୍ଣ୍ଣପୁର ନ ରାଜଧାନୀ ବନେଇ ଶାସନ କରୁଥିଲେ । ତାଙ୍କର ଉତାରୁ ମହାଶିବଗୁପ୍ତ ଯଯାତିଂ ସୁବର୍ଣ୍ଣପୁର ନୁ ରାଜଧାନୀକେ ବିନିତପୁର (ଇହାଦେର ବିନକା) ନିକେ ଉଠେଇନେଲେ । ପନ୍ଦର ବଛର ଉତାରୁ ଫେର ବିନିତପୁର ନୁ ବୌଦ ପାଖର ଯଯାତିନଗର ନ ରାଜଧାନୀ ବସାଲେ । ସୋମବଂଶୀ ମାନକର ପହେଲା ରାଜଧାନୀ ଇହାଦେର ଛତିଶଗଡର ସିରପୁର ଠାନେ ଥିଲା । ପଛେ ସେମାନେ ଧିରେ ଧିରେ ପୁରୁବ ଫାଲକେ ରାଜଧାନୀମାନେ ଉଠାତେଲ ଯେଇଛନ । ସେମାନେ ପଛେକା ଉତ୍କଲ, କଲିଂଗ ଆର କଂଗୋଦ ଇଲାକା ଜିତିକରି ଇହାଦେର ପୁରା ଓଡିଶାକେ ଶାସନ କରୁଥିଲେ । ସୋମବଂଶୀମାନେ ଦକ୍ଷିଣ କୋସଲକେ ଆସବାର ଆଘୋନୁ ଇଲାକା ନ ବୌଦ୍ଧ ଧର୍ମ ବନେ ଯୋର ଫଏଲିଥିଲା । ସୋମବଂଶୀମାନେ ଜୈନ, ଶାକ୍ତ, କି ବୈଷ୍ଣବ ଧର୍ମକେ ମାଏନ ଦଉଥିଲେ ହେଲେ ବୁଦ୍ଧ ଧର୍ମକେ ବିରୋଧ କରୁଥିଲେ । ସୋମବଂଶୀ ମାନେ ଇଲାକା ନ ତାଙ୍କର କୁଲର ଦେବତା ଶିବଙ୍କର ଧର୍ମ ଚଲାବାର ଲାଗି ବୌଦ୍ଧ ଧର୍ମକେ ହଟାବାର ଚାହୁଁଥିଲେ । ଶୈବ ଧର୍ମର ପ୍ରଚାର-ପ୍ରସାର ଲାଗି ସେମାନେ ଇଲାକା ନ କେତନି କେତେ ମନ୍ଦିର ଆଦି ବି ବନାଲେ । ସୋମବଂଶୀ ମାନକର ସମିଆଁରେ ଆଚାର୍ଯ୍ୟ ଗଗନ ଶିବ ରାନୀପୁର ଝରିଆଲ ନ ଜନ୍ମେଜୟ-୧ ଙ୍କର ସହଯୋଗଥି ସୋମେଶ୍ୱର ଶିବ ଗୁଡି ବନେଇଥିଲେ । ସେମାନେ ତାଙ୍କର ସମିଆଁକେ ଉତ୍ତର ଭାରତନୁ ବାମହନ ମାନଙ୍କୁ ଇଲାକୋକେ ଆନିଥିଲେ । ସେ ସମିଆଁକେ ଇଲାକାର ଚଲନିର ସଂସ୍କୃତିକରନ ମୂଲ ହେଇଥିଲା । ସୋମବଂଶୀ

ମାନେ ଶିବ ଗୁଡ଼ି ବନାବାର ବାହାରେ ସାଧାରଣ ଲୋକର ଭିତରେ ଶୈବ ଧର୍ମର ପ୍ରଚାର ପ୍ରସାର ଲାଗି ଡଣ୍ଡ ନାଟର ମୂଲ କରେଇଥିଲେ ।

ଡଣ୍ଡ ଦଳମାନେ ପହିଲ କରି ସୋନପୁରର ଗାଁ ଗାଁ ବୁଲି ବୁଲି ଶିବ-ପାର୍ବତୀ ପୂଜା ସାଙ୍ଗେ ନାଟ କଲେ । ଡଣ୍ଡ ଶବ୍ଦର ଅକ୍ଷର ହିସାବେ ଅର୍ଥ ହଉଛେ ପ୍ରକୃତି ଆର ପୁରୁଷର ମିଳନ । ମାନାଯାଏସି କି ଇ ସିରଜିନାଟା ପ୍ରକୃତି ଆର ପୁରୁଷକେ ନେଇକରି ବନିଛେ । ଡଣ୍ଡ ଜନମଥି ଲେଖା ହେଇଛେ:

ଦ ଅକ୍ଷର ସ୍ତ୍ରୀ ଡ ପୁରୁଷ ଶାସ୍ତ୍ର ମାତ୍ରେ ହୋଇଛି ବିଖ୍ୟାତ

ମାତା ଅପର୍ଣ୍ଣା ପିତା ନିରାକାର ଶିବ ପଞ୍ଚାକ୍ଷର କରେ ଆହାର

ହର ନୋହିଲେ ପ୍ରସନ୍ନ ଯେ

ଯେ ଦଣ୍ଡ କରିବ ବିଫଳ ହୋଇବ ତାର କ୍ରିୟା କର୍ମ ମାନ ଯେ

ଡଣ୍ଡ ହଉଛେ ଶିବଙ୍କର ପ୍ରତୀକ । ସେଥିର ଲାଗି ଶିବଙ୍କର ମହିମା କହେବାର ଲାଗି ନିଷ୍ଠାର ସହେତେ ଭଗତମାନେ ନାଚସନ, ଗାଏସନ ଆର ଶିବ ପାର୍ବତୀ, ଭୁରସୁବ, କାଳିକା, ବିଣାକାର, ଯୋଗୀ, ଯୋଗୀନିଙ୍କର ପାଟ କରସନ ।

ଡଣ୍ଡ ପରଂପରାରେ ତିନଟା ଡଣ୍ଡ ଦେଖବାରକେ ମିଳସି (୧)ଧୁଏଲ ଡଣ୍ଡ (୨) ପାଏନ ଡଣ୍ଡ ଆର (୩) ଡଣ୍ଡ । ଡଣ୍ଡଥି ବିଶେଷକରି ଧର୍ମର ସୁରକ୍ଷା, ସାଂସ୍କୃତିକ ଜାଗରଣ, ପୁରୁଷ-ପ୍ରକୃତିବାଦ, ସଂଜମ, ନିଷ୍ଠା, ଆର ମନୋରଂଜନକେ ଯୋର ଦେସନ ।

ଡଣ୍ଡଥି ବାହାରୁଥିବା ୧୩ ଭଗତ କେନସି ବି ଜାତିର ହେଇପାରନ । ଅଭିନୟ ଚନ୍ଦ୍ରିକାଥି ଲେଖା ଅଛେ:

ମେଷ ଚଉକ ସଙ୍କ୍ରାନ୍ତ୍ୟଂ ଛଟକପଟବଦାହ୍ୟ

ବିବିଧ ରୂପ ଯୁକ୍ତେନ କୁସ୍ଥିତଂ ରୂପ ଧାରଣଂ

ପୁନଃ ଗ୍ରାମାନ୍ତରେ କୃତବା ଉଦ୍ଭଜାକଦୀବା

ଅଚରେତ ବିବିଧନୃତ୍ୟଂ ସରମ୍ୟଭଲ୍ଲା ନରିବତ ।।

ତେର ଦିନ ତେର ଠାନେ ଜାଏତପାଏତ ଭୁଲିକରି ଡଣ୍ଡୁଆମାନେ ଶୈବ ଧର୍ମର ପ୍ରଚାର କରସନ । ଚଇତ ମାସିଆ ଖରାଥି ମୀନ ସଙ୍କ୍ରାନ୍ତିରୁ ବିଷୁବ ସଙ୍କ୍ରାନ୍ତି ତକ ଡଣ୍ଡୁଆମାନେ ଉପାସ ରହିକରି ଶହ ଶହ ଛତର ବୈରଖ ଆର ଶିବ ପାର୍ବତୀ, ଦକ୍ଷିଣକାଳୀକୁ ଧରିକରି ବାହାରି ପଡ଼ସନ । ଡଣ୍ଡୁଆମାନେ ବେଲେ ଲେଖା ସାଥିକ

ଖାନା ଖାଏସନ । କେନସି ମାହେଜିଟୁକେଲ ସାଂଗେ ସଂପର୍କ ନି ରଖନ । ବ୍ରହ୍ମଚାରୀ ମାନକର ବାଗିର ରହେସନ । ନଖ ଆର ବାଲ ନି କାଟନ । ସେମାନେ ତାକର ଭିତରେ ରଷିପୁତ୍ର ବଲି ଡଖାଡୁଖି ହେସନ । ଡଁଡୁଆ ମାନକର ସିଆନି ମାନେ ବି ଇ ବେଲାକେ ନିସ୍ବାଥି ରହେସନ । ସେମାନେ ପାଏନ ଆନିଗଲେ ମଠିଆ ଧରିକରି ଯିବେ ହେଲେ ମୁଡେ ବାହେନ ନି ଲଗାନ । ମୁଡେ ତେଲ ନି ମାଖନ କି ରାଁପି ନି ହୁଅନ । ତାକର ବାଲ ଯଦି ମୁକଲା ଅଛେ ବଏଲେ ଗୁଟେ ହାତେ ସଁକଲି ପାରବେ । ଗାଧି ସାଏଲା ଉତାରୁ ଡଁଝଲାଥି ପାଏନ ତରପନ ଦେସନ ଶିବ ଆର କାଳୀକେ ।

ଡଁଡୁଆମାନେ ଛତର ଧରିକରି ଗାଁ ଗାଁ ବୁଲଲା ବେଲକେ ଢୋଲ ବଜାତେଲ ଯଉଥିସନ । ଗାଁ ଭିତରକେ ପହଁଚିଲେ କି ଗାଁର ଲୋକ ତାହାକୁ ଗଡୁଥି ପାଏନ ଢାଲିକରି ପରଘେଇ ନେସନ । ଆର ଛତରକେ ଦୀପ ଧୂପ ଜାଲିକରି ପୂଜା କରସନ । ଗାଁର ଭଗତମାନେ ଆଗତୁରିଆ ନୁ ଡଁଡୁଆମାନକର ଲାଗି ଗାଁଖୁଲି ଖର୍ସ ଢାଲିକରି ଠାନେକେ ସଫାକରି ରଖିଥିବେ । ଆର ସେନ ୩ଟା ମେଡ଼ା ତୁପା ହେଇଥିସି । ଡଁଡୁଆମାନେ ଗାଧିକରି ନି ପାଲଟି କରି ଉଦା କପଡାଥି ପୂଜା କରିଥିସନ । ପୁଜାଥି ବେଲପତର, ମନ୍ଦାର ଆର ଗୁରସ ଚଢ଼ାହେସି ।

ଭାବି ନ ମଧୁ କହଇ

ଭଲ ପାଣି ଥିବ ଥିବ ଗଛ ଛାଇ

ସେ ସ୍ଥାନ ଦେବ ଦେଖାଇ ।

ପୂଜା ସାରଲେ କହେସନ:

ଡଣ ଜଗାଇଲେ

ଡଣ ଜଗାଇଲେ

ତେର ଭଗତେ ମଣି ଡାକଦେଲେ ।

ପୂଜା ସାଏଲା ଉତାରୁ ପାଏନ ଡଁଣ କରାହେସି । ବୀଣାକାର ଗୀତ ଗାଇକରି ମୂଲ କରସି ।

କରୁଛୁଁ ନିବେଦନ ଆହେ ସାଧୁଜନ

କୁରୁସଭା ପରି ଆଜ୍ଞା ବସିଛ ଆପଣ

ସମୁଦ୍ରବାଲିକୁ କେହି କରେ କି ଗଣନା

ସର୍ଗକୁ ଯାଇ କେହି ନିସୁଣି ଲଗାଇନି

ଶୁଣ ଆହେ ସାଧୁଜନ

ଆଜ୍ଞା କହିବି ହରିବଂଶ ରୁ

ବାଇଧନ ତୋ ବାଇଧନ ଗଲେ ବୃନ୍ଦାବନ ।।

ବେଲବୁଡ଼ା ଆଘୋନୁ ଡଂଡୁଆମାନେ ଖାଇଦେସନ । ଡଂଡ ରାଏତ ବେଲିଆ ଖୁଲ୍ଲା ଗାଁଖୁଲି କରାହେସି । ଛତରମାନେ ଖୁଲିଲା ମ୍ଝା ନ ଗଡ଼ା ହେଇଥିସି । ଶିବଙ୍କର ଛତରଥି ୧୩ଟା ଘୁଲଘୁଲା ଲାଗିଥିସି । ପାର୍ବତୀଙ୍କର ଛତରଥି ୭ଟା ଘୁଲଘୁଲା ଲଗାହେଇଥିସି । ମୁଖିଆ ଡଂଡୁଆ ଅଖଣ୍ଡ ଦୀପ ଜାଲିକରି ପୂଜା କରସି । ଆର ଭୁଲିଆ ଢୋଲ ବଜଉଥିସି ।

ପୂଜା ସରଲେ ଭୁଲିଆ କାଲିକା ପାର ବଜାସି । ଡଂଡୁଆମାନେ ପରଭା ବାନ୍ଧିକରି ବାହାରସନ । ପରଭା ନାଚ ବାବଦେ 'ଶିବ ଚନ୍ଦ୍ରିକା'ଥି ଲେଖା ହେଇଛେ:

ଅସୁର ଯେଉଁ ପ୍ରବଲ ହୋଇଲେ

ଦୁର୍ଗାଙ୍କ ଆଗେ ବ୍ରହ୍ମା ଜଣାଇଲେ

ଦୁର୍ଗା ତେଜ ପ୍ରଭା ଦେଇ ସର

ପଠାଇଦେଲେ ଅସୁରଙ୍କୁ ମାର

କାଲିକା ତହିଁ ବସଇ

ଆଦୀଶକ୍ତି ମଂତ୍ରେ ପୂଜାନ୍ତି

ଜଗତେ ସତତ ଅକ୍ଷର ସେହି ।।

କାଲକା ଦୁହି ହାତେ କରିଆକେ ଧରିକରି ଉଦଣ୍ଡ ନାଚ ନାଚିଥିସି । ସମିଆଁକେ ଉଦଣ୍ଡର "ଉ" ହଟିକରି ଖାଲି ଦଣ୍ଡ ରହେଲା । କାଲକାଙ୍କର ଉଦଣ୍ଡତା ଶିବଙ୍କର ତାଣ୍ଡବ ବାଗିର ଏ । ଅଭିନୟ ଚନ୍ଦ୍ରିକାଥି ଲେଖା ହେଇଛେ ଓଡ୍ର ଦେଶର ଡଂଶ ତାଣ୍ଡବ ନୁ ବାହାରିଛେ ।

"ଦଣ୍ଡ ନୃତ୍ୟ ତଥା ପୁଂଶ ଦଣ୍ଡକାର ବିଚକ୍ଷଣ"

ବୀଣାକାରକେ କର୍ଦ୍ଦପ ବି ବଲସନ । ସେ ଶିବଙ୍କର ଦିହଁ ନୁ ବାହାରିଥିସନ । ଡଂଶ ଜନମଥି ବତା ହେଇଛେ:

କାଶୀପୁରେ ଗୋପ୍ୟ କର୍ଦ୍ଦପ ଥିଲା

ପୁଣି ଈଶ୍ୱରଙ୍କ ଅଂଗୁ ଜନମିଲା

ବୀଣାକାର ନାମ କରି ଧାରଣ

ଡଣ୍ଡ ଯାତ୍ରାରେ ମିଳିଲା ବହନ

ରତି ହେଲା କରୁନି

ସତ୍ୟ ରାଜା ଯୋଗୁଁ ଧନୁ ଜନମି ଥିଲା

ସପ୍ତ ଘନ୍ଟ ବାଜେ କିନି

ବୀଣାକାର କନ୍ଦପ ଗାଏସି ହର ପାର୍ବତୀ ମହିମା । ରତି ତାର ସାଂଗରେ ନାଚସି । ତେହରୁ ଭୂରସ୍ତୁବ ବାହାରିକରି ଗାଏସି:

ଜୟ ଜୟ ମାହାଦେବ ହର

ମନବାଂଛା ପୂରଣ କର

ଡିବି ଡିବି ଯେ ବାଜେ ଡମରୁ

କୈଲାସ କନ୍ଦରୁ

ଚଢ଼ି ବୃଷଭ ବହନେ

କଲେ ଭ୍ରମଣ ହେ

ଜୟ ଜୟ ମହାଦେବ

ପାର୍ବତୀ କହେସନ:

ଗୁଂଜାମୁହା ତୁମେ ଖାଉଛ ଗଂଜେଇ ଧୂଆଁ

ଶିବ:

ଘରକରା ରିତି ନ ଜାଣୁ ଅସତୀ ତୋ ପରା ଘରଣି ନାହିଁ ଦରକାର

ନ ରଖିବି ଆଜ ତୋତେ ଛାଡ଼ିଦେବି

ନ ରହିବି ଘରେ ଯିବି ଅରଣ୍ୟରେ

ବ୍ରହ୍ମ ଯକ୍ଷ ଜପୁଥିବି

ଡଣର ଶେଷକେ ଗୋପଲୀଲା ହେଇଥିସି । ସେଥି ବାଣି ବୁତଲ, ଠେଂଟେଲ, ଚନ୍ଦ୍ରସେନା, ବାଏରି ଆଦି ବାହାରିଥିସନ ।

ମୋର ନାଁ ସୁକୁମାର ବହୁ ମୋର ନାଁ ସୁକୁମାର
ବେଲ ବୁଡିଗଲେ ଭୁଇଁଟି ଶୁଇସିଁ ଖଟକେ ଲାଗସି ଡର ।

ରାଧା :
ଆସ ଆସ ନଣଦରେ କାଏଁ ଦେଉଛ ପହରା
ନଣଦ ଭାଉଜ ବୁଲିଜିମୁଁ ଇପରା ସେପରା ।

ଶ୍ରୀକୃଷ୍ଣ ଦୂତିକେ ରାଧା ନିକେ ପଠାସନ :
ଶ୍ରୀକୃଷ୍ଣ ବୋଇଲେ ଷୋଳ ହଜାର

ମଧ୍ୟରେ ରାଧିକା ବଡ ସୁନ୍ଦର

ବିଶେଷ ଅଟନ୍ତି ରାଜଦୁହିତା

ତା ପାଶକୁ ତୁହି ଚାଲ ତୁରିତା ଯେ

ମୁଁ ଅଟେଁ ନନ୍ଦ ତନୁଜା

ଏତେ ବୋଲି ହରି ଦୂତିକାର ଧରି

ବୋଲନ୍ତି ତେଜିଶ ଲାଜ ଦୁତି ଗୋ ।।

ଡଁଉର ପହେଲା ରୂପଟା ଶୁହ୍ଲ ସୁଆଁଗ ଡଁଡ ଥିଲା । ସେଥି ସହଯ୍ୟଯାନ ବି
ମେଶିଥିଲା ଯେହେତୁ ତନ୍ତ ସାଧନାଟା ସାଧାରଣ ଲୋକର ଭିତରେ ଫଏଲି
ସାରିଥିଲା ନ ।

ଶୁହ୍ଲ ସୁଆଁଗ ଡଁଶର ଭୂତନାଥ ଚରିତ୍ରର ଗୀତ ପଦେ :
ଢେଁକି ଦେ ଚମକେଇ ଲୋ ସାମ କୁଟେ ଧାନ

ଢେଁକିର ଉପରେ ଦୁଇ ସଁତେନ ଖାଏଲେ ବଁଗଲା ପାନ । (ଘୁଷା)

ମାଲଖମ ବୁପରା ବଏଲା ଯେରେ ମୁଁଟ ମଁଟିଆ ଭାଇ

ଇଆଡ-ସେଆଡ ହେଲେ ଢେଁକି ଦଉଥିସିଁ ସଲଖେଇ । ୧ ।

ଢେଁକି ଦେ ଚମକେଇ ଲୋ ସାମ କୁଟେ ଧାନ

ଢେଁକିର ଉପରେ ଦୁଇ ସଁତେନ ଖାଏଲେ ବଁଗଲା ପାନ ।

କୁଲା ବୁପରା ବଏଲା ଯେରେ ମୁଁ ତ ଭରକା ଟୁଣା

ପୋଛରି କରି ବାରି ଦେସିଁ ଯେତକି ଖୁଦକୁଣା । ୨ ।

ଢେଁକି ଦେ ଚମକେଇ ଲୋ ସାମ କୁଟେ ଧାନ

ଢେଁକିର ଉପରେ ଦୁଇ ସଁତେନ ଖାଏଲେ ବଂଗଲା ପାନ ।

ବାଜୁନ ବୁପରି ବଏଲା ଯେରେ ମୁଇଁ ତ ଛିତକି ମୁଡ଼ି

ସଁକଲି ବୁଟଲି ଧାନ ଚଉଲ ଦଉଥିସିଁ ବୁଡ଼ବୁଡ଼ି । ୩ ।

ଢେଁକି ଦେ ଚମକେଇ ଲୋ ସାମ କୁଟେ ଧାନ

ଢେଁକିର ଉପରେ ଦୁଇ ସଁତେନ ଖାଏଲେ ବଂଗଲା ପାନ ।

ଲେଟ ବୁପରା ବଏଲା ଯେରେ ମୁଇଁ ତ ଅଷ୍ଟବଁକା

ମୁଇଁ ଥିଲେ କେଁଟି ହେବା ନେଇଁ ଥେ ଆର ସଁକା । ୪ ।

ଢେଁକି ଦେ ଚମକେଇ ଲୋ ସାମ କୁଟେ ଧାନ

ଢେଁକିର ଉପରେ ଦୁଇ ସଁତେନ ଖାଏଲେ ବଂଗଲା ପାନ ।

୪
ଲୋକ ସାହିତ୍ୟରେ
କୋସଲିର ଧାର

ଦଶମରୁ ଦ୍ୱାଦଶ ଶତାଧୀ ସମିଆଁରେ ସାରା ଭାରତରେ ଲିଖିତ ସାହିତ୍ୟ ବଏଲେ ସଂସ୍କୃତକେ ବୁଝାୟାଉଥିଲା । କାବ୍ୟ-କବିତା, ଲେଖା-ପଢ଼ା, ସବୁ ସଂସ୍କୃତଥି ହଉଥିଲା । ରଜା ମାନକର ଦରବାରରେ ବି ସଂସ୍କୃତ ବେଭାର ହଉଥିଲା । ରଜା କି ପଣ୍ଡିତମାନେ ସଂସ୍କୃତ ବେଭାର କରୁଥିଲେ । ରାନି, ଦାସ-ଦାସି, ଆର ବାକି ସାଧା ଲୋକ ପ୍ରାକୃତ ଭାଷାଥି କଥାବାର୍ତା ହଉଥିଲେ । ୧୬୬୩ ମସିହାରେ ପଣ୍ଡିତ ଗଂଗାଧର ମିଶ୍ରଙ୍କର ଲେଖଲା ଐତିହାସିକ ମହାକାବ୍ୟ "କୋଶଲାନନ୍ଦ କାବ୍ୟମ" ବି ସଂସ୍କୃତଥି ଲେଖାହେଇଛେ । ଇଥି ପାଟଣା (ପାଟଣାକେ କୋସଲ ରାଜ୍ୟ ବଲି ଭି ବତା ହେଇଛେ)ର ଚୌହାନ ରଜା ରମାଇ ଦେବକର ନୁ ମୂଲକରି ସମଲପୁରର ରଜା ବଲିଆର ରାମ ଦେବ ତକ ଚୌହାନ ରଜାବଂଶର ଇତିହାସ ଲେଖା ହେଇଛେ ।

ଯଦିବି ସଂସ୍କୃତ ଲେଖବାର ଭାଷା ଥିଲା ତଥାପି ବି ଲୋକ କବାରଗୁତା ବେଲକେ "ହଲିଆ ଗୀତ" ଗଉଥିଲେ, ବେଲବୁଡେ ଛୁଆମାନେ ଖେଲଲା ବେଲେ "ହୁମୋ ବଉଲି" ଗଉଥିଲେ, ଦଶରା ବେଲକେ ପଦକେ ପଦ ଜୁରି ଡାଲଖେଇ ନାଚି ନାଚି ଧଂଗରା ପିଲାଟୁକେଲ ବିର୍ଝାଖିର୍ଝା ହଉଥିଲେ । ଲୋକର ମନୋରଂଜନ ଲାଗି ନାଚଗୀତ, ଲୀଲା, ନାଟ, ଆର କେତେ କିସମର ଅଲିଖିତ ସାହିତ୍ୟ ଲେଖା ହେଇଥିଲା ଯେ ତାର ପତାନେଇଁ । କୋସଲ ବାହି ନ ଛୁଆ ଜନମ ନୁ ମୁନୁଷ ମରବାର ତକ ହରେକ ସାମାଜିକ ଆର ସାଂସ୍କୃତିକ ପରଂପରା ଲାଗି ଗୀତ ଅଛେ ।

ଛୁଆମାନେ ସଖାଲୁ ଉଠବାର ଠାନୁ ତାହାକୁ ରାତି ଶୁଆବାର ତକ ଯେନ ଗୀତ ଯେତେବେଲେ ଗାଏବାର କଥା ମାଁ ମାନେ ଗାଇଥ୍ସନ । ଯେତାଃ ତେଲମଖା ଗୀତ, ଶିଖାବା ଗୀତ (ଛୁଆମାନକୁ ତାଲି ମାରବା, ହାତମୁଠା କରବା, ମୁଠହଲାବା,

୫।ଏଁରେ କରବା ଶିଖାସନ), ହଁସାବା ଗୀତ, ଝୁଲାବା ଗୀତ, ନଚାବା ଗୀତ, ଖୁଆବା ଗୀତ, ଦାଁତ ଆଁକରିଲେ ଗୀତ, ଟାଲି ବସଲେ ଗୀତ, ଶୁଆବା ବେଲର ଗୀତ, ରାଁପଲା ବେଲର ଗୀତ ଏଁ ଛୁଆମାନକର ଅବଗା କେତନି କେତେ ଗୀତ ଅଛେ। ଛୁଆମାନେ ନିଜେ ଭି ଖେଲଲା ବେଲେ କେତନି କିସମର ଗୀତ ଗାଏସନ। ଟୁକେଲମାନେ ଖଟିଗଲେ ଗୀତ ଗାଏସନ, ମୁନୁଷ ମରିଗଲା ବେଲକେ ଡାକର ସିଆନିମାନେ ଗୀତ ଗାଏସନ। ଏଁ ଆମର କୋସଲ ବାହି ନ ହରେକ ସାଂସ୍କୃତିକ-ସାମାଜିକ ଚଲନି ମାନକର ଲାଗି ଗୀତ ଅଛେ। ଇସବୁ ଗୀତର ବାହାରେ ଭିନେ ଭିନେ ତିହାର-ବାର ଯାନିଯାତ୍ରାକେ ବି କେତନି ଗୀତ ନଜରକେ ଆଏସି। କେତେଟା ଲୋକସାହିତ୍ୟ ବାଜନା ସାଂଗେ ବେଭାର ହଉଥିଲା ବେଲକେ କେତେଟା ବିନ ବାଜନାଥି ବେଭାର ହେସି। ଇସବୁ ଗୀତ ଆମର କାବ୍ୟଧାରାର ଖଏଣ ଆଏ।

ଇ ସବୁ ଆମର କାବ୍ୟ-କବିତା ବନବାରଥି କେତନି ସାହେଜ କରିଛେ। ଇତାର ବାହାରେ ପୂଜାପାଠ, ଫୁକାଝରୋ ଆଦିରେ ଲାଗୁଥିବା ମନ୍ତ୍ରମାନକେ ବି କୋସଲି ଭାଷାର କେତନି ବେଭାର ଦେଖବାରକେ ମିଲସି।

ଆମର କୋସଲ ବାହିର ଲୋକ ସାହିତ୍ୟକେ ମୁଖିଆ କରି ବାଜନାବାଲା ଗୀତ ଆର ବିନବାଜନାର ଗୀତ, ମାହେଜି/ଟୁକେଲ କି ମୁନୁଷ ନେହେଲେ ଦୁହେଁ ଗଉଥିବାର ଦେଖବାରକେ ମିଲସି।

(୪.୧) ଛୁଆକର ଗୀତ

(୪.୧.୧) ଛୁଆଭୁରତା ଗୀତ

ଛୁଆ କାନ୍ଦଲେ ଭୁରତାବାର ଲାଗି, ଭାଷା ସିଖାବାର ଲାଗି, ମାଁ, ବଡେଇ, ଆଇମାନେ ଗୀତ ଗାଏସନ। ଇସବୁ ଗୀତମାନକୁ କେନଥ ଅର୍ଥ ଥିସି ତ କେନଥ ନି ଥାଏ। ହେଲେ ଗୀତନୁ ଏକା ଛୁଆ ଭୁରତି ଯାଏସି ଆର ଜିଭ ଚଁଡ ଚଁଟିନୁ କଥା କହେବାର ଅକଲ ଶିଖସି। ଛୁଆମାନକୁ ସଖାଲୁ ଉଠବାର ଠାନୁ ରାତି ଶୁଆବାର ତକ ଯେନ ଗୀତ ଯେତେବେଲେ ଗାଏବାର କଥା ମାଁମାନେ ଗାଇଥ୍ୟସନ। ଉତାରକେ ଉତାର ହେ ଗୀତ ହେଲା:

(୪.୧.୨) ତେଲମଖା ଗୀତ

ଛୁଆଟେ ଜନମ ହେଲା ଉତାରୁ ଷଁଠି ଘରେ ରଖସନ। ହେନ ଛୁଆକେ ତେଲ ମାଖାସନ। ମାଁ ତାର ଦୁହି ଗୋଡକେ ଆଘକେ ଲମେଇ, ଛୁଆକେ ଗୋଡ

ଉପରେ ଶୁଏଇ ତେଲ ମଖାସି । ତେଲ ମଖାଲା ବେଳକେ ଛୁଆ ତାର କଅଁଳି ଦିହଁ ଚିଆଁଲେ କାନ୍ଦସି । ନ କାନ୍ଦବାର ଲାଗି ମାଁ ଗୀତ ଗାଏସି:

ଘ୍ଁଗୋଟି ... ପାଡୋଟି ... ଚିଚିଟ...

କାଠି ଭାଂଗ ପତର ତୁଲ

ଷଁଠି ବୁଝିକେ ଜୁହାର କର ।୧।

ମାଁ ତେଲ ମଖାଲା ଉତାରୁ, ଛୁଆକେ କସରତ କରାସି । ତାହେଁରୁ ଆଁଗଠି ନେ ଧୋବ କପଡାଟେ ଗୁରେଇ ତେଲଥୁ ବୁଥୁ ଛୁଆର ଟୁଁଡ ଭିତର ପୁଛି ସଫା କରସି । ତାହେଁରୁ ଗୀତ ଗାଏସି..

ଉଖୁଁ ଖାଉଁ ଘି ଖାଉଁ

ତୁମପଡି କରି ଶୁଇଥାଉଁ ।୨ ।

(୪.୧.୩) ଶିଖାବା ଗୀତ

ଛୁଆମାନକୁ ତାଲି ମାରବା, ହାତମୁଠା କରବା, ମୁଢହଲାବା, ଧୀଏଁରେ କରବା ଶିଖାସନ । ମାଁ ଇସବୁ ଶିଖାଲା ବେଳକେ ଅଲଗ ଅଲଗ ଗୀତ ଗାଇଥୁସି । ଯେତ୍ତା:

କାଉ ମୁଟିରେ କାଉ ମୁଟି

ଦିଅ ଦୁଧ ଭାତ ଜାଉ ଘୁଁଟି ।୩।

ଗୀତ ଗାଇ ଆଁଗଠି ମୁଠା ସିଧା କଲେ ଛୁଆ ଭି ତାର ହାତର ଆଁଗଠି ମୁଠା ସିଧା କରସି । ଠିକ ହେତ୍ତା:

ତାଲି ତାଲି ତାଲି ତାଲି

ବନମାଲି ବନମାଲି ।୪।

ବଲି ଗୀତ ଗାଇ ମାଁ ତାଲି ପିଟଲେ ଛୁଆ ଭି ତାଲି ପିଟସି ।

ବଉଲା ଗାଇରେ ବଉଲା ଗାଇ

ବଉଲା ଗାଇ ମୁଢ ହଲାଇ ।୫।

ବଲି ଗୀତ ଗାଇଦେଲେ ପିଲା ମୁଢକେ ହଲାସି

(୪.୧.୪) ହଁସାବା ଗୀତ

ଛୁଆ ହଁସି ଦେଲେକି ମାଁର ମନ ଗହଗହ, ମହମହ ହେଇଯାଏସି । ମାଁ ଗୀତ ଗାଏବାର ସାଁଗେ ଛୁଆର ହାତକେ ଧରି ହେତାର ପଦମେ ଛୁଛାଟାକେ ହେଲେ ଭାତ

ରାଂଧସି, ତୁନ ରାଂଧସି । ସବୁକୁ ଗୁଁଡେ ଗୁଁଡେ ଦେସି । କୁରାପୁଛା ଛୁଆର ଟୁଁଡେ ଗୁଁଡେ ଦେଇ, ଛୁଆର ପଦମ ନୁ ମାଁ ତାର ଆଁଗଠି ମାନକୁ ଚଲେଇ ଚଲେଇ ଖାକପାସକେ କୁଟକୁଟେଇ ଦେଲେ ଛୁଆ ହସି ଉଠସି । ଗୀତ ହେଲା:

ଖୁଦୁର ବୁଦୁର...ଖୁଦୁର ବୁଦୁର

ଭାତ ରାନ୍ଧୁଁ ..ତୁନ ରାନ୍ଧୁଁ..ସାଗ ଖରଡୁଁ

କକକେ ଦୁରା

ହାମାକେ ଦୁରା

କୁକୁକେ ଦୁରା

ଯାହା ରହେଲା

କୁରା ପୁଛା ..ବାବୁର ଟୁଁଡେ ଟୁପ କଲା

କାଲିଆ ବଲଦ କୁଟୁରୁ ସିଂଘା

ଚାରହି ପରବତ ବୁଲି ଆଏଲିଁ

କାଲିଆ ବଲଦ ନାଇଁ ପାଏଲିଁ

ତମର ଗୁହାଲେ ଅଛେ ?

ଘୁଁଚ ଘୁଁଚ ଘୁଁଚ ଘୁଁଚ... ॥୭॥

ଛୁଆ ଟିକେ ରୁଷଲା ବଏଲେ, ହଁସାବାର ଲାଗି ମାଁ ଗୀତ ଗାଏସି, ହଁସ ବୁଢ଼ି ହଁସ

ମୂଷା ଲେଁଡ଼ି ଭାଜିଦେମିଁ ଖାଏବୁ ମସ ମସ ॥୭॥

(୪.୧.୫) ଝୁଲାବା ଗୀତ

ଛୁଆକର ଲାଗି ସୁଖର ଠାନ ହଉଛେ ମାଁର କୋଲ, ଛାତି ଆର ଖଦ । ଛୁଆ କାନ୍ଦଲେ ମାଁ ବସିକରି ତାର ଦୁହିଗୋଡ ଲମେଇ ଛୁଆକେ ଶୁଏଇ ଛାତି ନ ଚାପି ଧରି ଖଦେ ଶୁଏଇ, ଛୁଆର ପିଠି ଥପଡେଇ ଆଗପଛ ଝୁଲି ଗୀତ ଗାଏସି...

ଝୁଲରେ ହାତୀ ଝୁଲ ଝୁଲ

କିଆକନ୍ଦା ଖାଇ ଫୁଲ ଫୁଲ

ହାତୀ ଯଉଛେ ସମଲପୁର

ହାତୀର ମୁଡେ କୁରେଫୁଲ ॥୮॥

(୪.୧.୬) ନଚାବା ଗୀତ

ଛୁଆକେ ତେଲଫୁଲ ମଖାଲା ବେଲକେ ଛୁଆ କାନ୍ଦସି । ମଖେଇ ସାଏଲେ ଛୁଆକେ ଭୁରତାବାର ଲାଗି ମାଁ ଛୁଆକେ ଦୁହି ହାତେ ଧରି ଟିକେ ଉପରକେ ଫିଂକି ଛିନ୍ସନ । ଇନ୍ତା କରି କରି ଗୀତ ଗାଏସନ:

ଦିଅ ଫିଂକିଦିଅ ଖତ ଗୁରାକେ

କୁଆ ବେଟିନଉ ମାମୁଁଘରକେ

ମାମୁଁ ବଲବେ କାର ପୁଅ

ଗୁଧେଇ ପୁଧେଇ ଘରକେ ନିଅ

ଦୁଦୁ ଭାତ ଦୁରା ଖୁଏଇଦିଅ ।୯।

ଛୁଆ ତୁନ ପଡସି । ମାଁ ଆର ଭି କହେସି ଆମର ବାବୁର କେନସିଟା ଉନା ନାଇଁନ, ମନକଲେ ମିଠେଇ ଦନା ଖାଏବା ବଲି ଗୀତ ଗାଏସି:

ଟାକ ଧନାଧ୍ନ ଧନକି ଧନା

ବାବୁ ଖାଏବା ମିଠେଇ ଦନା

ଆମର ବାବୁର କାଏଁଟା ଉନା

କରନି କୁସମା ପଡିଛେ ଉନା ।୧୦।

ମାଁକେ ଯେନ ଜିନିଷ ସୁନ୍ଦର ଦିଶିଲା, ତାହାକେ ଜୁଟେଇକରି ଛୁଆକେ ନଚାସି ଗୀତ ଗାଇ ଗାଇ..

ଟାକ ଦୁଲ ଦୁଲ ଦୁଲରେ

ମାଖନ ଫୁଲ ଫୁଲରେ ।୧୧।

(୪.୧.୭) ଜହ୍ନମାମୁଁ ଆର ତରାର ଗୀତ

ସବୁ ଛୁଆ ଜନ ଆର ତରାକେ ଜାନିଥିସନ । ଜହ୍ନମାମୁଁ କାଇଛେ ବଏଲେ ଛୁଆ ଜନ ଆଡକେ ଦେଖସି । ମାଁ ଗୀତ ଗାଏସି..

ଜହ୍ନମାମୁଁରେ ଆଏବୁ ଆଏବୁ ରେ

ଆମର ବାବୁକେ ନେଇଯିବୁ ।୧୨।

ତରାମାନକୁ ଦେଖେଇକରି ମାଁ ଛୁଆମାନକର ଲାଗି ଗାଉଥିବାର ଗୀତ ହଉଛେ..

ଏକ ତରା ଦୁଇ ତରା

ଦୁଇ ତରା ଗଲେ ପାଇକ ପରା

ପାଇକ ପରାନେ ଗାଏ କଅଁଳାଲା

ଦଦା ଆନଲା ଖୁରସା ଦନା

ସବୁକୁ ଦେଲା ଠୁଲେ ଠୁଲେ

ବହୁକେ ଦେଲା ଛୁଟା ଦନା

ବହୁ ପଳଉଛେ ବାଟେବାଟ

ମାରଗୋ ଦଦା ତେଁତେଲ ଝାଁଟ

ବହୁ ବସିଛେ ଚୁଲ ପାଟି

ବହୁକେ ଚାବଲା ଚିମ ଚାଁଟି ।୧୩।

(୪.୧.୮) ଖୁଆବା ଗୀତ

ଛୁଆକେ ଭୋକ କଲା ବଏଲେ ହେ କାନ୍ଦସି । ମାଁ ଜାନିପାରସି, ଖୁଆସି । ଛୁଆ ଟିକେ ଖାଇଦେଲେ ଆର ନି ଖାଏ । ପେଟପୁରା ଖୁଆବାର ଲାଗି ମାଁ ରକମ ରକମ ଗୀତ ଗାଇକରି ଖୁଆସି ।

ଦୁଦୁ ଭାତ ଦିଅ ଗୋ ମାଏ

ହାପୁର ହାପୁର ବାବୁ ଖାଏ ।

ବାବୁର ଥାଲିନ କିଏ ଖାଏ ?

ଅଜା ଖାଏ,

ଅଜାର ଥାଲିନ କିଏ ଖାଏ ?

ଆଇ ଖାଏ,

ଆଇର ଥାଲିନ କିଏ ଖାଏ ?

ମାଁ ଖାଏ,

ମାଁ ଥାଲିନ କିଏ ଖାଏ ?

ନାନି ଖାଏ,

ନାନିର ଥାଲିନ କିଏ କାଏ ?

ଭାଇ ଖାଏ ।୧୪।

ଏଇଆ କରି ଘରର ବଡ ନୁ ସାନ ପଇଡେ ସମକୁ ଚିହ୍ନାସି ମାଁ । ଛୁଆ ପେଟ ପୁରଡୁନୁ ଖାଏବାର ସାଂଗେ ଘରର ସମକୁ ଜାନିପାରସି । ମାଁ ଦାଏଲଭାତ ସାନି ଗୁଁଡା ଗୁଁଡା କରି ହାତେ ଧରି ତାର ଡେବରି ହାତେ ଆଁଏଖ ଜାପି ଛୁଆକେ ଖୁଆସି । ଗୀତ ଗାଏସି..

କାନି ମାନି କାନି ମାନି କିଏ ଖାଏଲା ?

କକୋ ଖାଏଲା ।

କାନି ମାନି କାନି ମାନି କିଏ ଖାଏଲା ?

ହାମା ଖାଏଲା ।

× × × ×

ସଲା ମଲା ଚ୍ଛେଲ ଚରହୁଆକେ ବାଗ ନେଲା ।୧୫।

(୪.୧.୯) ଦାଁତ ଆଁକରିଲେ ଗୀତ

ଛୁଆର ଦାତ ଆଁକରି ବସଲେ ଦାଁତକେ କୁଟ କୁଟ ଚାବି ବସସି ଛୁଆ । ଜାନିହେସି ଦାଁତ ଆଁକରୁଛେ ବଲି । ଗୀତ ଗାଏସନ..

ଦାଁତରି ଖଜା କରଗୋ ମାଏ,

କୁଟୁର କୁଟୁର ବାବୁ ଖାଏ ।୧୬।

ମାଁ ଦାଁତରି ଖଜା କରସି, ପଡାପାଟକ ସବକୁ ବାଁଟସି ।

(୪.୧.୧୦) ଚାଲି ବସଲେ ଗୀତ

ଛୁଆ ବସି ଶିଖସି, ଠିଆ ଉଠି ଶିଖସି । ତାହେଁରୁ ପାହେ ପାହେ ଚାଲି ବସସି । ପାହାପକେଇ ଚାଲିବସଲେ ଗୀତ ଗାଏସନ..

ଚାଲନି ମଡା କରଗୋ ମାଏ,

ବାବୁ ଚାଲଲା ପାହେ ପାହେ ।୧୭।

ଛୁଆର ଚାଲି ଦେଖ ମାଁ ଉଷ୍ଟତ ହେଇ ଚାଲନି ମଡା କରସି । ଘରେ ଖାଏବାର ସାଂଗେ ବଁଟାକୁଟା ଭି କରାହେସି ।

(୪.୧.୧୧) ଶୁଆବା ବେଲର ଗୀତ

ଛୁଆ ଜଲଦି ନାଇଁ ଶୁଏ । ଘମଡ କରସି, କାନ୍ଦସି । ମାଁ ଗୀତ ଗାଇଗାଇ ଛୁଆକେ ଶୁଆସି । ଶୁଆବାର ଗୀତ ତ ଗୁରଦୁଟେ ଅଛେ, ହେ ଭିତରୁ କେଟେଟା ଗୀତ...

୧. ନାଈଁ କାନ୍ଦ ମୋର ଧନମାଲି ରେ

ନାଈଁ କାନ୍ଦ ମୋର ସୁନାଥାଲି

କାଉ କାଉ ତ କାଉ କାଉ ରେ

ଆମର ବାବୁତ ନିଦ ଯାଉ

ଶୁଇପଡ ମୋର ଧନମାଲି ରେ

ଶୁଇପଡ ମୋର ଗଲା ମାଲି ।୧୮।

୨. ଆସୁଅଛେରେ କକୋମନା

ଆମର ବାବୁକେ ନେବୁ ସିନା

ଆମର ବାବୁତ ଶୁଇଦେବା ରେ

କକୋମନା ପଳେଇ ଯିବା

ଆମର ବାବୁତ ବଡା ନୁକୋ ରେ

ଆମର ବାବୁ ତ ଗଠିର ସୁନା ।୧ ୯।

୩. ଡାଇ ଡାଇ ତ ଡାଇ ଡାଇ ରେ

ଆମର ବାବୁ ମାମୁଁଘର ଯାଇ

ମାମୁଁ ଆନି ଦେବେରେ ଦହି ଗା

ଗାଇର ଗୁହାଲେ ବସି ଖାଇ ।୨ ୦।

(୪.୧.୧୨) ରାଁପଲା ବେଲର ଗୀତ

ରାଁପି ଦେଲେ ଛୁଆକେ ଚିଆସି । ରାଁପି ହେବାକେ ମନ ନି କରେ ଛୁଆ । ମାଁ ଭୁରତେଇ ସୁରତେଇ ଗୀତ ଗାଇଗାଇ ରାଁପିଦେସି

ସଜ ସଜ ସଜ ସଜ

ଆମର ବାବୁ ଖାଇ ଯିବା ଭୁଜକାଜ ଭୁଜକାଜ ।୨୧।

(୪.୧.୧୩) ରୁଷଲା ବେଲର ଗୀତ

ଛୁଆ ଟିକେକେ ରୁଷାସି, ଅଡବି କରସି । ମାଁ ପାଇକରି ଗୀତ ଗାଇଦେସି । ଗୀତ ଶୁନି ଛୁଆ ଭୁରତି ଯାଏସି ଆରି ତାର ରୁଷାଫୁଲା ଭାଁଗି ଯାଏସି ।

ତରୋ ରୋରୋ ତରୋରୋ ରୋରୋ ରେ

ନାଇଁ କାନ୍ଦ ଆର ଧନ ମୋର

ତୋର ବୁଆ ଆନିବା ଲଠି ବୁରୋ ରେ

ଆନିଦେବା ପାଟିଲା ବୁରୋ । ୭୭ ।

×× ××

ମୋର ଧନକେ କିଏ ଗାଲି ଦେଲା ରେ

ମୋର ଧନକେ କିଏ ମାଡ ଦେଲା

ଭାଇ ସାଂଗେ କାଇଁ ଖେଲିଯିବୁ ରେ

ଦାଦା ସଂଗେ କାଇଁ ବୁଲିଯିବୁ ।୭୩ ।

(୪.୧.୧୪) ଛୁଆଙ୍କର ଗାଏଲା ଗୀତ

ମାଁ, ଆଈ, ବଡେଇ ମାନଙ୍କର ଠାନୁ ଛୁଆ ରକମ ରକମ ଗୁରୁଦୁଟେ ଗୀତ ଶୁନନ୍ତି । ସୋର ରଖନ୍ତି । ଏତକେ ଡାପ୍‌ନେ ଗାଏନ୍ତି ।

(୪.୧.୧୫) ବର୍ଷା ଆର ଖରାର ଗୀତ

ପାଏନ ବରଷିଲେ ଛୁଆମାନଙ୍କର ଉଷ୍ଣତ କହେଲେ ନି ସରେ । କେତେ ରକମର ଗୀତ ଗାଏସନ । ସେ ସବୁ ଗୀତ ହେଲା:

କଳାହାଁଡିଆ ମେଘ ଘୁଟି ଆଏଲେ ଛୁଆମାନେ ଗାଁ ଖୁଲିର ପିଢାଁମାନଙ୍କୁ ଠୋଲ ହେସନ । ବର୍ଷା ହଉ ବଲି ଉଷ୍ଣତ ମାଡେ ଗୀତ ଗାଏସନ:

ରଜାଘରର ବାଉନ ଖୁଁଟି

ଦେ ମହାପୁରୁ କୁଟି କୁଟି

ରଜାଘରର ସୁନା କୁଲେଇ

ବରଷିଦେ ମେଘ ଦୁଲ ଦୁଲେଇ ।୭୪।

ମାମୁଁଘରର ପାଚଲା ଫୁଟି

ଦେ ମାହାପୁରୁ କୁଟି କୁଟି ।୭୫।

କୁଁଢାଭୁରି ଲେଖେଁ ପାଏନ ବରଷିଲା ବଏଲେ, ଛୁଏ ଗାଏସନ:

ପାଏନ ଭୁରେ ଭୁରେ କଲା ନ

ଚଟିଆ ଛୁଆ ମଲାନ ।୭୬।

ପାଏନ ଟୁପୁର ଟାପୁର ବରଷିଲା ବ୍ୟଲେ ଛୁଏ ଗାଏଲା ଗୀତ ହଉଛେ:

ପାଏନ ବରଷିଲା ଟୁପୁର ଟାପୁର

ଚନା ଚାବ ପିଲେ କୁଟୁର କାଟୁର । ୨୭।

ପାଏନ ଯୋରସେ ବରଷିଲେ ଛୁଏ ଯେନ ଗୀତ ଗାଏସନ, ସେ ଗୀତ ହେଲା:

ପାଏନ ବରଷିଲା କୁଟକୁ କୁଟା

ଆନ ଖାଏମା ମହୁଲ ଲଠା ।୨୮

ଧୁକି ଧୁକି ପାଏନ ବରଷିଲେ ଗୀତ ଗାଏସନ...

ପାଏନ ବରଷିଲା ଧୁକି ଧୁକି

ଭାତ ଖାଏମା ଫୁକି ଫୁକି ।୨୯।

ବରଷା ହେଲେ ଛୁଆମାନେ ଗାଁଖୁଲି କି ଭଟାନେ ଖେଲି ନି ପାରନ । ବରଷା ଛାଡିଲେ ସିନା ଖେଲବେ । ହେଥିର ଲାଗି ବରଷା ଛାଡିଯଉ ବଲି ଗୀତ ଗାଏସନ:

ରଜା ଘରର ଚଟା କୁଲେଇ

ଡଂଗରେ ଡଂଗରେ ନେ ଉଡେଇ ।୩୦।

ବରଷା ଛାଡିଯଉ ବଲି ଗୀତ ଗାଏବାର ସାଂଗେ ଖରାହଉ ବଲି ଭି ଗୀତ ଗାଏସନ:

ତୋର ବାଦ୍ଲକେ ନେ ରେ

ଆମର ଖରାକେ ଦେ ରେ ।୩୧।

ଘାଏ ଘାଏ ପାଏନ ବରଷିବା ସାଂଗେ ଖରା ଭି ହେସି । ଏନତା ଖରା ବରଷା ଏକେସାରି ହେବାର ଭେକେଛେକେ ଦେଖବାକେ ମିଳସି । ଛୁଏ ଖରାପାଏନକେ ଦେଖ୍ ଗୀତ ଗାଏସନ:

ଦେଖ୍ ଖରା ପାଏନ କଲାରେ

ବାଦଲର ମାଁ ମଲାରେ ।୩୨।

ଖରାବର୍ଷା ହେଲା ବେଲକେ ଯାର ନାଁ କି ମାଏନ କରି ଛୁଏ ଡାକସନ । ହେ ଝନକ ଓ କଲା ବ୍ୟଲେ ତାହାକେ ଢୋଲ ଲଗାସନ:

ମୋର ଖରା ପାଏନ ଭୁଲେ । ୩୩।

(୪.୧.୧୬) ବିରଞ୍ଚଲା ଗୀତ

ଖେଳଲା ବେଳକେ ଛୁଆ ମନକର ଭିତରେ ଖେଜାବିରଞ୍ଚ ଲାଗିଥିସି । କେନସି ପିଲା ଲାଁଡୁ ହେଇଥିଲେ ତାହାକେ ଦେଖ୍ ସାଂଗମାନେ ବିରଞ୍ଚେଇ ଗୀତ ଗାଏସନ:

ଲାଁଡୁ ମୁଢି ଠାଏ ଠଡକୋ

ସେମେଲ ଗଛେ ପୂଜା

ଆନରେ ଲାଁଡି ପାଏନ ଗଡେ

ତତେ କରମି ପୂଜା । ୩୪।

ଶୀତ ଦିନେ କେନସି ପିଲା କି ଟୁକେଲ ଖୁଁଡଖୁଁଡିଆ ହେଇଥିବା ବଏଲେ, ତାହାକେ ଦେଖ୍ ଗୀତ ଗାଏସନ:

ଶୀତ ବଏଲା ମିତ ଭାଇ

ଖୁଁଡଖୁଁଡିଆକେ ଦେଖଲୁ କାହିଁ

ତାପୁଛେ ଉମହେଇ ଗାଉଛେ ଗୀତ

ପିଠିନେ ପକେଇ ଦେଇଛେ ଶୀତ । ୩୫।

ପେଟୁ ପିଲାକେ ଦେଖ୍ ସାଂଗମାନେ ବିରଞ୍ଚେଇ କରି ଗାଏଲା ଗୀତ ହଉଛେ:

ସିର ବସାଲା ସିର କୁମୁନା

ବିର ବସାଲା ବିର କୁମୁନା

ପେଟୁ ବସାଲା ବଡେ କୁମନା

ସିରଥ ଲାଗଲୋ ସିର ବଲିଆ

ବିରଥ ଲାଗଲା ବିର ବଲିଆ

ପେଟୁଥ ଲାଗଲୋ ଗାଏ ଫରିଆ

ସିର ଖାଏଲା ସିର ତୁନ

ବିର ଖାଏଲା ବିର ତୁନ

ପେଟୁ ଖାଏଲା ଗାଏ ତୁନ ୩୬।

ଏଠା ଟୁକେଲ ମାନକେ ଭି ସାଂଗମାନେ ବିରଞ୍ଚେଇ କରି ଗାଏସନ:

କୁଠୁଲ ପେଟି

ସଖାଲୁ ଯାଏସି ଖଜୁର ବେଟି

ଖଜୁର ତଳେ ପଡ଼ିଲା ହିଟି

ଡେବରି ଗୋଡ଼ଟା ହେଲା ଛୁଟି ॥୩୭॥

ଯେନ ଛୁଆ ବଡ ବଡ ଡ଼ପ କଥା କହେସି, ସାନ ସୁରୁ କଥାକେ ବଢେଇ କରି ବଡ ବଡ ବାୟଗନ ବିକସି, ତାହାକେ ବିରଞ୍ଝାବାର ଗୀତ:

ଡମ କହି ଘରେ ବାଜିଲା ବଜା

ଠେଲକୋ ଡୁନେ ଘି ପରଞ୍ଝା ॥୩୮॥

ଧାନ ତାମେକର କୁଟିଲି ଚୁନା

କେତେ ହେଲିଁ ଫେନ ଟେଢ଼ା ଦୁନା

ମାନେ କର ତିହିଁ କଲିଁ ଗଁଢ଼ାଁ

ମାଁ ହଲ ହଲ ପୁଥ ଅଁଢ଼ାଁ

ଛ'କୋର କଲିଁ ନ'କୋର କଲିଁ

ସେଁକି ବୁଜି ଫେନ ତିନ କୋର କଲି

କହେଲେ କହେବ ଡ଼ପ କରୁଛେ

ଖାୟଲେ ଘି ଥୁପି ପଡ଼ୁଛେ ॥୩୯॥

ଫୁଲେଇ ଟୁକେଲ କାରନେ ମେଶି ନି ପାରେ । କାଲି ଗାୟର ଅଲଗେ ଗୋଠ ଲେଖେଁ ଅଲଗେ ଥିସି । ହେନତା ଟୁକେଲକେ ବିରଞ୍ଝେଇ ଗୀତ ଗାୟସନ:

ଫୁଲେଇ ଗାଲି ଲବର ମାଁ

ଧାନ ଘିନି ଜିମା ତମର ଗାଁ ॥୪୦॥

କେନସି ଛୁଆକେ ବେଦନ ବାହାରିଥିବା ବୟଲେ ବଡ଼ା ଗୁଲଗୁଲା ହେବାକେ ପଡସି । ଖେଲିବୁଲି ନିପାରେ କି ଠିକସେ ଚାଲି ଭି ନିପାରେ । ତହାକେ ଦେଖି ବିରଞ୍ଝେଇ କରି ଗାୟସନ:

ଗଣେଶ୍ବର ଗିୟେ ବେଦନ

ଫାଟେ ନାଇଁ ଟୁଟେ ନାଇଁ

କରେ ଟନ ଟନ

ଗଣେଶ୍ବର ଗିୟେ ବେଦନ ॥୪୧॥

ଛୁଆମାନେ ପୁହୁରା ହେଲେ କି ସାଫ୍ସୁତର ନି ରହେଲେ ଖସୁଖୁଜରି ବାହାରସି ଦାହେଁ । ଯାହାକେ ଖସୁ ହେଇଥିବା, ତାର ସାଁଗେ କିହେ ନି ମେସନ ଡେଗବା ବଲି । ତାହାକେ ବିରଞ୍ଝାସନ...

ଖସୁଆ ପାଁଡେ

ଧାନ ଦୁଇ ଖଣ୍ଡି

ଗୁରୁଜି ଖଁଡେ ।୪୨।

ଯେଉଁ ପିଲା ଗଧା ଟା, ପାଠସାଠ ନି ପଢେ କି ପଢିବାକେ ଠଁକୁଥିସି, ତାହାକେ
ଦେଖିଲେ ପିଲେ ଗାଏସନ...

କଁଟା ମୁରୁଖ

ଲଁଟା ଘିଚେ ପୁରୁକ ପୁରୁକ

ପାଠ ପଢିଲେ ପଁଡିତ ହେବୁ

ମୁରୁଖ ହେଲେ ଭାର ବୁହିବୁ ।୪୩।

ଛୁଆମାନଙ୍କର ଗୁରୁସ ପିଆ ଦାଁତ ଭାଂଗିସି, ନୁଆଁ ଦାଁତ ଆଁକରିସି । ଦାଁତ
ଭାଂଗି ଖଁଡୁ ହେଇଥିବାର ପିଲାକୁ ବିରଝାସନ...

ସବୁ ପିଲା ଗାଧିଗଲେ

ଗୁଚେ ପିଲାନାଇଁ

ବନ୍ଧତଲର ସୁକଟି ଗୁହୁ ଖାଇ ଖାଇ

ତାର ମଁଝିର ଦାଁତ ନାଇଁ ।୪୪।

ଟୁକେଲ ଖଁଡି ହେଇଥିଲେ ତାହାକେ ବିରଝାସନ...

ଖଁଡି ଦାଁତି ନରସିଂଗ

ସବୁ ପିଲାକର ପାଠ ସୁଁଗ ।୪୫।

କେନସି ଟୁକେଲ ଟେରି ହେଇଥିଲେ କି ଟେରେଇକରି ଦେଖୁଥିଲେ, ତାହାକେ
ବିରଝେଇକରି ଗାଏସନ...

ଟେରି ଟେକର

ଟେରି ଜାନେ ମନତର

ଟେରି ଦରପନ ଦେଖେ

ଟେରି କଜଲ ମାଖେ ।୪୬।

ଛୁଆମାନେ ତାକର ତାକର ଭିତରେ ଜିନିଷ ଦିଆନିଆ ହେସନ । ଦେଲା
ଜିନିଷକେ କିଏ ମାଗଲା ବଏଲେ, ତାହାକେ ବିରଝେଇ ଗାଏସନ..

ଦେଲାଟାକେ ନେଲାରେ,

କାନ୍ଦ ଘଁଟା କଲାରେ ।୪୭।

ଜଧରଭି କେନସି ଛୁଆ କେନସି ଗୁନୁ ଛୁଟେଇ ଛୁଟେଇ ଚାଲୁଛେ ବଏଲେ ତାହାକେ ଦେଖି ବିରଝେଇ କରି କହେସନ...

ଟେହେଁଗା ଗୁଡାକେ ଫୁଲ ଚନ୍ଦନ

ଉଡଶା ଯିବାକେ ମନ ।୪୮।

ଛୁଆମାନେ ରକମ ରକମ ଖେଲ ଖେଲସନ । ଖେଲଲା ବେଲକେ କିଏ କିଏ ଖିଜନି ଭି କରସନ । ଖିଜନି କଲା ପିଲାକେ ବିରଝେଇ କରି କହେସନ...

ଖିଜିନି ଖିଜି ଗଲା

ଅଁଟାନେ ଦାଦୁ ହେଲା

ବଇଦ ଉଷୋ ଦେଲା

ନି ଛାଡଲା କାହାର ଗଲା

ଖିଜନି ଘରର କାଏଁ ତୁନ

କିରହା ସର ସର ମୁଗ ତୁନ ।୪୯।

କେନସି ଟୁକେଲ ଖିଜନି କଲେ ତାହାକେ କହେସନ...

ଟୁକେଲ ଗୁଟେ ଖିଜଲା ନ

କଁନ୍ଧ ଘଏଁତା କଲା ନ ।୫୦।

(୪.୨) କବାର/ହଲିଆ ଗୀତ

ଗୀତ ଆର କାମ ଜଁଲାଜିଁଆ । କମିହାଁ ଗୀତେ ହଜିଯାଏସି । ମଏଧାନର ଖରା, ଶରାବନର ଝଁକେର, ପୁଷର ପବନ କିଛି ନି ବାଧେ । ନିଜର ଗୀତର ଧୁନଥି ଜୀବନ ଆର ସମାଜର ବର୍ଣ୍ଣନା କରି ବିଭୋର ହେଇଯାଏସି । ଇ କରମ ଗୀତକେ ମୁନୁଷ ଆର ମାହେଜି ଗାଏବାର ଅନସାରେ ଦୁଇଭାଗ କରାଯେଇପାରେ । ସେ ଭିତ୍ରୁ ମୁନୁଷପିଲା ଗଉଥିବାର ଗୀତକେ ହଲିଆ ଗୀତ କହେସନ ।

ଶରାବନର ଝଁକେର ପାନି, ପୁଷର ଥୁରଥୁରା ଶିତେ ହଲିଆ ହଲ ଜୁତସି, ଧାନ ମଡାସି । ତାର ହାଡଭଂଗା ମେହନତେ ସାଁକାରର ଭଦରି ପୁରସି ହେଲେ ହଲିଆକେ ତାର ମାସରି କେଭେ ନି ଅଁଟେ । ତାର ପରାନ ଛଟଛଟେଇ ଯାଏସି:

ବଏଲାରେ କାଲିରର ଖରା ଠାନୁ ଯେ

ଆଜିର ଖରା ଟାନ

ଭୁତି ତାମିକିଆ ଗୁଢ଼ି ଜୀବନ

ଜୀବନ ଘିନଇ ପରାଣ ହୋ... ।

ଦୁଃଖୀ ଜାନେ ଦୁଃଖର କଥା । ହଳିଆର ସାଂଗ ବଲଦ, ବେଳ ଉଚ୍ଚୁର ହେଲେ ହଲହଲିଆକେ ବାଧସି । ବଲଦର ତୁଣ ନି ଫୁଟେ ହେଲେ ପାହା ଶୁଷ୍ଟା ହେଇଯାଏସି । ହଳିଆର ମନ ସାଁକାର ନି ଜାନେ ହେଲେ ହଲର ମନ ହଲିଆ ବୁଝସି ଆର ଗାଏସି:

ବଏଲାରେ,

ଚାଲ ଚାଲ ବଲଦରେ ନକର ଭାଲେଣି

ଶୋଇବ ଶୀତଲ ଛାଇ ଜାଣିରେ

ହଲିଆ ଯେତେବେଲେ ଝାରକେ କାଟକାଟି ଯାଏସି, ଛିନା ଝାରେ ନିଜକେ ଏକଲା ନେଇଁ ଭାବେ । ବଲଦ ବାଗିର ଘର ପୁଷା ଯନ୍ତୁମାନକୁ ନିଜର ସାଂଗ ବନେଇ କରି ଗାଏସି:

ବଏଲାରେ,

ଝାରର ଭିତରକୁ ପଶିଗଲି ଏକା

କେହି ନାହିଁ ବଂଧୁରେ ବାଂଧବ

ବାଂଧବରେ ଝାରର ଯନ୍ତୁ ସଖାରେ ।

ଖରାମାସେ ଝାରେ ଜାନ୍ତକେ ଅଜାନ୍ତକେ ଜୁଏ ଲାଗିଯାଏସି । ପ୍ରକୃତି ନାରଖାର ହେଇଯାଏସି । ହଲିଆର ମନ କାନ୍ଦସି । ସବୁ ଦୋଷ ଆର ପାପ କାମକେ ନିନ୍ଦା କରସି:

ବଏଲାରେ,

ଜନମ ହେଲୁ ବଲାରେ ଅଭେଲ କୁମର

ନିଆଁ ଲାଗାଇଲୁ ବନସ୍ତ ଭିତର

ଯେତେ ଜୀବଜନ୍ତୁ ମରିଲେ

ମରିଲେରେ, ସେ ପାପ କାହାରେ ।

ହଲିଆ ଅବିହାରି ହେଇଥିଲେ ତାର ବହୁ ଥିର ଆନିଦେସି । ଖରାଦିନେ ଜାମଗଛ ତଲେ କାଁକର ଲାଗସି ସେଠିର ଲାଗି ତାର ବହୁ ମନାକରସି ଜାମ ଡାଲ ଭାଂଗବାରକେ । ସେ କଥା ସେ ସୋର କରସି:

ବଏଲାରେ,

ସବୁ ଡାଲ ଭାଂଗିବ ଦିଅର ଜାମୁଡାଲ ନାଈଁରେ

ଆହା ଜାମୁଡାଲ ହେମ କାକର

ଆରେ କାକର ଖରାର ବେଳେ ଛାଇ ହୋ ।

ହଲିଆ ମନଭିତ୍ରେ ମନର କଥା ଦବେଇ ଦେଇଥିସି । ଛିନାଛକା ସଜ ପାଏଲେ ବଲଦକେ ଶୁନାସି:

ବାତର ବିନୁଆଁ ଗଛ ଗା ଥିପି ତ ପଡେ ମହୁ

ଆଗର ପାନତିରେ ଗା କାହାଘର ବହୁରେ

ଏ, ବହୁ ତ ଫୁଲମାଲେ ଦେମି ପରେ ବହୁ ଗା

ମୋର ଘରେ ଛନେ ରହୁ ହୋ ।

ହଲିଆ ତାର ଗୀତେ ଦେ ଦେବତାକୁ ବି ସରଗୁ ଉତରେଇ ଆନସି ଖେତକେ । ସେମାନେ କୁଟୁମବସିଆ ଚାଷ କରସନ ବେଳକେ ହଲିଆ ଗାଏସି:

ବଏଲାରେ,

ରାମ ଲଇଖନ ଯେ ଦୁଇଗୋଟି ଭାଇ

କେ ଫାଂଦେ ନଂଗଲ ଯେ କେ ଫାଂଦେ ଆଡମଇ

କାଦୋ କରିଛନ ଗଜବାହାଲେ

ଗଜବାହାଲେ କେଁ, ସୀତଯ୍ୟା ଯିବେ ରୁଇ ହୋ... ।

ସେ ପାଠୁଆ ପଣ୍ଡିତମାନକୁ ସଂକିରସି ହେଥିର ଲାଗି ତାର ସାଂଗ ବଲଦକେ ପଚରାସି:

ବଏଲାରେ,

ଏକ ଗୁଟି ଡିମକୁ ଯେ ଦୁଇ ଗୁଟି ଛୁଆ

ଗୁଟେ ନିଲବର୍ଷ ଯେ ଗୁଟେ ଧଉଲିଆ ହୋ

ଡେନା ନାଇଁ ପକ୍ଷୀ ତ ଶୂନ୍ୟରେ ଉଡ଼ୁଛେ

ପାନି ନାଇଁ ହଂସରେ ଚହଲା ମାରୁଛେ,

ପାଠ କରିଦେବୁ ଭାଇ ପଂଡିତ ମୁରୁଖ ପଚାରୁଛେ ହୋ ।

ହଲିଆ ଗୀତେ ସାମାଜିକ ଛଏଁରା ବି ଦିଶସି । ଲୋକର ବିଶ୍ୱାସ, ଭୂତପ୍ରେତ, ରୀତିନୀତି ଚାଲିଚଲନ ଝଲକିସି ।

ବଏଲାରେ

ଗୁପର ଗଉଡ ଗୁପେ ହୋଇଲେରେ ବାଇ

କାହ୍ନୁ ସାଙ୍ଗେ ଗଲେ ଯେ ତାଲସଜ ଖାଇ

ତାଲ ତଲ ଭୂତରେ ମାତଇ ଅବେଲ କହ୍ନାଇରେ ।

କୋସଲି ମାହେଜି ଉଷାବରତ ବଦିଆଁ କରସି । ସେଟାକେ ଦେଖି ହଲିଆ

ଗାଏସି:

ବଏଲାରେ,

କାଲି ଗୁରି କରି ଦୁହେଁ କରିଲେରେ ଉଷା

କାଲି ପେଟେ ବାଲିର ଜନମ

ଆରେ ଜନମ, ଗୁରିର କୁଲ ଛୁଛାରେ, ହ ।

ତାର ସାଁକୁର ମାର୍ଲା ଭିତରେ ରାମାୟଣ, ମହାଭାରତ, ହରିବଂଶ ବାଗିର

ପୁରାନ ଗାଇଦେସି; ଗୁଟେ ପଦେ ଗୁଟେ ଅଧିଆ । ସେଥି ଅଲଙ୍କାର ନାଇଁ ଥେ, ରସ

ଥିସି, ଚାତୁରି ନେଇଁ ଥେ, ମାଧୁରି ଥିସି, ବର୍ଣ୍ଣନା ନେଇଁ ହେଲେ ବ୍ୟଞ୍ଜନା ଅଛେ ।

ବଏଲାରେ,

ଦୁଲିତ ଦୁଲିରେ ଶିଆଲି ଲଟା ଦୁଲି

ଦୁଲି ଝୁଲୁଥିଲେ ପ୍ରଭୁ ବନମାଲିରେ

ଆହା, ଝାରେ ବୁଲୁଥିଲା ଜାରା ଶବର

ମାଇଲା ମୃଗ ବୋଲିରେ ।

ବଏଲାରେ, ମାଇଲା ଶବର ତୋହର ଦୋଷ ନାହିଁ

ତୋହର ବାପକୁ ମାରିଥିଲିଁ ମୁହିଁ

ଆହା ପିତା ମରା ରୁଣ ଯେଭେ ସୁଝିଲୁ

ସୁଝିଲୁ ଶବର ପୁଅ ତୁହିରେ ।

ହଲିଆ ଗୀତ ପ୍ରାୟ ତିନ ପାଦ ଥିସି । ଠାନ ଠାନ ପାଁଚ ଛ ଚରଣ ବି ଲମସି ।
ହଲିଆର ପାରିବାରିକ, ସାମାଜିକ ଜୀବନ ସାଙ୍ଗେ ପୁରାଣ କଥା ବି ହଲିଆ ଗାଏସି ।
ହଲିଆର ସିରଜିନା ବେଯୋଡ, ଅନୁଭୂତି ଯେତକି ବାସ୍ତବ ସେତକି ସରସ ସୁନ୍ଦର
ଆର ମନଉଲସ୍ୟା ।

(୪.୩) ପ୍ରେମ ଗୀତ

ପଶ୍ଚିମ ଓଡିଶାର ଲୋକ ସାହିତ୍ୟରେ ପ୍ରେମ ଗୀତର ପରିମାଣ ବୋଧେ ସବୁ
ନୁ ଜହ । ପ୍ରେମ ଗୀତ ଜୁଆନ ଧାଙ୍ଗରା-ଧାଙ୍ଗରିର ମନ ଭିତରେ ଦବି ରହେଲା ଭିନ

ଭିନ ପ୍ରେମ ଭାବକେ ମୌକା ଦେଖିକରି ଆର କେନ ଉପମାର ଉଧେ ମନର କଥାକେ
ଢିଲିଥିସି । ସାହିତ୍ୟର କଳାତ୍ମକ ଘୁରେନ ଭିତରେ ସମାଜ ନ ସ୍ୱୀକୃତି ନି ପାଏଲା ରସ
ବାଗିର ଲାଗୁଥିବା ହେଲେ ରସ ନି ହେଇଥିବା କେତନି ସାହିତ୍ୟକେ "ରସାଭାସ"
କହିପାରମାଁ । କୋସଲି ଲୋକ ସାହିତ୍ୟଥି ରସ ନୁ ରସାଭାସ ସାହିତ୍ୟର ପରିମାଣ
କେତନି । କେତେବେଲେ ଲୋକକବି ସିଧା ନିଜର ମନର କଥା କହି ନି ପାରି
ପୌରାଣିକ ଚରିତ୍ର ରାଧା-କୃଷ୍ଣ ଉଧେ ନିଜର କଥା କହିଥିସି ତ କେତେବେଲେ
ପ୍ରକୃତିକେ ନିଜର ରାଁଝ ବନେଇଥିସି । ପ୍ରେମ ଗୀତମାନେ ପରବ-ପର୍ବାଣୀ, ଯାନି-
ଯାତ୍ରା, ତିହାର-ବାର ଆର ବଛରର କେନସି ବି ସମିଆଁଥି ବନିଥିସି । ଇ ପ୍ରେମ
ଗୀତମାନେ କେନଟା ବାଜନା ସାଁଗେ ବେଭାର ହେସି ତ କେନଟା ବିନ ବାଜନା
ଥି । ପ୍ରେମ ଗୀତ ମୁନୁଷ ଆର ମାହେଜି ଦୁହି ଲୁକ ଗାଏସନ ।

(୪.୩.୧) ଡାଲଖେଇ

ଦଶରା ମାସ, ଉଜଲ ପଖର ଅଷ୍ଟମୀ ଦିନ କୋସଲାଞ୍ଚଲ ନେ ଭାଏଜିତା
ମନାହେସି । ସେ ଦିନେ ଗାଁର ଟୁକେଲମାନେ ନିଜର ଭାଏର ମାଁଗଲ ଲାଗି ନିର୍ଜଲା
ଉପାସ ରହେସନ । ହେ ଦିନ ରାତି ପୂଜା ସରଲା ପରେ ଡାଲଖେଇ କୁଠି ନ ରାଏତଭର
ଆର ଇ ଦିନୁଁ ପୁନି ତକ ଫି ରାଏତ ଡାଲଖେଇ ନଚାହେସି । ଡାଲଖେଇ ଅସଲରେ
ଗୁଟେ ଦେବୀ ଆନ । ତାଙ୍କର ଆସ୍ତାନକେ ଡାଲଖେଇ କୁଠି ବଲସନ । ଡାଲଖେଇ
ନାଁଟା ଦେବୀଙ୍କର ନାଁ ଅନସାରେ ଦିଆହେଇଛେ । ଯେହେତୁ ସେ ନାଚଟା ତାଙ୍କର
ପୂଜା ବେଲକେ ନଚାହେସି ।

ଆଘୋର ଲୋକ ଧାର-ଖମନର ପଶୁଜାଁତୁ ଆର ବିପଦ-ଆପଦ ନୁ ବଁଚବାର
ଲାଗି ଦେବୀକେ ପୂଜା କରୁଥିଲେ । ଫେର ଧିରେ ଧିରେ ଡାଲଖେଇ ଦେବୀ ବନଦୁର୍ଗା
ଆର ଦୁର୍ଗା ସାଁଗେ ଏକେ ନାଁ ଥି ଜନାଗଲା । ଇ ପୂଜା ସାଁଗେ ଜଡିତ ଥିବାର
ନାଟିଥି ଗାଁର ସମକିରର ସୁଖଶାନ୍ତି ଲାଗି ପ୍ରାର୍ଥନା କରାହେସି ।

ଡାଲଖେଇ ପୂଜା

ଅଷ୍ଟମୀ ଦିନ ଟୁକେଲମାନେ ନଏଦର୍ଖଁଡି କି ବଁଧଘାଟେ ଠୋଲ ହେସନ ।
ଗାଧିପାଧି ସାରିକରି ତାକର ଭିତୁ ୫ନେ ନଏଦ କି ବଁଧ ଭିତୁ ସାତ ଉଁଝଲା ବାଏଲ
ଆନିକରି ପୂଜା କରବାର ଲାଗି ଗୁଟେ ପିଁଢା ବନାସନ । ସେଥି ଆମପତର ଥୁଇକରି
ତେହିଁର ଉପରେ ଜଲଲୋ ସଏଲତା ରଖସନ । ଇ ପୂଜା ସାତଥର ସାତଟା ଟୁକେଲ
ସାତ ଉଁଝଲା ବାଏଲ ଆନିକରି କରସନ । ତେହରୁ ଡାଲଖେଇକେ ପୂଜା କରାହେସି ।

ଡାଲଖେଇ ପୂଜା ବେଳକେ ନାଚଗୀତ ହେସି । ନଅଁମି ଦିନ ଫେର ଟୁକେଲମାନେ ଡାଲଖେଇ କୁଠି ନ ଠୋଲହେସନ ଆର ଜାହା ଜାହା ପୂଜା ଖଂଜା ଲାଗିଥିସି ସବୁକେ ଠାନେକେ କୁଗରାସନ ଆର ବଜାଗଜା କରି କରି ବଂଧକେ ଉହଲେଇ ନେସନ । ତବବି ଦଶରାର ଦଶମୀ ତକ ସବ ଡାଲଖେଇ ନାଟିଥି ମାତାଲ ହେଇଥିସନ । ସାରା ଗାଁ ବିନସୁରିଆ ହେଇ ଯେଇଥିସି ଇ ନିଶାଭରା ନାଟିଥି ।

ଡାଲଖେଇ ପୂଜା ହିସାବେ ମନାହେସି ହେଲେ ନାଚଗୀତଟା ତାର ଜୀବନ ଏ । ନାଚନିମାନେ ଅଧଖଣିଆଁ ଜନ ଆକାରୁ ଠାଡ ହେଇକରି ନାଚସନ । ପହେଲା ଦୁଇ ପଦ ଗୀତ ଗେଇ ଦେବେ ଆର ଫେର ଡାଲଖେଇ ପାରେ ବଜାର ସୁରେ ଅଁଟା ଲୁହି କରି ନାଚସନ । ଜୁଲି ଜୁଲି ହେଇ ଗାନାବାଜନାର ତାଲେ ପ୍ରଶ୍ନ ପଚରା-ପଚରି, ବିର୍ଖାଁଖିର୍ଖା ହେସନ । ଡାଲଖେଇର ଗୀତମାନେ ସାଂଗେ ସାଂଗ ପଦକେପଦ ଭିରେଇକରି ଖିଆଲମସଗୁଲ, ବିର୍ଖାଁଖିର୍ଖା, ପ୍ରେମ, ପୁରାଣ ଆଦିର କଥାବସ୍ତୁକେ ନେଇକରି ଗାଏସନ:

ଡାଲଖେଇ ରେ...ଡାଲଖେଇ ରେ...

ତୁମେ ତ ଛୁଇଁଲ ନାଗର ବଲା,

ତୁମର ଲାଗି ମୋର ଜୀବନ ଗଲା

ତୁମର ଲାଗି ଘରେ ଖାଏଁ ମୁଇଁ ଗାଲି

ତୁମେ ଦଗାଦିଆ ନାଗର

ହେ ବନମାଲି, ମଜ୍ବୁର ଚୁଲି କାଏଁ ଡାଲଖେଇ ରେ... ।

ଡାଲଖେଇରେ...ଡାଲଖେଇରେ...

ମୁଇଁ ତ ଭଣଜା ତୁମେ ମୋର ମାଇଁ,

ତୁମର ଲାଗି ଆଁଖି ଝୁମୁରା ନାଇଁ

ତୁମର ଲାଗି କେତେ ଗାଈ ଚରାଇ

ଖୁଜି ନୁରି ବୁଲେଁ ଯମୁନା ଜାଇ,

ଯମୁନା ଯାଇ କାଏଁ, ଡାଲଖେଇ ରେ... ।

ଡାଲଖେଇରେ...

ଶ୍ରାବଣ ମାସରେ ଝରି ବରଷା

ତମର ଦିହଁକେ କରିଛେଁ ଆଷା

ଚନ୍ଦର ଉଦିଆଁ ମୁହଁ ମୋହର

ବାଟ ଦେଖୁଛେଁ ଅଠ ପହର

ଆଷାଢ ଗଲା ଯେ ଶ୍ରାବଣ ଯିବା

ବାଟ ଦେଖି ଦେଖି ଦିନ ସରିବା

ଆସ ଆସ କର ଗମ୍ଭିରି ବିଜେ

ଶୁଆମି ତମକୁ ଦିହର ଶେଯେ

କାହଁ ଡାଲଖେଇରେ.....

(୪.୩.୨) ରସରକେଲି

ଡାଲଖେଇ ବାଗିର ରସରକେଲି ଗୀତ ବି ଲୋକଧର୍ମକେ ଆଧାର କରି ବନିଛେ। ରାସକେଲି ନୁ ରସରକେଲି ବନିଥିବା ଅନୁମାନ। ଇଥି ରାଧା କୁଷ୍କୁ ଆଧାରକରି ପ୍ରେମ ଭାବନା ପ୍ରକାଶ କରାହେସି। ପ୍ରେମ ରସ ରସରକେଲି ଗୀତର ନିହି। ବାଜନାର ଉଧେ ଦୁହେଁ ମାହେଜି ଆର ମୁନୁଷ ନାଟି ନାଟି ବେଭାର ହଉଥିବା ରସରକେଲି ଗୀତ। ଡାଲଖେଇ ଉତାରୁ ପଶ୍ଚିମ ଓଡିଶାର ସବୁ ନୁ ଜହ ଲୋକର ମନକେ ଛୁଇଁ ପାରିଛେ। ଇଟା ଧର୍ମ ଉଚ୍ଛବ, ବିହାବରପନ, ଆର ଭିନ ଭିନ ଉଚ୍ଛବଥି ବେଭାର ହେସି।

ରସରକେଲି ରେ...

ଖଜୁର ଗଛକେ ଗୁନଟା ମୁଷା ଚଢିଗଲା

ଖଜୁର ଗଛକେ ଗୁନଟା ମୁଷା ଚଢିଗଲା

କଲାକାନ୍ଦୁର ବଇଁସି ଶୁନି ରାଧା ବାଇହେଲା

ରାଧା ତର ତର, ଛାଡି ଘର ବର,

ଆସି ଯେଢେ ମିଲିଗଲା କଦମ୍ବର ମୂଲ

କାନ୍ହୁର ପ୍ରେମଥି ଭୁଲେ ମାତିଲା

ରସ ମାତିଗଲା ରସ ରସକି ଗଲାରେ

ଆମର ବାଡ଼ିଆଡ଼େ କଳା ଦହନା

ଟଂକେ ବାରଅଣା ରସ ରସକି ଗଲାରେ

(୪.୩.୩) ମାଏଲାଜଡ଼

ରସର ବ୍ୟଢ ହିଁ ସାହିତ୍ୟକେ କାଳଜୟୀ କରିଦେସି । ଲେଖକ ଆର ପାଠକ ଭିତରେ ଭାବର ସେତୁଟେ ବାନ୍ଧି ଦେସି । ମାଏଲାଜଡ଼ ବି ପ୍ରେମ ରସ ଆଧାରିତ ଲୋକ ଗୀତ । ବାଜନା ଆର ନାଚ ସାଂଗେ ମାଏଲାଜଡ଼ ପରସା ହେସି ।

ଟିପିଡ଼ାଲେ ମହୁଘରା ଥିପି ପଡ଼େ ରସ

ମନ ଛନ ଛନ ଗୁଣୀର ଧାଂଗିରି ବୟସ

ଯେଭେ ଦେଖୁଥିଲେ ନୂଆଁ ଦିଶୁଛେ

ଯେତେ ଦେଖୁଥିଲେ ନୂଆଁ ଦିଶୁଛେ

ତାର ବ୍ୟସର ଭବିଷରେ ଅଏଁଲା ଡାଲ

ଡାଲର କୁଚି କୁଚି ଗାଲରେ ସରଗିମାଲ

ଡାଲର ହଲଦୀମୁଖା ଗାଲରେ ଅଏଁଲାଡାଲ

ଡାଲର କଥା ଲଡ଼ବଡ଼ରେ ମାଏଲା ଜଡ଼ । ୧ ।

ବାଲକେରା କେରା ଧନ ଚାଏଁରି ମୁଡ଼ିର ଖୁସା

ଖୁସାକେ ସୁନ୍ଦର ଦିଶେ ଚାଏଁରି ମୁଡ଼ିର ଖୁପା

ଘିନି ଦେମୁଁ ଜୁଡ଼ା କାନର ଫସିଆ

ଥିବା ଛ ଛ ମାସାରେ, ପିନ୍ଧେଇଦେତୁଁ

ମନ ଭଏର ତତେ ଦେଖୁଥିତିଁରେ ମୋର ଖଏଡକା ପାତି

ବୁଡ଼ାଇନେଲୁ ଆଗର ଗତିରେ ମୋର ଖଏଡକା ପାତି

ପାତିକେ କୁଲେ ଧରିଥିତିଁରେ ମାଏଲା ଜଡ଼ । ୨ ।

(୪.୩.୪) ଜାଇଫୁଲ

ଜାଇଫୁଲ ନାଚକେ ଉଧାକରି ପରସା ହେସି । ପ୍ରେମ ରସଥି ଜଜବଜ ଜାଇଫୁଲ । ଜୁଆନ ପିଲାଟୁକେଲ ଦଲ ଦଲ ହେଇ ବାଜନାର ସୁରେ ନାଚସନ ଜାଇଫୁଲ ଗୀତ ଗାଇ ଗାଇ । ଜାଇଫୁଲକେ ବାରମାସି ଗୀତ ଭିତରେ ବି ରଖାହେସି ।

ଗିନାରେ ଖାଇଲି ଗୁଡ

ଆହା ଜାଇଫୁଲ, ଗିନାରେ ଖାଇଲି ଗୁଡ

ଆମ ବଗିଚାରେ ଫୁଟିଛି ଫୁଲ

ଫୁଟିଛି ଫୁଲ

ଜାଇଫୁଲ କିନ୍ଦିରି କିନ୍ଦିରି ଝୁଲ ।

ବଇଶାଖେ ଟାଣ ଖରା

କେନେଗଲୁ ମୋର ବାଗିରିଧରା

ଜାଇଫୁଲରେ, ମୁହୁଁନେ ବାଜିବା ଖରା

ପାଏନ ନେଇଁ ମିଲେ ଡଂଗରି ତଲେ

ଆରେ ଜାଇଫୁଲ, ତୋର କଥା ବସି ଭାଲେ ।

ଜାଇଫୁଲରେ,

କାଦୋ କାଦୋ ଭୋଦୋ ମାସ

ନୂଆଁଖାଇ କାଯେ ନୂଆଁ କପଟା

ଜାଇଫୁଲରେ, ଘିନିମାଁ ଆଜିର ହାତେ

ବାଦଲ ନାଚୁଛେ ଘଡିକି ଘଡି

ଆରେ ଜାଇଫୁଲ, ନାଇଁ ଯଅ ସାଂଗ ଛାଡି

(୪.୩.୫) ଚପକରାଟି

ଚପକରାଟି ନାଚକେ ଆଧାରକରି ଗୀତ । ବିଶେଷକରି ନୂଆଁପଡା , ବଲାଂଗିର ଜିଲ୍ଲାରେ ଦେଖବାରକେ ମିଲସି । ଗଁଡ, ଭୁଂଜିଆ ଆଦି କର ବିହା ବରପନଥ ମାହେଜି ମୁନୁଷ ନାଚି ନାଚି ଚପକରାଟି ଗୀତ ଗାଏସନ । ଚପକରାଟି ଗାଏଲା ବେଲେ ମାହେଜିମାନେ ରାମକାଠି ବଜାସନ । ମାହେଜି ମୁନୁଷ ନାଚି ନାଚି ଗଉଥିବା ଇ ଚପକରାଟି ଗୀତ ପ୍ରେମ ଆଧାରିତ ।

ବମୁର ଗଛେ ଉରମାଲ

କୁରକୁଚି ମୁଡିକେ ବାସନା ତେଲ

ସୁଆଁରି ସୁଆଁରି ଖେଲରେ ଚପକରାଟି,

କୁକୁଡା ଡାକିଲା ରାତିରେ ଚପକରାଟି ।

କୁସେର ବାରିର ମେରହୋ,

ଫୁଲ ଗୁଁଥିଦେମିଁ ସେରାକେ ସେରା

ନନି ଖୁସାକେ ଅଡାଲା ପରାରେ ଚପକରାଟି,

କୁକୁଡା ଡାକିଲା ରାତିରେ ଚପକରାଟି ।

(୪.୩.୬) ନିଆଲି ମଲି

ନିଆଲି ମଲି ପଶ୍ଚିମ ଓଡିଶାର ନାଚକେ ଆଧାରକରି ବନିଥିବା ଗୀତ । କଲାହାଁଡି ଅଞ୍ଚଳର କନ୍ଦ, ଶବର, ଆଦୀ ଆଦିବାସୀ ଆର ଗଉଡ, ବଙ୍କା ଆଦି ଜାଏତ ଭିତରେ ଚଲି ଅଉଛେ । ବିହା ବରପନ, କି ଆର କେନ ଉଛବଥି ନିଆଲି ମଲି ଗୁଆ ହେସି । ମାହେଜି ମାନେ ରାମକାଠି ଧରିକରି ଅଁଟା ଧରାଧରି ହେଇ ସଜ ହେସନ ମୋଡୋମାଲେ (ମଁଡପ) ।

କୁଇଲି ଗାଉଛି ଗୀତ, କୁଇଲି ଗାଉଛି ଗୀତ

ଆମେ ଦୁହି ୫ନ ବସିମା ମିତ

ସତେ, ଚଘିଜିମା ପରବତରେ, କାଲି ନିଆଲି ମଲି ।

ନିଆଲି ମଲିର ବାତରଘର

ସତେ, ଜୁଏ ମଗା ବଡା ଡରରେ, କାଲି ନିଆଲି ମଲି ।

ମୁଲୁକି ମୁଲୁକି ହଁସ, ମୁଲ୍ଲୁକି ମୁଲୁକି ହଁସ

ବିଦେଶୀ ବାବୁରେ ଯୁବା ବୟସ

ହେଲେ ଜାତି ଦେଖିକରି ରସରେ, କାଲି ନିଆଲି ମଲି

ନିଆଲି ମଲିକେ ଦେଖିବି ବଲି

ସତେ, ନଦୀ ନାଲ ଡେଇଁ ଗଲିରେ, କାଲି ନିଆଲି ମଲି ।

ମଲି ଫୁଲ ଦନା ଦନା, ମଲି ଫୁଲ ଦନା ଦନା

କେନ ମଲି ଫୁଲେ କେନ ବାସନା

ସତେ ସୁଁଘିଲେ ଜାନିବୁ ସିନାରେ, କାଲି ନିଆଲି ମଲି

ନିଆଲି ମଲି ମୋର ରସ କମଲା

ସତେ, ବୁଲୁଥିସି ପରା ପରାରେ କାଲି ନିଆଲି ମଲି ।

(୪.୩.୭) ଭମରା

ଭମରା ଗୀତ ମାହେଜି ମୁନୁଷ ଦୁହେଁ ଗାଏସନ । ଇ ଗୀତ ଗୁତାଉଚାରକେ ନେଇ ଆଧାରିତ ।

ସାହାଜ ପତର ହାତେ ଯେ

କାହାର ମହନି ଲାଗିଲା ତତେ

ଲାଗିଲା ତତେ ହୋ ସତେ, ଆଉ ମୁହୁଁ କଲୁ ମତେ ଭମରା ରେ। ୧।

ଭମର ବର ମଁଝା ରାତି ନେଇଁ ଲାଗେ ଝୁମୁରା

ବୁଲି ଆଏବ ଆମର ପରା କରି ଦେମୁଁ ଦରମରା । (ଘୁଷା)

ଖୋରିକେ ଗିନା ଗରଜନ, ଚଁଟି ମାଡିଦିଅ ଯାଉ ଜୀବନ

ଯାଉ ଜୀବନ ହୋ ସତେ, ତମର ପାଖେ ଥାଉ ମନ ଭମରା ରେ

ଭମର ବର ମଁଝା ରାତି ନେଇଁ ଲାଗେ ଝୁମୁରା। ୨।

ଡିବି ଡିବି ଡିବି ଡିବି, ଡିବି ଦେଲେ ମୁଁ କେଁ କରିବି

କେଁ କରିବି ହୋ ସତେ, ଫୁଲମାଲା ଦେଲେ ଯିବି ଭମରା ରେ

ଭମର ବର ମଁଝା ରାତି ନେଇଁ ଲାଗେ ଝୁମୁରା । ୩।

(୪.୩.୮) ଲେଲେ ଲହରି

ଲେଲେ ଲହରି ଗୀତ ବିହାବରପନ ବେଲକେ ବଜା ସାଂଗେ ଗାଏସନ।
ଇଥି ବି ମାହେଜି ମୁନୁଷ ଗୁତାଉଚାର ହେଲା ବାଗିର ହେସନ।

ପିଲା : ଲେଲେ ଲହରି ଲହରି ପୁରି ରହିଛେ ବୟସ

ଝର ଝର ହି ଝରୁଛେ ରସ

ଲେଲେ ଲହରି ଲହରି ପଛନ୍ତେ ପାଏବୁ କିସ

ଟୁକେଲ : ଲେଲେ ଲହରି ଲହରି ଜନକେ ଧରେ ଗରନ

ଆମେ ଦୁହି ବୁହେନି ଗୁଟେ ବରନ

ଲେଲେ ଲହରି ଲହରି କାହାକେ କରୁଛୁ ମନ

ଟୁକେଲ : ଲେଲେ ଲହରି ଲହରି ଡିବି ଡିବି ଶହେ ଡିବି

ହେଲେ ମୁଁ କିସ କରିବି

ଲେଲେ ଲହରି ଲହରି ଫୁଲମାଲ ଦେଲେ ଯିବି

ପିଲା : ଲେଲେ ଲହରି ଲହରି ତେତେଲ ପତର ସୁରୁ

ତତେ ନେଇଁ ଜିମି ସମ୍ବଲପୁରୁ

ଲେଲେ ଲହରି ଲହରି ଧାନ କଟାକଟି ସରୁ

(୪.୩.୯) ସଜନୀ

ସଜନୀ ଗୀତ ଟୁକେଲମାନେ ଗାଏସନ । ଯଉବନ ଦେଶେ ପାହା ଦଉନ ସାଏର ମନର ରାଏଜେ ଯେନ ଭାବନାମାନେ ବନିଥିସି ତାହାକେ ସଜନୀ ଗୀତେ ଉଖାଲା କରିଥିସନ ।

ଚାଉଲ ଲଗାମି କେତେ
ବେଲେ ବସେଁ କିଛି ନାଇଁ ରୁଚେ ସଥେଁ
ଧନ ଟିଆ ଦେଇଥିଲୁ ମତେ, ସଜନୀରେ ।
ପାନି ଫୁଟେ ଡବ ଡବ
ଆମକେ ଛିଙ୍ଲେ, ଅଛିଆଁ ହେବ
ଧୁରେଁ ଧୁରେଁ ଠିଆ ହେବ, ସଜନୀରେ ।
ଦାଆ ନ ଦାଏଲିଁ ଗୁଚ୍ଛା
କାହିଁଗଲେ ମୋର ମନ ମୁରୁଚ୍ଛା
ସଥେ ପଲଙ୍କ ହଇଛେ ଛୁଚ୍ଛା, ସଜନୀରେ ।

(୪.୪) ତିହାର-ବା'ର

କୋସଲ ବାହି ନ ତିହାର-ବା'ର ଜଜବଜ ମାନସନ । ମୁଖିଆ ତିହାରମାନେ ଚାଷ ଆର ଆଦିବାସୀ ମାନକର ଚଲନିକେ ଆଧାରକରି ମନାହେସି । ନୂଆଁଖାଇ, ଫୁଷପୁନି, କରମା, ବନାବାଡି/ଗୌର ବାଡି, ଆଦି ଗୀତମାନେ ତିହାରବା'ର ବେଲକେ ଶୁନବାରକେ ମିଲିଥିସି ।

(୪.୪.୧) ନୂଆଁଖେଇ

ନୂଆଁଖେଇ ଅନ୍ନ ପୂଜାର ପରବ । ଇ ପରବ ବୈଦିଗ ଯୁଗୁଁ ଚଲି ଆସୁଛେ । ମୁନିରଷୀମାନେ ପଞ୍ଚଯଜ୍ଞ କରୁଥିଲେ । ସେ ପାଁଚଟା ଯଜ୍ଞ ହେଲା, ସୀତା ଯଜ୍ଞ (ଯୁତବାର), ପ୍ରଭାପନ୍ନ ଯଜ୍ଞ (ବୁନବାର), ପ୍ରଲମ୍ଭନ ଯଜ୍ଞ (କାଟବାର), ଖଲା ଯଜ୍ଞ (ମଡାବାର), ପ୍ରୟୟନ ଯଜ୍ଞ (ସୁରକ୍ଷିତ ରଖବାର) । ନୂଆଁଖାଇ ତିସରା ଯଜ୍ଞ, ପ୍ରଲମ୍ଭନ ଯଜ୍ଞ ନୁ ମୂଲ । ଇଥି ଅନ୍ନକେ କାଟିକରି ଅନ୍ନଦେବୀକେ ପୂଜାକରି ତାହାକେ ଚଢାଯାଏସି ।

ଆଥିର ସମିଆଁରେ ପଶ୍ଚିମ ଓଡିଶା/କୋସଲାଞ୍ଚଲରେ ନୂଆଁଖେଇ ପାଲନ ବଡା ଉସନାକିଥି ମନାହେସି । ପହେଲା ନୂଆଁଖେଇର ତିଥି ଧାର୍ଜ୍ୟ ତୟ କରାହେସି ।

କଳାହାଣ୍ଡି ଅଞ୍ଚଳରେ ଦଶରା ଦଶମୀ ଦିନେ ନୂଆଁ ଖାଏସନ । ହେଲେ ବାକି ପଶ୍ଚିମ ଓଡ଼ିଶାର ସବୁଆଡ଼େ ନୂଆଁଖେଇ ଭୁଦୋମାସର ପଞ୍ଚମୀ ତିଥି ନ ପାଳନ କରାହେସି । ନୂଆଁ ଖାଏବାର ପନ୍ଦର ଦିନ ଆଘୋନୁ ଯିଏ ଯେତ୍କା ଘରଦୁଆର ଲିପାପୁଛା କରସନ । ନୂଆଁ କପଡ଼ାଲତା, ହାଟବାଟ କରସନ ।

ନୂଆଁଖେଇ ଦିନ ସଖାଲୁ ଗାଁର ଝାଁକର ଗାଁର ମାହାପୁରୁ ଠାନେ ପୂଜା କରିସାରଲା ଉତାରୁ ସମକିରର ଘରକେ ନୂଆଁ ଚରା ବାଁଟିଥିସନ । ଘରମାନକୁ ସଖାଲୁ ଉଠିକରି ଖେତକେ ଯେଇକରି ଧାନଗଛକେ ପୂଜା କରସନ । ଘରେ ଗୁହାଲେ ଗାଏଗୋରୁକେ ପୂଜା କରସନ । ନିଜର ଇଷ୍ଟଦେବୀ, ଦେବତାକେ ପୂଜା କରସନ ଆର ନୂଆଁ ଲଗାସନ । ତାର ଉତାରୁ ଘରେ ସବେ ଠାନେକେ ବସିକରି ନୂଆଁଚରା ଖାଏସନ । ନୂଆଁଚରା ଖାଇସାରଲା ଉତାରୁ ସାନମାନେ ବଡମାନକୁ ଜୁହାର କରି ଆର୍ଶିବାଦ ନେଇଥିସନ ।

କିଛି ଲୋକଗୀତଥି ନୂଆଁଖାଇ

ଚୁଆଁ ଚୁଆଁ ଚୁଆଁ.....

ବିଦେଶ ନାଇଁ ଯା ଅଧୁଆ ମୁହାଁ

ଭୁଦୋଥି ଖାଏମାଁ ନୂଆଁରେ

ଏ ଗଂଜା ମାର ମାଁଜା

କେଲି କଦମ ତଲେ ମୁହିଁ ଭଜା ରେ

ଗାଁଜା ମାର ମାଞ୍ଜା

ଗାଁଜା ଗଂଜା ବଲି ଡାକୁଛେ ପୁଇ

ଗାଁଜା ଯେଇଛେ ମଟା ଶୁଇରେ

ଗାଁଜା ମାର ମାଁଜା

କେଲି କଦମ ତଲେ ମୁହିଁ ଭଜାରେ ।। (୧)

ମୁନୁଗା ଗଛର ଛାଇ ରେ

ମୁନୁଗା ଗଛର ଛାଇ

ଚାଡ ବାହାସୂତା ଦେମି ବନେଇରେ ଦେମି ବନେଇ

ଆମେ ଗାଁକେ ଜିମାଁ ନୂଆଁଖାଇ,

ସୁରୁବାଲି ସୁରୁ ସଜନା

ବନାଲହ ମାଡିହେଲୁ ବନା, ସୁରୁବାଲି ସୁରୁ ସଜନା ।। (୨)

(୪.୪.୨) ପୁଷପୁନୀ

ପୁଷପୁନୀ ଶସ୍ୟ ଅମଳର ତିହାର । ପଶ୍ଚିମ ଓଡ଼ିଶାରେ ବିଶେଷ କରି ଧାନ ଚାଷ ମୁଖିଆ ଚାଷ ଏ । ଧାନକେ ମଡେଇକରି ଘରକେ ଆନିସାରଲା ପରେ ଖଳାଛାଡ କରାଯାଏସି । ପୁଷ ମାସ ତକ ପ୍ରାୟ ବଛରେ କର ଚାଷ ସରି ଯେଇଥିସି । ସେ ଦିନ ହଳିଆଗୁଡି ମାନକର ବି ହିସାବ ଛିଡେଇ ଦିଆହେସି । ସାହକାରମାନେ ଯିଏ ଯେତା ଉଷଟ ହେଇକରି ହଳିଆମାନକୁ କପଡାଲତା, ଖାନାପିନା ଦେସନ । ହଳିଆ ମାନକର ବାହାରେ ଗାଁର ଆର ବି କବାରଗୁତା କରୁଥିବାର ଲୋକ ଯେତା, ନରିହା, ଙ୍ଖାଁକର, ଆଦି ସାଁହକାର ମାନକର ନୁ ଛେରଛେରା ମାଗସନ । ପୁଷପୁନି ଉତାରୁ ଚରୁହା ବି ଫେର ଚାଷ ମୂଲ ନି ହେବାର ତକ ଗାଏବଲଦ ଚରାବାର ଛାଡିଦେସି ।

ପୁଷପୁନୀ ଦିନ ସଖାଲୁ ଗାଁର ଗରିବ ଛୁଆମାନେ ଘର ଘର ବୁଲି ଛେରଛେରା ଗୀତ ଗାଇ ଗାଇ ଛେରଛେରା ମାଗସନ ।

ଛେରା ଛେରା ଗୀତ

ଛେର ବୁଢ଼ି ଛେରଛେରା.....

ଇ ଘରର ବୁଢ଼ୀ କାହିଁଗଲା...

ପିଠାମଡା ଦେମିଁ ବଲିଥିଲା....

ପୁଷପୁନୀ ଦିନେ ଆର କିଏ କିଏ ଡଣା ନାଚି ନାଚି ବି ଛେରଛେରା ମାଗସନ:

ଡଣା ଗୀତ

ମାଁ ଗୋ ମା ସମଲେଇ ଶୁନୁଛୁ କି ନେଇଁ

ମାଁ ମାଁ ବଲି ତତେ ଡାକୁଅଛେଁ ମୁଇଁ

ମାଁ ଗୋ ମାଁ ସମଲେଇ ଶୁନୁଛୁ କି ନେଇଁ ।

ଆନି ତୋର ସେମେଲ ଗଛ

ପୂଜାକଲୁଁ ବାରମାସ

ସାରା ଜୀବନ ପୂଜା କରମୁଁ

ତୋର ପାଦେ କରୁଛୁଁ ଦଇନି ।

ପୁଷପୁନୀ ଦିନେ କାହାରିର ପୂଜା କରା ନି ଯାଏ । ଖାଲି ଉଷଟ ଆନନ ଭିତରେ ସବେ ପିଠାମଡା, ଙ୍ଚୁରିଶିକାର ବନେଇକରି ପୁଷପୁନୀ ମାନସାନ ।

(୪.୪.୩) କରମା ଗୀତ

କରମା ଗୀତ କରମସାନି ଦେବୀକେ ପୂଜା କଲା ବେଳକେ ନାଚି ନାଚି ଗାଇଥିସନ । କରମା ତିନ ଦିନ ଧରି କରି ମାନସନ; ଉଜୁଲ ପଖ ଭୁଦୋ ଦଶମୀ ଠାନୁ ଦ୍ୱାଦଶୀ ତକ । ସୁରୁଟେ ରେଂଗାଲ କି ହଲନ ଡାଲକେ କରମା ଡାଲ ହିସାବେ ପୂଜା କରାଯାଏସି । କରମା ଡାଲକେ ଦେହରି ପୂଜା କରି କରି କରମସାନି ଗୁଡ଼ି/ ପୂଜା ଠାନକେ ମାଦଲ କୁବଜା ବଜାତେଲ ଆନସନ । ତେହରୁ ସେନ କରମସାନିର ଚଲନି ହିସାବେ ଡାଲକେ ଥାପନ କରି ପୂଜା କରାଯାଏସି । କରମ/କରମା ମାନେ ଭାଗ୍ୟ । ଲୋକମାନେ ନିଜର ବଦିଆଁ ହିସାବେ କରମସାନି ଠାନେ ପୂଜା କରସନ ଆର ଦେହରି ତାକର ତରଫୁ ପୂଜା କରସି ଆର ଉଉରମାନେ ଦେସି । କରମସାନି ଦେବୀ ଦେହରି ଦିହେଁ ଥିସନ ବଲି ବିଶ୍ୱାସ କରାଯାଏସି । ପୂଜା ସରଲେ ରାଏତଭଏର ସଂଖାଲପୁଆ ତକ ନାଚଗୀତ ଚାଲସି । ସଂଖାଲେ ଫେର ଦେହରି କରମାଡାଲକେ ନାଚିନାଚି, ଗାଇଗାଇ, ଘରଘର ବୁଲାସନ । ଶେଷକେ ଗାଁର ବନ୍ଧେ କି ନଦୀ ନେଇକରି ଡାଲକେ ଉହ୍ଲେଇ ଦେସନ ।

ଗଂଗା ରୁ ହେଲୁ ଜନମ ଆଦୀମାତା ତୋର ନାମ

କିଏ ହେବ ତୋର ସରିସମ ମାଁ, ସିଂହର ପିଠିରେ ତୋ ଆସନ ।

**** **** ****

ଜୁହାର ମାଁ ଗୋ କରମସାନି

ତୋର ପାଦେ ଦଇନି ମାଁ

ଅପୁତ୍ରୀକେ ପୁତ୍ରଦାନ

ନିର୍ଧନୀକେ ଧନ ଦଉ ଆନି ମାଁ

ତୋରପାଦେ କରୁଛେଁ ଦଇନି ।

**** **** ****

ଆଣ୍ଠୁଏ ପାନିକେ ଦଲି ବାଲି ଦିଶେ ଠିଲିମିଲି

ମାଛ ମଗର ଗଲେ ଚାଲି ଗୋ ଫୁଲେଇ ଗାଲି

ତୋହର ମାଁ ଯାତ୍ରା କେଲି ।

ଗଂଗାରୁ କାଢିଲେ ବାଲି ଝୁଆ ଜଗାଇଲେ ମୁଗ ବିରିର ଯେ

ସାତ ଗୋଟି ବାଉଁଶ ଟୁପୁଲି ।

ଡାକ ଶୁଣି ମାହେଶ୍ୱରୀ ଚମକି ଜଲ୍ଦୁ ବାହାରି

ଛେନା ପଣା ତୋତେ ଦେଲେ ଢାଲି ମାଁ

ଘେନାକର ଦୁଃଖର ଗୁହାରି

(୪.୫) ବିହା ବରପଣ ଗୀତ

୪.୫.୧) ଗୌର ବାଡି/ ବନା ବାଡି

ଗୌର ବାଡି ନାଟକେ କଲାହାଣ୍ଡି ଅଞ୍ଚଲରେ ବନା ବାଡି କହେସନ। ଗୌର ବାଡି, ଗୌର ଜାତିର ପାରମ୍ପାରିକ ନାଚ। ଗୌର ବାଡିଥି ଦୁଇଟା ନଚନିଆ ହଁକାବାଦୀ ହେଇ ନାଚସନ ଆର ଆଠ ନୁ ଦଶ ଝନକର ଦଲ ବନେଇକରି ବି ନାଚସନ। ୩୨ ସଂଘାତ ଶୈଲୀ ବେଭାର ହେସି ଈ ନାଚ ଥି।

ଗୌରବାଡି ନାଚଥି କେନ୍ଦୁବାଡି ବେଭାର ହେସି। କେନ୍ଦୁବାଡିର ଉପରର ଛାଲିକେ ଛୋଁଚି ଦିଆହେସି। ତେହରୁ ଲହଥି ଗୁରେହି ଅଲପରେ ପୁଡେଇ ଦେଲା ଉତାରୁ ପୁଡଲା ଭାଗ କଲା ହେସି ଆର ରହିଗଲା ଭାଗ ଧୋବ। ସୁନ୍ଦର ଆକାର ଛାପିହେସି ବାଡି ଥି। ବାଡିଥି ଝୁଟି କାଟଲା ବାଗିର ଦିଶସି। କଲାହାଣ୍ଡି ଅଞ୍ଚଲରେ ଝୁଟିକେ ବନା କହେସନ। ଆର ସେ ବାଡି ବେଭାର କରି ନାଚୁଥିବା ନାଚକେ ବନାବାଡି କହେସନ। ନଚନିଆ ନାଚଲା ବେଲକେ ୨ଟା ବାଡି ବେଭାର କରିଥିସି। ନଚନିଆ ମାନେ ଡାକର ଦିହେଁ ପିଠଉଥି ଚିତରେଇ ହେଇଥିସନ। ଝୁମକା, ବର୍ଘିଁ, ଢୋଲ ଆଦି ବନାବାଡି ସାଙ୍ଗେ ବଜାଯାଏସି।

ବନାବାଡିର ଗୀତ

କାହ୍ନା ଭାଇ ଲଛମି ଘେନ ମୋ ଦଇନି

ଜୟ ମାଁ ଯାଦବ କୁଲ ମଉଡମଣୀ

ଜୟ ଚଣ୍ଡି ସମଲାଇ ମାଁ ଠାକୁରାଣୀ

ସଙ୍କଟ ତାରିନି ମାଁ ଦୁର୍ଗତୀ ନାଶୀନି

ବିପଦେ ଆପଦେ ମାଁଗୋ ହେଉ ଅଗ୍ରଣୀ

ଜୟ ମାଁ ଯାଦବ କୁଲ ମଉଡମଣୀ ।।

ବନାବାଡି ନାଚଲା ବେଲକେ ଦୁଇ ଝନ ମାର ଲାଗଲା ବାଗିର ଲାଗସି। ଦୁହି ନଚନିଆ ଦୁହି ହାତେ ଦୁଇଟା ବାଡି ଧରିଥିସନ ଆର ସାମନାର ନଚନିଆକେ ଆକ୍ରମଣ କରିଥିସନ ଆର ସାମୋନାର ନଚନିଆନୁ ନିଜକେ ବଁଚଉଥିସନ।

ଦ୍ୱାପର ଯୁଗରେ ପ୍ରଭୁ ନନ୍ଦ ନନ୍ଦନ

ଗୋପ ଗୋପାଳଙ୍କ ସଂଗେ ମେଳ ହୋଇଣ

ବାଜଇ ରଂଗେ ଢୋଲ ଟାମକ ବାଁଶୁରି

ଶିରରେ ପାଗବାନ୍ଧି କେନ୍ଦୁବାଡ଼ି ଧରି

କରୁଥିଲେ ଇ ତାଂଡବ ଧର୍ମ ଲେଖନି

ଜଏ ମାଁ ଯାଦବ କୂଳ ମଉଡମଣି ।।

ଗଉର ଜାତିର ଇତିହାସ ଯୁଡ଼ିଛେ ଇ ନାଚ ସାଂଗେ । ହରିବଂଶ ପୁରାଣଥି ବନାବାଡ଼ିର ଉଲ୍ଲେଖ ଅଛେ । ବନାବାଡ଼ି ଗୀତ ଅନୁସାରେ ଗଉର ମାନେ ୧୬ ପ୍ରକାର ।

ଭୋଜପୁରୀ ଗୋପପୁରୀ ଷୋଲ ଖଣ୍ଡିଆ

ମଗଧ ଗୋକୁଲ ଲହୋରିଆ ଝରିଆ

ନନ୍ଦ ଦ୍ରାବିଡ଼ ଯଚକ ଦୂତ କୋରିଆ

ଅହିର ଅବଧ ଅଶକ କୋସଲିଆ

ଏ ଷୋଲ ଯାଦବ କୂଳ ମାଁ ପାଟରାଣୀ

ଜଏ ମାଁ ଯାଦବ କୂଳ ମଉଡମଣୀ ।।

(୪.୪.୨) ଲହକି

ବିଂଝାଲ ଗୁଟେ ଆଦିବାସୀ ସଂପ୍ରଦାୟ । ଇମାନଙ୍କର ସାମାଜିକ ଜୀବନ ଅଲଗ ମାନଙ୍କର ଠାନୁ ଭିନେ । ସେମାନଙ୍କର ବିହାବରପନ ବେଳକେ ଯେନ ଗୀତ ଚଲସି ସେଟାକେ ଲଁହକି ବଲସନ । ଲଁହକିଥି ଗୀତ ଆର ନାଚ ଦୁହିଟା ମିଶିଥିସି । ମୁଖିଆକରି ଲଁହକିଥି ବୀର ରସ ଆର ପ୍ରେମ ରସ ଦେଖବାରକେ ମିଲସି ।

ବିଂଝାଲ ମାନଙ୍କର ବିହାବେଲକେ, ବାପ, ପୁଅ, ମାଁ, ଭାୟ, ବୁହେନ, ଶାସ, ଶଶୁର, ଦିଅର, ଦେଢ଼ଶଶୁର ଏତା କି ବରକନିଆ ବି ଠାନେକେ ନାଚସନ । ବିଂଝାଲ ମାନଙ୍କର ବିହା ଦୁଇ ଦିନ ଧରିକରି ହେସି ଆର ଦୁଇ ଦିନ ଧରିକରି ସେମାନେ ନାଚଗୀତ କରସନ । ଲଁହକିଥି ଢୋଲ, ନିଶାନ, ମୁହୁରି, ତାସା, ଟିମକିଡ଼ି ଆଦି ବାଜିଥିସି । ଲହଁକିର ମୁଖିଆ ବିଭାଗମାନେ ହଉଛେ ୧) କେଲି କରଂଜମାଲି ୨) ରସ ନିଆଲିମଲି ୩) ଜନ୍ଧଫୁଲ ୪) ଝରିରେ ଝରା ୫) ଶୁଆ ରାଂଗେନ ବହୁ ୬)ମୋର ବନ୍ଧୁ ନୀଲରତନରେ ବଲା ୭) ଝୁରାଝୁରି ୮) ଜାଇଫୁଲ

୧) କେଲି କରଂଜମାଲି

ଟାଁଟିଆ ସମିଲା ଫୁଲେରେ କେଲି କରଂଜମାଲି

ଝାଲେ ବୁହିଗଲେ ପୀରତିର ବେଲେ

ପୁଛିମି ପନତର ଫାଲେଁରେ କେଲି କରଂଜମାଲି

ଆଉଛୁ ଜାଉଛୁ ଲୁହିବୁ ନାଇଁ

ପାଇନେବା ଖଟର ବାହିରେ କେଲି କରଂଜମାଲି ।

୨) ରସ ନିଆଲୀମଲି

କୁକୁର ଶୁଇଲା ଖାରେଁରେ ରସ ନିଆଲୀମଲି

ଗୁନା ହଜାଇଲୁ ମହୁଲ ଝାରେଁ

କାଁ ବଲି କହେବୁ ଘରେଁରେ ରସ ନିଆଲୀମଲି

କାଲିକେ ସୁନାରେ ଗୁରିକେ ବନା

ଚକା ମୁହେଁ ଫୁଲ ଗୁନାରେ ରସ ନିଆଲୀମଲି ।

ଗାଆଁ ଖୁଲି ଉଡେ ଧୁଲିରେ, ରସ ନିଆଲୀମଲି

ମାଲି ଘରର ଫୁଲେ ସେଜାଇ ଥିଲିଁ,

ମୋର ଧନ ଆଏବ ବଲିରେ ରସ ନିଆଲୀମଲି

ନିଆଲୀମଲିର ନାଇଁ ନ ଚଲନ

ରାତି ଦେଖେଁ ଦରପନରେ ରସ ନିଆଲୀମଲି

୩) ଜହ୍ନିଫୁଲ

ବାରିର ଖଟଖଟିଆରେ ଜହ୍ନିଫୁଲ

କେତେ ଫଟ ଜାନେ ଫଟଫଟିଆରେ ଫଟଫଟିଆ

ଲଗାଇଦେଲା ତାଟିଆରେ ଜହ୍ନିଫୁଲ

ଜହ୍ନିଫୁଲର ବାଇ ଖୁସାଡଲେଇରେ ଖୁସାଡଲେଇ

ନାଇଁ ଜାନେ ଛୁଆଁଖେଲେଇରେ ଜହ୍ନିଫୁଲ ।

୪) ଝରିରେ ଝରା

ଝରିରେ ଝରା ଗୀତ ଥି, ପ୍ରେମରସ ଥିଲେ ବି ସେଥି ଫି ଦିନିଆଁ ଜୀବନ ଦୁଖର ଝଲକ ଶୁନବାରକେ ମିଲସି ।

ଝରିରେ ଝରା, ଖପରଘରେ ଉଦେ ତରା

ଝିଅ ଜନମ କଲୁ ସରଗର ତରା, ସରଗର ତରା

ଝରିରେ ଝରା ଜୁଁ କଲୁ ଦରମରା,

ଲେଟି ଟାଁକୋ ଟାକୋଁ ଶୁଖା ବେହେରା, ଶୁଖା ବେହେରା

ଝରିରେ ଝରା, ନାଇଁ ନ ଜୁଁର ଟେହେରା ।

ଝରିରେ ଝରା, ପାନି ଗଲା କୁରେଁ କୁରେଁ,

ରଜା ଶୁଇଅଛେ ଜହଲ ଘରେ, ଜହଲ ଘରେ,

ଝରିରେ ଝରା, ପାଗଲି ନୁରୁଛେ ଝାରେଁ

ନାଇଁ କାନ୍ଦ ଶୁଆ ନାଇଁ କାନ୍ଦ ଶାରୀ, ନି କାନ୍ଦ ଶାରୀ

ଝରିରେ ଝରା ତୋର ରଜା ଆୟବେ ଫିରି ।

ଇ ଉପରର ପଦଟା ଘେଁସ ଜମିଦାର କୁଁଜେଲ ସିଂଙ୍କର ଝିଁ ପୂର୍ଣ୍ଣିମାର କଥା ଲିଖାହେଇଛେ । ପୂର୍ଣ୍ଣିମାର ମୁନୁଷ ଗୋବିନ୍ଦ ସିଂ ବି ସହିଦ ହେଇଥିଲେ । ପୂର୍ଣ୍ଣିମା ନିଜର ମୁନୁଷ ବିନା ପାଗଲ ହେଇ ନୁରୁଥିଲେ । ନୁରି ନୁରି ରାତି ଝାରକେ ବି ପଲେଇ ଯଉଥିଲେ । ଲୋକଗୀତ ଗୁଟେ କିସମେ ଅଲିଖିତ ଇତିହାସ ଥିଲା ସେ ସମିଆଁର ।

୫) ଶୁଆରାଁଗେନ ବହୁ

ଇଟା ଖାଲି ମୁନୁଷପିଲା ଗାୟସନ ।

ଶୀୟର ଲଟିସ ଥିଲେ ଭାଇ ଝୁଲେସ ମାକର

ମଦନ ସିଂ ଚଢି ଯଉଛେ ବୁଢା ଡଂଗର

ବୁଢା ଡଂଗର ପଖନ ଖୁଲେ ହୁକା ହୁକା ଭାଲୁ

ଚନ୍ଦନ ଲୁଗା ଗୋଡ ପୟଁରି, ଶୁଆରାଁଗେନ ବହୁ ଗା

କେତେ ଆଁଟା ମଲକେଇ ଚାଲୁ ।

୬) ମୋର ବନ୍ଧୁ ନୀଲରତନରେ ବଲା

ମୋର ବନ୍ଧୁ ନୀଲ ରତନରେ ବଲା କାହିଁକି ଡାକିଲୁ ମତେ

ବିରହି ଦଲିଲା ଲେଖୋଁ ଦଲିମିଁ ତତେ

ମୋର ବନ୍ଧୁ ନୀଲ ରତନରେ ବଲା ନାଇଁ ଚିହ୍ନିପାରୁ ମତେ ଯେ,

ତତେ ନେଟିଁ ନେଟି ତୋର ଭାୟକେ ନେଟିଁ

ଝମୋର ବନ୍ଧୁ ନୀଲ ରତନରେ ବଲା, ବରଗଡେ ଭାଡା ବାହାଟିଁ ଯେ

ଝମୋର ବନ୍ଧୁ ନୀଲ ରତନରେ ବଲା ଜହଲଖାନା ଦେଖୋଇ ନେଟିଁ ଯେ

୭) ଜାଇଫୁଲ କରାପାଏନ

ଆମ ଖାଏଲିଁ ଜାମ ଖାଏଲିଁ ପକେଇଦେଲିଁ ଟାଁକୋ

ବନ୍ଧ ତଲର କାଗଜପତର ସୁନ୍ଦର ବରିହାକେ ଡାକୋ।

ସୁନ୍ଦର ବରିହା ବଏଲା ଭେଇ ପାଟନା କେତେ ଧୂର

ଆପେ ରଜା ବିଜେ କଲେ ବଉଦ ନାଗପୁର

ବଉଦ ନାଗପୁରୁଁ ପାଟନା ସଡକ ଦିଁ ଡାଲା

ଭିତରେ ଭିତରେ କୁଁଜଲ ସିଂ ରାଏଜେଁ ମତାଲା

କିଏ ଦେଲା ଗୁର ଗଁଜେଇ କିଏ ଦେଲା ଚୁରା,

ସିଂଡ଼ା ଘାଟିନେ ମାରଗଲା ଜାଏଫୁଲ କରାପାଏନ,

ମୁକୁଟବନ୍ଧା ଗୁଡ଼ା ହୋ....

(୪.୫.୩) ଖଟିଗଲା ବେଲର ଗୀତ

ଭୁଆସେନ ଖଟିଗଲା ବେଲକେ ଯେନ ଗୀତ ଗାଇଥିସନ ସେଟାକେ ଭୁଆସେନ ଗୀତ ବଲି ବି କହେସନ। ବିହା ସରଲା ଉତାରୁ ଟୁକେଲ ତାର ସାଂଗସରସା, କୁଟୁମର ଲୋକକୁ କାନ୍ଦି କାନ୍ଦି ଯେନ ଗୀତ ଗାଇଥିସି ସେଟାକେ ଭୁଆସେନ ଗୀତ କହେସନ।

ସୋନପୁର ସହର ରୁଖା ବଇଠା ବାପା ଗୋ,

ନିତି ପୁଛୁଥିଲିଁ ବାପା ଅଇଁଠା ବାପା ଗୋ,

ସକାଲର କଁସା ପଡ଼ି ରହିବ ବାପା ଗୋ,

ସଁଜ ହେଲେ ବାପା ପଡ଼ି ରହିବ ବାପା ଗୋ। ୧ ।।

ମୁଁ ଥିଲି ତମର ଗେହ୍ଲା ଝିଅ ବାପା ଗୋ

ମାଁ'ର ଗେହ୍ଲା ତ ତାହାରି ପୁଅ ବାପା ଗୋ

ମାଁ'ର କଥା ମାନି ଦେଉଛ ଦୂରେ ବାପା ଗୋ

ମୁଁ ତ ରହେମିଁ ସମଲପୁରେ ବାପା ଗୋ ।। ୨ ।।

ଟୁକେଲ ବିହାହେଇ ଶାଶ ଘରକେ ଖଟିଗଲା ବେଲକେ ନିଜର କୁଟୁମ ଆର ଲାଗେଲେସର ମାନକୁ ଛାଡ଼ିକରି ଯଉଥିବାର ଦୁଖୀ ଗୀତ ହିସାବେ ମନର କଥାକେ କହିଥିସି।

ମୁଣ୍ଡ ବାନ୍ଧୁଥିଲିଁ ତମର କାକି ଗୋ

ସାନ ଝିଁ'କେ ଖେଳଉଥିଲି କାକି ଗୋ

ମନ ଜାଣି ତୁନ ରାନ୍ଧି ଦଉଥିଲ କାକି ଗୋ

(୪.୬) ମରନ ଗୀତ

ମରନ ମୁନୁଷ ଜୀବନର ଅଚ୍ଛଡା ଅଂଗ । ମୁନୁଷ ଜନମ ହେଲେ ମରନ ତୟ । ମୁନୁଷର ମରନ ହେଲେ ତାର ମାହେଜି ଆର ଝି ମାନେ କାନ୍ଦିଥିସନ ।

ମଗଶିର ମାସ ସୋର ହଉଛେ ରଜା ଗୋ

ଗୁରବାର ଦିନେ କିଏ ପଦମଫୁଲ ଆନିଦେବା ରଜା ଗୋ

ମଡା ଖାଏବାରକେ ମନ କରୁଥିଲ ରଜା ଗୋ ।

କିଏ ଆର ମତେ ଡାକି ଆନବା ବାପା ଗୋ

ଫୁଷମାସକେ କିଏ ହେତାବା ବାପା ଗୋ

ଅଲିଅର୍ଦିଲି କାହାକେ କରମି ବାପା ଗୋ

ସରିଗଲେ ଜିନିଷ କାହାକେ ମାଗମିଁ ବାପାଗୋ ।

ମାଁର ମରନ ଖବର ପାଇ ଝି କାନ୍ଦସି:

ଦିନେ କଡାକଥା କହିଥିଲୁ ମାଁ ଗୋ

ମନଦୁଃଖ ଥିଲେ ପଚରଉଥିଲୁ ମାଁ ଗୋ ।

ଆଇ/ବାଇ/ନାନି ମରିଗଲେ ନାତେନ କାନ୍ଦସି:

କେତେ କଥାନି କହୁଥିଲୁ ନାନି ଗୋ

ପାଖେ ବସେଇ ଗେଲ କରୁଥିଲୁ ନାନି ଗୋ

ସବୁକେ ପାଶିରିଦେଲୁ ନାନି ଗୋ । ।

(୪.୭) ଖେଳ ଗୀତ

ପଶ୍ଚିମ ଓଡିଶାରେ କେତନି କିସମର ଖେଳ ଗୀତ ଅଛେ । ଖେଳ ଗୀତ କେତନି କିସମର ହେଇପାରବା । ଯେତା ଛିଲୋଲାଇ, ହୁମୋ ଆଦି ଭିନେ ଭିନେ ଖେଳଗୀତର ନାଁ ମାନେ ।

ଛିଲୋଲାଇ ଗୀତ

ଛିଲୋଲାଇ

ଆ ଖେଲମା ଭାଇ

ଭାଇ ଗଲା ରୁଷ୍ଟି

ଦେ ଗୋ ମାଁ ପିସି

ହଟାଲିରେ ହଟାଲି

କୁକୁର ଗୁହୁଁ ଚଟାଲି ॥

ହୁମୋ ବଉଲି ଗୀତ

ହୁମୋ ଖେଲଲା ବେଲକେ ଗାଇଥିସନ । ଇ ଖେଲ ଟୁକେଲମାନେ ଗାଁ ଖୁଲି ଖେଲସନ । ଟୁକେଲମାନେ ଦୁଇ ଗୁଷ୍ଟି ହେଇକରି ହାତ ଜୁରାଜୁରି ହେଇ ହୁମୋ ଖେଲିଥିସନ । ଗୁଟେ ଦଲ ଗୀତ ଗାଏତେଲ ଆର ଗୁଟେ ଦଲ ଆଉକେ ଯାଏସି । ଫେର ସେ ପଦର ଜବାବ ଦେବାରକେ ଆର ଦଲ ହେଇ ସାମନାର ଦଲ ଆଉକେ ଗୀତ ଗାଏତେଲ ଯାଏସି । ତୁର୍ତାତୁର୍ତ ଉତାଉତି ପଦକେପଦ ଭିରେଇ ଦୁହି ଦଲ ଭିତରେ ଯେନ ଗୀତେ ଗୁତାଉଚାର ହେସି ଦେଖଲା ବେଲକେ ବଡା ଜମକ ଲାଗସି ।

ହୁମୋ କି ହୁମାଇ ସାରେ ବଉଲିରେ

ହୁମୋ କି ହୁମାଇ ସାରେ

ହୁମୋ ନନ ନନ ଦଶ ବଉଲି ରେ,

ହୁମୋ ନନ ନନ ଦଶ

ନ ଖାଉଁ ନ ପିଉଁ ଗୁଆ ପଣସ,

ନ ଖାଉଁ ନ ପିଉଁ ଗୁଆ ପଣସ

ନ ଯାଉଁ ତୁମର ଦେଶ ବଉଲିରେ

ନ ଯାଉଁ ତୁମର ଦେଶ ॥

ଜିରାଲବଂଗ ଆର କଲା କୋକିଲ

ନୂଆପଡା ଜିଲ୍ଲାର ସିନାପାଲି ବୋଡେନ ଅଞ୍ଚଲରେ ଜନକରାତିର ଉକିଆଥି ଗାଁର ଟୁକେଲମାନେ ଇ ଗୀତ ଗାଇଥିସନ ।

କଲା କୋକିଲରେ, ପକା ଚୂଆଁ ତଲେ ରସି

ଗାଆଁର ଗହଁଟିଆ ସାଇକେଲେ ବସି

କଳା କୋକିଲରେ ପାନ ଖାଏ ହସି ହସି । ୧ ।।

କଳା କୋକିଲରେ, ସଉକେ ଚେପୁଲୁଁ ଗିଟି

ଗହଁଟିଆ ବାବୁକେ ଚାବିଲା ଚାଁଟି

କଳା କୋକିଲରେ ଜାହାନା ଗୁନିଆଁ ଡାକି । ୨ ।।

ଇଟାଭାଟି ଅଛେ ଇଟାରେ ଜିରା ଲବଂଗ

ଇଟା ଭାଟି ଅଛେ ଇଟା

ତୁମର ଗାହାଁର ପାନ ସରଗ ମିଠା

ଆମର ଗାହାଁର ପାନ ମିଠାରେ ଜିରା ଲବଂଗ । ୧ ।।

ଗଛକେ ଚଢିଲା ଗେରୁରେ ଜିରା ଲବଂଗ

ଗଛକେ ଚଢିଲା ଗେରୁ

ଛ କୁଟା ଭଲିଆ ଧଂଗରା ହେଲୁ

ଧାଂଗରିକେ ଝୁରି ମଲୁରେ ଜିରା ଲବଂଗ ।। ୨ ।।

ବାଂଗିରି

ଥାଲିରେ ଭାଂଗିଲି ପାନ ବାଂଗିରିରେ

ଆକାଶେ ଉଦିଛେ ରୁପେଲୀ ଜନ

ହୁମୋ ଖେଲିବାକେ ମନ ବାଂଗିରିରେ

ଚଟୁ କରେ ହାଇ ହାଇ ବାଂଗିରିରେ

ପିଁଢାରେ ବସିଲେ କାଏଁ ଲାଭ ପାଉ

ହୁମୋ ଖେଲିଆ ମୋର ବହୁ ବାଂଗିରିରେ

(୪.୮) ଲୋକକଥା

ଜଗଜମାଳି

ଶେମେଳ ଗଛେ କୁହୁନି ରେଥି ଦେଲା

କେଡେ କେଡେଟା ଗଲେ ନ ହଟି ଚିଂଗରି ବୁପରି ହଉଛେ କଟି

ନାକ ତଳେ ମେଛା ଯାହାର ଯେତା ଇଚ୍ଛା

ବିହାଘର ବେଲେ ବାଏଗନ ରୁଆ

ତୁଇ ମନ ଧରୁଛୁ ଯାହାକେ ମୁଇଁ ଘଏତା କରିଛେଁ ତାହାକେ

ସିଂଗ ଧରମୁଁ ଆମେ ଗୁରସ ପି'ବ ତମେ

ଚିଂଗରି ଚିପଲେ ମୁଡେ ଗୁହୁଁ

ଦାଁତ ଥିଲେ ଚନା ନାଇଁ ଚନା ଥିଲେ ଦାଁତ ନାଇଁ

ଛୋଟଲୋକ ବଡ ପାଏନ ପାଏ ହଗତ ମୁତତ ଗୀତ ଗାଏ

ମାଡକେ ମାହାଦେବ କଁପେ

ଅତି ମଧୁର କିରା ଖାଏ

ବିରହି ମାଡେ କୁଲୁଥ ଟେପଟା

ପରହର ଭାତେ କୁକୁର ମାଡ

ଏ ଯୁତା, ବେଲା ଦେଖି ବୁତା

ଚୋରକେ ଚନ୍ଦନ ବିଲେଇକେ ଘଂଟି

ଧଁଦା/ବଖାଣି

(୧) ଆଗଟା ମିଠା, ମଝିଁ ଖଟା, ମୂଲଟା ବାସେ

ଉ : ଗୁରସ, ଧୁଇଲା ବେଲକେ ଟିକେ ବଖରାସି, ମଝିଁ ଦହି ଆମିଲ

(ଖଟା) ଆଉ ଆଗଟା ଘି ମିଠା ଲାଗସି

(୨) ଆମିଲ ମଜା, ମୁଂଜି ନାଇଁ ତାର ଭୁଇଁ ଗଜା

ଉ : ଛତିର ମୁଂଜି ନାଇଁନ ଭୁଁ ଫୁଟସି

(୩) ଅରଖ ଚେରର ପରଖ ପଏଁଖ, କେନ ଚେରର ତିନଟା ଆଏଁଖ ?

ଉ : ନଡିଆ ନଡିଆ ଗଛ ଡୋଂଗା..ପତର ପଏଁଖ ଲେଖୈଁ...ନଡିଆର ତିନଟା ଆଏଁଖ

(୪) ଅତାଲ ତାଲ ପାନି ଖରସି ଚୁତେ

ଉ : କେଁଛୋ, ପାୟନ ଉପରେ କେଁଛୋ ଖରସି ଚୁତେ ଲେଖେଁନ ଦିଶସି

(୫) ଆୟଗନ ନେଇସେ ବାୟଗନିଟା ବଇଦ ନେଇସେ ସିଂଗ ଦୁଇଟା ମୁନୁଷ ନେଇସେ ଚାଲେ ବାଟ, ଦେଉଲ ନେଇସେ ଫାଁଦେ କବାଟ

ଉ : ଘୁଲି ଚାଲଲା ବେଲକେ ତାର ଦୁଇଟା ସିଂଗ ବାହାରିଥିସି, ଦେଉଲ ଲେଖେନ ଦିଶସି ଆର ଛିଁ ଦେଲେ କବାଟ ଝାଁପି ଦେସି

(୬) ଆୟଲ ଗଲ ବନେ କଲ ମଜା କରୁଛ କାହାକେ

ମୋର ଶଶୁର ବିହା ହେଇଛନ ତମର ଶଶୁରର ମାଁ କେ

ଉ : ଶାଶ-ଜୁଆଁ, ଶାଶର ଶଶୁର ହଉଛନ ଜୁଆଁର ଅଜା ଶଶୁର...ଜୁଆଁର ଶଶୁରର ମାଁ ହେଲେ ଜୁଆଁର ଆଇ ଶାଶ

(୭) ଆୟଁଖ ଜୁଡେକେ ଅୟନ ଲୋଁଯେ ପିଉଛେ ପାୟନ

ଫୁଲଫୁଟିଛେ ଉପରେ, ଢେଁଟି ରହିଛେ ଭିତରେ

ଉ : ଡିବରି ଜଲୁଥିଲେ ଆୟଁଖକେ ସୁଁଦର ଦିଶସି, ବୟଲତା ତେଲ ପି'ସି, ଜଲୁଥିଲେ ଫୁଲ ଫୁଟଲା ଲେଖେ ଦିଶସି...ବୟଲତା (ଢେଁଟି)

(୮) ଆଁଖ ବାଁକ ତାହିଁ ବସଲା ବୁଢା କାଁକ

ବୁଢା କାଁକ ଉଡିଗଲା ପୁରଠିଟା ଅଁଧାର ହେଲା

ଉ : ବେଲ/ସୁରୁଜ

(୪.୯) ମନ୍ତ୍ର ସାହିତ୍ୟ

ମଁତରମାନେ ସିରଜିନାର ପହେଲା ସମିଆଁ ନୁ ମୁନୁଷ ବେଭାର କରିଆସୁଛେ । ବିଶେଷକରି ଆଦିବାସୀ ମାନକର ଫିଁ'ଦିନ ଚଲନିଥି ମଁତରର ବେଭାର ଜହ । ଭିନ ଭିନ କବାରେ ବେଭାରହେସି ମଁତର ଯେତା ଭୁତପେତେନ ନୁ ମୁକଲିବାରକେ, ଦେବତା ଉତରାବାରକେ, ନଶେନ-ପେଶେନ ଭଗାବାରକେ, ରୋଗ ବେମାର ଛଡାବାରକେ । ସାଁପ, ବେଞ୍ଚୁ ଆଦି ବିଷାନର ବିଷ ଉତରାବାରକେ ବି ମଁତର ବେଭାରହେସି । ଇତାର ବାହାରେ ଦେ'ଦେବତାକେ ପୁଜା କରବାର ଲାଗି ବି ମଁତର ବେଭାର ହେସି । ମଁତରର କିସମ ଅନେକ । ଯେତା ଖେଦାନ, ବନ୍ଧନ, କିଲନ, କବଚ ଆଦୀ ।

ଟଁଣେହି ଖେଦା ମନ୍ତ୍ର

ଓଁ ଧରତୀ ଧରତୀ ପର

ଆକାଶରୁ ହେଇ ଆସିଲା ପର

ମୋର କାର୍ଯ୍ୟ କର ବୋଲି କାହାର କିରିଆ

ଶ୍ରୀରାମ ଠାକୁରଙ୍କର କୋଟି କୋଟି କିରିଆ ।।

ସାଁପ ବନ୍ଧନ ମଁତର

ଓଁ ସର୍ପରେ ସର୍ପ ଆମ୍ଭର ବାପ

ହସ୍ତ କୁଣ୍ଡଲୀ ମଝିରେ ଥାକ

ସରଗେ ମାଟି ମଚାନେ ଧୁଏଲ

କେନକେ ଗଲ୍ଲୁରେ ସାଁପ ଆ ଇନକେ

ଆର ନି ହ ହଲଚଲ

ଇଶପରକେ ମାରି ପାର୍ବତୀକେ ହାର

ଓଁ କାଶୀ ବିଶ୍ୱନାଥକର ୨ କୋଟି କିରିଆ ।।

ମୁଢ଼ ଦୁଃଖା ମଁତର

ଓଁ କାଟଇ କାଠ

ସୀତା ରାନ୍ଧଇ ଭାତ

ସୀତାଙ୍କୁ ଦୁଃଖାଲା ମୁଢ଼

ଶ୍ରୀରାମ ବ୍ୟେଲେ ଗୁଣି ତା

ଛାଡ଼ରେ ମୁଢ଼ ଦୁଃଖା ଛାଡ଼

ନି ଛାଡ଼ଲେ କାହାର ଆଜ୍ଞା

ଶ୍ରୀରାମଙ୍କର କୋଟି କୋଟି ଆଜ୍ଞା ।।

ମହନି ମଁତର

ଓଁ ସବୁ ମହନି ପୁଡ଼ିଖାଇ

ମାହାନି ମୁଢେ ନିଅଇ

ମୋହିଲି ରଜା ମୋହିଲି ପରଜା

ମୋହିଲି ଭସ୍ମ ଆଲସେ କରୟା

ମୁହେଁ ସମକିରର ମୁହେଁ

ଇ ମାହାନି ଅମକାର ମୁହଁ ନି ମୋହୁ ବଲି କାହାର ଆଖ୍ୟା

କାଉଁରି କାମଚଣ୍ଡୀର କୋଟି କୋଟି ଆଖ୍ୟା ।।

୪

ଆଦିକବି ଯୁଗ ଦାସ

ଷୋଡ଼ଶ' ଶତାବ୍ଦୀ ବେଳକୁ ସାରା ଭାରତରେ ଲିଖନ ପଦ୍ଧତି ସଂସ୍କୃତ ଭାଷାଥି ଚାଲିଥିଲା । ହେଲେ ସେ ସମିଆଁରେ କୋସଲି ସାହିତ୍ୟ ଲାଗି ଗୁଟେ ଚମତ୍କାର ଘଟିଥିଲା । ନରସିଂନାଥ ପାଖର ଯୁଗ ଦାସ ବଲି ଜଣେ କନ୍ଧ କବି "ଶ୍ରୀ ନୃସିଂହ ଚରିତ" କାବ୍ୟ କୋସଲି ଭାଷାଥି ଲେଖିଥିଲେ । ସେ ନରସିଂନାଥ ମନ୍ଦିରର କନ୍ଧ ଜାତିର ପୁଜାରୀମାନଙ୍କର ବଂଶଧର ଆନ । ସେ ନିଜେ ଲେଖିଛନ:

"ପାରାକୃତ ଭାଷାରେ ମୁଁ କରଇଁ ଲେଖନ

ଭୋ ସାଧୁ ସୁଜ୍ଞ ଜନେ ଦୋଷ ମୋ ନ ଘେନ ।" (ପୃ ୧୩୬)

ସେ ଆର ଥରେ ବି ଲେଖିଛନ:

"ପରାକୃତ ଭାଷାରେ ମୁଁ କରଇ ପରକାଶ ।" (ପୃ୧୪୧)

ପରାକୃତ ଭାଷା – ପ୍ରାକୃତ ଭାଷା (ଗୁଟେ ଅଞ୍ଚଲର କଥିତ ଭାଷା ଅର୍ଥାତ ନରସିଂନାଥ ଅଞ୍ଚଲର କଥିତ ଭାଷା, କୋସଲିରେ ଲିଖାହେଇଛେ । ଇ ପୁରାଣ କାବ୍ୟର ଲେଖବାର ସମିଆଁ ୧୫୫୦-୧୬୫୦ ଭିତରେ ବଲି ମତ ପାଇଛେ । ୧୫୫୦-୧୬୫୦ ସମିଆଁ ଆଡେ ଯେନ କୋସଲି ଭାଷା ଚଲୁଥିଲା ସେଟା ଇହାଦେର କୋସଲିନୁ କେତନି ଭିନେ । ଉଦାହରଣ ହିସାବେ ସେକ୍ସପିଅରଙ୍କର ସମିଆଁର ଇଂରାଜି ଆର ଆଇରର ଇଂରାଜି ଭିତରେ ବି ଗୁଦୁ ଫରକ ଅଛେ । mewed - caged, an - if, beteem - grant, give, momentany-momentary, collied - coal black. ସାରଲା ଦାସଙ୍କର ସମିଆଁର ଉଡିଆ ଆର ଆଇରର ଉଡିଆ ଭିତରେ ବି ଫରକ ଅଛେ । କନ୍ଧ କବି ଜୁଗ ଦାସଙ୍କର କୋସଲି ଆର ଆଇରର କୋସଲି ଭିତରେ ବି ଫରକ ଅଛେ ।

ତଥାପି ଇହାଦେ ବେଭାର ହଉଥିବା ଗୁଦୁଟେ କୋସଲି ଶବ୍ଦ କାବ୍ୟରେ ବେଭାର ହେଇଛେ ଯେନ୍ତା ନୁନି, ମରୁଡି, ଧୁନି, ଗହ ଗହ, ଖେଦି, ନିଷତ, ଛିନୁ

ଛିନ୍ତୁ, ମଡ଼ିଆ, ହଁସା ହଁସି, ଖୁଜାମାରି, ଖେଦି, ହାଦେ, ଖଲ ଖଲ, ଅଲାର ଧୁଆ, ଲୁଟିଚୁରି ଆଦି । ଇ କୋସଲି କାବ୍ୟଥି ଧାମନ୍ତ, ଯୁନ, ସୋମେନ୍ଦ୍ର, ରହସି, ନିଭାକଲେ, ଥୋକାଏ, ରଞ୍ଜନା, ଯେଥେ, ଭାର୍ଜନା, ମାୟେସ, ପାରୁଶେ, ଆଂଟେବନ, ସିମସ୍ଥାନେ, ଏନ୍ତା କେତନି ଜୁହ୍ନା ଶଢ ବେଭାର ହେଇଛେ ଯେନଟା ମାନେ କି ସାରଲା ଦାସଙ୍କର 'ମାହାଭାରତ'ଥି ବି ଦେଖବାରକେ ମିଲସି । ତାର ଅର୍ଥ କୁହାୟେଇପାରେ ଯେ ଯୁଗ ଦାସ, ସାରଲା ଦାସଙ୍କର ସମସାମଇକ ।

ଇହାଦେର କୋସଲି ଶଢ ବେଭାର ହେଇଥିବାର ଧାଡ଼ି ମାନେ:

ତତେ କୋଲେ ଧରି ଭାରିଯା ତୋର କାନ୍ଦୁ (ପୃ ୨୩)

*** *** ***

ଭୂମିରେ ପାରି ବିବଶ୍ର କଲା ଆଭରଣ (ପୃ ୨୩)

*** *** ***

ଛାଡ଼ରେ ପାପିଷ୍ଟ ମୂଢ଼ ମୁହଁ ତୋର ପୋଡ଼ୁ (ପୃ ୨୪)

*** *** ***

ବେଲବୁଡ଼ି ଅନ୍ଧାର ହୋଇଲା ନିଶି ପୁଣି (ପୃ ୨୪)

*** *** ***

ଦେଖିଲି ତାହାଙ୍କର ଭବିସ ଯେ ରୂପ (ପୃ ୨୯)

*** *** ***

ଆଡ଼େ ତ୍ରିଶି ଦୀର୍ଘ ତାର ଶରୀର ବଢ଼ିଲା (ପୃ ୩୨)

*** *** ***

ଯେଡ଼େ ହୋଇବି ବୋଇଲେ ତେଡ଼େ ଶରୀର ବଢ଼ଇ (ପୃ ୩୨)

*** *** ***

ଶୁଣି ଦେବତାୟେ ଯେ ଦୁର୍ଗାକୁ କଲେ ତୁଷ୍ଟି (ପୃ ୩୩)

*** *** ***

ଜୀବଯନ୍ତୁ ଦେଖି ମାୟେ ଯାନ୍ତି ଆଡ ହୋଇ (ପୃ ୩୬)

ଦିଅ କି ନ ଦିଅ ତୋତେ କହିଲିରେ ବାଇ (ପୃ ୩୭)

*** *** ***

ଧାର ଛିନୁ ଛିନୁ ଯେ ସକଳ ପାପ ଗଲା (ପୃ ୮୭)

*** *** ***

ସୀତ୍ୟାହିଁ ବୋଲନ୍ତି ଯାଇଥିଲି ହାତଗୋଡ ଧୋଇ (ପୃ ୯୨)

*** *** ***

ମୀନ ସଂଗେ ମୀନ ହୋଇ ପଡ଼ିରୁଛି ତଳେ (ପୃ ୯୩)

*** *** ***

ଦୁଇଙ୍କି ଦୁଇଜନ ହୋଇଲେ ହଁସାହଁସି (ପୃ୯୪)

*** *** ***

ନୃସିଂହ ଦେବତାକୁ ଯେ ବିଲାଇ ମଣିଲୁ (ପୃ୯୬)

*** *** ***

ବେନିଗୋଟି ରାମ ଦେଖି ହେଲେ ଅଚାବୁହା (ପୃ୯୬)

*** *** ***

ଡାହୁକ ପନସ ସେ ଯେ ନାନବୃକ୍ଷ ଗୋଟା (ପୃ ୯୮)

*** *** ***

ସୀତୟା ସୁନ୍ଦରୀ ଯେ ହୁଲାହୁଲି ଦେଲେ (ପୃ ୯୮)

*** *** ***

ଗୋଦାବରୀ କୂଳରେ ରହିଲେ ଯାଇକରିଁ (ପୃ ୯୯)

*** *** ***

ସୋମେନ୍ଦ୍ର ଭାଇକି ରାଜ୍ୟୁ ବାହାର କରିଦେଲେ (ପୃ୯୯)

*** *** ***

ଭୀମରାବ ଦେଇ ଗଂଗା ବହିଲେ ଖଲ ଖଲ (ପୃ ୧୦୧)

*** *** ***

କନ୍ଦା କନ୍ଦମୂଲ ଭିନେ ସିଝାଇ ଖାଇବି (ପୃ ୧୦୧)

*** *** ***

ହାଇମାରି ବିକୋଦର ଉଠିଣ ବସିଲା (ପୃ୧୦୩)

*** *** ***

ଢାକିରେ ନାପିଲେ ହେବ ନଉସସ୍ର ପୁତା (ପୃ ୧୦୬)

*** *** ***

ପୁଣି ପଥରକୁ କଲା ମହୁଲ ଭଜା ଚଟୁ (ପୃ ୧୦୬)

*** *** *** ***

ଶିର ଲୁଆଇଣ ଭୀମ ଭିତରେ ପଶିଲ (ପୃ ୧୦୮)

*** *** *** ***

ହାବୁଡା ହାବୁଡି ହୋଇଲେ ବେନି ଜନ (ପୃ ୧୦୮)

*** *** *** ***

ଉଲ୍ଟାଇ ଅସୁର କୁ ବସିଲା ବେଗେ ମାଡି (ପୃ ୧୦୯)

*** *** ***

ଭୀମ ଡାବର ମାଟି ଘେନି ଯୁଧ୍ୟକୁ ସେ ଯିବ (ପୃ ୧୧୦)

*** *** ***

ଅରିତୁରେ ଆମ୍ଭ ଯେବେ ବଉଳିଣ ହେଲା ଗଜା (ପୃ ୧୧୪)

*** *** ***

ଭୀମର ରୁପିଲା ବୃକ୍ଷ ହେଲା ପର୍ବତର (ପୃ ୧୧୪)

*** *** ***

ଦେଖିକରି ଆଶ୍ରିଜ ହୋଇଲେ ବ୍ରହ୍ମଚାରୀ (ପୃ ୧୧୭)

*** *** ***

ଖଲ ଖଲ ହୋଇ ଦୁଧ ହୋଇଲା ବାହାରି (ପୃ ୧୨୦)

*** *** ***

ମଡିଆ ଘରେ ନେଇ ଦେବତା ଉଲାଇଲେ (ପୃ ୧୨୩)

*** *** ***

ଫଲହାର ବିହନ ତୁ ରୁପିବୁ ବହନ (ପୃ ୧୨୪)

*** *** ***

ରାଜାର ମୁଖ ଚାହିଁ ସେ ଉଲଗି ହୋଇଲା (ପୃ ୧୨୫)

*** *** ***

ଦେଉଳକୁ ପଦିସ୍ତା ଯେ କରିଣ ରାଜନ (ପୃ ୧୭୬)

*** *** ***

ଘୁଁରୁ ଘୁଁରୁ ମାଡିଆ ଗୁଣ୍ଟ ହେଲା ବାରଖଣ୍ଡି (ପୃ ୧୭୯)

*** *** ***

କିନ୍ତୁ କିନ୍ତୁ ଧନରତ୍ନ ଦେଲେ ରାଣୀମାନେ (ପୃ ୧୩୭)

*** *** ***

ରାଣୀମାନେ ବସିଲେ ଉଚ୍ଚୁନା ମାନ ଦେଇ (ପୃ ୧୩୮)
ବାଟରେ ଖୁନ୍ତ ପିଟିଣ ଲୁଟିଜୁରି ନ୍ୟନ୍ତି (ପୃ ୧୩୯)

*** *** ***

ଖୁଟକାଟି ଦାସ କରି କନ୍ଦରା ମାଟିକଲେ (ପୃ୧୩୯)

*** *** ***

କେ ବୋଲଇ ତୋହର ମାଆାକୁ ନିଏ ମୁହିଁ (ପୃ ୧୪୦)

୬

ସ୍ୱାଧୀନତା ଆଘୋର କୋସଲି ସାହିତ୍ୟ

ଓଡ଼ିଶାକେ ଛାପାଖାନା ଆସଲା ୧୮୩୮ରେ ଆଉ ୧୮୬୧ ରୁ ପତ୍ରପତ୍ରିକା ଛାପବାର ମୂଲହେଲା । ସେ ବେଲର ବାମଣ୍ଡା ରଜା ସାର ବାସୁଦେବ ସୁଢଲ ଦେବକର ପୃଷ୍ଟପୋଷକତା ଆର ପଣ୍ଡିତ ନୀଲମଣି ବିଦ୍ୟାରତ୍ନକର ସଂପାଦନାରେ ବାହାରୁଥିବା "ସମ୍ଲପୁର ହିତୈଷିଣୀ" ପତ୍ରିକାଥି ଓଡ଼ିଆ ସାଂଗେ କୋସଲି ଭାଷାର ଲେଖା ବି ଛପା ହଉଥିଲା । ୧୮୯୧ ମସିହାରେ କବି ମଧୁସୂଦନଙ୍କର ଗୁଟେ କବିତା ବାହାରିଥିବାର ଜନାପଡ଼ିଛେ । ସେତାକେ ପହେଲା ପ୍ରକାଶିତ କୋସଲି କବିତା ବଲି ଧରାହଉଛେ ।

କହ ଗୋ ଦୃଟି ମୁଁଈ କେନ୍ତା କରସିଁ ଗୋ

ନନ୍ଦପୁଅ କାନ୍ହାକେ ଦେଖ଼ଲେ ବଡ଼ା କାବା ଲାଗୁଛେ ଗୋ ।

ଦିଶୁଥିସି କଲିଆ ଟରଟର

ପିନ୍ଧିଥିସି ହଲ୍‌ଦିଆ ଜର‌ଜର

ଧୋବ ଫର‌ଫର‌ଟେ ଜାନବାରିର ଟେ

ବେଁକେ ଉଲେଇ ହେସି ଗୋ ?

ଯମନା ନଏଦକେ ଗାଧିଗଲେ

ବସିଥିସି କଦମ ତଲେ

ଦେଖ଼ଲେ ଧାଏଁସି ସାଂଗେ ଗୁଢ଼ାସି

ସାଂଗେ ଗାଧି ବସସି ଗୋ ।

କାଏଁ କାଏଁ ମନ୍ତର ଯନ୍ତର ଆଏସି ତାହାକେ

ମୂଷ୍ଟା ଡିଙ୍କଁୀ ହେସି ଘାଏକେ

ଯାହା ଖାଏସି ଗୁରସ ଖୀରସା

ସବୁ ଚୁରେଇ ଖାଏସି ଗୋ ।

ଛିନାବେଲେ ଘରକେ ସାଇ

ହରଦମ ଡାକେ ମାଇଁ ମାଇଁ

ଡାଁଣେ ବୁଲେ ପଡାକେ ଗଲେ

ଖୁଲି ବାଖଲି ହେସି ଗୋ ।

ହେଲେ ଇତାର କେତନି ଆଘୋନୁ କୋସଲ ବାହିରେ ଗୀତ ଆର କବିତା ଲେଖବାର ସୂଚନା ମିଲିଛେ । ଛାପବାର ଅଭାବ ନୁ କେତନିଟେ ଲେଖା ଝାରେ ଫୁଟି ଝାରେ ମୁର୍ଝେଇଗଲା ବାଗିର ହେଇଛେ । ଦେଶର ସ୍ୱାଧୀନତା ଆଘୋନୁ କେତନିଟେ କବି କୋସଲି ଭାଷାଥି ଲେଖୁଥିବାର ପ୍ରମାଣ ମିଲିଛେ । ସେ ଭିତରୁ କିଛି ହେଲେ କବି ଯତନ, ଚୈତନ ଦାସ, ବାଲାଜି ମେହେର, ଲଖମଣ ପତି, ଗଂଗାପ୍ରସାଦ ପଣ୍ଡା, ମୌଲାନା ମୁସ୍କିମ ଖାନ, କପିଲ ମହାପାତ୍ର, ପରିକ୍ଷୀତ ଖଣ୍ଡୁଆଲ, ଧନେଶ୍ୱର ମହାପାତ୍ର, ମାୟାଧର ସେଠ, ଶ୍ରୀଧର ଉଦଗାତା, ବିଧୁଭୂଷଣ ଗୁରୁ, ଇନ୍ଦ୍ରମଣି ସାହୁ, ଚିନ୍ତାମଣି ସାହୁ, ଦନେଇ, ବୈଦ୍ୟନାଥ, ନାକଫୁଟି ପଣ୍ଡା, ସତ୍ୟନାରାୟଣ ବହିଦାର ଆଦି ।

ସ୍ୱାଧୀନତା ଆଘୋରୁ ଓଡ଼ିଆ ପତ୍ରପତ୍ରିକାମାନେ ଯେତା ଜିଜ୍ଞାସୁ, ପାରିଜାତ, ପାଟଣା ଦୀପିକା, ଶଂଖ ଆଦିନେ ଭିନେ ଭିନେ କୋସଲି କବିମାନକର କବିତା ବାହାରୁଥିଲା । ୧ ୯ ୪ ୪ ମସିହାରେ ଶଂଖ ପତ୍ରିକାର ସଂପାଦକ ଡ.ମାୟାଧର ମାନସିଂହ ତାଙ୍କର ପତ୍ରିକାରେ କୋସଲି ଭାଷାର ଲେଖା ଛାପିକରି ସମାଲୋଚନାର ଶିକାର ହେଇଥିଲେ । ସେ କବିତାଟା ହଉଛେ ନାକଫୁଟି ପଣ୍ଡାଙ୍କର 'ପାଶରି ଦେବୁ କାଁୟ ନ' ।

ପାଶରି ଦେବୁ କାଁୟ ନ ...?

ପିଲା ଦିନର୍ ସାଂଗ୍ ସରଷା ପାଶରି ଦେବୁ କାଁୟନ ।

ମୁଢ଼ା ବନ୍ଦର୍ କନ୍ଦାକୁଢ଼ା ସୋର୍ ଅଛେ କି ନେଇଁନ୍ ?

ସଂଜ ବେଲର୍ ଲୁକଲୁକାନି

ଡାଁଉ ଖୁଲିର୍ ଖକ୍ ।

ଗୁଡ଼ି ମଡପର୍ ଖୁମ୍ ଖୁମାଲୋ

ଛୁରୁକି ସଇ ସତ୍ ।

ନ'ଏଦ୍ ପହଁରା ବାଲିର୍ ଘର
ଦୁଲି ଝୁଲା ବଡ଼ା ସୁଖ ।
ଆଏଜ୍ ଦିନ୍‌କେ ହେଟେଇ ଦେଲେଁ
ଲାଗୁଛେ ବଡ଼ା ଦୁଖ ।
ସୋର୍ ଅଛେ କି ନେଙ୍‌ନ ?
ପିଲା ଦିନର୍ ସାଂଗ୍ ସର୍‌ସା
ପାଶରି ଦେବୁ କାଏଁନ ।୧।

ପରର ଘର ଘର୍ ହେବା ତୋର୍
ପରର ବୁଲେଁ ସାର୍‌ବୁ ଦିନ୍
ନେଇଁ ଚଲେ ତୋର୍ ଇଚ୍ଛା ।
କାହିଁର୍ ଚିହ୍ନାର୍ କାହିଁର୍ ଜନାର୍
ଜୁଟେଇ ଦେବା ବୁଆ ।
ଫୁଫୁଲା ବାହୁନ୍ ହାତ୍‌ଧରବା
ଶୁଲ୍‌କ ଅଖାଡ଼ୁଆ
କୁକୁର୍‌କେ ଭି ଠାକୁର୍ ବଲିଁ
ମାନ୍‌ବୁ ସବୁବେଲେଁ ।
କାଏଁ ପାରୁଛୁ ତର୍‌କି ଥିବୁ
ପଡ଼ିଯିବା ଭାଏଲ୍ ଗାଲେଁ
ସେନ୍‌କେ ଯିବୁ ଯେଭେଁ
ପିଲା ଦିନର୍ ସାଂଗ୍ ସର୍‌ସା ନେଇଁ ଭୁଲ୍‌ବୁ କେଭେଁ ।୨।
(ଶଂଖ, ଦେବଗଡ଼, ୧୯୪୪)

ନାକଫୁଡ଼ି ପଣ୍ଡା

'ପାଶରି ଦେବୁ କାଏଁ ନ'ର ନାଁ କରା କବି ହଉଛନ ନାକଫୁଡ଼ି ପଣ୍ଡା ।
ନାକଫୁଡ଼ି ପଣ୍ଡାଙ୍କର ଜନମ ୯/୯/୧୯୨୪ ମସିହାଥି ସୋନପୁର ନ ହେଇଥିଲା
ଆର ସେ ୧୧/୧୦/୨୦୧୨କେ ଦିହଁ ଛାଡ଼ିଥିଲେ । ସେ ହାଇସ୍କୁଲ ନ ପଢ଼ଲା
ବେଲୁ ନାଟେ ବାହାରୁଥିଲେ । ୧୯୪୩ ମସିହା ବେଲକେ ତାଙ୍କର ସାଂଗ ମାନକର

ସାଂଗେ ମିଶିକରି 'ସବୁଜ ସଂଘ' ବଲିକରି ଗୁଟେ ଅନୁଷ୍ଠାନ ବନେଇଥିଲେ । ସେ ବେଲର ମାହାରାଜ ସୁଧାଂଶୁଭୂଷଣ ସିଂହଦେଓ ଆର୍ଥିକ ସହଯୋଗ କରୁଥିଲେ 'ସବୁଜ ସଂଘ'କେ । ସେ ସାଧବୀ, ନଷ୍ଟ ଚରିତ୍ର ବାଗିର କୁଡେ ନୁ ଅଏତକା ନାଟ ପରସିଥିଲେ । ନାକଫୁଡି ପଞ୍ଚା ନିଜେ ୩୦ ନୁ ଅଏତକା ନାଟର ନିର୍ଦ୍ଦେଶନା ଦେଇଥିଲେ । ସେ ପଚାଶ ନୁ ଅଏତକା କୋସଲି କବିତା ବି ଲେଖିଛନ ।

ଭୁଲାମନ ଚଉତିଷା

ପାଟଣା-ବୁଡାସମର ଇଲାକା ନ ଯତନ ଆର ରତନ ବଲି ଦୁଇଟା ଗାହାକବାହାକ ପ୍ରାୟ ୧୫୦-୨୦୦ ବଛର ଆଗୋନୁ ବୁଲି ବୁଲି ସଂପର୍ଦା କରୁଥିଲେ । ସେମାନକର ଭିତରୁ କବି ଯତନ 'ଭୁଲାମନ ଚଉତିଷା' ଲେଖିଥିଲେ । ଭୁଲାମନ ଚଉତିଷା ସମ୍ବଲପୁର ବିଶ୍ୱବିଦ୍ୟାଳୟର ସାହିତ୍ୟ ପତ୍ରିକା ସପ୍ତର୍ଷିରେ ଜୁନ-ଜୁଲାଇ ୧୯୮୭ରେ ଶ୍ରୀ ଅଭିମନ୍ୟୁ ପଧାନ ସଂକଲିକରି ବାହାର କରେଇଥିଲେ । ଚଉତ୍ରିଶ ପଦର କବିତା ନୁ କିଛି ପଦ:

କହୁଛେଁ ଶୁନ କର୍ମହୀନ

କିଏ ଦେଖିଛେ ଉଆଁସ ଜନ୍ମ

କୁଇଲି ଗୀତର ଅର୍ଥ ଶୁନ, ହଇକି ଭୁଲାମନରେ

କେତେ ସୁତରୋଁ ବହେ ପବନ ଯେ । ୧ ।

ଖଏରଟା ଯାକ ଖଡିରେ ଲିଖ

ଖଏରଟା ସଲୋଁ ପାଇବୁ ଦୁଖ

ଖାଇସାଏଲେ ଖପରା ଫିଂକ, ହଇକି ଭୁଲାମନରେ

ଖେଲ ଖେଲୁଥିମାଁ ଦୁହି ଲୁକ ଯେ । ୨ ।

ଗୁପତେ ଗୀତା ଗାଇଲେ ହେତା

ଗଂଜାଇ ଖାଏଲେ ବାବାଜି-ମାତା

ଗିଆନ କରଲେ ରାଏତ ସରତା, ହଇକି ଭୁଲାମନରେ

ଗୁରୁ ସେବିଥିଲେ ଜଗତ ଜିତା ଯେ । ୩ ।

ଘଡିକେ ଘଡି ଘୋର ଲାହଡି

ଘୁଟକା ଶବଦ ଦେଉଛେ ରଡି

ଘର ଭାଂଗିଗଲେ ବଡ଼ଁଶା ଛିଡ଼ି, ହଇକି ଭୁଲାମନରେ

ଘରୁ ଘରଣୀ ପଲାଏ ଛାଡ଼ି ଯେ । ୪ ।

ଙ ଅକ୍ଷର ଅବନାଅକ୍ଷର

ଅହରନିଶି ବସି ଭଜନା କର

ଅର୍ଥ କର ଅର୍ଥ ନଥିଲେ ବରତ କର, ହଇକି ଭୁଲାମନରେ

ଅଷ୍ଟ ଦୁର୍ଗତିରୁ ହେବୁ ପାର ଯେ । ୫ ।

ଚଞ୍ଚଳା ଚାନ୍ଦ ଚରଣା ବିନ୍ଦ

ଚିତ ନିବେଶିଲେ ଚାହିଁବ ଅନ୍ଧ

ଚାରି ପୁରାନରୁ ବାରସ କନ୍ଦ, ହଇକି ଭୁଲାମନରେ

ଚିହ୍ନି ଗାଇବୁ ଛାଦକୁ ଛାଦ ଯେ । ୬ ।

ଛାଦକୁ ଛାଦ ଛାଡ ସଂବାଦ

ଛାଡ଼ିଦେଲେ କାହିଁ ପାଇବୁ ଭେଦ

ଛନ୍ଦ କପଟକୁ ହୃଦରୁ ଖେଦ, ହଇକି ଭୁଲାମନରେ

ଛୁରି ଦାଢ଼େ ନ ପକାଅ ପାଦ ଯେ । ୭ ।

ଜ୍ୱଳକି ସୁନା ଜୀବନ ଘେନା

ଜୀଇଁବି ବଲି କରୁ ଭାବନା

ଯମୁନା କୂଲରେ ନନ୍ଦର କାହ୍ନ, ହଇକି ଭୁଲାମନରେ

ଯେବେ ଥିବ ତୋର ପୂର୍ବ ବାସନା ଯେ । ୮ ।

ଝଟତି ଯିବୁ ଝୁଁଟାଇ ହେବୁ

ଝମରା ଲାଗିଲେ ଶୁଇପଡ଼ବୁ

ଝଲକା ପିନ୍ଧିଲେ ଭେଲକା ହେବୁ, ହଇକି ଭୁଲାମନରେ

ଝୁଲି ବାଟରେ ନାବ ବାହିବୁ ଯେ । ୯ ।

ନ୍ୟୂନ ବହି ନପାରେ ଭେଦୀ

ନିଦାନ ଭୂଇଁଟି ପରମ ସନ୍ଧି

ନନ୍ଦ ନନ୍ଦନ କରୁଣା ନିଧି, ହଇକି ଭୁଲାମନରେ

ନିଜ ଦେହରେ ପାରିବୁ ସାଧି ଯେ । ୧୦ ।

ଟ'ରକୋ ବୂଢ଼ା କାଠର ଘୁଡ଼ା

ଟକର ମକର ପଡ଼େ ପାହୁଡ଼ା

ଟାନ-ପନକଲେ ଖାଇବୁ କୁଡ଼ା, ହଇକି ଭୁଲାମନରେ

ଟାନି ଧରିଆ ଲଗାମ ଯୁଡ଼ା ଯେ । ୧୧ ।

ଠଣ-ସୁନ୍ଦର ଠାକୁର ବର

ଠିକ ଚିହ୍ନିକରି ଥାପନା କର

ଠୁଲ ଶୂନ୍ୟ ପରେ ଯାହାର ଘର, ହଇକି ଭୁଲାମନରେ

ଠାସେ କହେ ଯତନେ ପାମର ଯେ । ୧୨ ।

ଡକୁଆ ଚୁର ଅନ୍ଧାର ଘର

ଡିବିରି ଲିଭିଲେ ଫେରି ନି ପାର

ଡରି ଡରି ପଶ ନୁହଁ ତପ୍ତର, ହଇକି ଭୁଲାମନରେ

ଡକା ପଡ଼ିବ ସମନ ପୁର ଯେ । ୧୩ ।

ଢୁକିଲା ବେଲେ ଢେକେଇ ହେଲେ

ଢିଲା ହଇ ଗାଏ ଭିରକି ଗଲେ

ଢୁକିବାର ବାଟ ନାଇଁ ପାଏଲେ, ହଇକି ଭୁଲାମନରେ

ଢିଲା ଚରୁଛି ସମନ ଆଲେ ଯେ । ୧୪ ।

ଅର୍ଜି ଦିଅ ଅନର୍ଥ ନୁହଁ

ଅଦାଲତେ ଯାଇ ହାଜର ହୁଅ

ଅକିଲ ଧର ଜବାବ ଦିଅ, ହଇକି ଭୁଲାମନରେ

ଆନ କଥାକୁ ମନେ ନ ନିଅ ଯେ । ୧୫ ।

ତରକି କରି ତିରନ ଧରି

ତିରି ରଙ୍ଗ ସଙ୍ଗ ଦେବୁ ପାଶୋରି

ତେବେ ଯିବୁ ଭବ ସାଗରୁ ତରି, ହଇକି ଭୁଲାମନରେ

ତୋର ଶରୀର ଚିହ୍ନିଲେ ହରି ଯେ । ୧୬ ।

ଥବିର ଘର ଥୟ ନ କର

ଥାପିଲା ଦେବତା ନ ଦିଏ ବର

ଥିର ମନେ ବସି ସାଧନା କର, ହଇକି ଭୁଲାମନରେ

ଥିଲେ ବୁଦ୍ଧିଗ୍ୟାନ ହେତୁ କର ଯେ । ୧୭ ।

ଦଏବ ଧାତା ଦେଇଛେ ଚିନ୍ତା

ଦେଉଳ ଗଢ଼ି ଯେଉଁ ବିଧାତା

ଦୃଢ ମନେ ଭଜ ହଇ ଏକତା, ହଇକି ଭୁଲାମନରେ

ଦୁଇ ଦିନ ପାଇଁ କେତେ ଚିନ୍ତା ଯେ । ୧୮ ।

ଧନୀ ପୁରୁଷ ଧୁରିଆ ଦେଶ

ଧୁର୍ମ କୁହୁଡ଼ି ଚଇତ ମାସ

ଧରମ ଉପରେ ପରମହଂସ, ହଇକି ଭୁଲାମନରେ

ଧର୍ମ ଥିଲେ ବଇକୁଣ୍ଠ ବାସ ଯେ । ୧୯ ।

ନୂଆଁ ହୋଇଛି ନାଇଁ ଜାନୁଛି

ନାଗରୀ ସଂଗତେ ମନ ଚଲୁଛି, ହଇକି ଭୁଲାମନରେ

ନିଶା ଖାଇ ହେତୁ ବୁଡ଼ାଉଛି ଯେ । ୨୦ ।

ପଢ଼ିବୁ ପାଠ ପାଇବୁ ଭେଟ

ପଢ଼ିଛି ସଡ଼ଖ ଗୋଠ ଠୁଁ ମଠ

ପାଞ୍ଚ ଲୁକ ସଂଗେ ନ ଚାଲ ବାଟ, ହଇକି ଭୁଲାମନରେ

ପାଞ୍ଚ ପ୍ରକୃତିରେ ନଟକୃଟ ଯେ । ୨୧ ।

ଫରକି ଥିବୁ ଫାଦେ ପଡ଼ିବୁ

ଫୁଲଫୁଟା ଧୁତି ନାଇଁ ପିନ୍ଧିବୁ

ଫୁଲ ମାଖିଲେ ଦର୍ପନ ଦେଖିବୁ, ହଇକି ଭୁଲାମନରେ

ଫିରି ଯମ ପୁରୁ ଆସିବୁ ଯେ । ୨୨ ।

ବଡ ଦେଉଳ ବହୁତ ଚୁଲ

ବାଇଶୀ ପାବଛେ ହଇଛି ଠୁଲ

ବଟବୃକ୍ଷେ ଅଛି ଦକ୍ଷିଣ ପାଲ, ହଇକି ଭୁଲାମନରେ

ବିଜେ କରି ଅଛନ୍ତି ଆଦିମୂଲ ଯେ । ୨୩ ।

ଭକତ ଜନେ ଭାବଇ ମନେ

ଭକୁଆ ଯତନ ଅଧମ ଭଣେ

ଭାବଗତ ପଦ ରଖିଥା ମନେ, ହଇକି ଭୁଲାମନରେ

ଭବୁଁ ରକ୍ଷାକର ସାଧୁଜନେ ଯେ । ୨୪ ।

ମଲାବେଲକୁ ମାୟାଜାଲକୁ

ମୃଷାପରି କାଟ କାଳ ଫାଶକୁ

ମନେ ରଖିଥିବୁ ହରିକଥାକୁ, ହଇକି ଭୁଲାମନରେ

ମିଛ ମଣିବୁ ପର କଥାକୁ ଯେ । ୨୫ ।

ଜଗିଲେ ବାଟ ପାଇବୁ ଭେଟ

ଯମୁନା କୂଲରେ ନନ୍ଦର ଚାଟ

ଯୋଗୀବେଶ ଧରି ବାନ୍ଧିଛି ଥାଟ, ହଇକି ଭୁଲାମନରେ

ଯେବେ ଜାନିବୁ ତୁ ନାମ ରଟ ଯ । ୨୬ ।

ରା ଅକ୍ଷର ରାବଣେଶ୍ୱର

ରଘୁନାଥ ଦଶରଥ କୁମର

ରାମଲଛିଖନ ଲେଖି ଶରୀର, ହଇକି ଭୁଲାମନରେ

ରଥ ଶୂନ୍ୟ ଚାଲେ ତପ୍ର ଯେ । ୨୭ ।

ଲାଭେ ସଂସାର ଲୋଭ ନ ମର

ଲାଲ ମହାକାଳ ପୁଡ଼ା ଅଙ୍ଗାର

ଲୁହା ସଂଗେ ଅଗ୍ନୀ ଖାଉଛି ମାର, ହଇକି ଭୁଲାମନରେ

ଲାଞ୍ଚ ଖାଇଯିବୁ ଯମଘର ଯେ । ୨୮ ।

ବହୁତ କଥା ବୁଝିଲେ ହେତା

ବଡ ଦେଉଳର ବଡ ଦେବତା

ବଡ କାମ କଲେ ବଡ ଶକତା, ହଇକି ଭୁଲାମନରେ

ବୁଦ୍ଧି ଦେବେ ବୃଦ୍ଧ ପିତାମାତା ଯେ । ୨୯ ।

ଶ୍ରୀଭାଗବତ ସହସ୍ରେ ମତ

ସଂସାର ଖୁଜିଲେ ନପାଉଁ ଅର୍ଥ

ଶରୀର ଖୁଜିଲେ ପାଇବୁ ନିତ୍ୟ, ହଇକି ଭୁଲାମନରେ

ଶିରୀଭାଗବତ ଭାବଗତ ଯେ । ୩୦ ।

ଷୋହଳ ବଖରା ସହିତେ ଧରା

ଶରୀରରେ ଝାଲ ନୋହିବ ପରା

ସଂସାରେ ଉଦୟ ହୋଇଛି ଧାରୋ, ହଇକି ଭୁଲାମନରେ

ସରି ଯାଉଛି ଦିବସ ଖରା ଯେ । ୩୧ ।

ସରକାରକୁ ସହି କଥାକୁ

ସାକ୍ଷୀ ରଖିଥିବୁ ସାତ ଜଣକୁ

ସାତଟଙ୍କା ଦେବୁ ଆଠ ଜଣକୁ, ହଇକି ଭୁଲାମନରେ

ସତ କହିବେ ଭଲମନ୍ଦକୁ ଯେ । ୩୨ ।

ହେଜୀବୁ ଯେବେ ହରିଙ୍କି ତେବେ

ହରଷ ମନରେ ଭେଟିବୁ ତେବେ

ହରେକ ଦୁରୀତ ହରିବେ ତେବେ, ହଇକି ଭୁଲାମନରେ

ହଟ୍ କିଶୋର ଅଛନ୍ତି ଭାବେ ଯେ । ୩୩ ।

କ୍ଷମା ସାଗର କ୍ଷିତିରେ ସାର

କ୍ଷମା ସୁନ୍ଦର ସେ କମଲାବର

କ୍ଷମା କରିଦେବେ ଦୁଃଖକୁ ତୋର, ହଇକି ଭୁଲାମନରେ

କ୍ଷଦେ ଭଣେ ଯତନ ପାମର ଯେ । ୩୪ ।

ବାଲାଜୀ ମେହେର

ବାଲାଜୀ ମେହେର ଥିଲେ ନାଁକରା ଉଡ଼ିଆ କବି ଗଂଗାଧର ମେହେରଙ୍କର ସମସାମଇକ । ଗଂଗାଧର ଉଡ଼ିଆଥି ଲେଖଲା ବେଲକେ ବାଲାଜୀ କୋସଲିଥି ଲେଖୁଥିଲେ । ବାଲାଜୀଙ୍କର ପହେଲା କବିତା 'ଗୁଁଡ଼ିଆ' ୧୯୧୨ ମସିହା ଜାନୁୟାରୀରେ ସପ୍ତର୍ଷିରେ ବାହାରିଥିଲା । ଈ ଗୁଁଡ଼ିଆ କବିତାଟା ୧୯୧୨ ମସିହାରେ ଯେତେବେଲେ ଇଂଲଣ୍ଡର ଯୁବରାଜ ଷଷ୍ଠ ଜର୍ଜ ସମଲପୁର ଆସିଥିଲେ ତାଙ୍କର ସ୍ୱାଗତରେ ସମଲପୁର ଫ୍ରେଜର କ୍ଲବ ନ ପଢ଼ିଥିଲେ । ତାଙ୍କର ଆର ଲେଖାମାନେ ହେଲା 'କୁମ୍ଭାର ପସରା', 'ଗଉଡ଼ ଗମନ', 'ସୁନାରି ପସରା' ଆର 'ବରଗଡ଼ ବଜାର' । ଈ ସବୁ ଲେଖାମାନେ ୧୯୧୨ର ସପ୍ତର୍ଷି ଥି ବାହାରିଥିଲା ।

ଗୁଁଡିଆ

(୧)

ଶୁଣ ଶୁଣରେ ପୋଲିଆ ଭାଇ
ଗୁଁଡିଆର କଥା ଦେଉଛେଁ ଗାଇ
ଘର ଦୁଆର ଡାଁଣ ଖୁଲି
ବେଲ ବୁଡଲେ ଗୁଁଡିଆର ପାଲି ।
ଗବର ଗଦା ଉରକୁଲା
ତହିଁକେ ଗୁଁଡିଆ ମିଲକିଲା ।
ପୋଡ ପିଛାଲଁ ପୁରା ପୁରା
ବସିଥିବେ ତରା ତରା ।
ଠାନ ଠାନ କରି ପଦର ଠାନେଁ
ଚାବି ଆନୁଥିବେ ନାକେ କାନେଁ
ପୋଡ ପାନି ଦେଲେ ବୁଡି
ଗୁଁଡିଆ ଉଡଲେ ଆଶା ଛାଡି ।
ଗାଁ ଗୁହାଲେ ଗୁଁଡିଆ ବିଜେ
ଆଗେ ଘୁନ ଘୁନ ଘଁଟି ବାଜେ ।

(୨)

ଗୁଁଡିଆର କନିଆଁ ଦୁଇ ଗୁଁଟି
ଘୁନଘୁଟି ଆଉର କୁରକୁଟି ।
ସେ ଦିନେ ତାଁକର ମଂଗାଲବାର
ଦେବୀକେ ଦେବେ ରକତଧାର
ନାଇଁ ଦେଲେ ନାଇଁ ଚଲେ
ଗୁଁଡିଆ ଗଲା ରାତିର ବେଲେ
ଦେଖଲା ତସ୍ସ କୁହୁଲା ଦିଆ
ଗୁଁଡିଆ ବଂଏଲା ନାଇଁରେ ବୁଆ ।

ଗଲେଁ ମଲିଁ ରକତ ଭୁରି
ଜୀବନ ଯିବା ମାଏଞ୍ଜିର ଲାଗି ।
ନୂଆଁ ମାଏଞ୍ଜ କରମି ପଛେଁ
ଜୀବନ ଯିବା ମିଛେଁ ମିଛେଁ ।
କୁହୁଲା ଘର ମତେ ଅଡୁଆ
ଏନତା ବିଚାର କରଲା ଗୁଁଡିଆ ।
ଯାଇ ବସଲା ଲୁକର ଭିଲହି
ଠାନ ଜାନି ଜାନି ହୁଁଗମି ବଲି ।
ଜନେ ବସିଥିଲା ପଛ କରି
ଚୁତଲେ ବସଲା ପଟକରି ।
ଲମ ଲମ ଗୋଡ ଲପଲପ
ମୁହଁ ସୁଜି ହୁଁଗେ ଟପ ଟପ ।
ହାଏ କରି ଦେଲା ଥାପର ପିଟି
ଧରି କରିଁ ଦେଲା ସଏଲତା ବଟି ।
ପଲାଲା ତରସର ରଖଲା ଜାନ
ଗୁଁଡିଆଁର କନିଆଁ ଧଏଲା କାନ ।
ମଁଗଲା ଦେବୀର ଉଷା ବରତ
ଆଏଜ ତତେ ନେଈଁ ମିଲଲା ରକତ ?
ନାଆଁକେ ମରଦ ଗଁଡିଆଁଟୋ
ଦୁଇ ମାହେଜିର ଭଡୁଆଟା ।
ଯାହା ରାଁଧିଥିଲୁ ଖାଏଲୁ ସବୁ
ଆଉର ଖାଏବୁ କାଏଁ ପରସି ଦବୁଁ ।
ସଁଗେ ଶୁଇକରି ଗଡଗଡୁ
ଘଏତା ହେବାର ମୁହୁଁଟୀ ପୁଡୁ ।
ଗୁଁଡିଆ ବଏଲା ଶୁନରେ ନଟି
ଦେଇଥିଲା ଯେନ ଥାପଡ କୁଟି ।

ଦର ବଜକିଆ ନାଇଁ ବାଜଲା

ବାଜିଥିଲେ କାହିଁ ଜୀବନ ଥିଲା ।

ନାଇଁ ବାଜିକରି ଉଠଲି ପଡଲି

ତିନିଘଡି ଯାକେ ମୁରଛା ଗଲିଁ ।

ପାଁଚ ଘଡି ନ ପାଏଲି ଚେତା

ମରିଯାଇଥିଲେ କେନତା ହେତା ?

ଭଙ୍ଗା ଧୁନଥ ମାଏଲେ କାଁଡ

ଘଏତା ମଲେ ମାଏପୋ ରାଁଡ ।

ଆନି ଦଉଥିଲେ ପିତଲ ପିତଲ

ଟେଁଡି ଦଉଥିଲେ ବୁତଲ ବୁତଲ ।

ଆନି ଦେଇଥିଲେ ଖୁଜି ଭୁଁଡି

ସବୁ ଦେଉଛେ ନାକେ ଟେଁଡି ।

ମାହେଜି ଜନମ ବଢେ ସାଫୁଲ

ଖାଇ ଜାନସନ କାପୁଲ କାପୁଲ ।

କନିଆଁ ଛାଡି ଆଏଜ ପଲାମିଁ

ସବୁଦିନେ କାହୁଁ ଆନି ଦେମି ।

ଭଲ ପଛେ ନାଇଁ ବଲବ ମତେ

ଚୁରେଇ ରକତ ଆନମି କେତେ ।

ମନ ଚିହ୍ନ କରି ମାଏପୋ ହିତ

ବାଲାଜୀ ରଚଲା ଗୁଁଡିଆ ଗୀତ ।

(ଣ)

ଯେତେ ଗୁଁଡିଆର ପହିଜ କରା

ମକରା ବଏଲା ରହରେ ଟୁରା ।

ମନେ କଲା ମହା ରୋଷ

ଜାଲ ଖେଲଲା ବାର କୋଶ ।

ଘର ଦୁଆର ପଛକୁଟି
ଜାଲ ଖେଳଲା ଯତଖଟି
ଘରଦୁଆର ଭଂଗାପୁଲା
ନାଇଁ ରଖିଲା ଟିକେ ମେଲା ।
ବେଲ ବୁଡ଼ଲା ଘୁଟଲା ରାତି
ଖାଏଲେ ଶୁଇଲେ ଲିଭେଇ ବତି
ଦୁରୁଁ ଗୁଁଡ଼ିଆ ଦରକିଲା
ଜାଲ ଦେଖିକରି ସରକିଲା
ସଂଗ ଧରିକରି ଯିମିଁ ହେଲେଁ
ନାଇଁ ପଡ଼ିମିଁ ମକରାର ଜାଲେଁ ।
ଗୁଁଡ଼ିଆ ଯାଇଛେ ସାହିକେ ସାହି
ଟଁଢେଇ ଯାଇଛେ ରକତ ଚୁହି ।
ଭେଟ ପଡ଼ଲେ ଏକା ଠାନେ
ଦେଖଲେ ଘରେ ଶୁଇଛେ ୫ନେ ।
ଦୁହିଁକେ ଦୁହେଁ ହେଲେ ଯୁକତ
ଶୁଇଲା ଲୁକର ବାଁଧଲେ ବକତ ।
ମୁନୁଷ ରକତ ଟଁଢେଇ ଚୁହେ
ଗୁଁଡ଼ିଆ ଚାବଲା ଟଁଢେଇ ଦିହେଁ ।
ଟଁଢେଇର ଦିହ ଦୁରଗଁଧି
ଗୁଁଡ଼ିଆ ଚାବଲା ରାକସଁଧି ।
ଚଡ଼ଡୋ ଥାପଡ ପିଟଲା ଟାନେ
ଗିଜ ମଲକା ଗୁଁଡ଼ିଆ ଜାନେ ।
ଧମକେ ଗୁଁଡ଼ିଆ ଦେଲା ମୁତି
ଶୁଇଲା ଲୋକ ଉଠଲା ଚେତି ।
ଉଠି ବସିକରି ଧଏଲା ଚୁଦି
ରଶି ଆନି ଗଛେଁ ଦେଲା ବାଁଧି ।

ଟେଁତେଲ ଝାଁଟିର କୁର୍ତା
ଦୁହି ଗିୟେ ଦୁଇ ସର୍ତା ।
ଉଁଟଲି ଉଁଟଲି ପଡେ ଛାଲ
ଗିଜ ଫାଟିଗଲା ଫାଲ ଫାଲ ।
ପିଟଲା ପିଟଲା ଦେଲା ଛାଡି
ଦୁଇ ଲାତ ଦେଲା ଯାରେ ଶାଲି ।
ଟଁଢେଇ ପଲାଲା ଜାନ ଧରି
ଗୁଁଢିଆ ରହେଲା କୋଡ ବାରି ।
ଆଁଟେ ଖିଡକି ଦେଲା କିଲି
ଗୁଁଢିଆ ବଏଲା ମଲି ମଲି ।
ସକାଲୁ ଖିଡକି ଦେଲା ପେଲି
ଗୁଁଢିଆ ଗଲା ବାଟେଁ ଚାଲି ।
ରକଟେଁ ରକଟେଁ ସରସର
ପଲାଲା ଗୁଁଢିଆ ତରସର ।
ବେଲସୁଁ ଗୁଁଢିଆଁର କନିଆ ଯୁଡେ
ଗୋଡଧୁଆ କଲେ ଧୁତି ଖଁଡେ ।
ବସେଇ ଶେୟେ କଲେ ଗୋଲ
ମର୍ଦନା କଲେ ମାନେ ତେଲ ।
ବାଲାଜୀ ରଚଲା ଚଟ'ପଟ
ନିଦ ପଡିଗଲା ଝଟପଟ ।
(ଲେଖା ସମିଆଁ ୧୯୧୨)

ଲକ୍ଷ୍ମଣ ପତି

ବାଲାଜୀ ମେହେରଙ୍କର ଆର ଝନେ ସମସାମଇକ ହଉଛନ ଲକ୍ଷ୍ମଣ ପତି ।
ବରଗଡ ଜିଲ୍ଲା ବିଜେପୁର ପାଖର ଖରମୁଡା ଗାଁରେ ୧୯୦୦ ଆଉକେ ତାଙ୍କର
ଜନମ । ଲକ୍ଷ୍ମଣ ହଉଛନ ନାଟକ ସାହିତ୍ୟର ଲେଖକ । ତାକର ଲେଖାମାନେ ହେଲା
'ଶବର ଲୀଲା', 'ଭୁଲିଆ ପସରା', 'କଁରରା ପସରା', ଆର 'ତେଲି ପସରା',
'ମୁନୁଷ ବରନ', 'ମାଏଁ ବରନ' ଆଦି ।

ତେଲି ପସରା

ଝଟପଟ ଝପଟ ବାଲି
ଯେନତା ବାଡିକେ ତେନତା ଛେଲି ।
ଶୁନ ଶୁନରେ ପାଲିଆ ଭାଇ
ତେଲି ପସରା କହେମି ମୁଁ ।
ତେଲେନ ମାଏଖି ପସରା ବସା
ଖୁସି ଦେଇଛେ ଭଲିଆ ଖୁସା ।
କେହି ସରି ନୁହେଁ ମୁଢ କୁରାକେ
ଖୁସି ଦେଇଛେ କାନ ତରାକେ ।
ଚକେଇ କରି ବସି ଦେଇଛେ
ହଲେଇ ଗେଢେଇ କଥା କହୁଛେ ।
ପିତଲ କାଠର ଚାନ୍ଦିଆ ମାନ
ଦୁଇ ପଏସିଆ ସବକେ ସାନ ।
ଜୁଢା ବୁରି ସୁରଷୋ ବରେଇ
ରୋଜ ପେରିଛେ ସରେଇ ସରେଇ ।
ଗାହକି ଗଲେ ତେଲେନ ପାଶ
ତେଲେନ ବଲେ ନେବ ଆସ
ଭଲ ମିରତେଲ ଛାଏ ଦିଶୁଛେ
ଯେତକି ନେବଲୋ ତେତକି ଅଛେ ।
ଗାହକି ବଏଲେ ଭଲ କହୁଛୁ
ତୁଇ ଡୁରିତେଲ ମିଶେଇ ଦେଇଛୁ ।
ତମର ଜୀବକା ତମକୁ ଉତମ
ତେଲ ଦିଶୁଛେ ହଲଦି ରକମ ।
ପାଁଚ ପଏସା ମାନକେ ନେବୁ
ହିତା ମାଠୁଲ ନାପି ଦେବୁ ।
ଶୁନଲା ତେଲେନ ଗାହକି ଟୁଁଟ

ବାସି ପଖାଲେ ବୁରୋଗୁଁଡ ।

କେତେ ନେବୁ କହ ବଅଲା

ପସରା ଭିତରୁ ମାନ ଧଅଲା ।

ଦଶ ମାନକେ ତେର ଅନା

ଦୁଇ ପଅସା ତହିଁର ଉନା ।

ତେଲି ପସରା ଏତକି ହେଲା

କହେ ଲଅଖନ ବାମ୍ହନ ପିଲା ।

(ଲେଖା ସମିଆଁ ୧୯୧୦ –୧୯୭୦)

ବାଲାଜୀ ମେହେର ଆର ଲକ୍ଷ୍ମଣ ପତିଙ୍କର ପସରା କବିତାମାନେ ସଞ୍ଚାର ନାଚ ବେଲକେ ଗାହାକମାନେ ଗାଇ ଗାଇ ନାଚୁଥିଲେ । ସେଥିର ଲାଗି ଇ କବିତାମାନକର ପହେଲା ନୁ 'ଶୁନ ଶୁନରେ ପାଲିଆ ଭାଇ' ନୁ ମୁଲ ହେଇଛେ ।

ମୌଲାନା ମୁସ୍ତକିମ ଖାଁନ ଗୌନ୍ତିଆ

ବାଲାଜୀ ଆର ଲକ୍ଷ୍ମଣ ପତିଙ୍କର ଆର ୫ନେ ସମସାମଇକ ଥିଲେ ମୌଲାନା ମୁସ୍ତକିମ ଖାଁନ ଗୌନ୍ତିଆ । ସେ ବି ପସରା କବିତା ଶୈଲୀଥି 'ତୁରି ପସରା' ଲେଖିଥିଲେ । ତାକର ଜନମ ଝାରସୁଗଡା ଜିଲା ଲଖନପୁର ପାଖର ରେମତା ଗାଁ ନ ହେଇଥିଲା ।

ତୁରି ପସରା

ତୁରି ତୁରିଅନ ପସରା ଧରି

ହାଟକେ ଗଲେ ଯୁଗାଡ କରି ।

ତୁରିଅନ ମାଏଁ ବାଲ ଭୁରସି

ପାଏନ ଦେଇକରି ରାଁପି ଦେସି ।

ମୁଠେ ଚାଉଁରୀ ବାଲେ ଭରି

ମାନ ଏଡ ଖୁସା ଦେଇଛେ ପାରି ।

ପିଠି ପାରେ ଛୁଆ ଭିଡି ଦେଇଛେ

ଅଁଟାକେ ହଲେଇ ଚାଲି ଯଉଛେ ।

ଟୁପଲି ଭୁଗଲି ଚାଉଲ ଧୁଆ

ସାକୁସ ପେରୀ ଝାଁପି ଡାଲିଆ ।

ଝଁପ ୫ପଲି ଶାଗ ଛଟାଣୀ

ଛଟଣୀ ଡୁଲା କୁଲା ଚାଲନୀ ।

ତଲେଇ କୁଲେଇ କୁଁଡ଼ଲି ତୁପା

ଖଲେଇ ମୁଖୀ ଡୁଆ ଖଏଡକା ।

ଝାପ ଗେଡୁଆଁ ତୁନ ପରସା

ଅନକା ବୁହିଛେ ଗୁଛା ଗୁଛା ।

ଖଟ ଖଟଲି ଝୁରି ପେଟାରୀ

ଭୁଲଂଗୀ ଛତା ଛତୁର କରି ।

ମାଗଲେ ଗହକି ହେଇ ରୁଁଡ

ନାଇଁ ପଟେ ବଲି ହଲାସି ମୁଁଡ ।

ଯାର ମନକେ ଯେନଟା ହେଲା

ବାଛିକୁଛି ନେଲେ ମୁଣ୍ଟକିମ କହେଲା ।

(ଲେଖା ସମିଆ ୧୯୭୦-୧୯୭୫)

କବି ଚିନ୍ତାମଣୀ

କବି ଚିନ୍ତାମଣୀ (୧୮୭୩-୧୯୪୩) ସୋନପୁର ଜିଲ୍ଲା, ବିରମାହାରାଜପୁର ପାଖର ଅଚଣ୍ଡା ଗାଁ ନ ଜନମ ହେଇଥିଲେ । ସେ ବିହା ବରପନ, ନଚନିଆ, ଡାଲଖାଇ, ରସରକେଲି, ଜାଇଫୁଲ, ମାଏଲା ଜଡ଼, ଦୁଲାଗୀତ, ହଲିଆ ଗୀତ, କରମା ଗୀତ ଆଦି ଲେଖିଛନ । ତାକର ଗୀତମାନେ ରେଢ଼ାଖୋଲ, ବଉଦ, ଆଠମଲ୍ଲିକ, ବିରମାହାରଜପୁର, ବରଗଡ, ସମଲପୁର ଆର ବାମଡା ଆର ଆସାମର ଚା ବଗିଚାରେ ବି ଲୋକ ଗାଏବାର ପ୍ରମାଣ ମିଲିଛେ । ତାକର 'ପିଣ୍ଡ ବ୍ରହ୍ମାଣ୍ଡ ସ୍ୱରୂପ' ଲେଖାଟା କବି ଯତନକର ଭୁଲାମନ ଚଉତିଶା ଢାଁଚାଥି ଲେଖାହେଇଛେ ।

ପିଣ୍ଡବ୍ରହ୍ମାଣ୍ଡ ସ୍ୱରୂପ

ଚୁରନି ଗାଇ ଚମକୁ ଥାଇ

ଚାରିଆଡେ ଗଲା ଚୁରାଇ ଖାଇ

ଚାରଟା ପାଁଚଟା ଚରୁହା ଥାଇ

ଚୋର ପଶିଗଲା ଧାଆଁରେ ଭାଇ

ହଇକି ଭୁଲା ମନରେ

ଚେତା ହୋଇ, ଘରେ ଥିବୁ ଶୋଇ ଯେ । ୧ ।

ଛନ ଛନକେ ଛଇଲି ବାଘ ପିଲାକେ

ଛୁରକି ନେଇଣ ହାନୁଛୁ ବେଁକେ

ହଇକି ଭୁଲା ମନରେ

ରୁଁଟା ମାରିଥା ଡେବରି ନାକେ ଯେ । ୨ ।

(ଲେଖା ସମିଆଁ ୧୯୦୦ –୧୯୧୦)

ଗଂଗାପ୍ରସାଦ ପଣ୍ଡା

ଗଂଗାପ୍ରସାଦ ପଣ୍ଡା (୧୮୯୮, ଜାନୁଆରି ୨୧) ପୃଥ୍ୱୀରାଜ ହାଇସ୍କୁଲ ନ ଶିକ୍ଷକ ଥିଲେ ଆର 'ପାଟଣା ଦୀପିକା' ଆର 'ଚତୁରଂଗ' ଦୁହି ପତ୍ରିକାର ସଂପାଦନା କରୁଥିଲେ । ତାଙ୍କର ପ୍ରସିଦ୍ଧ କବିତା 'ବର୍ଷା ଆହ୍ୱାନ' ୧୯୩୧ ସାଲେ 'ପାରିଜାତ' ପତ୍ରିକାରେ ବାହାରିଥିଲା । କବି ତାଙ୍କର ୪୪୧ଟା କବିତାର ପାଣ୍ଡୁଲିପି 'ସଂଗୀତ ପ୍ରସାଦ' ନାଁ ନିଜର ହାତେ ଲେଖିଯାଇଛନ । ଇ ପାଣ୍ଡୁଲିପି ୧୯୨୨ ମସିହାରେ ବନେଥିଲେ ।

ବର୍ଷା ଆହ୍ୱାନ

କଜଲ କଲିଆ ପାଗଲ ବାଦଲ ମାଦଲ ବଜାଇ ବଜାଇ

ଦୁଲକି ଦୁଲକି ଚମକି ଚମକି ବିଜୁଲି ନଚାଇ ନଚାଇ

ଝୁପୁର ଝାପୁର ଟୁପୁର ଟାପୁର ବରଷ ଅଛରା ଅଛରା

ଡହକ ବିକଲ ବଡ଼ା କଲବଲ କଲାନ ଜେଠର ଖରା ।

ସହି ଖରାତରା ଦରମରା ଧରା ନାହିଁତ ଶୋଭାର ପଶରା

ସଭିଏଁ ଉଚ୍ଛନ ରଡ଼ି ଛାଡ଼ୁଛନ ତତେ କରିଛନ ଆଶରା

ଆରେ ବରଷା ଚଷାର ଭରସା ଦରଦର ଦେ ବରଷି

ମାଖନ ଝୁନଗା ବନକ ମୁନଗା ଲହମଦା ପଡୁ ଲହଁସି

ଚଁପା ଚମେଲୀ ମଲ୍ଲି ଶିରଲି କଦମ କୁହ ଫୁଲ

ଗାଧିପାଧିକରି ଉଜଲ ଦିଶବେ ଖେଲବେ କରବେ ଗେଲ

ଶାଗୁଆ ଘାସର ଗାଲିଚା ଉପରେ ସାଧବ ଘରର ବହୁ

ଲାଲ ଜରଜର ପାଟଲୁଗା ପିନ୍ଧି ଲାଜେ ତରତର ହେଉ

ବନ୍ଦକଁଟା ମୁଡ଼ା ଭୁଡ଼ା ମାରୁ ଚୁଡ଼ା ଯୋର ନଦୀଯାଉ ଉଛଳି

ନୂଆଁ ପାନିପାଇ ଡେଗି ଡେଗିକରି ବେଁଗଛୁରି ପଡୁନ ଉପଲି

ଟିକରା ଟାଁଗର ଜଁଗଲ ଡଁଗର ପାହ୍ୟାଡ଼ ପରବତ ଖୋଲ

ଡାହିର ଟିପିଥୁଁ ଡାହୁକ ଡାକବା ମୟୂର କରବା ନାଟ

ଖୁଲଖୁଲ ହେସି ଧରତୀ ରାନିରେ ପିନ୍ଧବା ଶାଗୁଆ ପାଟ

ରାମଲଇଖନ ଗଲେ ମୃଗ ମାରି ଗାଏବା ଆଗର ହଲିଆ

ଅରତଟ କରି ପଛର ହଲିଆ ଧରବା ଗୀତର ପାଲିଆ

ଚରୁହା ପିଲେ ଖେଲବେ ମଉଜେ କେଲିବାଡ଼ି ଡାହି ମାକଡ଼ି

ବୁଢ଼ା ପୁରାତନ ଅଲସୁଆ ଯାକ ଖେଲବେ ଅଠର ବାଗଡ଼ି

ଛପଲ ଛାପଲ କାଦୋଟିଖଲ ଗିଲଗିଲ ଅନ୍ଧାର କରି

ଆରେ ବରଷା ହସା ଏ ରସା ନାଇଁ କର ଆଉର ଡେରି ।

କପିଲ ମହାପାତ୍ର

କପିଲ ମହାପାତ୍ର ଥିଲେ ଗଁଗା ପ୍ରସାଦ ପଣ୍ଢାକର ସମସାମଇକ । ଶ୍ରୀ ମହାପାତ୍ର ସାରଁଗଗଡ ଦରବାରର କବି ଥିଲେ । ସେ 'ଗଁଳିଆ ରାମାୟଣ' ଲେଖିଥିଲେ ଆର ଗାହାକ ହିସାବେ ଗାଁ ଗାଁ ବୁଲି ଲୋକର ମନୋରଁଜନ କରୁଥିଲେ । ଗଁଳିଆ ରାମାୟଣର ଲେଖବାର ସମିଆଁ ୧୯୨୦-୩୦ ବଲି ଗବେଷକ ମାନେ ମତ ଦେସନ ।

ଲାଲ ଶିବନାରାୟଣ ଦେବ

ଲାଲ ଶିବନାରାୟଣ ଦେବ (୬/୨/୧୮୭୭-୧୯୫୮) ହଉଛନ ଖଡ଼ିଆଲ ରଜା ବୀରବିକ୍ରମ ଦେବଙ୍କର ସାନ ଭାଏ । ଖଡ଼ିଆଲ ଅଞ୍ଚଲରେ ୧୯୪୦ ଆଘୋନୁ ଯେନ ସବୁ ଲେଖାଥିଲା, ସେ ସବୁକେ ଲାଲ ରୁଦ୍ରମାଧବ ଦେବ ଆର ପଣ୍ଡିତ ପ୍ରୟାଗଦତ୍ତ ଯୋଷୀ ସଁକଲିକରି 'ଖଡ଼ିଆଲ କୁସୁମ' ନାଁ ବହି ଆକାରେ ଛାପୁଥିଲେ । ଲାଲ ଶିବନାରାୟଣ ଦେବଙ୍କର 'ଚଇତା' କବିତା ସେଥି ବାହାରିଥିଲା । ସେ ପୁରାଣ କଥାକେ ନେଇକରି 'ରାବଣାଁଗଦ ବାତା' ବଲି ଗୁଟେ କାବ୍ୟ ବି ଲେଖିଥିଲେ । ରାବଣ-ଅଁଗଦର କଥାଇ ମାଣିକଗଡ ଚୌହାନ ରାଜବଁଶର କଥା ଲେଖାହେଇଛେ ବଲି ଆଲୋଚକ ମାନେ କହେସନ । ସେଥି ଆର ଗୁଟେ ଭାଗେ ବେଁଗବେଁଗଲି

କଥା ବି ଲେଖାଥିବାର ଜନାପଡ଼ିଛେ । ୧୯୪୨ରେ ପ୍ରକାଶିତ ହେଇଥିଲା ଲାଲ
ଶିବନାରାୟଣ ଦେବଙ୍କର କାବ୍ୟ 'ଭୋଟର ଟାୟା' ।

ଚଇତ୍ରା

ଇଟା ବଡେ ମାସକୁଲରେ ଇଟା ବଡେ ମାସକୁଲ

ଇ ଦିନେ ଦିଗୁନ ରଂଗ ରସିଆର

ହଉଥିସି ଗୁଲଗୁଲରେ ।।

ଖରା ନାଇଁ କି ଶିତ ନାଇଁ ଥିସି ସମତୁଲ

ଝରନ ପାଏନ ପଖ୍‌ନେ ନାଚି ଗାଏସି କୁଲକୁଲ

ଲଟି ଲଟିନେ ଚୁଲି ଟେକି

ଡାକୁଥିସି ବୁଲବୁଲରେ । ୧ ।।

କଁଳି ପତର ହାତ ମିଲକେଇ ଗଛ ଲହ ମାନେ ହଲି

ରଜା ରାନି ଆସଲେ ବଲି କରସନ ଅଏନ କେଲି

ରସଦ କାସଥେ ଡୁମେର ଗମେର

ଥିଯୁଥିସନ କେନ୍ଦୁ ମହୁଲରେ ।। ୨ ।।

କଇଁ ପଦମ ପଲାସା ତିଲେଇ ଧାତୁକ ନିଏଲ ବଉଲ

ଛଟି ଚଅଁର ତଁସ ପରା ଫୁଟସି ନୋକା ଫୁଲ

ଯାନି ଭୁଇଁ ଯେନେ ଦେଖ

ଦିଶସି ଫୁଲେ ଫୁଲେରେ ।। ୩ ।।

ସକାଲ ସଂଜେ ଚଇତି ବତାସ ଚାଲସି ହୁଲହୁଲ

କାମର ଡରେ ରତିର ଶରନ ନେବାର କରି ମୁଲ

ଜଁଟଜୁଟାଁ ଟେରେ ଚିରଗୁଁଲ

ରହିଥିସନ ଜୁଲଜୁଲରେ ।। ୪ ।।

ପିଓ ଶୁଆ ଶୋରି ସୁତେନ ରିଝେ ବୁଝେ ଜାନେ

ଡଗରା କୁମେଟ କୁକରା ସିଫୌ ଲଲକାରନ ଟାନେମାନେ

ଟେଁରା ଲମତା ଠୁକୁ ମୁନସି

ସବେ ହିଥିସନ ଠୁଲରେ ।। ୫ ।।

ଜାତିକାତିର ପଂଛି ଜାକର ସୁର କେତେ ଛନ୍ଦେ

ନାନା ରକମର ଫୁଟିଲା ଫୁଲର ମିଶା ମଧୁର ଗନ୍ଧେ

ଦିନ ରାଏତ ବନ ପବନ

ଭରିଥିସି ବିଲକୁଲରେ ।। ୬ ।।

ନାଇଁ ଲାଗେ ମନ କେନସି କାମେ କରୁଥିସି ଚୁଲଚୁଲ

ଛାତିର ଭିତର କେନ୍ତା ହି କଁପିସି ଦୁଲ ଦୁଲ

ପିୟାର ପ୍ୟାରି ଛନେ ଭିନେ ହେଲେ

ହଉଥିସନ ମୁଲମୁଲରେ ।। ୭ ।।

ଆମ ବୁରେନେ କୁହୁଁରି କୋୟଲ କରୁଥିସି ଚାଲବୁଲ

କଲିଆ ଭମର ଭାଁରି ଭାଁରି ଫୁକୁଥିସି ବିଗୁଲ

ଶିବନାରାଏନ କହେ ଦୁନିଆଁନେ

ମଚିଥିସି ହୁଲଥୁଲରେ ।। ୮ ।।

ବିଘ୍ନେଶ୍ୱର ରାଉତରାୟ

ଖଡ଼ିଆଳ ଇଲାକାର ଆଲୋଚନା ନି ହେଇଥିବା ଆର ୫ନେ କୋସଲି ଲେଖକ ହଉଛନ ବିଘନେଶର ରାଉତରାୟ । ସେ ଖଡ଼ିଆଳ ପାଖର ଡ଼ୁଆଁର ଗାଁର । ତାଙ୍କର ଜନମ ୧୯୩୪ ସାଲେ ହେଇଥିଲା ବେଲକେ ୨୧/୮/୨୦୧୬କେ ସେ ଦିହିଁ ଛାଡ଼ିଥିଲେ । ସେ କୋସଲି ଭାଷାଥି ରାମାୟଣ ଆର ମହାଭାରତକେ ଗଦ୍ୟ ରୂପଥି ଲେଖିଛନ । ତାଙ୍କର ଲେଖଲା ରାମାୟଣର ନାଁ "ରାମାୟଣ ଚରିତ" । ରାମାୟଣ ଚରିତ ନୁ କିଛି:

"ଜୟ ବିଜୟ ଦୁହି ଦ୍ୱାରପାଲର କଥା ଶୁନି ନାରଦମୁନି କହେଲେ, ତମେମାନେ ଅସୁର ଜନମ ହି କରି ଯେନ କାଲେ ବିଷ୍ଣୁ ଭଗବାନ ମାନେ ରୂପ ହି କରି ତମକେ ମନକେ ମାରଲେ ମୁକଲ ହେବ ଆରୁ ବୈକୁଣ୍ଠ ଭୁବନେ ଦବାରପାଲ ହେବ । ସମିଆଁ ଆସଲେ ବିଷ୍ଣୁମାନେ ରୂପ ଧରି ରାମ ଅବତାର ହେମେ ଆରୁ କେନସି ନିଂଗ କରି ତମେ ଦୁହି ୫ନେକେ ମାରି ଅସୁର ଜନମ ନୁ ପାର କରମେ । ଇ କଥା କହି ନାରଦ ମୁନି ତାହାକଁର ଆଶ୍ରମକେ ଫିରିଗଲେ ।"

ଆର ଠାନେକେ

"ବ୍ରହ୍ମାର ପୋ ପୁଲସ୍ତ୍ୟ ମୁନି ସୁମେରୁ ପର୍ବତ ଉପରେ ତପସ୍ୟା କରୁଥିଲେ । ସେ ପର୍ବତ ଉପରେ ସେଠାନକେ ଆସିକରି ଦେବଲୋକ ରକ୍ଷାମୁନି ଆର ଗନ୍ଧର୍ବ

ଟୁକିଲ ଗୋହଡା ଆସି ବାନିକେ ବାନି ଖେଲ ଖେଲି ଖୁସିନେ ଗହକ କରୁଥିଲେ ଆରୁ ବେଲବୁତା ସମିଆଁକେ ଫିରିୟଉଥିଲେ । ଇ ବାରି ହୋଲୋହାଏଲଥି ପୁଲସ୍ତ୍ୟ ମୁନିର ତପ ସାଧନା ଭଗ୍ନସ ହୋ ।"

ଉଦୟକର ସେଠ

ଖଡ଼ିଆଲ ଆର ୫ନେ କବି ଉଦୟକର ସେଠ ରଜା ବିକ୍ରମଦେବଙ୍କର ଶାସନ ସମିଆଁକେ ଥିଲେ । ସେ ଖଡ଼ିଆଲ ଧୁବା ପରା ନ ରହୁଥିଲେ । ସେ କେତନିଟେ ହାସ୍ୟ କବିତା ଲେଖିଛନ । ତାଙ୍କର ବଂଶର ଲୁକେ ଇହାଦେ କୋମନା ନ ରହେସନ । ଖଡ଼ିଆଲ ସାହିତ୍ୟ ସମିତି ନ ୧୭୮। ୧୯୪୭ଥି ପଢ଼ିଥିବା ତାଙ୍କର ଗୁଟେ କବିତା ହେଲା 'ଋତୁରାଜ' ।

ଋତୁରାଜ

ଠୁରଠୁରିଆ ଶୀତ ଟିକେ ଟିକେ ଅଢେଇ ହେଉଛେ

ପୁଆଲ ଗଦା ହୁଏ ଲୁଟି ବିଷ ଲାଗୁଛେ । ୧ ।

କୁହୁଡ଼ି କବାଟ କନେଁ ଥାଇ ଦେଖେଁ ଡ଼ୁଁଗି ଡ଼ୁଁଗି

(ୟେତା) ବାଲୁତ ରାଆଣି ଖିସେଇ ମରେ ଦେଖି ଯୁଆନ ସଂଗି । ୨ ।

ୟେତା ଶୁକୁର ଶୁକୁର କାନ୍ଦ କାନ୍ଦି ଛାଡରି ମାଏଟି ଫିରେ

ରଜା ୟେତା ଜିତଲା ରାଇଜ ଛାଡି ଦେଲେ ମରେ । ୩ ।

ଚାଁଟି ୟେତା ଗୁର ଟେଁକି ନେଲେ ଖୁଜି ଖୁଜି ମରେ

ଶିଶିର ରାନୀ ଦିନ କାନ୍ଦ ଯାନି କୁରକୁରାନୁ ଫିରେ । ୪ ।

ବିଧିର ଗାରକେ ଡେଗିଛେ କିଏ କହି କରି ମୁଇଁ

ଆଖିର ପାଏନ ପତରେ ପକାଇ ଶୀତରାନୀ ଯାଏ ମେଲାନି ନେଇ । ୫ ।

ଭୁତି କରି କରି ପଏସା କଉଡି କମେଇ ଦେଲେ ଥୁଡେ

ପିଲାଠୁଁ ବୁଢା ନୂଆଁ ଦରବ ପିନ୍ଧସନ ଗୁଡେ ମୁଡେ । ୬ ।

(ସେତା) ସୁଲସୁଲିଆ ପବନ ପାଇ ୟେତେ ଗଛ ଗୁଛା

ଜୁହ୍ନା ପତର ପକେଇ ଦେଇ ଦେହ କରସନ ପରଛା । ୭ ।

ପତର ବାଗିର କେତେ ଛାଟର ନୂଆଁ ଅଲଙ୍କାର ଶାଢ଼ି

ଗୁରହା ଗୁରହି ହେଇ ମଜା କରସନ ଇଶ୍ବର ପ୍ରେମେ ମଜି । ୮ ।

ଖରାର ଶୋଷ ବର୍ଷାର ରୋଷ ଶିତର ଜାଡ ଭୁଲି

କିଷାନ ଭାଇ କାମ ଉପରେ ମାରୁଥାଏ ଚହଲି ।୯ ।

ହଲଦୀ ବସନ୍ତର ଆମଡାଳଥି କୋ କୋ ଶୁନି

ଧାଁଗରା ଧାଁଗରି ପେରେମର ପୁରେ ହୋଇଥାନ ବାୟାନି ।୧୦ ।

ପଶୁ ପଖି ଧିରେ ଧିରେ ଖରାର ତେଜ ଦେଖି

ପାୟନ ଜାଡୁଁ ବଁଚଲୁ ବଲି ହେସନ ମହାସୁଖି ।୧୧ ।

ଜଁଗଲ ରାନୀର ଫୁଲର ବେନି ଦେଖି ଭଁଅଁର ଚଲେ

ଯେତ୍ତା ବେଶ୍ୟା ଦେଖି ଲଫଁଗା ଲୋକର ଲାଲ ଥପ ଥପ ଗଲେ ।୧୨ ।

ଦପ ଦପ ବେଲ ଦୁର ଦୁରାନୁ ମେଲା ଆକାଶ ତଲେ

ପିଲା ଟୁକେଲ ଧାଁଗରା ଧାଁଗରି ଜଡିଥାଏ ଲାଡେଗେଲେ ।୧୩ ।

ଦପ ଦପାନୁ ଫୁଲ ଫୁଟେ କିଲକିଲାନୁ ଚରେ ଚିରଗୁନ ଫିରେ

ଇତ୍ତା ରକମେ ସରଗ ମଞ୍ଚ ଜାକର ମଜଲିସରେ ପୁରେ ।୧୪ ।

ଏତ୍ତା ଦିନକେ ଲୋକମାନେ କହେସନ "ରତୁରାଜ"

ବିଚାର କରବେ ଆପନମାନେ ମୋର ନାହିଁ ନା କିଛି କାଜ ।୧୫ ।

ଇତାର ବାହାରେ କୋମନାର **ପଦ୍ମଲୋଚନ ପାଢ଼ୀ** କେତନିଟେ କବିତା ସାଁଗେ କୋସଲି ଭାଷାଥି ରାମାୟଣ ବି ଲେଖିଛନ । ଦମାପଲା, ଖଡ଼ିଆଲର **ଶିରିଶଙ୍କର ବାରିକ**, ମୁଢ଼ାପଲାର **ନରସିଂହ ନାୟକ** କୋସଲିଥି କବିତାମାନେ ଲେଖିଛନ । ଗମଡା ବଁଗୋମୁଡ଼ାର **ଡିଁଗର ଭୋଇ** ବି କବିତାମାନେ ଲେଖିଛନ ।

ବେଣୁଧର ପାଣ୍ଡେ

ଖଡ଼ିଆଲର ଝଲାକାର ଆର ୫ନେ ଲେଖକ ହଉଛନ ବେଣୁଧର ପାଣ୍ଡେ । ୧୯୪୧ଥି ସିନାପାଲି ପାଖର ହିରାପୁର ଗାଁର ଗୁଟେ କୁମ୍ଭାର କୁଟୁମ୍ବଥି ତାଙ୍କର ଜନମ ହେଇଥିଲା । ସେ ଖଡ଼ିଆଲର ଝଲାକାର ଶବଦ ଠୁଲଉଥିଲେ, ଡଗଡମାଲି ସଁକଲିଛନ । ତାଙ୍କର ମରନ ଡିସେମ୍ବର ୨୦୧୯ ସାଲେ ହେଇଥିଲା । ତାଙ୍କର ଲେଖାମାନେ ହେଲା; 'ଉଠ ଅର୍ଜୁନ ଧର ଧୁନ', 'ଧୁନ ପୁଜା', 'ଖିଗାର', 'ଆସ କରଲା ଲୁଲି ଥୁତ୍ନା ପରଲା ଚୁଲି', 'ଭିତରେ ମାରୁ', 'ଟେରେ ମାଲିକା', 'ଆଶାଦାର ମାନେ ମୁରତୁ ନେଇଁ ଜାନେ', 'ପାପ ଲୁକେ ନେଇଁ ସୋମଧୁର ସୁଖେ ନେଇଁ', 'ଅଜରକେ

ବଜର ଶିଲକେ ଶାବଲ', 'ଯେନ ଟୁଣେ ହାଁ ହାଁ ଟୁଣା ସେ ଟୁଣେ ରାଣୁଁମୁଡା', 'ହୁଲୁକଜିଆ କଁସରାଜା', 'ଆମର ଗୁରବାର ତିହାର', 'ଘଏଁତା ସୁଆଗି ଉଷାବତୀ ନନି', 'ଶୀରି କତରିଆ', 'ଆଦିବାସୀ ଲୋକଗୀତ', 'କୋସଲି ଭାଷାର ଅସଲି କଥାନି', 'ବାବାଜୀ ଘଏଁତା' ଆଦି । ସେ କୋସଲି ସାଂଗେ ଉଡିଆଥି ବି ଲେଖୁଥିଲେ । ସବୁହେଇ ୮୦ ଖଁଡ ପାଖକେ ବହି ଲେଖିଛନ । ତାହାଙ୍କୁ ଖଡିଆଳ ଇଲାକା ନ 'ଲୋକକବି' ବଲି ଜାନଶନ । ଖଡିଆଳ ସାହିତ୍ୟ ସମିତି ତରଫରୁ କବି ଅଭୟ ଚଲାନ ସ୍ମୃତି ସମ୍ମାନ (୨୦୧୭), ଖଡିଆଳ ମହୋଛବ, କୋସଲି ଭାଷାର ଗବେଷଣା ପ୍ରତିଷ୍ଠାନ, ଢୋଲ ଆଦି ଅନୁଷ୍ଠାନ ତରଫରୁ ତାହାକୁ ମାଏନ କରାହେଇଛେ ।

୧୯୪୨ସାଲେ ବଲାଂଗିର ନ କୋସଲ ସାହିତ୍ୟ ସମ୍ମିଲନୀ ଉଜୁକ ହେଇଥିଲା । ଇ ସମ୍ମେଲନଥି ଲିଖିତ ପଦ୍ୟ ହଁକାବାଦୀ ହେଇଥିଲା । ସେ ହଁକାବାଦୀଥି **ପରିକ୍ଷୀତ ଖଣ୍ଡୁଆଲ** ଙ୍କର "ମୋର ଘର" ସୁନା ପଦକ ଜିତିଥିଲା । କବିତାଟା ୨୯ ଅକ୍ଟୋବର ୧୯୪୨ରେ 'ପାଟଣା ଦୀପିକା'ଥି ବାହାରିଥିଲା ।

ପରିକ୍ଷୀତଙ୍କର ସମସାମଇକ ଆର ଦୁଇ ଝନ ହେଲେ **ଶ୍ରୀଧର ଉଦଗାତା**, ଆର **ଦିବ୍ୟସିଂ ନାଏକ** । ଉଦଗାତା ୧୯୪୦ ଆଡକେ 'ବାଟ ପଡିଛେ ଆଡି ତଲେ ତଲେ' ଲେଖିଥିଲେ ଆଉ ନାଏକ ୧୯୩୦ ଆଡକେ ଲେଖୁଥିଲେ ।

ବିଧୁଭୂଷଣ ଗୁରୁ

୧୯୪୫ ଆଡକେ ବିଧୁଭୂଷଣ ଗୁରୁ ଝନେ କୋସଲି ସାହିତିକ ହିସାବେ ପଶ୍ଚିମ ଓଡିଶା ନ ଜନାଶୁନାଥିଲେ । ବଲାଂଗିର ଜିଲ୍ଲାର ତୁଷରା ତାଙ୍କର ମୁଳ ଗାଁ । ସେ ଆକାଶବାଣୀ କଟକ ନୁ ୧୯୪୮ ସାଲେ ଗୀତିକାର ହିସାବେ ମାଏନ ପାଇଥିଲେ ଆର ରମାଇ ହାଇସ୍କୁଲ ପାଟଣାଗଡ ନ ଶିକ୍ଷକ ଥିଲେ । ତାଙ୍କର ଲେଖାମାନେ 'ବନଶ୍ରୀ' କବିତା ସଙ୍କଳନଥି ବାହାରିଥିଲା ।

ଇନ୍ଦ୍ରମଣୀ ସାହୁ

ଇନ୍ଦ୍ରମଣୀ ସାହୁଙ୍କର ଜନମ ୨୯/୯/୧୯୨୩ ଥି ପାଟଣାଗଡ ପାଖର ସାନକଲଂଗାପାଲି ନ ହେଇଥିଲା । ତାଙ୍କର ମାଁ'ର ନାଁ ବୈଦେହୀ ଆର ବାପା ଥିଲେ ମଂଗଲୁ ସାହୁ । ସେ ୧୯୪୫ ସାଲେ ବଲାଂଗିର ପୃଥୀରାଜ ହାଇସ୍କୁଲ ଛାଡଲାବାଦ ଆଘର ପାଟନା ଷ୍ଟେଟ ନ କଷ୍ଟମ ଏଏସଆଇ ହିସାବେ କାମ କରୁଥିଲେ । ହେଲେ

ଦେଶର ସ୍ୱାଧୀନତା ସଂଗ୍ରାମର ଡାକରାଥି ନୌକରୀ ନୁ ଇସ୍ତଫା ଦେଇ କୃଷକ ଦଳେ ମେଶଲେ । ଗୁରା ଆର ରଜା ମାନଙ୍କର ଅନିଏ ଅତ୍ୟାଚାର କଥା ଉପରେ ଗାଂଧିପାଲା ଲେଖି ଗାଁ ଗାଁ କରଉଥିଲେ । ୧୯୪୬ ମସିହା ନୁ ବଲାଂଗିର ଜିଲ୍ଲା କଂଗ୍ରେସ ଦଳର ଭିନେ ଭିନେ ପଦଥି ଥିଲେ । ୧୯୪୯-୫୧ ତକ କବିରାଜି ଟ୍ରେନିଂ କରଲେ ଆର କବିରାଜି କରୁଥିଲେ । ୧୯୫୪ ନୁ ୫୮ ତକ ଯୋଗିମୁଣ୍ଡା ପଂଚେତର ସରପଁଚ ଆର ୧୯୬୫ରେ ପାଟଣାଗଡ ପଞ୍ଚାୟତ ସମିତିର ଚେୟାରମେନ ଥିଲେ । ୧୯୧୨ ଭୋଟଥି ସ୍ୱାଧୀନ ପ୍ରାର୍ଥୀ ହିସାବେ ଠିଆ ହେଇଥିଲେ । ୧୯୪୮ ରୁ ୧୯୫୪ ଭିତରେ ତାଙ୍କର କବିତା ସଂକଲନ 'କୁରେଫୁଲ', 'ଝାରମଲି' ଆର 'ଚଷା କର ଭରଷା' ବାହାରିଥିଲା । ୧୯୫୦ ସାଲେ ବାହାରଲା ତାଙ୍କର କୋସଲି କବିତା ସଂକଲନ କୁରେଫୁଲକେ କୋସଲିର ପହେଲା ପ୍ରକାଶିତ କବିତା ସଂକଲନ ବଲି ଧରାଯାଏସି । ୧୯୫୩ରେ କବିତା ସଂକଲନ ଝାରମଲି କୋସଲ କଲାମଂଡଲ ପ୍ରେସ ବଲାଂଗିର ନ ଛପା ହେଇ ବାହାରିଲା । ୧୯୫୪ରେ ତିସରା କବିତା ସଂକଲନ ଚଷା କର ଭରଷା ବାହାରଲା । ହେଲେ ତାଙ୍କର ସବୁନୁ ଚର୍ଚିତ ଲେଖା ହଉଛେ 'କୋସଲି ରାମାୟଣ' ଆର ସେଥିର ଲାଗି ତାହାଙ୍କୁ 'କୋସଲି ବାଲ୍ମିକୀ' ଉପାଧି ମିଲିଥିଲା ।

ଇତାର ବାହାରେ ସେ କେତନି କୋସଲି ଶବଦ ଠୁଲେଇଛନ, ଶହ ଶହ ଜଣାନ, ଭଜନ, ଡଁଡ, ବିହା ଆର ବାହାକ ଗୀତ ଲେଖିଛନ ।

ତାଙ୍କର ସାହିତ୍ୟ ସାଧନା ଲାଗି ସେ କେତନିଟେ ଅନୁଷ୍ଠାନ ନୁ ମାଏନ ପାଇଛନ । ସେ ଭିତରୁ କିଛି ମୁଖିଆ ହେଲା:

୧୯୯୧ କୋସଲ ଶ୍ରୀ ଉପାଧି

୧୯୯୬ ସିନ୍ଧେକେଲା ନ କୋସଲି ବାଲ୍ମିକୀ ଉପାଧି

ପଶ୍ଚିମ ଓଡିଶା ସାହିତ୍ୟ ସଂସ୍କୃତି ସମ୍ମାନ, ସମ୍ବଲପୁର ୟୁନିଭର୍ସିଟି

ଓଡିଶା ସାହିତ୍ୟ ଏକାଡେମୀ ନୁ ମାଏନ ଆଦି ।

ତାଙ୍କର ଗୁଟେ ନାଁ କରା କବିତା ହେଲା 'ପାହାଡ଼ ତଲୁ ପାଏନ ବୁହେ ଖୁଲ ଖୁଲ':

ପାହାଡ ତଲୁ ପାଏନ ବୁହେ ଖୁଲ ଖୁଲରେ କୁରେଫୁଲ
ଝରନ ଦୁଆ ତରେ କଟଂଗ ହେସି ଝୁନି ଝାନି

ବନର ପାଖେ ଯାଏସି ୫ନେ ଝୁପୁରୁ ଝୁପୁରୁ ପାନି

ସୁଲସୁଲିଆ କାକର ପବନ ମାରିଦିଏ ସୁଲସୁଲରେ କୁରେଫୁଲ ।

ତାର ଗୋଡକେ ମାନେ ପଏଁରି ହଲେ ନାକକେ ଝୋରାଗୁନା

ହାତକେ ମାନେ ଟିକଲି ରୁରି କାନକେ ଗଁଠିଆ ସୁନା

ବେଁକକେ ତାର ପହଁଲା ମାଲି ବେଟିନିଏ ବିଲକୁଲରେ କୁରେଫୁଲ ।

ତାର ଚିକନ ଚାକନ ଗଜାବଏସେଁ ଚନ୍ଦନକୁରା ଶାଢ଼ୀ

ଆଡପନତେ ଡଲିଆଖୁସା ଅଁଟାମଲକା ଚାଲି

ଖାକେ ମୁଡେ ଗରିଆ ଜୁରା ହଁସି ଦିଏ ମୁଲମୁଲରେ କୁରେଫୁଲ ।

ମନକେ ମନ ଯାଏସି ସେ ବାଉଁଶ ଝାରର ବାଟେ

ରହିଥା ବଲି ଡାକଲା କିଏ ଡୁବକି ବନ୍ଦର ଘାଟେ

ଚମକି ନନି ବୁଝି ପାରଲା କରିଛେ ଯେନ ଭୁଲରେ କୁରେଫୁଲ ।

(୧୯୪୬-୧୯୫୦ ଭିତରେ ପ୍ରକାଶିତ)

୧୯୫୦ ମସିହା ଆଡକେ ପଦମପୁର ଇଲାକାର **ଚୈତନ୍ୟ ପୁରୋହିତ** ମହାଭାରତର ଭୀମ ଚରିତ୍ରକେ ଆଧାର କରି ଲେଖିଥିଲେ କୋସଲି କବିତା ।

ଧନେଶ୍ୱର ମହାପାତ୍ର

ଧନେଶ୍ୱର ମହାପାତ୍ର ୧୮୯୪ ମସିହାରେ ଭଟଲି ପାଖର ସୁକଡା ଗାଁ ନ ଜନମ ହେଇଥିଲେ ଆର ୧୯୮୫ ମସିହାରେ ଦିହଁ ଛାଡିଥିଲେ । ସେ 'ବସ୍ତ୍ର ହରଣ' କବିତା ଲେଖିଥିଲେ । ତାହାଙ୍କୁ ଓଡ଼ିଶା ସାହିତ୍ୟ ଏକାଡେମି ମାଏନ କରିଛେ ।

ସ୍ୱାଧୀନତା ଆଘୋର ଆର ୫ନେ କବି ହେଲେ **ମାୟାଧର ସେଠ** । ସେ **ଭଜୁଥା** କବିତା ଲେଖିଥିଲେ । ପଦମପୁର ପାଖର କବି **ପର୍ଶୁରାମ ଝରା** ସ୍ୱାଧୀନତା ଆଘୋନୁ ଲେଖିଥିଲେ **ତେରେ ବିହା** କବିତା । ସେ ବେଲକେ **ଚୈତନ୍ୟ ଦାସ** ବଲି ଆର ୫ନେ କବି ଲେଖିଥିଲେ **ଚଢେଇ ଚଉତିଶା** । ସ୍ୱାଧୀନତା ଆଘୋର କେତନିଟେ ବେନାମି କବିର ଲେଖା ଡଁଡ ଗୀତ, ଶବରୀର ନାଁ ଦିଆ, ସୁନ୍ଦର, ହରିହାଟ ଆଦି ଭିନେ ଭିନେ ଗବେଷକ ଆର ସଂଗ୍ରାହକ ସଁକଲି କରି ସପ୍ତର୍ଷି ଛାପିଥିଲେ ।

୨

ସ୍ୱାଧୀନତାର ଭିତାରୁ

ଦେଶ ସ୍ୱାଧୀନ ହଉଥିଲା । ସ୍ୱାଧୀନତାର ପରେ ପଶ୍ଚିମ ଓଡ଼ିଶାରେ ଛାପାଖାନାମାନେ ବସି ସାରିଥିଲା ନ ଆର କୋସଲୀ ସାହିତ୍ୟ ରଚନା ଜାରି ରହିଥିଲା ଆର ଗତି ଆଘୋରନୁ ତେଜ ହେଇଥିଲା । ଦେଶେ ରାଜନୈତିକ ଆର ସାମାଜିକ ପରିସ୍ଥିତି ବଦଲୁଥିଲା । କୋସଲୀ ସାହିତ୍ୟଥି ବି ଗୁଟେ ନୂଆଁପନ ନେଇ କବିଲେଖକମାନେ କଲମ ଚଲେଇଥିଲେ । ଇ ନୂଆଁପନଥି ସମାଜର ନଂଗଲା ଚେହେରାକେ ଚିତରେଇଥିଲେ । ସମାଜର ବାସ୍ତବ ସତକେ ଦେଖେଇଥିଲେ ।

ଖଗେଶ୍ୱର ସେଠ

୧୯୦୭-୦୮ ମସିହା ଅକ୍ଷ ତୁରତିଆ ଦିନେ ଏଭର ବରଗଡ ଜିଲ୍ଲାର ସରସରା ଗାଁ ନ କବି ଖଗେଶର ସେଠଙ୍କର ଜନମ ହେଇଥିଲା । ଖଗେଶର କଉଁଟ ଘରେ ଜନମ ହେଇଥିଲେ । ତାଙ୍କର ବାପାଙ୍କର ନାଁ ଥିଲା ହୃଷିକେଶ ସେଠ ହେଲେ ଗାଁଥି ଲୋକ ତାହାଙ୍କୁ ଖେଡ଼ୁ ସେଠ ବଲି ଡାଖୁଥିଲେ । ତାଙ୍କର ମାଁ ଥିଲେ ଜାଙ୍କସେନୀ । ତାଙ୍କର ବାପା ବି ସାହିତ୍ୟ ସଉକିଆ ଥିଲେ ଆର ସତ କହେବାର ସାଂଗେ ଟାନ କଥା କହୁଥିଲେ । ବାପାର ସାହିତ୍ୟ ସଉକ ଆର ଜିଦଖୋରି ପାଏନ ପୁଅକେ ବି ପାଇଥିଲା ।

ହୃଷିକେଶଙ୍କର ୭ଟା ପୁଅ ଝି । ଚାଏରଟା ପିଲା ଆର ତିନିଟା ଟୁକେଲ । ସମକିରର ନୁ ସାନ ଥିଲେ ଖଗେଶର । ବଡ ନୁ ସାନ ହେଲେ ବ୍ରଜମୋହନ, ସୁନ୍ଦରମଣି, ଭୁବନେଶର ଆର ତାଙ୍କର ପିଠି ସମକିରର ନୁ ସାନ ଖଗେଶର । ଖଗେଶରଙ୍କୁ ଛୁଆବେଲେ ତାଙ୍କର ମାଁର ଗୁରସ ନି ଲାଗଲା କି ଭୁଲକି ବଲି ହରିଜନ ମାହେଜି ୫ନେ ତାହାଙ୍କୁ ଗୁରସ ପିଏଇଥିଲେ । ସେ ୨-୩ ବଛର ଉଠାରୁ ଜାଏକ ପାହା ପକାଲେ । କବିଙ୍କର ବେମରିଆ କଙ୍ଗାଲ ଦିହଁକେ ଦେଖିକରି ପରାର

ମାହେଜିମାନେ କଂଗାଲୁ ବଲି ନାଁ ଦେଇଥିଲେ । ସେ ଭୁଜା ଭାଜୁଥିଲେ ଆର ଭୁତି ଦୁଖ କରି ଚଲୁଥିଲେ ।

ଛୁଆବେଲେ ବି ହମିଶା ସତ କହିଦଉଥିଲେ ବଲି ସମକିରର ସାଂଗେ ମିଶି ନି ପାରୁଥେଇ । ସେ ସାଂଗମାନକର ସାଂଗେ ଜହ ଖେଲକୁଦ ବି ନି କରୁଥେଇ । ଶୁକୁରବାର ଦିନେ ପାଖର ବରଗଡ ହାଟନୁ ଖଜା ମିଠେଇ ବଦଲା ତାଙ୍କର ବାପା ବହି ଘିନି ଆନିଦଉଥିଲେ । ସେ ବେଲେ ଇସକୁଲ ମାନକୁ ମାଷ୍ଟରମାନେ ମନମାନି ପିଟୁଥିଲେ ବଲି ଦର୍ହେ ଖଗେଶର ଇସକୁଲ ନି ଯେଇକରି ଚାଟଶାଲି ଆସରାଥି ପଢ଼ଲେ । ଗଣିତ ଛାଡିକରି ବାକି ସବୁ ପାଠି ସେ ଭଲ ଥିଲେ । ଘରେ ତାଙ୍କର ବାପା ପୁରାଣ ସାହିତ୍ୟ ଚର୍ଚା କରୁଥିଲେ । ସେନୁ ତାଙ୍କର ମନ ସାହିତ୍ୟ ଆଡକେ ଯାଇଥିଲା।

ଖଗେଶରଙ୍କୁ ୧୧/୧୨ ବଚ୍ଛର ହଉଥିଲା ବେଲକେ କୁତୁମ ବସିଆ ସରସରା ଗାଁ ଛାଡିକରି ସୁଂର୍ଗିପାଲି ନ ଜାଇକରି ରହେଲେ । ରାଏପୁର ଫୁଲଝର-ବଏସନ ପାଖେ ଆର ସୁଂରଗି ନଦୀର ଉଭର ଫାଲେ ଅଛେ ସୁଂର୍ଗିପାଲି । ୧ ୯୬୪ ମସିହାଥି ସୁଂର୍ଗିପାଲି ନ ତାଙ୍କର ମାଁକ୍ର ମରନ ହେସି । ମାଁ ଜିବାର ଛ ମାସ ଉତାରୁ ଜନ୍ମାଷ୍ଟମୀ ଦିନେ ବାପା ବି ଦିହଁ ଛାଡିଦେସନ ।

ବାପ ମାଁ ଗଲା ଉତାରୁ ବଡଭାଇ ଠାନେ ରହୁଥିଲେ । ହେଲେ ବହୁର ସହି ନିହେଲା। ବେଭାର ଲାଗି ଆଁଖିଲ ଉହଲି ଜଉଥିଲା । ସେ ଦିନେ ଦିନେ ମଶାନପଦାକେ ଯେଇକରି ବାପ ମାଁ ଠାନେ କେତନି କାନ୍ଦୁଥିଲେ ।

ବାପ ମାଁ ଯିବାର ୨/୩ ବଚ୍ଛର ଗଲା ଉତାରୁ ସରେଇପାଲି ପାଖର ମୁଣ୍ଡପାହାର ସେମେଲିଆ ଗାଁ ନ ନାଟଗୁରୁ ହିସାବେ ରହେଲେ । ସରସରା ନ ଥିଲା ବେଲକେ ସେ ନାଟେ ବାହାରୁଥିଲେ । ସେଥିର ଲାଗି ସେ ନାକ କାନ ଫୁଡେଇ ହେଇଥିଲେ । ମାହେଜି ମୁନୁଷ ଦୁହି ପାଟ କରୁଥିଲେ । ସେମେଲିଆ ବାହାରେ ଆର ବି ୨/୩ଟା ଗାଁ ନ ସେ ନାଟଗୁରୁ ଥିଲେ ।

ଛୁଆବେଲେ ସେ ବଡା ମାହାପୁରୁ ବିଶ୍ୱାସି ଥିଲେ । ସେମେଲିଆ ନ ଥିଲା ବେଲକେ ଧ୍ରୁବ ପ୍ରହ୍ଲାଦ କଥା ଶୁନିକରି ଦିନେ ସାରଂଗଗଡର ଗୁଟେ ଜଂଗଲକେ ଯାଇକରି ଡଂଗର ଉପରେ ତିନ ଦିନ ତିନ ରାଏତ ଉପାସେ ତପ ଖଟିଥିଲେ । ଡଂଗର ଉପରେ ଶୁଇଲା ବେଲକେ ଗୁଟେ ଗୋଲ କାଟିଦେଇକରି ସେ ଭିତରେ ରାମ ରାମ

ଲେଖି ଶୁଇପଡ଼ିଥିଲେ । ତଥାପି ବି ମାହାପୁରୁ ଦେଖା ନି ଦେଲେ କି ନିଜକୁ ମାରବାରକେ କେତନିଥର ଚେଷ୍ଟା କରିଥିଲେ ।

୧୯୨୬ ଆଡ଼କେ ସୋହେଲା ପାଖର ପାଏନମୋରା ଗାଁକେ ଆସନ । ପାଏନମୋରା ତାଙ୍କର ମାମୁଁଘର । କବିର ମାଆସି କବି ଆର ତାଙ୍କର ସବୁ ଭାଏ ବୁହେନକେ ମାଁ ବାନିଗର ଭଲ ପଉଥିଲେ । ତାଙ୍କର ନାଁ ସୁର୍ଯ୍ୟମୂଖୀ । ସେ ଖଗେଶରଙ୍କୁ ପୁସପୁତର ରଖଲେ ଆର ବିହା ବରପନ କରେଇଦେଲେ ।

ମାଁସି ସାଙ୍ଗେ ଟିକେ କୁହାବୁଲା ହେଇଜିବାରକେ ୧୯୨୯ ସାଲେ କୁଟୁମ ସହେତେ ବିଜେପୁର ପାଖର ତାଲପଦର ନ ଥିବା ଶାଶଘରକେ ପଲେଇ ଆଏଲେ । ସେନ ୧୪/୧୫ ବଛର ରହେଲେ । ୧୯୪୬ ସାଲେ ତାଲପଦର ପାଖର ବୁରୋମାଲ ଗାଁ ନ ଆସିକରି ରହେଲେ । ସେନ ବଛର ଦଶେ ରହେଲେ ଆର ଫେର ତାଲପଦରକେ ଫିରିଆଏଲେ ।

କବି ଖଗେଶରଙ୍କର ୩ଟା ପିଲା । ସେ ବୁରୋମାଲ ନୁ ତାଲପଦର ହେଇ ଦିନ କାଟୁଥିଲେ । କବି ପହପହ ନୁ ଉଠିକରି ଧାନ କୁଟିକରି ଭୁଜା ଭାଜୁଥିଲେ । ଇ ଜଂଜାଲ ଆର ଗରିବି ଭିତରେ ବି କବି ସମିଆଁ ବାହାର କରି ସାହିତ୍ୟ ସିରଜିନା କରିଥିଲେ । ସମାଲପୁର ବିଶ୍ୱବିଦ୍ୟାଲୟର ନାଁ 'ଜ୍ୟୋତି ବିହାର' ବଲି ସେ ଦେଇଥିଲେ । ଖଗେଶର ଉଡ଼ିଆଥି ଜହ ଲେଖିଥିଲେ ବି ତାଙ୍କର ୧୯୪୮-୪୯ଥି ଲେଖଲା କୋସଲି କାବ୍ୟ "ପଏରଛା ସତୀ" ଆଏଜ ବି ମାଏନେ (relavant) ରଖୁଛେ । ଯେନ କାବ୍ୟ କି ସାହିତ୍ୟ ସବୁ ସମିଆଁ, ସବୁ ଯାଗା, ସବୁ ସଂସ୍କୃତି ଲାଗି ଲେଖା ହେଇଥିସି ସେ ସାହିତ୍ୟକେ ଯୁଗଜିତା ସାହିତ୍ୟ ବଲାହେସି । ସେ ସାହିତ୍ୟର universal appeal ରହେସି । ପଏରଛା ସତୀ କାବ୍ୟଥି ସେ କିସମର ଗୁଟେ universal appeal ଅଛେ । ମୁନୁସ ମୁଖିଆ ସମାଜ ନ ଗୁଟେ ମାହେଜିର ଭିନେ ଭିନେ ସମିଆଁ ଆର ଥିତି ବାବଦେ ଲେଖିଛନ କବି । କରମା ସୁରେ ଲେଖା ହେଇଥିବା ଇ କାବ୍ୟଥି ୬୪ ପଦ ଅଛେ । ଗୁଟେ ପଦଥି ଚାଏର ଧାଡ଼ି । କବିତାର ପହେଲା ପଦ:

ଶୁନଗୋ ମାଁ ବହନେ

ମୋର ନାଁଟା ପଏରଛା ସତୀ

ମତେ ବଲସନ ବାଂଝେନ ଛାର୍

ଘଏତାଖାଇ ନଟି ବିଛାତି ।।

ଶେଷ ପଦ:

ଯେନ ଠାନେ ମୁଁ ଯାହା କରସିଁ

ଯାହା ହଉ ପଛେ ସତ କହେସିଁ

ମୋର ମନେ ତ ପର୍ତେ ଲାଗସି

ଧରମ ଅଛେ ସତ କଥାଥି ॥

କାବ୍ୟର ନାଁ 'ପଏରଛା ସତୀ'ଥି ଗୁଟେ ଶ୍ଲେଷ (irony) ଅଛେ । ମୁନୁଷମୁଖିଆ ସମାଜ ହିଁସଲେଇକରି ସେ ମାହେଜିକେ ପଏରଛା ସତୀ ବଲୁଛେ ଆର ତାହାକେ ବାଁଝେନ, ଛାର୍, ଘଏତା ଖାଇ, ନଟି, ବିଛାତି ବାଗିର ବଦନାମ କରୁଛେ । କାବ୍ୟର ମୁଖିଆ ଚରିତ୍ର ଶେଷକେ କହୁଛନ ମୁଁ ଯାହା ବି କରସିଁ ସେ କାମ ମତେ ଭଲ ଲାଗସି । ମୁଁ ସତଥି ଅଛେଁ ଆର ଧରମ ସତ ସାଁଗେ ଅଛେ । ସମାଜ ଯାହା କହୁଛେ କହୁଥଉ, ସମାଜର କାମ ଏ କହେବାର ।

ସତ୍ୟନାରାୟଣ ବହିଦାର

ସତ୍ୟନାରାୟଣ ବହିଦାର ୧ ଅଗଷ୍ଟ ୧୯୧୩ ସାଲେ ସୋନପୁର ନ ଜନମ ହେଇଥିଲେ ।

ଛୁଆ ଥିଲେ ଆର ତାଙ୍କର ମାଁର ମରନ ହେଇଯାଏସି । ସମାଲପୁର ନ ରହୁଥିବା ତାଙ୍କର ମୌସି ତାହାକୁ ସମଲପୁର ଆନିକରି ରଖସନ । ସେ ଜିଲ୍ଲା ସ୍କୁଲ ନ ୧୦ ତକ ପଢସନ ଆର ସେହି ଜିଲ୍ଲା ସ୍କୁଲ ନ ପାଠ ବି ପଢାସନ । ସେ ଇହାଦେର ବରଗଡ ଜିଲ୍ଲା ନ ବି ବଛରଦୁ ପାଠ ପଢଉଥିଲେ । ସେ ଯେତେବେଲେ ୧୦ ସେଣିଥି ପଢୁଥିଲେ ସେତକି ବେଲକେ ତାଙ୍କର ପହେଲା କବିତା ଲେଖିଥିଲେ ।

ବହିଦାର ନିଜର ଛାତ୍ରମାନକୁ ଆର ଉଁଝ୍ୟାମାନକୁ କୋସଲିଥି ଲେଖବାର କେ, କହେବାର କେ, ବେଭାର କରବାରକେ ତହଁକଉଥିଲେ ।

ସେ କୋସଲି ଭାଷାଥି ଗୁଟେ ଶଢକୋଷ ଆର ବ୍ୟାକରଣ ଲେଖିଛନ । ତାଙ୍କର ଉଁଝ୍ୟା ଲେଖାମାନକର ଭିତରେ 'ଟିକ ଚହଁରା', 'ଘବଘବୋ', 'ଘୁବକୁଟୁ' ଆଦି ସାହିତ୍ୟ ସିରଜିନା କରିଛନ । ୧୯୫୩ ସାଲେ ସତ୍ୟନାରାୟଣ ବହିଦାରଙ୍କର କବିତା ସଙ୍କଲନ ଶ୍ରୀପଞ୍ଚମି ବାହାରିଥିଲା ସମଲପୁର ମେହେର କବି ପ୍ରେସ ନୁ ।

ସତ୍ୟନାରାୟଣ ବହିଦାରଙ୍କର ମରନ ୩୧ ଡିସେମ୍ବର ୧୯୮୦ଥି ହେଇଥିଲା ।

ଶଶୀଭୂଷଣ ମିଶ୍ର ଶର୍ମା

ବୁଢ଼ା ମାଷ୍ଟେ ବଲି ଜନାଶୁନା ଶଶୀଭୂଷଣ ମିଶ୍ର ଶର୍ମାଙ୍କର ଜନମ ବରଗଡ଼ ପାଖର ତାଲଶିରିଗିଡ଼ା ନ ୨୫ ମାର୍ଚ ୧୮୮୬ରେ ହେଇଥିଲା । ତାଙ୍କର ବାପାଙ୍କର ନାଁ ହରିହର ମିଶ୍ର ଆର ମାଁ ଗୁଣ୍ଠିଚା ଦେବୀ । ସେ ସାତ ତକ ବରଗଡ଼ ନ ପଢ଼ଲେ । ତେହରୁ ସମ୍ବଲପୁର ଜିଲ୍ଲା ସ୍କୁଲ ନୁ ମେଟ୍ରିକ ପାଶ କରି କରି ରେଭେନ୍ସା କଲେଜ ନୁ ଇଂଟରମିଡ଼ିଏଟ ଅଫ ସାଇନ୍ସ ପାଶ କରିଥିଲେ । ଇଂଟରମିଡ଼ିଏଟ ପାଶ କଲା ଉତାରୁ ବରଗଡ଼ ଜର୍ଜ ହାଇସ୍କୁଲ ନ ମାଷ୍ଟର ହିସାବେ ଯୋଗଦେଲେ ।

ସେ କୋସଲୀ, ଉଡ଼ିଆ ଆର ଇଂରାଜୀଥି ଲେଖବାର ସାଂଗେ ଭଲ ଅନୁବାଦକ ବି ଥିଲେ । ୧୯୫୯ରେ ବାହାରଲା ତାଙ୍କର ଲମ୍ବା କବିତା ‘ରଖ ମାଁ ପଲସା ଗୁଛା’ । ‘ସମ୍ବଲପୁରି ରସ କବିତା’ (୧୯୬୦), ‘ମାଁ କହ ଗୁଟେ କଥାନୀ’ (୧୯୬୪) ଆଦି ହଉଛେ ତାଙ୍କର ଲେଖାମାନେ ।

କାଁ କରମାଁ

ଚାଲରେ ଯୁଆନ ଚାଲ
ଗୋଡ ମିଶେଇ ମିଶେଇ ଚାଲ
ରାଗ ବସେଇ ବସେଇ ଚାଲ ॥

ବାପ ଅଜାର ନାମେ (ରେ) ଚାଲ
ତୋର ଜାଏତ ଧଜା ସଁଭାଲ
ଡରହା ମରହା ଛେରା ଛମକା
ତୋର ଭିଲୁ ନିକାଲ ॥

କେଣ୍ଡା ଲୁକର ପୁଅ ତୁଇରେ କେଣ୍ଡା ଲୁକର ନାତି
ବଗ୍ଲା ବଗ୍ଲା ହାତ ବାହା ତୋର କୁଲେ ଉସାର ଛାତି ॥

ତୋର ତୀର ଛାଟ କପାଲରେ ତୀର ଛାଟ କପାଲ
ଦେଶର ଦଶର ଜାତିର ଲାଗି ସମ୍ନ୍ତ ସମ୍ନ୍ତ ଚାଲ
ଦିହର ରକତ ଢାଲରେ ମାଖବୁ ଫୁଲର ମାଲ ॥

ସେ ନିଜେ କୋସଲିଥି ଲେଖବାର ସାଙ୍ଗେ ଡଁଲ୍ୟା ମାନକୁ ବି ତହଁକଉଥିଲେ ଲେଖବାର ଲାଗି । ସେ ୫ ଜୁନ ୧୯୭୬ ସାଲେ ତାଙ୍କର ଶେଷ ସାଁସ ନେଇଥିଲେ ।

କୋସଲି ଭାଷାଥି ସାହିତ୍ୟ ଗଢବାର ତହଁକ ଆର ବଢିଥିଲା । ଯେତକି ନୂଆଁ ସାହିତିକ ଆସିଛନ ସେତକି ନୂଆଁ ସାହିତ୍ୟ ଆସିଛେ କୋସଲିକେ ।

ଇ ସମିଆଁର ଯେନ କବିତା ଚର୍ଚାକେ ଆସିଥିଲା ସେଟା ହେଲା ୧୯୫୧ରେ ବାହାରଲା ସୁନାଧର ବାଗଙ୍କର ‘କୋସଲ ଦେଶେ’ ଦିନେ । ୧୯୫୬ରେ ବାହାରିଥିବା ବୀରେନ୍ଦ୍ର ମିଶ୍ରଙ୍କର ‘ଅନୁଭୂତି’ । ୧୯୫୬ଥି ବାହାରିଥିବା ନବିନ କିଶୋର ମିଶ୍ରଙ୍କର ‘ଫୁଲର ସରି ମୁନୁଷ’ । ୧୯୫୬ଥି ବାହାରିଥିବା ଗୋପେନ୍ଦ୍ର ବାରିକଙ୍କର ‘ବରଷା ମାସ’ । ୧୯୫୬ଥି ବାହାରଲା ମୋତିଲାଲ ପଣ୍ଡାକର ‘ସଙ୍କଲନ ଦର୍ପନ’ । ୧୯୫୮ଥି ବାହାରିଥିଲା ବରଗଡ ଜିଲ୍ଲା ବିଜେପୁର ପାଖର ଲାଉମୁଣ୍ଡା ଗାଁର ରାଜାରାମ ମେହେରଙ୍କର ‘କିଆ କହଟ’ (କଟକ ଧର୍ମଗ୍ରନ୍ଥ ଷ୍ଟୋର) । ୧୯୫୮ଥି ବାହାରିଲା ନାକଫିଡି ନନ୍ଦଙ୍କର ‘ଝାର’, ‘ଗଉଡପିଲା’ । ସେହି ବଛର ନରସିଂହ ପ୍ରସାଦ ନନ୍ଦଙ୍କର ‘ଝୁପୁର ଝୁପୁର ପାଏନ ବରଷାର ବେଲେ’ ଆର ମୁରାରୀ ପ୍ରସାଦ ମିଶ୍ରଙ୍କର ‘ଜାଇଫୁଲ ରେ’ । ୧୯୫୯ଥି ଚଏତନ ପାଏନଗିରିଙ୍କର ‘କେତନି କେତେ’, ସ୍ୱାମି ବିଶ୍ୱାମିତ୍ର ଭରଦ୍ୱାଜଙ୍କର ‘ଧାନଦୁଆ’, ପଦମପୁର ପାଖର ସମଲପୁରୀ ଗାଁର ଅଭିମନ୍ୟୁ ପ୍ରଧାନଙ୍କର ‘ଅଗଣ୍ଟ ପଦର’, ବିରଞ୍ଚି ନାରାୟଣ ଦାସଙ୍କର ‘ଖେଲେରେ ଖେଲେ’, ‘ପାପିର ଡାକ’ । ୧୯୬୦ ସାଲେ ବାହାରଲା ବାଂଛାନିଧି ମେହେରଙ୍କର ‘ଚଷାପିଲା ମୁଛଁ’ ।

ଶ୍ରୀଧର ପ୍ରଧାନ

ବରଗଡ ଜିଲ୍ଲାର ସୋହେଲା ଦଶମାଇଲ ପାଖର ବିଶିପାଲି ଗାଁ ନ ୧/୮/ ୧୯୨୬ ସାଲେ ଜନମ ହେଇଥିଲେ । ୧୯୩୬ ସାଲେ ପାଠପଢ଼ା ଶେଷ କରି ୧୯୪୫ ସାଲେ ଶିକ୍ଷକ ହେଇଥିଲେ । ଖଇରପାଲି, କଟାଲା, ବିଶିପାଲି, ସରକଣ୍ଡା ଆଦୀ ଗାଁର ଇସକୁଲ ମାନକୁ ସେ ଶିକ୍ଷକ ଥିଲେ । ସେ ଛୁଆବେଲୁ କୋସଲିଥି ଗୀତ, କବିତା ଲେଖୁଥିଲେ । ୧୫ଟା ନାଟ ଲେଖିଥିଲେ । ନାଟ ଲେଖବାର ସାଁଗେ ନାଟ ବଟଉଥିଲେ ବି । ସୋହେଲା ନୁ ବାହାରୁଥିବା କୋସଲି ପତ୍ରିକା କୌଶଲ୍ୟାର ଉପଦେଷ୍ଟା ଥିଲେ । ସେ କୋସଲିଥି ଫଟାଢୋଲ କବିତା ଚମ୍ପୁ ସୁରେ ଲେଖିଛନ । ୧୯/୪/ ୨୦୦୪ ସାଲେ ତାଙ୍କର ମରନ ହେଇଥିଲା ।

ଶ୍ରୀନିବାସ ମିଶ୍ର

ସୁନ୍ଦରଗଡ ନ ଚର୍ଚିତ କୋସଲି ଲେଖକ ବ୍ୟଏଲେ ଶ୍ରୀନିବାସ ମିଶ୍ର । ସେ ବରଗଡ ଜିଲ୍ଲା କୁସନପୁରି ନ ୪/୨/୧୯୩୩ ସାଲେ ଜନମ ହେଇଥିଲେ । କୁମ୍ବାରୀ ନ ବିହା ହେଇଥିଲେ । ତାଙ୍କର ସିଆନି ର ନାଁ ହେମଲତା । ଚାଏରଟା ଠି ଗୁଟେ ପିଲା । ଲେଫ୍ଟିପଡା ନ ରହିକରି ପଟବାରି କାମ କରୁଥିଲେ । ତାଙ୍କର ଏଖେ ଗୁଟେ ନ ବହି ବାହାରିପାରିଛେ । ସେଟା ହେଲା 'ପଥରର ଅହଲ୍ୟା ମିଥିଲାର ବାଟେଁ' । ବାକି ଲେଖାମନେ ପାଣ୍ଡୁଲିପି ହିସାବେ ରହିଯାଇଛେ । ସେଟାମାନେ ହେଲା, ବିରଂଚି କାକି, ମାନସ ରାମାୟଣ, ବିଚିତ୍ରା, କୋସଲ ଗାରିମା, ଅକାଲ ଚଡକ, ମାଷ୍ଟର ଦଦା, ଛପଲ ଗଁଗା, ଅମୃତ ହିଁ କିର୍ଖୀ, ସମିଆଁ ଆରୁ ଜୀବନ, ବୁଢ ନାନି, ପଦ୍ମା କଇଁ, ଦୁନ୍ଦୁଭି, ବାଣୀ ପାର୍ବା, ରାମ ବନବାସ ଆଦି କାବ୍ୟ, କବିତା ଆର ଉପନ୍ୟାସ । ତାଙ୍କର ଜନମ ୪/୨/୧୯୩୪ ସାଲେ ହେଇଥିଲା ।

୮
ଷାଠେ ଦଶକର କୋସଲି ସାହିତ୍ୟ

ସମ୍ବଲପୁର ରେଡିଓ ଟେସନ

କୋସଲି ଭାଷାସାହିତ୍ୟଥି ଯୋରଦାର ହଲଚଲ ହେବାର ମୂଲ ହେଇଥିଲା ଷାଠେ ଦଶକ ଥି । କୋସଲି ଭାଷାର ପ୍ରଚାରପ୍ରସାର କରବାରଥି ସମ୍ବଲପୁର ରେଡିଓ ଟେସନର ଭୂମିକା କେତନିକେତେ । ୧୯୬୩ ସାଲେ ଅଲ ଇଣ୍ଡିଆ ରେଡିଓ ସମଲପୁର ଟେସନର ମୂଲ ହେଲା । ସେ ବେଲକେ କେତନିଟେ ନାଁ କରା ସାହିତ୍ୟିକଙ୍କର ଲେଖା ସମଲପୁର ଟେସନ ନୁ ପ୍ରସାରିତ ହଉଥିଲା । ସେ ଭିତରୁ କିଛି ହେଲେ କପିଲ ମହାପାତ୍ର, ବାଲାଜୀ ମେହେର, ଲଖମଣ ପତି, ଶଶୀଭୂଷଣ ମିଶ୍ର ଶର୍ମା, ମୋତିଲାଲ ପଣ୍ଡା, ସତ୍ୟନାରାୟଣ ବହିଦାର, ବିଧୁଭୂଷଣ ଗୁରୁ, ମଂଗଳୁ ଚରଣ ବିଶ୍ୱାଲ, ବିନୋଦ ପଶାୟତ, ଲାଲ ରତ୍ନାକର ସିଂହ, ମିତ୍ରଭାନୁ ଗୌଡତିଆ ଆଦି । ସମଲପୁର ରେଡିଓ ଟେସନ ପଶ୍ଚିମ ଓଡିଶାର ଭାଷାଥି କାର୍ଯ୍ୟକ୍ରମ ପ୍ରସାରିତ କରବାର ଆଘୋନୁ ସରକାରି କି ବେସରକାରି ହିସାବେ ପ୍ରାୟ ଇ ଅଞ୍ଚଲର ଭାଷାର ନାଁ କେନସି ଠାନେ ବି ବେଭାର ହଉଥିବାର ଜନା ନି ପଡବାର । ସମଲପୁର ରେଡିଓ ଟେସନ ପହେଲା କରି 'ସମ୍ବଲପୁର ଅଞ୍ଚଲର ଲୋକଗୀତ', ଆର ପଛେକା ସମ୍ବଲପୁରୀ ଲୋକଗୀତ ବଲିକରି ପ୍ରଚାର କରିଛେ ।

ଆଠିରର ପଶ୍ଚିମ ଓଡିଶାର ଭୌଗଲିକ ଥିତି ଭିନେ ଭିନେ ସମିଆଁକେ ଦକ୍ଷିଣ କୋସଲ ନୁ କୋସଲ ଭାଗ (Kosal Tract) ସେନୁ ଫେର ସମ୍ବଲପୁର ଭାଗ (Sambalpur Tract)/ସମ୍ବଲପୁର ଇଲାକା (Sambalpur Region) ବନିଛେ । ଚୌହାନ ମାନକର ହାତୁ ପଶ୍ଚିମ ଓଡିଶା ଗଲା ଉତାରୁ ଇଂରେଜମାନେ ସମ୍ବଲପୁର ନ ତାକର ଡେରା ପକେଇଥିଲେ । ଆର ସେ ସମିଆଁକେ ହିଁ ଇତିହାସରେ ଇ ଅଞ୍ଚଲକେ ସମ୍ବଲପୁର ଇଲାକା ବଲି ବତାହେଇଛେ ।

ଯେତେବେଲେ ଓଡ଼ିଆ ଭାଷା ଆଦୋଲନ ଯୋର ଧରିଥିଲା । ସମ୍ବଲପୁରକେ ଓଡ଼ିଶା ସାଙ୍ଗେ ମିଶାବାରକେ ଚେଷ୍ଟା ଚାଲିଥିଲା । ସେ ବେଲକେ "ସମ୍ବଲପୁର ହିତୈଷିଣୀ" ବାହାର କରିଥିଲେ ବାମଣ୍ଡାର ରଜା ସାର ବାସୁଦେବ ସୁଢଲ ଦେବ । ସମ୍ବଲପୁର ହିତୈଷିଣୀର ସଂପାଦକ ଥିଲେ ନୀଲମଣି ବିଦ୍ୟାରତ୍ନ । ୧୮୯୫ଥି ସମ୍ବଲପୁର ହିତୈଷିଣୀଥି କବି ମଧୁସୂଦନ ବଲି ଜଣେ କବିଙ୍କର ଗୁଟେ କବିତା ବାହାର କରି କରି ଆମର ଅଞ୍ଚଲର ଭାଷାକେ ଗାଲି ଦେଇଥିଲେ । ସେ ଲେଖିଥିଲେ "ସମ୍ବଲପୁର ଅଞ୍ଚଲର ଭାଷା ନିତାନ୍ତ କଦର୍ଯ୍ୟ ଦଶାପନ୍" । ତ ୧୮୯୫ ତକ ବି ଭାଷାର ନାଁ ସମଲପୁରୀ କି କୋସଲୀ ବଲି କିଛି ବତା ନି ହଉଥେଇ । ଇତାର ଉତାରୁ ବଲାଙ୍ଗିର ନ ୧୯୪୨ ସାଲେ "କୋସଲ ସାହିତ୍ୟ ସମ୍ମେଲନ" ଉଜୁକ ହେଇଥିଲା । ସେନ ବି ଜନା ନି ପଡ଼ବାର ଯେ ଭାଷାର ନାଁ କାଣା ବଲି ବତା ହଉଥିଲା । ହେଲେ ଦକ୍ଷିଣ କୋସଲ ନୁ କୋସଲ ଭାଗ ନୁ ସମ୍ବଲପୁର ଭାଗ ବା ସମଲପୁର ଅଞ୍ଚଲ ନ କାହିଁ କେତନି ଦିନୁ ଇଲାକାର ଭାଷାଥି ସାହିତ୍ୟ ଲେଖାହଉଥିଲା ।

ମୁରାରୀ ପ୍ରସାଦ ମିଶ୍ରଙ୍କର ଗଉଁତିଆ ବାବୁ

ଷାଠେ ଦଶକଥି ଯେତେତେବେଲେ କୋସଲୀ ନାଟକ ତାର ନିଜର ଅପନାର ଗୁଟେ ଢାଁଚା ନୁରୁଥିଲା । ଗୁଟେ ଇଲାକାର ଲୋକମାନକର ଫି ଦିନିଆଁ କଥାକେ ନାଟକକାର ମାନେ ମଟାନ ନ ପରସିବାରକେ କରିଆ ଭିଡୁଥିଲେ । ନାଟକର୍ମିମାନେ ହୁରୁଦର ସପନକେ ମଟାନ ନ ସଜାବାରକେ ରାଖତ ରାଖତ ଉସିଧ୍ରା ହଉଥିଲେ । ସେ ବେଲାକେ ୧୯୫୭ ସାଲେ ସମଲପୁର ନନ୍ଦପଡ଼ାର ତିନଟା ଭାଇ; ଶିବ ପ୍ରସାଦ ମିଶ୍ର, କୃଷ୍ଣ ପ୍ରସାଦ ମିଶ୍ର ଆର ମୁରାରୀ ପ୍ରସାଦ ମିଶ୍ର; 'ଗଉଁତିଆ ବାବୁ' ନାଟକ ଲୋକମାନକର ସାମନାକେ ଆନିଥିଲେ । ଗଉଁତିଆ ବାବୁ ନାଟକକେ କୋସଲିର ପହେଲା ନାଟକ ବଲି ଧରାଯାଏସି । ଗୌତିଆ ବାବୁ ନାଟକଥି ଠାନ ଠାନ ଚରିତ୍ରମାନେ ଛତିଶଗଡ଼ି, ବରହମପୁରୀ, ଉଡ଼ିଆ ଆର ବଙ୍ଗାଲି ଭାଷାର ବେଭାର କରିଥିବାର ଦେଖବାରକେ ମିଲିଛେ । ଗାଁର ପରିବେଶ, ଗାଁର ଚରିତ୍ରମାନକୁ ନେଇକରି 'ଗଉଁତିଆ ବାବୁ' ବନିଛେ । ଗଁତିଆ ଧନି ହେଲେ ବି ଗାଁର ଗରିବ ଲୋକମାନକୁ ଅନିଏ ଅତ୍ୟାଚାର ନି କରୁଥେଇ । ଗାଁର ଭଲ ଲାଗି ହମିଶା ଯତନ କରୁଥିଲା । ପୁଓ ପରଜାକେ ହସିଖୁସି କରି ଚଲବେ ସେଥିର ଲାଗି ସମକୁ ସହଯୋଗ କରୁଥିଲା । ମୁଟାମୁଟି ଇଟା ହଉଛେ ଗଁତିଆ ବାବୁ ନାଟର କଥାନୀ । ତିନ ଭାଇ ମିଶିକରି ନାଟକ ବନେଇଥିଲେ ବି ମୁରାରୀ ପ୍ରସାଦ ମିଶ୍ରଙ୍କୁ ଇ ନାଟର ଲେଖକ ହିସାବେ ଜହ ଚର୍ଚା ହେସି । ଶ୍ରୀ ମିଶ

'ଆକବର ରାଏ' ବଲି ଆର ଗୁଟେ ନାଟ ବି ଲେଖିଥିଲେ । ଇତାର ବାହାରେ କେତନି ଗୀତ ଆଦି ବି ଲେଖିଛନ ।

ମୁରାରୀ ପ୍ରସାଦ ମିଶ୍ରଙ୍କର ଜନମ ୧/୧/୧୯୨୩ ସାଲେ ହେଇଥିଲା । ବାପା ନୀଲମଣି ମିଶ୍ର । ବିଏଲଏଲବି ସାରିକରି ସମଲପୁରେ ୧୯୫୪ ସାଲୁ ଉକିଲାତି କରୁଥିଲେ । ସମଲପୁର କଲା ପରିଷଦର ପ୍ରତିଷ୍ଠାତା ସଂପାଦକ ଥିଲେ । ଓଡ଼ିଶା ସଂଗୀତ ନାଟକ ଏକାଡେମୀର ଦୁଇ ଥର ସଭ୍ୟ ଥିଲେ । ଅଲ ଇଣ୍ଡିଆ ରେଡିଓ, ସମ୍ବଲପୁରର ଉପଦେଷ୍ଟା ଥିଲେ । ଅଢ଼େ ବଛର ଲାଗି ଝାରସୁଗୁଡ଼ା ପଞ୍ଚାୟତ ସମିତ ଚେୟାରମେନ ବି ଥିଲେ ।

ସେ ୧୯୬୭ ରୁ ୧୯୭୧ ତକ ଝାରସୁଗୁଡ଼ା ନିର୍ବାଚନ ମଣ୍ଡଲାର ବିଧାୟକ ଥିଲେ । ସେ କେତନି ସାମାଜିକ ଆର ସାଂସ୍କୃତିକ ଅନୁଷ୍ଠାନ ସାଂଗେ ଯୁଡ଼ିଥିଲେ । ସେ ୨୧/୫/୨୦୦୭କେ ଶେଷ ଶାଁସ ନେଇଥିଲେ ।

ଅଟଲ ବିହାରି ପଣ୍ଡା

ନାଟକକାର ଅଟଲ ବିହାରି ପଣ୍ଡାକର ଜନମ ୧/୧୨/୧୯୩୧ ସାଲେ ସୋନପୁର ଜିଲ୍ଲାର ବିନକା ଠାନେ ହେଇଥିଲା । ବାପା କବିରାଜ ବାସୁଦେବ ପଣ୍ଡା ଆର ମାଁ ଲକ୍ଷ୍ମୀପ୍ରିୟାଙ୍କର ବଡ଼ଖା ପୁଅ । ସେ ଓଡ଼ିଆ ଆର କୋସଲି ଦୁହି ଭାଷାଥି ଲେଖିଛନ । ତାଙ୍କର ଲେଖଲା "ଫଟାକପାଲ"କେ କୋସଲିର ପହେଲା ପୁରା ନାଟ ହିସାବେ ମାନାଯାଏସି । ଶାଠେ ଦଶକ ନ ଯେନ କେତେ ଲୋକ ଆକାଶବାଣୀ ସମଲପୁରର ମାଏନ ପାଇଥିଲେ ସେ ଭିତରୁ ଅଟଲ ଝନେ । ଅଟଲଙ୍କର କଥା କେତନି ରସରସିଆ । ଆକଶବାଣୀନୁ ତାଙ୍କର ଲେଖଲା ଗୀତ, ନାଟ, ପ୍ରବନ୍ଧ, କଥାନି ଆଦି ପ୍ରସାରିତ ହେତେଲ ଆଉଛେ । ତାଙ୍କର ଲେଖାମାନେ ହେଲା: ଗୀତ ଆଉର କବିତା (୨ ଖଁଡ), ପଞ୍ଚାମୃତ (କବିତା), ଫଟାକପାଲ, ଗୁଲେକ ଧନ୍ଦା, ଲେଁଡ଼ା ତରା, ଫଟା ମାଦଲ, ଭଇଁଷ ଆଗେ ନାଗଧୁନୀ, କୁମନା ଭିତରେ ଡେଣ୍ଡୁ, ଆମେ ମଲା ଆମେ ମରନ, ଭୁମେର ରଜା, ସଦଗତି, ପଦ୍ମଶ୍ରୀ, ସଂଘର୍ଷ, ଆମର ସେ ହଜଲା ଗାଁକେ ଖୁଜମାଁ ଆମେ, ଆମର ନୂଆଁଖାଇ, କଁଇଲି ପତର, କଲ୍ଲା ପତର, ବାଏ ଖୁଜେନ, ଭାଷା ଆଉର ସାହିତ୍ୟ (ପ୍ରବନ୍ଧ), ଆମର ରାଏଜ ଆମର ବୁଲି (ପ୍ରବନ୍ଧ), ମିରଚା ଧୁଁଗିଆ, ଗଛ, ଡଂଗାଘାଟ, ମୃଗୀ ନଚାଏ ନରହରି, ଆମେ ଏଥର ଶୁଇପଡ଼ୁଁ, ସମଲପୁରୀ ଗୀତ, ଗୁପତ ହୀରା, ଲଲୋ, ଜଖା, ନୂଆଁଖାଇର ବରଦାନ, ଦେବୀ (ଉପନ୍ୟାସ), ଉଆଁସୀ ଜନ (ଅପେରା), ବାନ୍ଦୁ ଉବାଚ (ଉପନ୍ୟାସ) ।

ସେ ୩ ଡର୍ଜନ ନୁ ଅଏତକା. ସଂସ୍ଥାନୁ ମାଏନ ପାଇଛନ। ୯୨ ବଚ୍ଛର ବଏସେ ୫ ଜୁନ୍ ୨୦୨୧ ସାଲେ ଦିହଁ ଛାଡିଥିଲେ।

ମଂଗଲୁ ଚରଣ ବିଶ୍ୱାଲ

ପ୍ରସିଦ୍ଧ ନାଟକ ଭୂଖାର ଲେଖକ ହଉଛନ ମଂଗଲୁ ଚରଣ ବିଶ୍ୱାଲ ଯେନଟାକି ପଛେ ଫିଲ୍ମ ବନିକରି ଆର୍ତଜାତିକ ସ୍ତରରେ ନାଁ କରିଥିଲା। ଭୁଖାଥି ପିଢି ଦର ପିଢିନୁ ବନିଥିବା ଜାତିପ୍ରଥା ଗୁତିର ଭିତରିଆ ଆର ସାଁଗେ ଉଭରୁଥିବା ହଁସାର ଦରଜ, ସଁକରି ଜଉଥିବା ଲୋକ କଲା ଆର ସଂଗୀତର ଦୁରୁଶକେ ଉବାଗର କରାହେଇଛେ। ଦୁର୍ବଲ କରୁଥିବା ଅଭାବ ଆର ଆଶାବାଦୀତାର ଚମତକାର କଥାନୀ କୋସଲିର ଭ ଉଲଗୁଲାନକାରୀ ସାହିତ୍ୟ ଖରାପ ଥିତି ବେଲାକେ ଆଶାର ଦୀର୍ଘାୟୁକେ ଜାଁଚ କରସି। ଆର ଦେଶର ଦଲିତ ମାନକର ଉପରେ ଆନୁଷ୍ଠାନିକ ବିଶ୍ୱାସଘାତ ଉପରେ କଡା ନଜର ପକେଇଛେ।

ସମ୍ବଲପୁର ଜିଲ୍ଲାର ବୁତି ଇଲାକାର ପିତାପାଲି ଗାଁ ନ ମେ ୪ ତାରିଖ ୧୯୩୪ ସାଲେ ଜନମ ହେଇଥିଲେ ମଂଗଲୁ। ଛୁଆଦିନୁ ସେ ଲେଖାଲୁଖି କରୁଥିଲେ। ପେଶାଥି ଶିକ୍ଷକ ଥିଲେ ହେଲେ ଲେଖବାରଟା ଥିଲା ତାଙ୍କର ନିଶା। ଓଡିଆ ଆର କୋସଲି ଦୁହି ଭାଷାଥି କବିତା, କଥାନି, ଉପନ୍ୟାସ ଆର ନାଟକ ଲେଖୁଥିଲେ ମଂଗଲୁ। ତାଙ୍କର ଲେଖା ମାନେ ହେଲା ହଜିଲା ଦିନ (ଆତ୍ମଜୀବନୀ), ଦରିଆ ପାରିର କବିତା, ଉଡଲା ପତର ବୁଡଲା ଡଂଗା, ଭୂତିଆର ହତିଆର, ସୁରେନ୍ଦ୍ର ସାଏ, ବରୁଆ, ଛଇଲି, ଉଲଗୁଲାନ, ମାଁ ସମଲେଇ ଆଦି ତାଙ୍କର ପାଠକ ମହଲରେ କେତନି ଆଦର ପାଇଛେ। ସେ କୋସଲି ପତ୍ରିକା "ଭରନି"ର ପହେଲା ସଂପାଦକ ଥିଲେ।

ତାଙ୍କର ସାହିଥ୍ୟ ସାଧନା ଲାଗି କେତନି କେତେ ଅନୁଷ୍ଠାନନୁ ମାଏନ ପାଇଥିଲେ ବି ବତାଲା ବାଗିର କିଛି ହଉଛେ; ସମ୍ବଲପୁର ବିଶ୍ୱବିଦ୍ୟାଲୟ ତାହାକୁ ସଂମାନସୂଚକ ଡି.ଲିଟ ଉପାଧି ଦେଇକରି ମାଏନ କରିଛେ। ସେ ବ୍ୟାସକବି ଫକୀର ମୋହାନ ଭାଷା ସଂମାନଥି ବି ମାଏନ ହେଇଛନ।

୮୮ ବଚ୍ଛର ବଏସେ ଜାନୁୟାରୀ ୧୧ ତାରିଖ ୨୦୨୨ ସାଲେ ମାନେଶ୍ୱର ବ୍ଲକ ବାରଡୁଂଗିର ଘରେ ତାଙ୍କର ଶେଷ ସାଁସ ଛାଡିଥିଲେ।

ବରଗଡ ଜିଲ୍ଲ୍ ପାଇକମାଲର **ହଟକିଶୋର ପାଣିଗ୍ରାହୀ** ୧୯୬୦ ଆଉକେ "ଭୁଆସେନ" ଉପନ୍ୟାସ ଲେଖିଥିଲେ। ହଟକିଶୋର ଖଗେଶର ସାହିତ୍ୟର ପ୍ରଚାରକ ହିସାବେ ଜନାଶୁନା।

ନରସିଂହ ପ୍ରସାଦ ଗୁରୁ

ନରସିଂହ ପ୍ରସାଦ ଗୁରୁ ଝନେ କୋସଲୀ ଗୀତିକାର, କୋଷକାର ଆର ଲେଖକ ହିସାବେ ଜନାଶୁନା । ବଲାଂଗିର ରାମଜୀପଡା ନ କୁଟୁମ ସହେତେ ରହେସନ ନରସିଂହ ।୨୮/୧୦/୧୯୩୨ ସାଲେ ତାଙ୍କର ଜନମ । ବାପା ଭଗବାନ ଗୁରୁ, ମାଁ ହରିପ୍ରିୟ ଗୁରୁ । ୧୯୪୬ରେ ସେ ନ ଶ୍ରେଣୀଥି ପଢୁଥିଲା ବେଲକେ ସ୍କୁଲ ପତ୍ରିକା ଲାଗି ପହେଲାକରି କୋସଲିଥି ଲେଖିଥିଲେ । କୋସଲିଥି ଆଗକେ ଲେଖବାର ଲାଗି ମାଷ୍ଟରମାନେ ତାହାକୁ ତହଁକେଇଥିଲେ । ସେ କୋସଲି ଆର ଓଡିଆ ଦୁହି ଭାଷାଥି ଲେଖସନ । ୧୯୯୦ରେ ସେ ସୋନପୁର ମାହାରାଜା ହାଇସ୍କୁଲ ନୁ ହେଡମାଷ୍ଟର ହିସାବେ ରିଟାଏଡ କଲେ । ପଷ୍ଟିମ ଓଡିଶାର ଲୋକ ପରଂପରା, ଲୋକ ଗୀତ, ଲୋକ ସାହିତ୍ୟ, ଆର ସଂସ୍କୃତିକେ ଉବାଗର କରଲା ବାଗିର ପ୍ରାୟ ୪୦ ଖଁଶ ବହି ଲେଖିଛନ ନରସିଂହ । ସେ ଲେଖଲା ବହିମାନେ ହେଲା, ପଷ୍ଟିମ ଓଡିଶାର ଲୋକ କଥା (ଭାଗ ୧,୨), ଆମ ଲୋକ ଗୀତ ଲୋକ ନାଚ, ଆମ ଅଞ୍ଚଲର ଇତିହାସ କଥା, ଆମ ଅଞ୍ଚଲର ଗାଉଁଲି ଖେଲ, ପଷ୍ଟିମ ଓଡିଶାର ଦର୍ଶନୀୟ ସ୍ଥାନ, ରଜା ଘରର ମଜା କଥା, ତୀର୍ଥ ମାଟି, ଗୁଟେ ମାଲି ଚାଁଘରେ ଫୁଲ, ଉଦୟଜାନ ଆଦି । ତାଙ୍କର ସବୁ ନୁ ବଡ କାମ ହେଲା ୨୦୧୬ଥି ବାହାରିଥିବା କୋସଲି-ଓଡିଆ ଅଭିଧାନ । ଇ ୭୦୦ ପୃଷ୍ଠାର ଅଭିଧାନଥି ୧୭,୩୦୦ କୋସଲି ଶଦର ଅର୍ଥ ଅଛେ । ତାହାକୁ ୬ ବଚ୍ଛର ଲାଗିଥିଲା ଅଭିଧାନ କାମକେ ଶେଷ କରବାର ଲାଗି । ତାଙ୍କର ଆର ଗୁଟେ ବହି ହଉଛେ "କୋସଲି ବର୍ଣ୍ଣମାଲା" । ଯେନଟା କି ଛୁଆମାନକର ଲାଗି ଲେଖାହେଇଛେ । ଇ ବହି ପଷ୍ଟିମ ଓଡିଶା ବିକାଶ ପରିଷଦ ତରଫରୁ ଛପା ହେଇକରି ବଲାଂଗିର ଜିଲ୍ଲାର ବିଦ୍ୟାଲୟ ମାନକୁ ବଁଟାହେଇଥିବାର ସୂଚନା ରହିଛେ । ଇତାର ବାହାରେ ଆକାଶବାଣୀଥି ତାଙ୍କର ୫୦୦ ଗୀତ ପ୍ରସାରିତ ହେଇସାରିଛେ । ୫ ଦଶକ ଧରି କୋସଲି ଭାଷା ସାହିତ୍ୟ ଲାଗି କାମ କରିଥିବା ନରସିଂହ ପ୍ରସାଦ ଗୁରୁଙ୍କୁ ୨୦୧୧ ସାଲେ ଭାରତ ସରକାର ପଦ୍ମଶ୍ରୀ ସମ୍ମାନଥି ମାଏନ କରିଥିଲେ ।

ଉଜଲବତୀ ପଣ୍ଡା

ଉଜଲବତୀ ପଣ୍ଡାଙ୍କର ଜନମ ୧୯୭୫ ମସିହାଥି ବରଗଡ ଜିଲା ସୋହେଲା ପାଖର ଅର୍ଜୁଣ୍ଡା ଗାଁ ନ ହେଇଥିଲା । ତାଙ୍କର ବାପା ହଉଛନ ଗଁଲିଆ ରାମାୟଣର ରଚୟତା କପିଲ ମାହାପାତ୍ର ଆର ମାଁ ହଉଛନ ସୁନାଫୁଲ । ଉଜଲବତୀ ଭଟଲି

ପାଖର ନୂଆଁପାଲିର ଗୁଣମଣି ପଣ୍ଡାଙ୍କୁ ବିହା ହେଇଥିଲେ । ତାଙ୍କର ବାପ ବାଗିର ଉଜ୍ଜଳବତୀ ବି ଆଶୁକବି । ନାଟ ଲେଖିବାର ଆର ଶିଖାବାରଥି ମାହିର । ସାଂଗେ ସମପରଦା ଆର ସଞ୍ଚାର ଗାହାକେନ ବି ଥିଲେ । ସେ ଦୁଇ କିଲାସ ତକ ପାଠ ପଢ଼ିଥିଲେ । ଉଜ୍ଜଳବତୀ ରାମାୟଣ ଲେଖିବାର ଆଗୋନୁ ଲୀଲା, ନାଟ, ଆର ଭଜନ ମାନେ ବି ଲେଖିଥିଲେ । ତାଙ୍କର ଲେଖାମାନେ ହେଲା: ଗୌରାଙ୍ଗ ଲୀଲା, କୃଷ୍ଣ ଲୀଲା, ରାମ ଲୀଲା ଆର ଚନ୍ଦନ ଯାତ୍ରା । ନାଟକ: ରୁକ୍ମିଣୀ ବିଭା, ଜଲନ୍ଧର ବଧ, ଆଦ୍ୟକାଣ୍ଡ ରାମାୟଣ, ଶଶୀରେଖା ପରିଣୟ ଆର ଭାଗ୍ୟର ଲେଖା । ସେ ୧୮/ ୧୧/୨୦୧୨କେ ଦିହଁ ଛାଡ଼ିଥିଲେ ।

ତାଙ୍କର ରାମାୟଣ ବିଷେନେ ପ୍ରଫେସର ହୃଦମଣି ପ୍ରଧାନ ଲେଖିସନ:

"ଉଜ୍ଜଳବତୀଙ୍କର ରାମକଥା ଛୁଟିଛେ ଛାଟେଛାଟ, ପାଠକ ଆର ଶ୍ରୋତାର ତରଲ ଢଲମଲ ମନକେ ଖାଲି ରାମରସେ ବୁଥବୁଥା କରବାକେ । ସାହିତ୍ୟତ ମାନକର ଈ ଏଖେ ଗୁଟେ ତ ୍ (ରସ ତ ୍) ରାମରସ ଉଜ୍ଜଳବତୀଙ୍କର ରାମେଣଥି ଛୁଆଟେ ବି ଯେନ ଚାଟି ପୁଛିକରି ଖାଇପାରବା ହେଟ୍ଯ ହିଁ ଈ ରାମକଥାର ମହାନତା ।

ତଥାପି, ଭାଷାର ଚମତକାରି ଆରୁ ସାହିତ୍ୟର ହିରାନିଲା ବି ଈ ନ ମିଲବା । ବାକି ହେସବୁ ବି ଛୁଆକରଟା ଆରୁ ମାଁମାନକର ଟା । ମା-ଛୁଆକର ନିରିହପନ ଆରୁ ସରଲତା । ବିଶ୍ୱାମିତ୍ର ମୁନି ରାମ-ଲଖ୍ୟଣ କୁ ନେଇକରି ଯଉଛନ:

ଘୋର ଜଂଗଲ ପାହାଡତଲ କଟକଟଉଛେ ଝାର

ବିଶ୍ୱାମିତ୍ର ବଏଲେ ପିଲେ କେଟ୍ଯ ହେମା ପାର ।

ରାମ ଲଖ୍ୟଣ ବଏଲେ ଗୁରୁ ଛୁଛାଟାକେ ଡରସ

ବାଟେଘାଟେ ଛଏରା ଦେଖଲେ ଥକିକରି ବସସ (୧.୭-୮)

ଇନୁ ଆର ଜହ ସରଲ, ସହଜ, ଆର ସୁନ୍ଦର ଆମର ଭାଷାଥି କାଣା ହଇପାରେ ।

XXX XXX XXX XXX XXX

ଯେନ ନ ଯେତ୍ଯ ମହାକାବ୍ୟର ବିଶୁଦ୍ଧ ଅଲଙ୍କାର, ଅତିସୟୋକ୍ତି ଦେଖବାକେ ମିଲସି । ଯେତ୍ଯ:

ଏତକି ବେଲକେ ତାଡକା ଅସ୍ସୁରେନ ଡୁଲାଂଗି ଏଡେ ଆଁ

ଉପରେ ଉପରେ ଉଡି ଯଉଛେ କୁଲା ଏଡେ ଏଡେ କାନ (୧.୯)

ରାମ-ରାବନ ଜୁଧ୍ୟ ନ ରାବନ ଯେନ କହୁଛେ ରାମକୁ, ତେହିର ଅତିସୟୋକ୍ତି ଦେଖୁନ:

ମାରି ମାରି ଥକିଗଲେ ରାବନ ଦେଖି ହଁସଲା

ତାଡକା ସୁବାହୁ ବାଲି ବାଗିର ମତେ ଭାବଲୁ କାର୍ଯ୍ୟ ବଏଲା ।

ସିଂଘର ଆଗେଁ ଶଶାର ଖେଲ ବିଲେଇର ଆଗେ ମୁଷା

ନାଗର ସାଂଗେ ବେଂଗ ଲଢୁଛେ ଦେକତ ତୋର ଭରଷା ।(୬.୫୮୨-୩)

xxx xxx xxx xxx xxx

ଇନ ଅତିସୟୋକ୍ତି (Epic Exaggeration) ବି ଅଛେ ଆରୁ ଶ୍ଲେସ (Irony) ବି ଅଛେ ।

xxx xxx xxx xxx xxx

ଆରୁ ଗୁଟେ କଥା ହେଲା ସମାଜର ରୀତିନୀତିର କଥା । ଉଜ୍ଜଲବତୀ ଇ ଇଲାକାର ରୀତିରୀବାଜ, ଇହାଦେର ଆମର ସମାଜର କଥା ଆରୁ ଆମର ଲୋକମାନକର ଚାଲଚଲନ ବି ଯେତ୍କା ଦେଖିଛନ ସେତ୍କା ଗାଇଛନ ।

ବର ବରଲେ ଘଡି ସାଏକଲ ରେଡିଓ ସୁନାର ମୁଦି

ଗଂଗା-ଜମୁନା ପଛରି ସାଂଗେ ସୁପରଫାଇନ ଧୁତି (୧.୩୦)

ଇନ ଗଁଲି ଗାଁ ନ ଯେତ୍କା ହେସି

ଦୁହି ସମଧି ଜୁହାର ଭେଟ ପାନ-ବିଡି-ସିଗରେଟ (୧.୨୫)

ତେହିଁର ଲାଗି କଲରିଜ (ST Coleridge) ବଲୁଛନ, ଏ ଭାଇ, ଇ ସମ୍ଭବ-ଅସମ୍ଭବ ବିଚାରକେ ମନ୍ ଅଲଗେଇକରି (Willing Suspense of Disbelief) କାବ୍ୟ କବିତା (ସାହିତ୍ୟ) ପଢ କି ଶୁନ ।

ବରଗଡ଼ ଜିଲ୍ଲା ନ କୋସଲି ନାଟକର ଲେଖା ଆର ମଞ୍ଚନ କାମ ଯୋରସୋର ଚାଲିଛେ । ବରଗଡ଼, ପଦ୍ମପୁର, ବରପାଲି, ସୋହେଲା, କେସେଇପାଲି, କଟାପାଲି, ନାଗେନପାଲି, ବାବେବିରା, ତାଲପଦର, ପାହାଡ଼ଶ୍ରୀଗିଡ଼ା, ତାଲଶ୍ରୀଗିଡ଼ା, ବିଜେପୁର ଆଦି ଠାନେ କୋସଲି ନାଟ ହଁକାବାଦୀ ଆର ଉଚ୍ଚବ ଉଜୁକ ହଉଛେ । ଇ ଭାଷାଥି କେତନି ଉଁଚା ଦର୍ଜାର ନାଟ ଲେଖା ହେଇଛେ । ମଟାନ ନ ପରସିବା ବେଲାକେ

ନୂଆଁ ନୂଆଁ ଶୈଳୀର ସଫଳ ପ୍ରୟୋଗ ହେଇଛେ । କେତନି ନାଟକକାର ଜାତୀୟ ସ୍ତରରେ ନାଁ କରିଛନ ।

ଭଗବାନ ସାହୁ

ନାଟକକାର ଭଗବାନ ସାହୁଙ୍କର ଜନମ କୁମ୍ଭାରି ଗାଁ ନ ୧୯୩୧ ସାଲେ ଦେବସ୍ନାନ ପୁନିକେ ହେଇଥିଲା । ସେ ପହେଲା ତୁମଗାଁ ନ ଗୁହାଲ ପଢ଼ାଥି ପଢ଼ୁଥିଲେ । ପଛେ ୭-୮ ବଛର ହେଲା କି କୁମ୍ଭାରିକେ ଆସିକରି ନାଁ ଲେଖୋଥିଲେ । ୧୯୪୬ ସାଲେ ସେ ବରଗଡ ନ ଅର୍ଦ୍ଧପୂର୍ଣ୍ଣା ଥିଏଟର ଦେଖିଥିଲେ ଆର କେତନି ପ୍ରଭାବିତ ହେଇଥିଲେ । ୧୯୫୦ ସାଲେ ସେ ପାଠ ଛାଡିଦେଲେ । ସେ ନାଟ ଆର ନାଚି ଆଡକେ ମନଦେଲେ । ପହେଲା ତୁମଗାଁ ନ ସୀତାଚୋରି ନାଟ କରିଥିଲେ ଆର ପଛେ କୁମ୍ଭାରି ନ ସେହି ନାଟକେ ଫେର କରିଥିଲେ । ୧୯୫୧ ସାଲେ ସେ ଗଠନ କରିଥିଲେ ନୃତ୍ୟକଳା ପରିଷଦ । ତାଙ୍କର ଗୁଟେ ସାକ୍ଷାତକାରଥି ସେ କହିଛନ ବଛରକ ୨୦୦ ରାଏତ ନାଟ ନାଚୁଥିଲେ । ୧୯୮୫ଥି ଲେଖିଲା ଛ ଘଂଟିଆ ନାଟକ 'ବୀର ସୁରେନ୍ଦର ସାଏ' କୋସଲି ନାଟକ ସାହିତ୍ୟଥି ଗୁଟେ ମାଇଲ ଖୁଟା ଏ । ପଶ୍ଚିମ ଓଡ଼ିଶାର ଭାଷା ଥି, ପଶ୍ଚିମ ଓଡ଼ିଶାର ପିନ୍ଧନ ଉଢ଼ନ, ସାଜୋବାଜୋ, ଗୀତ ବାଜନା ବେଭାର କରିଥିଲେ ନାଟେ । ପଶ୍ଚିମ ଓଡ଼ିଶା ଆର ବାହାରେ ହଜାର ହଜାର ରାଏତ ଅଭିମଞ୍ଚିତ ହେବାର ସାଂଗେ ବୋଧେ ଦେଖେନହାରୀ ମାନକରନୁ ସବୁନୁ ଜହ ଶରଧା ପାଇଥିବାର ନାଟ । ଇ ନାଟେ ସୁରେନ୍ଦ୍ର ସାଏ ପାଟ କରିଥିବା କଲାକାର ଭୂବନ ଭୋଇ କେତନି ମାଏନ ପାଇଛନ । ସତ କହେଲୋଁ ଛାତି ଫାଟେ, ଚକବନ୍ଦୀ ଆଦି କେତନି କୋସଲି ନାଟ ଲେଖିକରି ଭାଷା ସାହିତ୍ୟକେ ବୁର୍‌ସାଲ କରିଛନ । ସେ ୨୦/୧୧/୨୦୦୦କେ ଦିହଁ ଛାଡିଥିଲେ ।

ସୁରେନ୍ଦ୍ର କୁମାର ସାହୁ

ବରଗଡ଼ ଜିଲ୍ଲାର ପହେଲା କୋସଲି ନାଟକ ହିସାବେ ବୁରୋମୁଣ୍ଢାର ପୁରଖା ଉକିଲ ସୁରେନ୍ଦ୍ର କୁମାର ସାହୁଙ୍କର ଲେଖିଲା ଗୀତିଧର୍ମୀ ନାଟକ "ଧାର ବିଲେଇ ବଧ"କେ ନିଆଯାଇପାରେ । ସେ ହଉଛନ ଲେଖକଙ୍କର ବାପା । ଧାର ବିଲେଇ ବଧ ୧୯୬୨ ସାଲେ ଲେଖିଥିଲେ ଜରୁର ହେଲେ ତାଙ୍କର ପାଖେ ପାଣ୍ଡୁଲିପି ନାଙ୍ ଥାଇ । ୨୦୦୭/୦୮ ଆଡେ ଡ. ମାନଭଂଜନ ପ୍ରଧାନ ତାଙ୍କର ଗବେଷଣା କାମରେ ଗାଁକେ ଆସି ତାହାକୁ ଭେଟିଥିଲେ । ସେ ତାହାକୁ ତହଁକେଇଥିଲେ ଫେର ଥରେ

ଝାର ବିଲେଇ ବଧର ପାଣ୍ଡୁଲିପି ବନାବାର ଲାଗି । ବାପା କେତନି ଥର ଆମର ଖଲା ନ ଝାର ବିଲେଇ ବଧର ନାଟେ ବାହାରିଥିବାର ଲୋକମାନଙ୍କୁ ବସେଇକରି ନାଟର ପାଣ୍ଡୁଲିପି ଫେର ବନାଲେ । ପାଣ୍ଡୁଲିପି ବନିଗଲା । ୨୦୧୨ ନୁ ନାଟକକେ ଛାପିଦେବାରକେ ଡିଟିପି ଲାଗି ଦିଆଦେଇଥିଲା । କେତେବେଲେ କିଏ ପାଣ୍ଡୁଲିପି ହଜେଇଦେଲା । କେତେବେଲେ ଡିଟିପି ଦୁକାନ ବନ୍ଦ ହେଇଜିବାର ଆଦି ଭିନେ ଭିନେ କାରଣରୁ ନାଟକଟା ଛପିକରି ବାହାରି ନି ପାରୁଥେଇ । ୧୯୬୨ ମସିହାର ପହେଲା ଆଢେ ଲେଖଲା ଆର ଦଶରା ବେଲକେ ବୁରୋମୁଣ୍ଡା ଆର ପଛେ ଗାଇସିଲେଟ ନ ଅଭିମଣ୍ଡିତ ଇ ନାଟକ ଶେଷକେ ୨୫/୩/୨୦୨୧ ସାଲେ ବୋଡ଼ାସମର ନାଟ ଉଛବ, ପଦମପୁର ନ ମୁକଲିଥିଲା । ବାପା ଆର ଦୁଇଟା ନାଟ 'ପବନର ଖ୍ୟାଲ' ଆର 'ପିଅନ୍ ବାବୁ' ବି ଲେଖିଥିଲେ ।

ଝାର ବିଲେଇ ବଧ ନାଟ ରାମାୟଣର କଥାବସ୍ତୁ ଉପରେ ଆଧାରିତ । ବାପା ଢାଙ୍କର ମତରେ ଲେଖସନ: "ପୁରାନ୍ଥି ଗୁଟେ ବଡ଼ ଘଟ୍ନା ଘଟ୍ବାର ପଛେ ତାର କାରଣ ଥିସି । ସତ୍ୟ ଯୁଗୋଁ ମାୟା ରୋପ ଧରି ଜଲନ୍ଧରର ରାନି ବୃନ୍ଦାବତୀର ସତୀପନ୍ ହରନ୍ ଲାଗି ବିଷ୍ନୁ ମାହାପୁରୁଁକେ ବୃନ୍ଦାବତୀ ଶାପ୍ୟ ଦେଇଥିଲା, "ତୋର ସ୍ତ୍ରୀରି(ମାହେଜି)କେ ବି ମାୟା ବାବାଜୀ ଭେଶ୍ ଧରି ଅସୁର ହରନ୍ କରିନଡ" । ମାହାପୁରୁ ତ୍ରେତା ଯୁଗୋଁ ରାମ୍ ହେଇ ଜନମ୍ ହେଲେ ଆର ରାବଣ ବାବାଜୀ ହେଇ ସୀତାକେ ଚୁରେଇ ନେଲା । ପୁରାନ୍ ହିସାବେଁ ମାରିଚର ମାୟା ହରିଣ ରୋପ ମୁନୁଷର ବିଚାର ବେଭାର ଅନ୍ସାରେ ଟିକେ ବେଖାପିଆ ଲାଗ୍ବାର ଲାଗି ସୁନା ହରିଣ ବଦ୍ଲା ସୁନେଲି ଝାର ବିଲେଇ କରିଦେଲିଁ ।"

ନାଟକର ନାଁ ଦେବାର ବାବଦେ ଲେଖସନ, "ରାମ ଇ ନାଟଥି ଝାର ବିଲେଇକେ କୁଦେଇଛନ୍ । ମାରୀଚ ଝାର ବିଲେଇ ରୋପ ଛାଡ଼ିଁ ତାର ଅସୁର ରୋପ ହେଲା ପଛେଁ ରାମ ତାକେ ମାରିଛନ୍ । ନାଟର ନାଁ ଝାର ବିଲେଇ ଖେଦା (ମାରୀଚ ବଧ) ରଖିଥିଲିଁ । ସେ ବେଲୋ ବେଶୀ କରି 'ହରଣ ଆରୁ ବଧ' ନାଟ୍ମାନେ ଚଲୁଥିଲା । ଆରୁ ଲୁକେ ଇ ନାଟକେ ତାକର ହିସାବେ ଝାର ବିଲେଇ ବଧ ବଲି କହେଲେ ଆରୁ ସେଟା ଇତାର୍ କାନ୍ୁ ସେତାର୍ କାନ୍ତକ୍ କରି ଝାର ବିଲେଇ ବଧ ହେଇଯେଇଛେ ।"

ଝାର ବିଲେଇ ବଧ ନାଟକ ନୁ ପଦେ:

"ସେ ଦିନ ଯେନ ରାଧ୍ ଥିଲୁ ତୁନ

ଫାଲେ ଜନ୍ହି ଦୁଇ ଫାଲ ମାଖନ

ଦୁଇ ଡୁଆ ଟୋଲ ତେଲୋଁ ପରଝେନ କରିଣ

କେନତା ବତରେଁ ଲଗେଇଥିଲୁ ନୁନ...ରେ ଚନ୍ଦ୍ରାନନି..

ତୋର ବିନୁ ଇ ହୁର୍ଦ ହୁଏ ହାନି..”

ସେ ଆକଶବାଣୀ ସମ୍ଲପୁରର ଉପଦେଷ୍ଟା ଥିଲେ । ପଦମପୁର ବାର ଏସୋସିଏସନର ସଭାପତି ଥିଲେ । ଗାଏସିଲେଟ ପଂଚାୟତ ସମିତି କଲେଜର ସଂସ୍ଥାପକ ସଭ୍ୟ ଭିତରୁ ଝନେ ଥିଲେ । ଇଲାକର କେତନିଟେ ସାହିତ୍ୟିକ, ସାଂସ୍କୃତିକ ସଂଗଠନ ସାଂଗେ ୟୁଡିକରିଥିଲେ । ସେ ୩/୧୧/୨୦୨୧କେ ଦିହଁ ଛାଡିଥିଲେ ।

ସତ୍ୟନାରାୟଣ ନାଏକ

ସତ୍ୟ ନାରାୟଣ ନାଏକ ଜୁନାଗଡ ବ୍ଲକ ଗୌଡ ସର୍ଗିଗୁଡା. ଗାଁ ନ ୧୦.୮.୧୯୪୯ ସାଲେ ଜନମ ହେଇଥିଲେ । ବାପା ପଦ୍ମଲୋଚନ ନାଏକ ଆର ମାଁ ଭାନୁମତୀ ନାଏକ । ଛୁଆଦିନୁ ଢଗଢମାଲି କହିକରି ଲୋକକୁ ହଁସେଇ ପକଉଥିଲେ । ସେ ୧୯୬୬ ସାଲେ ଜୁନାଗଡ ହାଇସ୍କୁଲ ନ ପଢଲା ବେଲୁ କଲମ ଚଲେଇଥିଲେ । ସେ କଲାହାଁଡି ଇଲାକାର ଲୁକି ରହେଲା ଲୋକକଥା, ଲୋକଗୀତ, ଲୋକଧାରା, ତିହାରବା’ର, ଆଦିଥ ହଜିୟଉଥିବା ସଂସ୍କୃତିକେ ଆବରି ଧରବାର ଚେଷ୍ଟା କରିଛନ । କଲାହାଁଡିର ଇତିହାସ ଆର ପ୍ରକୃତିକେ ଚିତରାସନ ତାଙ୍କର ଇ ଗୀତ ଥି:

“କଲାହାଁଡିର ମଡମଡିଆ ଆମକେ କଲା ବଡରେ ଭାଇ

କଲାହାଁଡିର ମଡ”

ପରିବେଷ ଆର ଜଂଗଲ ବାବଦେ ଲେଖାସନ

“ତୁଇ କାଏଁ କରି ୟିବୁ ଗଂଗାରେ ଦଦା

ଗଛ ଗୋଟେ ପଛେ ଲଗା”

ତାଙ୍କର ଲେଖଲା ସମଦୀ ଗୀତ ଜିଏ ସୁନିଛେ ସେ ନି ହଁସିକରି ରହି ନି ପାରେ

“ପଇଲ କରି ହେଟା ୟାଇଥିଲି ସମଦୀ

ବାରିର କେନା ଦେଲ ରମଦି

କୁକରା ବଦଲେ ମତେ କଁକରା ମେନତା କଲ

କେଁ ଜନା ଜାନ୍‌ଲ ହୋ ସମଦୀ

ଆଇଁଷ ବିଷର ଖିରି ପୁରି ହେବା ବଲି

ଯାଇଥିଲି ଦାଁତକେ ଲିସି ହୋ ସମାଦୀ

କରିଦେଲ ମତେ ଖିସି"

କବି ନାଏକ ଝନେ ଆଶୁକବି । କେନସି ଜିନିଷକେ ଦେଖିକରି ସାଂଗେ ସାଂଗ କବିତା ବାନ୍ଧି ପାରୁଥିଲେ । ପେଶାଥି ଝନେ ମାଷ୍ଟର । ବିଏବିଏଡ ପଢ଼ିଛନ । ରାଜ୍ୟପାଲ ଠାନୁ ମାଏନ ପାଇକରି ଇହାଦେ ରିଟାଏଡ ହେଇଛନ । ସେ ଗୀତ, କବିତା, ରଚନା, ନାଟକ, ଗବେଷଣା ଲେଖାମାନେ ଲେଖିଛନ । ତାଙ୍କର କବିତା ସଙ୍କଲନ କଲାବତୀ, ଘୁମୁରା ଗୀତି ସଞ୍ଚୟନ, ସାକ୍ଷର ଗୀତିକା, ସାକ୍ଷର ଜ୍ୟୋତି, ପରିବେଶ ସ୍ୱାଙ୍ଗ ଆଦି ବାହାରିଛେ । ତାଙ୍କର ଡଁଖ୍ୟା ଲେଖାମାନେ 'କଲା ଦହନା', 'କଲା ତୁଲସି' । ସେ ନିଜେ ଲେଖିକରି ଗାଇଥିବା ଗୀତ କେସେଟମାନେ ହେଲା 'ମାଁ ଲଂକେଶରି', 'ପାଦୁକାପାଣି', 'ପୁନି ରାତିର ଜନ' ଆଦି । ସେ କେତନି ଥର ଟିଭି ଆର ରେଡିଓଥି ଘୁମରା ଗୀତ ପରିସକରି ଲୋକର ହୁରୁଦ ଜିତିଛନ । ସେ କେତନି ଅନୁଷ୍ଠାନ ନୁ ମାଏନ ବି ପାଇଛନ, କିଛି ବଟାବାର ବାଗିର ହେଲା ଜିଲ୍ଲା ଯୁବ ପୁରସ୍କାର, ରାଜ୍ୟପାଲ ପୁରସ୍କାର, ଜାତୀୟ ସିନିଅର ଫେଲୋସିପ, ଆଘୋର ରାଷ୍ଟପତି ଡ.ରାଜେନ୍ଦ୍ର ପ୍ରସାଦ ଉଷତ ହେଇକରି ୨୦୦୦ ଟଁକା ଦେଇଥିଲେ ପ୍ରଗତି ମଏଦାନ ନ ଘୁମରା ପରସିଲା ଉତାରୁ, କାଲାହାଣ୍ଡି ଲେଖକ ପରିଷଦ, ସାହିତ୍ୟ ନାଟକ କଲାପରିଷଦ, ବ୍ରଜରାଜ ସାହିତ୍ୟ ସମିତି ଖଡିଆଲ, ରିଖିରାମ ତିବାରି ସଙ୍ମାନ, ଜୁନାଗଡ ଏନଏସି, ରାୟଗଡା ଉଷ୍ବ, କଲାହାଣ୍ଡି ଉଷ୍ବ, ନେହରୁ ଯୁବ କେନ୍ଦ୍ର, ମହାବୀର ସାଂସ୍କୃତିକ ଅନୁଷ୍ଠାନ, ଜୟଦେବ ଭବନ, ରାଜ୍ୟ ଜନଶିକ୍ଷା ସାଧନ କେନ୍ଦ୍ର ଭୁବନେଶ୍ୱର, ବୃନ୍ଦାବନ ସାଂସ୍କୃତିକ ଅନୁଷ୍ଠାନ କେସିଂଗା, କୃପାସିନ୍ଧୁ କ୍ଲବ ଜୟପାଟଣା, କନକଦୁର୍ଗା ସାଂସ୍କୃତିକ ଅନୁଷ୍ଠାନ, ମନସ୍ୱାନି କଟକ, ରାଜ୍ୟ କଲା ଗବେଷଣା ପରିଷଦ ଭୁବନେଶ୍ୱର, ରାଜ୍ୟ ଆୟକର ବିଭାଗ ଭୁବନେଶର ଆଦି ଠାନୁ ମାଏନ ପାଇଛନ ।

ସେ ଆକାଶବାଣୀ ସମ୍ବଲପୁର, ଜୟପୁର, ଆର ଭବାନିପାଟଣାର ସ୍ୱୀକୃତି ପାଏଲା ଗାହାକ । ଦୂରଦର୍ଶନ ଭୁବନେଶର ଆର ଭବାନିପାଟଣା ନୁ ବି ତାହାଙ୍କୁ ସ୍ୱୀକୃତି ମିଲିଥିଲା । ତାଙ୍କର ଲେଖାମାନେ ପ୍ରଜାତନ୍ତ ସାପ୍ତାହିକି, ସମାଦ, ସମାଜ, ସାହିତ୍ୟ କଥା ଆଦିଥି ବାହାରିଛେ ।

ଇ ସମିଆଁରେ କୋସଲି ଭାଷା ଲାଗି ମଟାନ ବନିଛେ ଭିନ ଭିନ ସାହିତ୍ୟ ପତ୍ରିକା। ୧୯୬୫ – ପଞ୍ଚମୁଖୀ ପତ୍ରିକା ବାହାରଲା। ଇଥି କୋସଲି ଲେଖାମାନେ ବାହାରଲା।

ତାର ପରେ ଇହାଦେ ତକ ପ୍ରାୟ ୧୦୦ ଉପରେ ପତ୍ର-ପତ୍ରିକା କୋସଲି ଭାଷାଥି ବାହାରିଛେ।

୯

ସତୁର ଦଶକର କୋସଲି ସାହିତ୍ୟ

ସତୁର ଦଶକ ଅ କୋସଲି ଲାଗି କେତନି ନୂଆଁ ପରିଷାନିରୀଷା, ଆର ବଡଭାରି ଦରକାରି ଦିଗମାନେ ଉଭରି କରି ଆସିଥିଲା । ଇ ସମିଆଁକେ କୋସଲି ଭାଷା ସାହିତ୍ୟର ପ୍ରଚାର ପ୍ରସାର ଯୋର ଧରିଛେ ଆର କେତନି କବି ଲେଖକ ଆଗକେ ଆସିଛନ କୋସଲିର ସେବା କରବାର ଲାଗି । ସେ ସମିଆଁରେ କୋସଲି ଭାଷାରେ ବ୍ୟାକରଣ ଲେଖବାର ଲାଗି ଚର୍ଚା ହେଇଛେ, ଅଭିଧାନ ଲେଖବାର ମୁଲ ହେଇଛେ, କଥାନି ଆର ପ୍ରବନ୍ଧ ସାହିତ୍ୟ ବି ବାହାରିଛେ । ଇ ସମିଆଁରେ ହିଁ ପଶ୍ଚିମ ଓଡିଶାର ଭାଷାର ନାମକରଣକେ ନେଇକରି ମୁଲ ହେଇଥିଲା ଚର୍ଚା । ନାଟକମାନେ ରାଏଜ ବାହାରେ ଯେଇକରି ନାଁ କରଲେ ।

ସତୁର ଦଶକ ଆଡକେ କୋସଲି ସାହିତ୍ୟକେ ଧରିଛେ ଆଧୁନିକତା । ଦେଶର ରାଜନୈତିକ ଦୃଶ୍ୟପଟ ବଦଲିବାର ସାଂଗେ ସାଂଗେ ଦେଶ ବିକାଶର ବାଟେ ବଢିଚାଲିଥିଲା ଆର କୋସଲି ବି ସେ ବାଟେ ପଛେ ପଛେ ଲମିବସିଥିଲା ।

ହରେକୃଷ୍ଣ ପୂଜାରୀ

ବରଗଡ଼ ସହରର ନାଟକ ଇତିହାସଥି କୋସଲି ନାଟକର ସୁନା ଅଧ୍ୟାୟ ବାବଦେ ବିଶେଷ ଲେଖା ଦରକାର କରୁଛେ । ପୁରଖା ନାଟକକାର ହରେକୃଷ୍ଣ ପୂଜାରୀ ତାଙ୍କର 'ଜୟଶ୍ରୀ ଅପେରା, ଅମ୍ୱାପାଲି' ଜରିଆରେ ଦେଖନ୍ ସୁନ୍ଦର ପଲାସା ଫୁଲ (୧୯୭୬), ଗେଲେହି ରାଧା, ଦେଖନ୍ତ ବୁହେନ୍ କେନ୍ତା ଅଏନ୍, ମଲମଲି ସୁରୁପ ନଖାର ଦଶା, ଗୁନ୍ହାଁ, ସାକ୍ଷୀ ବରଗଛ ଆଦୀ କେତନି ନାଟ ଲେଖିକରି ନିର୍ଦ୍ଧେଶନା ଦେଇକରି ମଞ୍ଚନ କରିଛନ । ତାଙ୍କର ନାଟମାନକୁ କଲା ଆର ଜୀବନର ମିଠା ମିଲନ ଦେଖବାରକେ ମିଲସି ।

ଝରନ ପତ୍ରିକା

୧୯୭୪ରେ ଅବଗାର କୋସଲି ଭାଷାର ଲେଖାମାନକୁ ନେଇ ନୃପତି ଦେହୁରୀଙ୍କର ସଂପାଦନାଥି 'ଝରନ' ପତ୍ରିକା ବାହାରିଲା । ଝରନ ପତ୍ରିକାକେ ଛାପୁଥିଲା ଚିନ୍ମୟ ସାହିତ୍ୟ ସଂସଦ, ସମ୍ବଲପୁର । ଚିନ୍ମୟ ସାହିତ୍ୟ ସଂସଦର ସଭାପତି ଥିଲେ ସତ୍ୟନାରାୟଣ ବହିଦାର ଆର ସଂପାଦକ ଥିଲେ ଭବାନୀ ଶଙ୍କର ପ୍ରଧାନ । ଝରନ ପତ୍ରିକା ସେ ସମିଆଁର ସାହିତ୍ୟ, କଲା ଆର ନୂଆଁ ବିଚାର ଲାଗି ମଚାନ ବନିଥିଲା । ନୂଆଁ କବି, ଲେଖକ, ଚିନ୍ତାନାୟକ ମାନକର ବିଚାରକେ ସାଧାରଣ ଲୋକର ନିକେ ପହଁଚାବାର କାମ କରିଥିଲା । ତାଙ୍କର ଗୁଟେ କବିତାଥି ସେ ଲେଖସନ:

ମୁଡ୍ ଘୁରସି ଇ ମୁଡ୍ ସେ ମୁଡ୍

ସୁରଜ୍ ଚନ୍ଦର ତକ୍

ତଲ ଉପର ଭେକ୍ଲା ହେଇ

ଦେଖ୍ସି ଭକ୍ ଭକ୍ ।।

ନାଇଁ ପାୟବାର ଭାବ୍ ଗୁଟେ

ଘାୟକର ମାନ୍ ଆଲୋକ୍ ମୁତେ

କବି ବଲି ମୁଡ୍ କୁଟେ

ଲୁକେ କେନ୍ତା ଟେଁକ୍‌ମିଁ

କାୟଁ ଗୀତ୍ ମୁଇଁ ଲେଖମି ?

ଫସ୍କା କଥା ଲେଖିକରି

କାୟଁ ଅଛେ ବୋ ଲାଭ୍

ନାଇଁ ପାୟଲେ ପଢ଼ଲା ଲୁକେ

ରକମ୍ ରକମ୍ ଭାବ୍ ।

ନାଇଁ ଗାୟଲେ ଗୀତ୍ ନୂଆଁ

ଗରିବ୍ ଦୁଖିର ଝାଲ ବୁହା

ହାମର ଚାଷାର କଦେଲ ପୁଆର

ବିକାଶ୍ କେତା ଦେଖ୍‌ମି
କାୟେଁ ଗୀତ୍ ମୁଇଁ ଲେଖ୍‌ମି ?

ବିଲାସ୍ କଥା ଲେଖି ଲେଖି
କିଲାସ୍ ଚଢ଼ଲେଁ ହୋ
ମର୍‌ଡ଼ି ବେଲେ ଚକ୍‌ଟକିଆ
ମହଲ୍ ଗଢ଼ଲେଁ ହୋ
ଫେଲ୍ କର୍‌ବେ ଗୁରୁ ଶେଷେଁ
ରହେମିଁ ବୁଆ କେନ୍ ଦେଶେଁ
ଲୁକେ ହେବେ ଘେଷର ଘେଁଷ୍
କାର୍ କଥାକେ ଛେଁକ୍‌ମି
କାୟେଁ ଗୀତ ମୁଇଁ ଲେଖମି ?

ଇତାର ବାହାରେ ଗୁଟେ ସମାନ ବିଚାରଧାରାର ଲୋକମାନକର ଗୁଟ ବନାବାରଥି ସହଯୋଗ କରିଥିଲା । ନୃପତୀ ଦେହୁରୀଙ୍କର ଜନମ ଇହାଦେର ଝାରସୁଗୁଡ଼ା ଜିଲ୍ଲା ଲଖନପୁର ପାଖର ଧୁଲୁଣ୍ଡା ନ ହେଇଥିଲା । ୨/୨/୧୯୪୦ ସାଲେ ଜନମ ହେଇଥିଲେ ଆର ୧୨/୧୨/୨୦୧୬ ସାଲେ ଦିହଁ ଛାଡ଼ିଥିଲେ ।

ଭବାନୀ ଶଙ୍କର ପ୍ରଧାନ

ପ୍ରଫେସର ଗିରିଧାରୀ ଗୁରୁଙ୍କର ସଂପାଦିତ ଆର ପଶ୍ଚିମ ଓଡ଼ିଶା ପରିଷଦ ଛାପିଥିବା ଇଁରାଜୀ ବହି "West Orissa: Past And Present" ଥି ବାହାରିଥିବା ଆଲେଖ " Sambalpuri (Koshali) Language and Literature at a Glance" ଥି ପ୍ରଫେସର ଅଶୋକ କୁମାର ଦାଶ ଲେଖୁଛନ:

"He is a committed Sambalpuri writer and organiser of Sambalpuri literary movement. With his active efforts the first Sambalpuri journal Jharan appeared in 1974 and promoted many Sambalpuri writers. His short stories collection "Purna Kalia Lok" published in 1980 seems to be the first of its kind. Later he wrote two Sambalpuri drama, "Sisi Aur Lal Paen" and 'Vote' followed

by a spiritual book 'Gitar Bhab' etc. He was closely associated
with the literary forum Sambalpuri Lekhak Sangha since its in-
ception 1983 and established it as a pioneer organisation."

ନାଟ୍ୟଶ୍ରୀ ପଞ୍ଚାନନ ମିଶ୍ର ଲେଖିସନ୍ତି, "ଶିଶି ଆଉର ଲାଲ ପାଏନର
ବିଷୟବସ୍ତୁଟା ସେ ସମିଆଁର କଥା ହେଲେ ବି ଆଝିରିକା ତାର ଝଲକ ଆମେ
ଡାକ୍ତରଖାନାମାନକୁ ଦେଖିସୁଁ।"

ପଶ୍ଚିମ ଓଡିଶାର ସାହିତ୍ୟର ବଢତି ଗଦ୍ୟ ଆର କାଲ୍ପନିକ ସାହିତ୍ୟ ବିଭାଗଥି
ପୁରନା କାଲିଆ ଲୋକ କଥାନି ସଙ୍କଲନ ହଉଛେ ପହେଲା ଚେଷ୍ଟା। ତରୁଣ ସାହିତ୍ୟ
ସଂସଦ ଛାପିଥିବା ଇ ସଙ୍କଲନ ୧୯୮୦ଥି ବାହାରିଥିଲା। ସଙ୍କଲନଥି ଋଟା ମନକେ
ଛିଁଲା ବାଗିର କଥାନି ଗୁଁଥା ହେଇଛେ; ସାଇକଲିଆ ବାବୁ, ପୁରନା କାଲିଆ ଲୋକ,
ଘରପୁଡି, ପଣ୍ଡିତ ଦରଜୀ ଆର ଜଙ୍ଗଲ ଜାଗା।

ସାଇକଲିଆ ବାବୁଥି ଫିଲିମ ନୁ ପ୍ରଭାବିତ ହେଇ ଗୁଟେ କମପଢା ପିଲା
ଭିରଭିରନା କପଡାଲତା ପିନ୍ଧିକରି କେନ୍ତା ନିଜକେ ହସିମଜାକର ସାମାନ ବନେଇଛେ
ସେଟା ଇଠାନେ anecdote ହିସାବେ ଦେଖିବାରକେ ମିଳସି।

ଦୁସରା କଥାନି "ପୁରନା କାଲିଆ ଲୋକ" ଥି ଅଶିକ୍ଷିତ ଆଦିବାସୀ ମାନକର
ମାନସିକ ଅନ୍ଧବିଶ୍ୱାସ ଆର ପୁରନା ଚିନ୍ତାଧାରା ଦିଶିଛେ।

ଘରପୁଡି କଥାନୀର ଲକ୍ଷ ହଉଛେ, ସମାଜଥି ଗରିବ ଅସହାୟ ଲୋକ ଉପରେ
ତାକତବର ଲୋକ କେନ୍ତା ଶୋଷଣ ଅତ୍ୟାଚାର କରିପାରସି। ଦେଖିବାରକେ ଗଲେ
କଥାନିଥି ଆଇ ନାତେନର ଘର ନି ପୁଡି ପୁଡିଛେ ନାତେନ ଫୁଲର ଦିହଁର ଘର,
ମନର ଘର, ଜୀବନର ଘର। ଫୁଲର ଦିହଁ ପୁଡେଇଛେ ସମାଜକେ ସୁରକ୍ଷା ଦଉଥିବା
ଖୋଦ ପୁଲିସ। କଥାନୀ କେତନି ହୁରୁଦକେ ହନ୍ଦଲାଲା ବାଗିର ସଂବେଦନଶୀଲ
ହେଇଛେ।

ତାଙ୍କର କଥାନୀ ସଙ୍କଲନ ବାବଦେ ମୁରଲୀ ଧର ସାହୁ ଲେଖିସନ୍ତି, "ସାନ
କଥାନୀ ଗୁଚ୍ଛାଟେ। ଜନାଶୁନା ଲେଖକ ଭବାନୀ ଶଙ୍କର ପ୍ରଧାନଙ୍କର ଲେଖନୀନୁ
ପୁରା କଥାନୀ ନୁହେଁ। ମାନ ଠାନ, ଘଟନା ଆଉର ପାତ୍ର ପୁରାପୁରି ମନଗଢା ନୁହେଁ।
ବଡଭାଗି ତାଙ୍କର ନିଜର ଜୀବନେ ଦେଖିଥିବା ଜାନିଥିବା କଥାନୁ କଥାନୀ ବୁନା
ହେଇଛେ। ସବୁ କଥାନୀ ଗୁଟେ ମୁଖିଆ ପାତ୍ର ଆଉ ଗୁଟେ ଅଧେ ଘଟନାର ଭାଉଁରେ
କିନ୍ଦୁଛେ। ଗୁଟେ typical କଥାନୀ ବାଗିର ହଟାତ ମୁଲହେଇ ହଟାତ ଖତମ। ନ

ତାର ପ୍ରଭାବ ବନେ ଜବର । ପଢ଼ିବସଲେ ନାଇଁ ସାରି ଛାଡ଼ି ନାଇଁ ହୁଏ । ମଧୁର ଝରନ ଲେଟି ଲେଖେଁ । ଏଖେ ସୁରପେ ନ ସୋର ଥିବା ଜୀବନ ଭଏର ।

ଭବାନୀ ଶଙ୍କର ପ୍ରଧାନଙ୍କର ଜନମ ୨୮/୭/୧୯୪୭ ସାଲେ ହେଇଥିଲା । ବାପା ହୃଷୀକେଶ ପଧାନ ମାଁ ମାଲାବତୀ । ସମଲପୁର ପାଖର ତକବା ଥିଲା ତାଙ୍କର ଗାଁ । ସେ ସମଲପୁର ନ କୁଟୁମ ସାଙ୍ଗେ ରହୁଥିଲେ । ବହୁତ ସିଧାସାଧା ଜୀବନ ଯାପନ । ସେ ଝନେ କବି, କଥାନିକାର ହେବାର ସାଙ୍ଗେ ସତ୍ୟନାରାୟଣ ବହିଦାର ଆର ନୃପତି ଦେହରୀଙ୍କର ସାଙ୍ଗେ ମିଶିକରି ପଶ୍ଚିମ ଓଡ଼ିଶାର ସାହିତ୍ୟକେ ଆଗକେ ନେବାର ଲାଗି କେତନି ସାଙ୍ଗଠନିକ କାମମାନେ କରିଥିଲେ । ଝନେ ପୁରଖା ସଂଗଠକ ଆର ସାହିତ୍ୟର ପୃଷ୍ଟପୋଷକ ହିସାବେ ଜନାଶୁନା । ସେ ପହେଲା କଥାନୀ ସଙ୍କଲନ ପୁରନା କାଳିଆ ଲୋକ, ଦୁଇଟା ନାଟ, ଗୀତାର ଭାବ, ଭାଗବତ, ବେଦାନ୍ତ ଦର୍ଶନ, ସମ୍ବଲପୁରି କଥାନି ୨୦୧୩ର ଲେଖକ । ସେ ୧୭/୬/୨୦୨୩କେ ଶେଷ ସାଁସ ନେଇଥିଲେ ।

ଜୟଦେବ ଡନସନାଙ୍କର ୟୁଲିସିସ୍ ଆର୍ ଶାଲିଗ୍ରାମ୍

ଅଧ୍ୟାପକ ଜୟଦେବ ଡନସନାଙ୍କର ୧୯୭୮ରେ ବାହାରିଥିବାର **"ୟୁଲିସିସ୍ ଆର୍ ଶାଲିଗ୍ରାମ୍"** କବିତା ସଙ୍କଲନକେ କୋସଲି ଭାଷାର ପହେଲା ଆଧୁନିକ କବିତା ସଙ୍କଲନ ବଲି ଧରାଜଉଛେ । ସମ୍ବଲପୁରର ଅଧ୍ୟାପକ ଜୟଦେବ ଡନସନାଙ୍କର ୨୫ଟା କବିତାକେ ସଁକଲିକରି ବନିଛେ **ୟୁଲିସିସ୍ ଆର୍ ଶାଲିଗ୍ରାମ୍** । ସଙ୍କଲନକେ ଛାପିଛନ ପଶ୍ଚିମ ଓଡ଼ିଶା ସାହିତ୍ୟ ମନ୍ଦିର ସମ୍ବଲପୁର । ସଙ୍କଲନ ମୂଲ କରବାର ଆଘୋନୁ ରିଚାର୍ଡ ହୋଗାର୍ଟଙ୍କର କିଛି ଧାଡ଼ି ଅଛେ; "What is true of individuals is also true of societies. A society without literature has that much less chance of embodying within its temper and so within its organisations something of the fullness of human experience".

ଇ ଲେଖାଟା ରିଚାର୍ଡ ହୋଗାର୍ଟଙ୍କର Speaking to Each Other About Society. ବହି ନୁ ନିଆହେଇଛେ । ଯେନଟା ବ୍ୟକ୍ତି ଲାଗି ସତ ସେଟା ସମାଜ ଲାଗି ସତ । ଗୁଟେ ସମାଜ ବିନା ସାହିତ୍ୟଥି ଭାବନାକେ ସଂଗଠିତ କରବାରକେ ଆର ସଂଗଠନ ଭିତରେ ମାନବିକ ଅନୁଭବକେ ପୁରା ହିସାବେ ପୁରା ରୂପ ଦେବାରଥି ଟିକେ କମ ସମ୍ଭାବନା ରଖସି ।

ସଙ୍କଳନର କବିତାମାନକୁ poetic dictionର ବେଭାର ହେଇଛେ; ଘର୍ଘଡି (ଘଡ୍‍ଘଡି), ଚର୍‍ଚଡି (ଚଡ୍‍ଚଡି), ଅଁଧାର (ଅନ୍ଧାର), ଆଦି ।

ଫେର କବିତାଥି refrain technique କେତନି ଠାନେ ବେଭାର ହେଇଛେ । Refrain techniqueଥି ଜାନିକରି କେନସି ଗ୍ରୁଟେ ବିଶେଷ ଭାବ, ତାଲକେ ପାଠକ ସାମ୍‍ନେ ଉଭାଗର କରବାର ଲାଗି ଲଗାତାର ଗ୍ରୁଟେ ଶଢ କି ବାକ୍ୟର ଭାଗ ବୋଲ ବୋଲ ବେଭାର କରାହେସି ।

ତାର୍ ଆଁଗୁଟ୍ ବଁକା ହେଇଥିଲା

ତାର୍ ଆଁଗୁଟ୍ ବଁକା ହେଇଥିଲା

ତାର୍ ଆଁଗୁଟ୍ ବଁକା ହେଇଥିଲା

ତାର୍ ଆଁଗୁଟ୍ ବଁକା ହେଇଥିଲା । (କବିତା – ଲୁହ)

ମୋର୍ ମାଁର୍ ଆଁଖିଥୁ ଲୁହ ଝରୁଛେ

ଝର୍ ଝର୍ ଝର୍ ଲୁହ ଝର୍ ଝରୁଛେ

ମୋର୍ ମାଁର୍ ଆଁଖିଥୁ ରକତ୍ ବୁହୁଛେ

ଧାର୍ ଧାର୍ ଧାର୍ ରକତ୍ ଧାର୍ ବୁହୁଛେ । (କବିତା – ଲୁହ)

ଇ ପଦଥି "ଆଁଖିଥୁ ଲୁହ, ରକତ୍, ଝର୍ ଝର୍, ଧାର୍ ଧାର୍ ଝରୁଛେ ବୁହୁଛେ" ଉପରେ ଯୋର ଦିଆହେଇଛେ, ଗ୍ରୁଟେ ତାଲ ବି ବନୁଛେ ।

ଇ ତୁଇ ଖାଲି ଶଢ ତୁଇ !

ଇ ମୁଁଇ ଖାଲି ଶଢ ମୁଁଇ !

ଇ ତୁଇ ଖାଲି ପୁତଲି ତୁଇ !

ଇ ମୁଁଇ ଖାଲି ପୁତଲି ମୁଁଇ ! (କବିତା – ନୂଆଁ କଲେବର)

'ଇ ତୁଇ ଖାଲି', 'ଇ ମୁଁଇ ଖାଲି', 'ଶଢ' ଆର୍ 'ପୁତଲି' ଉପରେ ଯୋର ଦିଆହେଇଛେ ।

ମାହାପୁରୁ ମୋର୍ ନୂଆଁ କଲେବର୍ କେତେ ହେଲା ନ ?

ମାହାପୁରୁ ତୋର୍ ନୂଆଁ କଲେବର୍ କେତେ ହେଲା ନ ?

ମାହାପୁରୁ ମୋର୍ ନୂଆଁ କଲେବର୍ ଆହୁରି ହେଉ ।

ମାହାପୁରୁ ତୋର୍ ନୂଆଁ କଲେବର୍ ଆହୁରି ହେଉ । (କବିତା – ନୂଆଁ କଲେବର)

ମାହାପୁରୁ ମୋର୍ ନୂଆଁ କଲେବର, ମାହାପୁରୁ ତୋର୍ ନୂଆଁ କଲେବର
ଉପରେ ଯୋର ଦିଆହେଇଛେ ।

ଓଁ ପ୍ରଜ୍ଞାନଂ ବ୍ରହ୍ମ ।

ଓଁ ଅହଂ ବ୍ରହ୍ମାସ୍ମି ।

ଓଁ ତତ୍ୱମସି

ଓଁ ଅୟମାତ୍ମା ବ୍ରହ୍ମ । (କବିତା – ସମ୍ଭାବ୍ୟ)

ଯୁଦ୍ଧଂ ଦେହି ଯୁଦ୍ଧଂ ଦେହି (କବିତା – ଲହଡା)

ସାରଥ୍ୟଂ ତୁ ତ୍ୱୟା କାର୍ଯ୍ୟମିତି ମେ ମାନସଂ ସଦା

ଚିରରାତ୍ରେପ୍ସିତଂ କାମଂ ତଦଭବାନ୍ କର୍ତ୍ତୁର୍ମ୍ହତି ।। – ମହାଭାରତ (କବିତା
– କୃପ ଉବାଚ)

ଭଗବନ ମମ ନେତ୍ରାଣାମନ୍ତର୍ଧାନ ବୃଣେ ପୁନଃ

ଭବନ୍ତଂ ଦ୍ରଷ୍ଟୁମିଚ୍ଛାମି ନାୟଂ ଦ୍ରଷ୍ଟୁ ମିହୋତ ସଦେ । – ମହାଭାରତ (କବିତା
– ସଂଜୟ ଉବାଚ)

ନେମେ ବାଣାଃ ଶିଖଣ୍ଡି ନଃ – ମହାଭାରତ, (କବିତା – ଭୀଷ୍ମ ଉବାଚ)

ଯେସନ ଅଗ୍ନି ଧୂମବଳ । କେବେହେଁ ନ ଦସଣେ ନିର୍ମଳ

ସେ ରୂପେ ବିଷୟାନ୍ଧେ ପ୍ରାଣୀ । କେବେହେଁ ଆତ୍ମାକୁ ନ ଚିହ୍ନି

କାଷ୍ଠରୁ ଧୂମ ଅଗ୍ନି ଜାତ । ସେ କାଷ୍ଠ ଦହଇ ଯେମନ୍ତ

ଅଜ୍ଞାନୁ ଜ୍ଞାନ ଜାତ ହୋଇ । ବିଷୟ ବାସନା ଦହଇ

–ଭାଗବତ(କବିତା– ପର୍ଦ୍ଧା)

ଏ ଜ୍ଞାନ ଜାଣିଲେ ପୁରୁଷ । କାଟଇ ମୋହ ଗୁଣ ପାଶ

ନିଶ୍ଚଳ ଭାବେ କରି ଧ୍ୟାନ । ଆତ୍ମାକୁ କରନ୍ତି ଦର୍ଶନ

ଅଶେଷ ବନ୍ଧନ ଫିଟଇ । ବିବେକ ଜ୍ଞାନ ପ୍ରକାଶଇ

ମାୟା ଯନ୍ତିତ ଅହଙ୍କାର । ହୃଦରୁ ହୋଏ ତାର ଦୂର – ଭାଗବତ (ୟୁଲିସିସ୍
ଆର୍ ଶାଲିଗ୍ରାମ୍)

ଅନ୍ତଃ ପୂର୍ଣୋ ବହିଃ ପୂର୍ଣଃ ପୂର୍ଣକୁମ୍ଭ ଇବାର୍ଣବେ

ଅନ୍ତଃ ଶୂନ୍ୟୋ ବହିଃ ଶୂନ୍ୟଃ ଶୂନ୍ୟକୁମ୍ଭ ଇବାମ୍ବରେ – ଉପନିଷଦ (ଶାମ୍କା)

କୋସଲି ସାହିତ୍ୟର ଇତିହାସ ॥ ୧୩୧

"ଶକୁନ୍ତଳାର୍ ଯେତେବେଲେ ଶୁଭ୍ ମନାସୁଥିଲ
କେତେ ନାଇଁ ଲୁହ ଢାଲୁଥିଲ ଗହନ୍ ବନେ" (କବିତା –ଗନ୍ଧାରା)
"ହେ ସମ୍ମାନନୀୟ ୟୁଲିସିସ !
ଇଥାକା ନୁ ତ୍ରୟ ଆର୍
ଆଉର୍ ତ୍ରୟ ନୁ ଇଥାକା"
XXX XXX XXX XXX
"ହନୁମାନ୍ କାଣ ସୀତାକେ ଠାବ୍ ନାଇଁ କରନ୍ ?
ବେଲାଲ୍ ସେନ୍ କୃଷ୍ଣ ଖୁଜି ନେଇଁ ପାଆନ୍ ?" (କବିତା – ୟୁଲିସିସ୍ ଆର୍
ଶାଲିଗ୍ରାମ୍)

(ୟୁଲିସିସ୍ ହଉଛେ ଗ୍ରୀକ ପୌରାଣିକ ଚରିତ୍ର ଆର୍ ଭିକଟୋରିଆ ଯୁଗର
ପ୍ରସିଦ୍ଧ ଇଂରାଜୀ କବି, ରାଜ କବି (Poet Laureate) ଆଲ୍ଫ୍ରଡ଼୍, ଲଡ
ଟେନିସନଙ୍କର କବିତାର ମୁଖିଆ ଚରିତ୍ର ଯାହାର ନାଁରେ କବିତା ଲେଖିଛନ) ।

"ଇ ପାହାଡ଼ର ଫେନା
ବାସୁକି ନାଗର ଫେନା" (କବିତା – ଲହଡ଼ା)

ସଂସ୍କୃତ ପଦମାନେ କବିତାର ଭାବକେ କେତନି ଗୁହେର କରିଦଉଛେ ।
ସଂସ୍କୃତ ବାହାରେ କବିତାଏ ଓଡ଼ିଆ ଭାଗବତ, ଉପନିଷଦର ପଦ, ହିନ୍ଦୁ ପୌରାଣିକ
ଚରିତ୍ର, ଗ୍ରୀକ ପୌରାଣିକ ଚରିତ୍ରମାନେ ବି ବେଭାର କରିଛନ । ଇତାକେ mythic
allusion or mythological allusion କୁହାହେସି । କହେସନ କି "Myths
are public dreams, dreams are private myths. Myth is not about
what happened in past times; myth is about what happens to
people all of the time." ମିଥ ବା ପୁରାଣକେ ବେଭାର କରବାରଟା ଆଧୁନିକ
କବିତାର ଗୁଟେ ଚରିତ୍ର ଆଏ । ମହାନ ଇଂରାଜୀ କବି ଟି.ଏସ୍. ଇଲିଅଟ ତାଙ୍କର
"ଦି ୱେଷ୍ଟଲେଣ୍ଡ" କବିତାଏ ସଂସ୍କୃତ ପଦ "ଦଉ ଦୟାଧ୍ୱମ୍ ଦମ୍ୟତଂ" ବେଭାର
କରିଛନ । କବି ଜୟଦେବ ଉନସନା ତାଙ୍କର କବିତା ମାନକୁ ମହାଭାରତ, ଉପନିଷଦ
ଆର୍ ଭାଗବତର ପଦମାନେ ବେଭାର କରି କରି ସଫଲ ଆଧୁନିକ କବିତାର ପ୍ରମାଣ
ଦେଇଛନ ।

ଇତାର ବାହାରେ କୃପ ଉବାଚ, ସଂଜୟ ଉବାଚ, ଭୀଷ୍ମ ଉବାଚ କବିତା
ପୁରାପୁରି ମହାଭାରତର ଚରିତ୍ର ଆର୍ କଥାବସ୍ତୁକେ ନେଇ ଲେଖିଛନ । ହେଲେ
କଥା ଇହାଦେର ସମିଆଁର Mythological interpretation ଆଏ ।

କବିତାଥ ଯଦି ବି ଜଜବଜ ସଂସ୍କୃତ, ଓଡ଼ିଆ, ବଂଗାଲି, ପଦ ଆଦି ବେଭାର ହେଇଛେ ତଥାପି ବି କୋସଲି କବିତା ଆଏ। ସତୁର ଦଶକ ନ ଆଧୁନିକ କବିତା ଲେଖଲା ବେଲକେ ବୁଝ୍ ହଉଛେ ଝ୍‌ନେ କେନ କିସମର ସାହାସ ଜୁଟେଇଥିବେ। ପାରଂପାରିକ ଦେଶଜ ଶବ୍ଦର ଆଲଙ୍କାରିକ ଛନ୍ଦବନ୍ଧ କବିତା ନୁ କଲମ ହଟେଇକରି ସମଲପୁରକେ ଗ୍ରୀସର ୟୁଲିସିସ୍‌କେ ଉତରାବାରଟା ନିହାତି ସାହାସର କଥା। କୋସଲି ସାହିତ୍ୟ ଲାଗି କେଡନିକେଡେ ଗର୍ବର କଥା ଗୁଟେ ନୂଆଁ ଧାର, ନୂଆଁ ଢାଁଚା, ନୂଆଁ ଦିଗ ଖୁଜେରକରି ସେ ବାଟକେ ମୁକଲାନ କରବାରଟା।

ଇ ସମିଆଁକେ ଆର ଯେନ କବି ଲେଖକ ଲେଖୁଥିଲେ ସେମାନେ ହେଲେ:

ନେତ୍ରାନନ୍ଦ ବାରିକ, ବଲାଂଗିର ଜିଲ୍ଲା ଖୁଯେନପାଲି ଠାନେ ୯/୧୧/ ୧୯୫୨ରେ ତାଙ୍କର ଜନମ ହେଇଥିଲା। ସେ ଆକାଶବାଣୀ ନୁ ମାଏନ ପାଏଲା ଗୀତିକାର। ସେ କେତେନି କେତେ ଗୀତ ଆର କୋସଲି କବିତା ଲେଖିଛନ। ୧୮ଟା ଛୋଟ ନାଟକ ଲେଖିକରି ମଞ୍ଚନ କରିଛନ। ସେ କେତନି ଅନୁଷ୍ଠାନନୁ ମାଏନ ପାଇଛନ।

ଚିନ୍ମୟ କୁମାର ପୂଜାରୀ, ରୁଗଡ଼ିପଡ଼ା ବଲାଂଗିର ନ ରହୁଥିବା ଚିନ୍ମୟ ୩୧/ ୭/୧୯୬୩ ସାଲେ ଜନମ ହେଇଥିଲେ। ବାପା ନିରଂଜନ ପୂଜାରୀ ଆର ମାଁ ବାସନ୍ତି ଦେବୀ। ସେ କୋସଲି ପତ୍ରିକା 'ଠାନରା'ର ସଂପାଦକ ଆର କଥାନୀ ସଂକଲନର ମୁଖିଆ ସଂପାଦକ। ତାଙ୍କର ସାହିତ୍ୟ ସାଧନା ଲାଗି କେତନି ଅନୁଷ୍ଠାନନୁ ମାଏନ ପାଇଛନ।

ନାରାୟଣ ଦଣ୍ଡସେନା, ବଲାଂଗିର ଜିଲ୍ଲା ଚନ୍ଦନଭାଟି ପାଖର ବଘଲା ଗାଁର ନାରାୟଣ ୧୯୫୫ରେ ଜନମ ହେଇଥିଲେ। ମାଁ କମଲା ଦଣ୍ଡସେନା, ବାପା ବୃନ୍ଦାବନ ଦଣ୍ଡସେନା। ସେ କୋସଲି ଭାଷାଥି ରାମାୟଣ, ମହାଭାରତ, ଲକ୍ଷ୍ମୀ ପୁରାଣ, ଶନିମେଲା, ସମଲେଇ ଭଜନ ଆଦି ଲେଖିଛନ। ତାଙ୍କର ଲେଖାମାନେ ଆକାଶବାଣୀ ନୁ ପ୍ରସାରିତ।

ଭୀମସେନ ସ୍ୱାଇଁ, ବଲାଂଗିର ହାଟପଦା ନ ରହୁଥିବା ଭୀମସେନ ସ୍ୱାଇଁ ୫/୪/ ୧୯୬୧ ସାଲେ ଜନମ ହେଇଥିଲେ। ତାଙ୍କର ଲେଖାମାନେ ହେଲା 'ଦେଖେନ ସୁନ୍ଦର ଫଲସା ଫୁଲ', 'ରାଏତ ଖଁଡେକର ମଡ଼ୁଆ' ଆଦି ନାଟକ ଲେଖିଛନ।

ଲକ୍ଷ୍ମୀ ପ୍ରସାଦ ବାଗ, ବଲାଂଗିର ଜିଲ୍ଲ୍ଲା ମୁରିବାହାଲ ବ୍ଲକ ହଲଦି ଠାନେ ୫/୭/ ୧୯୪୪ରେ ଜନମ ହେଇଛନ । ତାଙ୍କର ବାପା ବାଲ ମୁକୁନ୍ଦ ବାଗ । ସେ କେତନି ପତ୍ରପତ୍ରିକାଥି ଗୀତ କବିତା ସବୁ ଲେଖିଛନ ।

ଯୁଗଲ କିଶୋର ଷଡ଼ଂଗୀ, ଯୁଗଲଙ୍କର ଜନମ ୯/୧୨/୧୯୪୬ଥି ହେଇଥିଲା । ବଲାଂଗିର ଜିଲ୍ଲ୍ଲା ଟିଟିଲାଗଡ ନ ରହୁଥିବା ଯୁଗଲଙ୍କର ବାପା ହଉଛନ ଧନେଶ୍ୱର ଷଡ଼ଂଗୀ । ସେ ଓଡ଼ିଆ ଆର କୋସଲି ଦୁହି ଭାଷାଥି ଛୁଆକର ସାହିତ୍ୟ ଲେଖସନ । ଇତାର ବାହାରେ ସେ ଆକାଶବାଣୀର ମାୟନ ପାୟଲା ଗୀତିକାର । ତାଙ୍କର ସାହିତ୍ୟ ସାଧନା ଲାଗି କେତନି ଅନୁଷ୍ଠାନ ନୁ ମାୟନ ପାଇଛନ । ଶିକ୍ଷା କ୍ଷେତ୍ରଥି ବି ତାଙ୍କର ଯୋଗଦାନ ଲାଗି ମହାରାଷ୍ଟ୍ର ରୁ ଜାତୀୟ ପୁରସ୍କାର ପାଇଛନ । ତାଙ୍କର ଲେଖାମାନେ ହେଲା, 'ରସ କଦମ', 'ଭଜନ ବୁଜଲି', 'ଝୁହାର ଗୋ ମାଁ ଦୁଆରସେନୀ' ଆଦି ।

୯୦
ଅଶୀ ଦଶକର କୋସଲି ସାହିତ୍ୟ

ଅଶୀ ଦଶକ କୋସଲି ଭାଷାସାହିତ୍ୟ ଲାଗି ଘଟଣାଥି ଭରିଥିଲା । କେତନି ନୂଆଁପନ ନୂଆଁ ବିଚାର, ନୂଆ ଜିନିଷ ଘଟିଛେ କୋସଲି ଭାଷା–ସାହିତ୍ୟ ଲାଗି । ଇ ବେଲାକେ ପଶ୍ଚିମ ଓଡିଶାର ପ୍ରାୟ ସବୁଆଡେ ଜହଥୁରେ କରି କୋସଲିଥି ଲେଖାଲୁଖି ମୁଲ ହେଇଯେଇଥିଲା ନ । କୋସଲି ଭାଷାସାହିତ୍ୟ ଲାଗି ସଭାସମିତି ବି ସବୁଆଡେ ହେଇବସିଥିଲା ନ । ଭାଷା ଆଦୋଲନ ଲାଗି ଇଲାକା ଯେତକି ତଲଉପର ହେଇଛେ ସେତକି ସାହିତ୍ୟର ବଢତି ବି ହେଇଛେ । ଅଶୀ ଦଶକ କୋସଲିର ଦଶକ ।

୧ ୯୮୦ ଆଉକେ ବୌଢ ନ କୋସଲି ଭାଷାଥି ନାଟକ ଲେଖବାର ମୁଲ କରସନ ନାଟ୍ୟକାର **ହରିହର ପ୍ରଧାନ** । ସେ ୨୫ଟା ନାଟକ ଲେଖିଛନ । ତାଙ୍କର ଜନମ ୧୦/୨/୧୯୪୬ଥି କୁମରକେଲି ଗାଁ ନ ଜନମ । ତାଙ୍କର ବାପା ବସନ୍ତ କୁମାର ପ୍ରଧାନ ମାଁ ବିଜୁଲୀ ଦେବି । ସେ ବିଏ ତକ ପଢିକରି ଗାଁରେ ରହିକରି ଚାଷବାସ କରୁଛନ । ସେ ଗୁଟେ ସରଲଗେ କବି, କଥାନିକାର ଆର ନାଟକକାର । ଓଡିଆ ଆର କୋସଲି ଦୁହିଥି ଲେଖସନ । ସେ କେତନି ସାହିତ୍ୟ ସଂସ୍କୃତି ଅନୁସ୍ଥାନ ସାଁଗେ ଜୁଟିକରି ଅଛନ । ତାଙ୍କର କୋସଲି ଲେଖାମାନେ ହେଲା 'କୁହୁଟି', 'ଡଂଗର', 'ଉକିଆ', 'ଉଦଲାବେଲ', 'ପୁହୁରା', 'ଦେବତା', 'ଉଠପୁତା ଉଠ', 'ଅଖାଡୁଆ ରଜା', 'ଇଲେକସନ ଟେନସନ', 'ଅରଣ୍ୟେ ଅଜଗର', 'ଉଜଲିର କଥାନି' ଆଦି କେତେଟା ତାଙ୍କର ନାଁ'କରା ସାହିତ୍ୟ ।

ପଶ୍ଚିମ ଓଡିଶାର ଯେନ ବଢେଟେ ଅଞ୍ଚଲ ନେ ଇ ଭାଷା ଫଏଲିକରି ବେଭାର ହଉଛେ, ଯାଗା ଜାନିକରି ଭିନେ ଭିନେ ଅଞ୍ଚଲ ନ ଇତାର ଭିନେ ଭିନେ ନାଁ ଅଛେ ଯେତା ଖଡିଆଲ ଅଞ୍ଚଲ ନ 'ଖଡିଆ', କଲାହାଣ୍ଡି ଅଞ୍ଚଲ ନ 'କଲାହାଣ୍ଡିଆ', ଆର ସମଲପୁର-ବରଗଡ-ଝାରସୁଗୁଡା ଆଡେ "ସମଲପୁରି" । ହେଲେ ଇ ସବୁ ଅଞ୍ଚଲ ନ ଇହାଦେ ଇ ସବୁ ନାଁର ବଦଲା "କୋସଲି" ନାଁଟା ଯୋରସୋର ଫଏଲିବାରକେ

ଲାଗିଛେ । ଇ କୋସଲି ପଦ ଉଭରିବାର କାରଣ ବନଲେ ଖଡିଆଲର ପଣ୍ଡିତ ପ୍ରୟାଗଦତ ଯୋଷୀ ।

କୋଶଲୀ ଭାଷା-ସାହିତ୍ୟ ପରିଷଦ, ଖଡିଆଲ

୧୯୮୦ ସାଲେ ଖଡିଆଲ ଠାନେ 'କୋଶଲୀ ଭାଷା-ସାହିତ୍ୟ ପରିଷଦ' ଗଠନ ହେଇଥିଲା । ସଂଗଠନର କର୍ମକର୍ତ୍ତା ମାନେ ଥିଲେ ପ୍ରୟାଗଦଉ ଯୋଷୀ (ସଭାପତି), ମୋହିତ ମୋହନ ମହାପାତ୍ର (ଉପ ସଭାପତି), ଅଭିନ୍ନ ଚନ୍ଦ୍ର ପାଢୀ (ସଂପାଦକ), ରାମଚନ୍ଦ୍ର ମିଶ୍ର (ସହ ସଂପାଦକ), ଇରଫାନ ମହମ୍ମଦ (କୋଷାଧକ୍ଷ) ଆଦି । ସଂଗଠନର ମେରୁଖୁଟା ଥିଲେ ପଣ୍ଡିତ ଯୋଷୀ । ଯଦି କୋସଲି ଭାଷା ଲାଗି ୧୯୮୦ ସାଲେ ଆନୁଷ୍ଠାନିକ ହିସାବେ ସଂଗଠନର ଥାପନା କରିଛନ ବେଲେ ଜରୁର ବଚ୍ଛର ଦୁ ଆଘୋନୁ ସେ କୋସଲି ଭାଷା ନାଁକେ ଅପନେଇ (conceive) ସାରିଥିବେ । ସେ ଖଡିଆଲ ନୁ ବାହାରୁଥିବା "ଖଡିଆଲ କୁସୁମ" ଆର "ଜାତି ଜାତି ଫୁଲ" ପତ୍ରିକା ଲାଗି କାମ କରଲାବେଲକେ ଭାଷାସାହିତ୍ୟ ଲାଗି ରୁଚି ବଢିଥିଲା । ଆର ସେ ଭଲାନ ତାଙ୍କର ମୁଡକେ କୋସଲି ଗୁଟେ ସ୍ୱତନ୍ତ୍ର ଭାଷା ବଲି ଗବେଷଣା କରବାରକେ ତହଁକେଇଛେ ଆର ଫେର ଆନୁଷ୍ଠାନିକ ହିସାବେ ୧୯୮୦ ସାଲୁ ପରିଷଦ ଗଠନ କରିକରି କୋସଲି ଭାଷାର ପ୍ରଚାର ପ୍ରସାର କରବାରକେ ତୟ କରିଛନ । ପଣ୍ଡିତ ଯୋଷୀଙ୍କର ଗୁଟ ଫିଁଦିନ ତାଙ୍କର ପରଛି ନ (କୋଶଲ କୁଡିଆ) ନ ବସିକରି ଭାଷା ବାବଦେ ଚର୍ଚ୍ଚା କରୁଥିଲେ ।

ଇ ସମିଆଁକେ ଡ.ଦୋଲଗୋବିନ୍ଦ ବିଶୀ ପଣ୍ଡିତ ଯୋଷୀଙ୍କର ସାଂଗେ ସଂପର୍କରେ ଆସିଥିଲେ ଆର ପ୍ରାୟ ଭେଟଘାଟ ହଉଥିଲେ । ଖଡିଆଲକେ ପ୍ରାୟ ଆସୁଥିଲେ ଡ. ବିଶୀ । ଡ.ବିଶୀଙ୍କର ବାହାରେ ରାମଭକ୍ତ ଫରିକାର ବି ସେ ସମିଆଁକେ ଖଡିଆଲ ପାଖେ କୋମନା ନ ଚାକରି କରୁଥିଲା ବେଲକେ ପଣ୍ଡିତ ଯୋଷୀଙ୍କର ସାଂଗେ ସଂପର୍କରେ ଆସିଥିଲେ ।

୧୯୮୨ ରୁ ୧୯୮୪ ତକ ପଣ୍ଡିତ ଯୋଷୀଙ୍କର ପ୍ରବଂଧ "ସ୍ୱତନ୍ତ୍ର କୋଶଲୀ ଭାଷା" "ସପ୍ତର୍ଷି" (ସମ୍ବଲପୁର ୟୁନିଭର୍ସିଟିର ପତ୍ରିକା)ଥି ପ୍ରକାଶିତ ହେଇ ଅଞ୍ଚଲର ସବୁ ବୁଦ୍ଧିଜୀବି ମାନକୁ ଚହଲେଇ ଦେଇଥିଲା ।

୧୯୮୪ ସାଲେ ଡ.ଦୋଲଗୋବିନ୍ଦ ବିଶୀ କୋସଲି ଭାଷାର ବ୍ୟାକରଣ "କୋଶଲୀ ଭାଷା ସୁନ୍ଦରୀ" ଲେଖଲେ ।

୧୯୮୭ ସାଲେ କୋଶଲୀ ଭାଷା-ସାହିତ୍ୟ ପରିଷଦ ତରଫରୁ ଖଡିଆଲ ଠାନେ କୋସଲ ସମ୍ମେଲନ ଉଜ୍ଜ୍ଵ କରାହେଇଥିଲା । ସେ ଦିନ "କୋଶଲ ଭାରତୀ" ପତ୍ରିକା ମୁକଲା ହେଇଥିଲା । ସେ ସଭାକେ ସମ୍ଵଲପୁର ନୁ ଡ.ନୀଲମାଧବ ପାଣିଗ୍ରାହୀ, ମିତ୍ରଭାନୁ ଗୌନ୍ତିଆ ଆଦି ଯାଇଥିଲେ । ଭାଷାର ନାଁ'କେ ନେଇକରି ଚର୍ଚା ହେଲା ବେଲକେ ଡ. ନୀଲମାଧବ ପାଣିଗ୍ରାହୀ ବିରୋଧ କରିଥିଲେ । ସେନୁ ମୁଲ ହେଲା "କୋସଲି-ସମଲପୁରି" ଝଗଡା । ଡ. ପାଣିଗ୍ରାହୀ ପଶ୍ଚିମ ଓଡିଶାର ଭାଷାର ନାଁ ସମଲପୁରି ବଲି ଯୁକ୍ତି କରି କରି "ନିସାନ" ପତ୍ରିକାର ୪ ନମର ସଂଖ୍ୟାକେ "ପଶ୍ଚିମ ଓଡିଶାର ଭାଷାର ନାଆଁ ସମଲପୁରି" ବଲି ନାଁ ଦେଲେ ଆର ସେଠି ପଣ୍ଡିତ ଯୋଷୀଙ୍କର ପ୍ରବଂଧକେ କାଟବାର ଲାଗି ଯେନ ପ୍ରବଂଧ ଲେଖଲେ ତାର ନାଁ ଦେଲେ "ସମଲେଶରୀ ବନାମ୍ କୋଶଲେଶରୀ" ।

କୋସଲି-ସମଲପୁରି ଝଗଡା ତେତକର ବନେ ତେଜଲା । ଶେଷକେ ଡ. ପାଣିଗ୍ରାହୀ ଇ ଝଗଡାର ଫଏସଲା କରବାର ଲାଗି ସମଲପୁରେ ଗୁଟେ ସଭା ଡାକିଥିଲେ ୨, ୩ ଜାନୁଆରୀ ୧୯୯୧ ଥି । ଆର ସେନ ପଶ୍ଚିମ ଓଡିଶାର ଭାଷାର ନାଁ କୋସଲି ବଲି ସବେ ମାନିନେଇଥିଲେ । ୧୯୯୨ ସାଲେ କବି ସତ୍ୟନାରାୟଣ ବହିଦାରଙ୍କର ଜୟନ୍ତୀ ଉଧେଁ ୧ ଅଗଷ୍ଟଥି ଡ. ନୀଲମାଧବ ପାଣିଗ୍ରାହୀଙ୍କର ସଂପାଦନାଥି କୋଶଲ ଭାରତୀ ପ୍ରତିଷ୍ଠାନ ଗୁଟେ ଜାତୀୟତାବାଦୀ ବହି "ହାମେ କୋଶଲୀ ହାମର ଭାଷା କୋଶଲୀ" ବାହାର କରିଥିଲା । ସେଠି କୋସଲବାଦୀ ବିଚାରକ ପ୍ରେମରାମ ଦୁବେ, କୋସଲିବାଦୀ ପ୍ରୟାଗଦତ୍ତ ଯୋଷୀ, ଦୀପକ ପଣ୍ଡା, ଚିତ୍ରସେନ ପଶାୟତ, ବିଜୟ କୁମାର ତ୍ରିପାଠି ଆଦି ସମକିରର ଲେଖାମାନେ ବାହାରିଥିଲା । ବହିଥି ସତ୍ୟନାରାୟଣ ବହିଦାରଙ୍କୁ କବିବର ବଲି ମାଏନ କରି ଶ୍ରଦ୍ଧାଂଜଲି ଦେଇଛନ ପ୍ରକାଶକ ନୀଲମାଧବ ପାଣିଗ୍ରାହୀ । ସେ ବହିଥି କୋସଲି ଭାଷାକେ ସମ୍ଵିଧାନର ଅଷ୍ଟମ ସୁଚୀ ନ ସାମିଲ କରବାର ଲାଗି ସେମାନେ ଦେଇଥିବା ସ୍ମାରକ ପତ୍ର (memorandum) ବି ଛପା ହେଇଛେ । ୧୯୯୧ର କୋଶଲ ସମ୍ମେଲନ ନ ତୟ ହେଇଥିଲା ପଶ୍ଚିମ ଓଡିଶାର ଭାଷା କୋସଲି ବଲି ଆର ସେ ହିସାବେ କୋସଲ କୋସଲି ଜାତୀୟତାବାଦୀ ବିଚାର ଫଏଲାବାର ଲାଗି "ହାମେ କୋଶଲୀ ହାମର ଭାଷା କୋଶଲୀ" ବହି ଛପାହେଇଥିଲା । ବହିର ଲେଖାମାନକର ବିଷୟବସ୍ତୁ ବି ବହିର ନାଁ ହିସାବେ ହେଇଛେ ।

ପଶ୍ଚିମ ଓଡିଶାର ଭାଷାର ନାଁ ସରକାରି କାଗଜ ପତରଥି ଦେଖମାଁ ବଏଲେ ଭାରତ ସରକାର ଚଲେଉଥିବାର ରେଜିସ୍ଟାର ଅଫ ନ୍ୟୁଜ ପେପର୍ସ ଫର ଇଣ୍ଡିଆ (Reg-

istrar of Newspapers For India) ଇହାଦେ ପ୍ରେସ ରେଜିଷ୍ଟ୍ରାର ଜେନେରାଲ
ଅଫ ଇଣ୍ଡିଆ (Press Registrar General of India) ଏଭେ ଏଭେ ପୁରାପୁରି
ଭାବେ "କୋଶଲୀ" ବଲିକରି ତାର ଭାଷା ତାଲିକାଥି ଦେଖାସି ଯେନଟାକି ଆଗେ
"ଓରି-କୋଶଲୀ" ବଲି ଆସୁଥିଲା । Census ବା ଜନସୁମାରିର ତାଲିକାଥି
"ସମ୍ବଲପୁରୀ" ବଲି ଲେଖା ହେଇଛେ । ୨୦୦୩ଥି ବନିଥିବା ସୀତାକାନ୍ତ ମହାପାତ୍ର
କମିଟି ୨୦୦୪ରେ କେନ୍ଦ୍ର ସରକାରକେ ଯେନ ୩୮ଟା ଭାଷାର ତାଲିକା ସହେତେ
ରିପୋଟ ଦେଇଛନ ସେଥି "ସମ୍ବଲପୁରୀ/କୋସଲି" ଲେଖା ହେଇଛେ ।

ହକୁଆ ପତ୍ରିକା, ବଲାଂଗିର

ଇ ସମିଆଁକେ ୧୯୮୧ ଜାନୁଆରୀରେ ବଲାଂଗିର ନୁ ଭି କେତନି ସମାନ
ମନୋଭାବର ଲୋକ ମିସଲେ "କୋସଲି" ପଦକେ ସମର୍ଥନ କରବାର ଲାଗି ।
ବଲାଂଗିର ଭାର୍ଗବୀ ପ୍ରେସ ନୁ କୋଶଲୀ ଏକାଡେମୀ ତରଫରୁ କୋସଲି ଭାଷାର
ପହେଲା ପତ୍ରିକା 'ହକୁଆ' ବାହାରିଲା । ହକୁଆର ପ୍ରତିଷ୍ଠାତା ସଂପାଦକ ଥିଲେ ବିନୟ
କୁମାର ଦାଶ । ହକୁଆ ପତ୍ରିକାର ମାଲିକ ଥିଲେ ରାମଭକ୍ତ ଫରିକାର । ହକୁଆ ପତ୍ରିକା
ସେ ସମିଆଁକେ କୋସଲି ଉଲଗୁଲାନକେ ଫଏଲାବାର ଲାଗି ବହରା ହଉଥିଲା ।
ହକୁଆ ସେ ସମିଆଁର ସାହିତ୍ୟ, କଲା ଆର ନୂଆଁ ବିଚାର ଲାଗି ମଟାନ ବନିଥିଲା ।
କୋସଲି ଭାଷା ଉଲଗୁଲାନର ମୂଲ ଚିନ୍ତାଧାରାକେ ଫଏଲାବାରକେ ହକୁଆର ଜନମ ।
ନୂଆଁ କବି, ଲେଖକ, ଚିନ୍ତାନାୟକ ମାନକର ବିଚାରକେ ସାଧାରଣ ଲୋକର ନିକେ
ପହଁଚାବାର କାମ କରିଥିଲା ହକୁଆ । ଇତାର ବାହାରେ ଗୁଟେ ସମାନ ବିଚାରଧାରାର
ଲୋକମାନକର ଗୁଟ ବନାବାରଥି ସହଯୋଗ କରିଥିଲା । ହକୁଆର କାମ ଥିଲା ସେ
ସମିଆଁକେ ଚାଲିଥିବା ମୁଖିଆଧାରାର ଓଡିଆ ସାହିତ୍ୟକେ ଚୁନୋତି ଦେଇଥିଲା ।

ହକୁଆ ପତ୍ରିକା ପହେଲା ସାହିତ୍ୟ ପତ୍ରିକା ଥିଲା ପଛେକା ଖବର ବି ଛାପୁଥିଲା ।
ପତ୍ରିକାଥି ଭିନେ ଭିନେ ସମିଆଁକେ ଶଶୀଭୂଷଣ ପୁରୋହିତ, ସୁରୁବାବୁ ବସ୍ତିଆ, ଜୟକୃଷ୍ଣ
ଫରିକାର, ଆନନ୍ଦ ଚନ୍ଦ୍ର ସାହୁ, ରାଧାଦେବୀ ଅଗ୍ରୱାଲ, ମଲୟ ମିଶ୍ର, ଅରବିନ୍ଦ ବାଗ,
ଚର୍ତୁଭୁଜ ସାଆନ୍ତ, ହିମାଂଶୁ ଶେଖର ପାଢୀ, ଶିବନାରାୟଣ ଷଡଂଗୀ ଆଦି ଯୁଡିଥିଲେ
ଆର କୋସଲି ଭାଷା ସାହିତ୍ୟକେ ଆଗକେ ନେଇଥିଲେ । ୨୬ଟା ସଂଖ୍ୟା ବାହାରିଥିଲା
ହକୁଆ ।

୧୯୮୧ ସାଲେ ଫେର ଡ.ଦୋଲଗୋବିନ୍ଦ ବିଶୀ ତିନ ମାସିଆ କୋସଲି
ପତ୍ରିକା "କୋଶଲ ଶ୍ରୀ" ବାହାରକଲେ ।

ପ୍ରୟାଗଦଭ ଯୋଷୀ

ପଶ୍ଚିମ ଓଡିଶାରେ ଯେନ କେତେ ୫ନ ଯୁଗପୁରୁଷ ଜନମ ହେଇଛନ ସେ ଭିତରୁ ପ୍ରୟାଗଦଭ ଯୋଷୀ ୫ନେ । ସେ ଏଖେ ଥରେକେ ଗବେଷକ, ଭାଷାବିତ, ଆୟୁର୍ବେଦ ଶାସ୍ତ୍ରୀ, ବଇଦ ଆର ସମାଜସେବୀ ଥିଲେ । ହେଲେ ଲୋକ ତାହାଙ୍କୁ ଜହକରି କୋସଲି ଭାଷାର ଆଦି ଉଲଗୁଲାନକାରୀ ବଲି ଜାନସନ । ପଶ୍ଚିମ ଓଡିଶାର ଭାଷାର ନାଁ କୋସଲି ବଲିକରି ପହେଲାକରି କହିଥିଲେ । ସେ ଭାଷାର ସାମ୍ବିଧାନିକ ସ୍ୱୀକୃତି ଲାଗି ସଂଗ୍ରାମ କରବାର ସାଂଗେ କୋସଲି ଗୁଟେ ସ୍ୱତନ୍ତ ଭାଷା ବଲି ପ୍ରମାଣ କରିଥିଲେ । ପଣ୍ଡିତ ଯୋଷୀଙ୍କର ଜନମ ୧୯୧୩ ମସିହା ଫେବ୍ରୁଆରୀ ୨୫ ତାରିଖ ଖଡିଆଲର ଚନ୍ଦ୍ରଶେଖର ପାଟଯୋଷୀ ଆର ମାଁ ବୃନ୍ଦାବତୀ ଦେବୀଙ୍କର ଗରଭୁ ହେଇଥିଲା । ଚନ୍ଦ୍ରଶେଖର ପାଟଯୋଷୀ ଥିଲେ ଖଡିଆଲର ରାଜପୁରୋହିତ । ପ୍ରୟାଗଦଭ ତିନ ଭାଏ ଭିତରେ ସମକିରର ନୁ ସାନ । ପହେଲା ପାଁଚ ବଛର ଘରେ ତାହାଙ୍କୁ ତାଙ୍କର ବାପା ପାଠ ପଢଉଥିଲେ, ତାର ଉତାରୁ ସେ ଖଡିଆଲ ମିଡିଲ ଭର୍ଣ୍ଣାକୁଲାର ସ୍କୁଲ ନ ଆଠ ଶ୍ରେଣୀ ତକ ପଢିଥିଲେ । ସେନୁ ଆଗକେ ପଢବାର ଲାଗି ରାଏପୁର ଗଲେ । ୧୯୩୨ ସାଲେ ମେଟ୍ରିକ ପରୀକ୍ଷା ପାଶକରି ଖଡିଆଲ ଭର୍ଣ୍ଣାକୁଲାର ସ୍କୁଲ ନ ମାଷ୍ଟର ହିସାବେ ଯୋଗଦେଇଥିଲେ । ତାଙ୍କର ପଢବାରଥି ବଡା ମନ ଥିଲା । ଘରୋଇ ହିସାବେ ସଂସ୍କୃତ ଶିଖିକରି ଆୟୁର୍ବେଦ ପଢଲେ । ୧୯୩୪ ରୁ ୧୯୩୮ ମସିହା ତକ କାଶୀ ନ କବିରାଜ ଧରମଦାସ ଚରକାର୍ଯ୍ୟ ନ ଆୟୁର୍ବେଦ ପଢଲେ ଆର ଶିଖଲେ । ଅଖିଲ ଭାରତୀୟ ଆୟୁର୍ବେଦ ବିଦ୍ୟାପୀଠ ପୁନା ଉଜୁକ କଲା ବନାରସ କେନ୍ଦ୍ରରେ ପରୀକ୍ଷା ଦେଇକରି ସେ ସର୍ବଭାରତୀୟ ସ୍ତରରେ ପହେଲା ଠାନ ଆବରିକରି ସୁନା ପଦକ ପାଇଥିଲେ । ସେ କାଶୀ ନ ଥିଲା ବେଲକେ ୪ ଖଁଡ ସଂସ୍କୃତ ଆର ଆୟୁର୍ବେଦ ଗ୍ରନ୍ଥର ଟୀକା ଲେଖିଥିଲେ । ସେ ଗ୍ରନ୍ଥମାନେ ହେଲା ନାଡି ବିଗ୍ୟାନ, ରାସେନ୍ଦ୍ର ସାର, ସାଂଗଧର ସଂହିତା, ଆର ବୈଦିକ ପରିଭାଷା ପ୍ରଦୀପ । ଈ କୃତି ମାନକର ଲାଗି ପଣ୍ଡିତ ଯୋଷୀ ଜାତୀୟ ସ୍ତରରେ ନାଁ କରି ପାରିଥିଲେ । ବନାରସ ନୁ ଫିରିକରି ଖଡିଆଲ ନ କବିରାଜି ମୁଲ କରିଥିଲେ । ଲୋକର କହେବାର ଅନସାରେ ରାଜା ଅନୁପ ସିଂ ଦେବଙ୍କର ରାନୀ ସୌଭାଗ୍ୟ ମଂଜରୀ ଦେବୀ ବେମାର ପଡିଥିଲେ । ଆର ସେ ଜୀବନ ମରନ ସାଂଗେ ଜୁଝୁଥିଲା ବେଲକେ କବିରାଜ ଯୋଷୀ ତାହାଙ୍କୁ ଠିକ କରିଦେଇଥିଲେ । ସେଥିର ଲାଗି ରାନୀ ବଡା ଉସ୍ତତ ହେଇକରି ତାହାକୁ ମୁକ୍ତପୁର ନ ଜମି ଜାଁଟିଥିଲେ । ହେଲେ ପଣ୍ଡିତ ଯୋଷୀ ସେ ଜମି ନି ନେଲେ । ୧୯୩

ସାଲେ ପଢ଼ାପଢ଼ି ସାରଲା ଉତାରୁ ସେ କଂଗ୍ରେସ ପାର୍ଟିଅ ମେଶିଥିଲେ ଆର ୧୯୫୦ ତକ ପ୍ରଦେଶ କମିଟିର ସଭ୍ୟ ଥିଲେ। ସେ ୧୯୫୦ ସାଲେ ଖଡ଼ିଆଲର ପହେଲା ସରପଁଚ ବନିଥିଲେ। ସେ ଖଡ଼ିଆଲ ୟୁନିଅନ ବୋଡର ବି ଭାଇସ ଟେୟାରମେନ ଥିଲେ। ସେ ଗାନ୍ଧୀବାଦୀ ଥିଲେ ଆର ହମିଶା ଗାନ୍ଧୀ ଟୁପି ଆର ଖଦଡ ପିନ୍ଧୁଥିଲେ। ସେ ଖଡ଼ିଆଲ ଆଞ୍ଚଳିକ ପରିଷଦ ଗଠନ କରି ଗୁର୍ଦୁ ଦିନ ତକ ତାର ସଭାପତି ଥିଲେ। ସେ ସମିଆଁର ଖଡ଼ିଆଲର ମାହୋଲ ଏଡ଼ା ଥିଲା ଯେ ସେ ଛ ପଢ଼ଲା ବେଲୁ ନାଟେ ବାହାରିଥିଲେ ଆର ପଚ୍ଛେକା ସେ ଗୁଟେ ପ୍ରଖ୍ୟାତ ଅଭିନେତା, ନିର୍ଦ୍ଦେଶକ ଆର ନାଟ ଲେଖକ ବନିଥିଲେ। କୋସଲି ଭାଷାଥି 'କପଟ ବିହା' ବଲି ଗୁଟେ ନାଟ ବି ଲେଖିଥିଲେ। ସେ କେତେଟା କବିତା ବି ଲେଖିଥିଲେ ହେଲେ ମୁଖିଆକରି ସେ ପ୍ରାବନ୍ଧିକ ଆର ଗବେଷକ ଆନ। ଯଦିବି ସେ କେତନି ଦିନୁ କୋସଲି ଭାଷାଥି ଲେଖାପଡ଼ା କରୁଥିଲେ ବି ସ୍ୱତନ୍ତ୍ର କୋସଲି ଭାଷାର ମାନ୍ୟତା, ଗବେଷଣା, ଆର ସବୁଠାନେ ଭାଷାକେ ଚଲାବାର ଲାଗି ୧୯୮୦ ମସିହା ନ ନିଜର ଘରକେ 'କୋଶଲ ଭାରତୀ କୁରିଆ' ବନେଇଥିଲେ। ତାର ଉତାରୁ 'କୋଶଲୀ ଭାଷା ସାହିତ୍ୟ ପରିଷଦ' ଗଠନ କରିଥିଲେ ଆର ଉଲଗୁଲାନର ନାରା ଦେଇଥିଲେ 'କୁଟେକ ଲୋକର ଗୁଟେକ ଭାଷା କୋସଲି ଆମର ମାତୃଭାଷା'। ଦିନେ କିଏ ଛେନେ ତାହାକୁ ପଚରେଇଥିଲେ, "ଆପଣଙ୍କ ଅଞ୍ଚଳର କେତେକ ଲୋକ କହନ୍ତି ଆମ କୋସଲି ଭାଷାରେ ଆନ୍ତରିକ କଥା ହୃଦୟର ଗଭୀର କଥା କହି ହୁଏ ନି। ସେ ତାର ଉତ୍ତରରେ କହେଲେ, କାହାକେ ଇନେ ଠେଁଗା ଗୁଟେ ପଚ୍ଛବାଟେ ମାରଲେ ବୁଆ ବଲି ବାହାରବା, ବାପା ବଲି ନି ବାହାରେ। ସେତକିବେଲେ ଜନାପଡ଼ିଜିବା ସେ କେନ ଭାଷାର ଲୋକ ଆଏ।" ଛେନେକେ ଛୋଟ ଦେଖାବାର ଲାଗି କେତନି କଥା ବାହାରସି। ୧୯୮୬ରେ ଓଡ଼ିଶା ଲେଖକ ସାମ୍ମୁଖ୍ୟ ଉଜୁକ କଲା ଗୁଟେ ସେମିନାରକେ ପ୍ରବନ୍ଧ ପଢ଼ବାର ଲାଗି ଯାଇଥିଲେ। ହେଲେ ପଣ୍ଡିତ ଯୋଷୀ ଯେଡ଼ା ଭୁବନେଶର ପହଁଚିଲେ ଜାନବାରକେ ପାଏଲେ ଯେ ସେଦିନ ସେ ସେମିନାର ଆର ନି ହୁଏ ନ ବଲି। ତେହରୁ ସାମ୍ମୁଖ୍ୟର ସଭାପତି ସାତକୋଡ଼ି ହୋତା ତାହାଙ୍କୁ ନେଇକରି ରବୀନ୍ଦ୍ର ମଣ୍ଡପର ଗୁଟେ ଛୋଟ ବଖରା ନ ୪/୫ ଲୋକ ଥାଇକରି ସେ ପ୍ରବନ୍ଧ ପଢ଼ବାର ବେବସ୍ଥା କଲେ। ଠିକ ପେପର ପଢ଼ୁଥାନ, ଆର ଡ.ହରେକୃଷ୍ଣ ମହତାବ ତାହାକୁ ଅଲଗବାଦୀ କହିକରି ଉଠିକରି ପଲେଇଗଲେ। ଯେତେବେଲେ ୧୯୮୬ରେ ଭୁବନେଶର ନ ପଣ୍ଡିତ ଯୋଷୀଙ୍କୁ ଅଲଗବାଦୀ କୁହାହେଲା ସେ ମନଦୁଖ କରିକରି ଘରକେ ଫିରିଆସଲେ।

ଆର ସାରା ପଶ୍ଚିମ ଓଡ଼ିଶାର ଯେନ ବଡ଼େଟେ ଅଞ୍ଚଲନେ ଇ ଭାଷା ଫଏଲିକରି ବେଭାର ହଉଛେ, ଜାଗା ଜାନିକରି ଭିନେ ଭିନେ ଅଞ୍ଚଲ ନ ଇତାର ଭିନେ ଭିନେ ନାଁ ଅଛେ ଯେନ୍ତା ଖଡ଼ିଆଲ ଅଞ୍ଚଲ ନ 'ଖଡ଼ିଆ', କଲାହାଣ୍ଡି ଅଞ୍ଚଲ ନ 'କଲାହାଣ୍ଡିଆ', ଆର ସମଲପୁର-ବରଗଡ଼-ଝାରସୁଗୁଡ଼ା ଆଡ଼େ "ସମଲପୁରି" । ହେଲେ ଇସବୁ ଅଞ୍ଚଲକେ ଏକଜୁଟ କରବାର ଲାଗି ଅଁଚଲର ଭାଷାର ନାଁକେ "କୋସଲି" ବଏଲେ । କୋସଲି ଗୁଟେ ସ୍ୱତନ୍ତ ଭାଷା ଆର ପଶ୍ଚିମ ଓଡ଼ିଶାର ଭାଷାର ନାଁ କୋସଲି ଇ ଦୁଇଟା ଯୁକ୍ତିର ପ୍ରମାଣ ଦେଖେଇକରି ସେ ୧୯୮୧ ସାଲୁ ସପ୍ତର୍ଷି, ହୀରାଖଣ୍ଡ, ଗିରିଝର, ଅଗ୍ନିଶିଖା, ଦୈନିକ କୋଶଲ, ଡିବଡିବି ଆଦି ପତ୍ରପତ୍ରିକାଥି ଲେଖାମାନେ ବାହାର କରିଥିଲେ ।

ପଣ୍ଡିତ ଯୋଷୀଙ୍କର ବହୁମୁଖୀ ପ୍ରତିଭା ଲାଗି କେତନି ଅନୁଷ୍ଠାନନୁ ମାଆନ ପାଇଛନ । କିଛି ମୁଖିଆ ହେଲା କୋଶଲଶ୍ରୀ ଆର କୋସଲ ସାହିତ୍ୟ ରତ୍ନ ଉପାଧି । ସେ ମହାନ ଆତ୍ମାଙ୍କର ଜୀବନ ବଏଠା ୧୯/୧୦/୧୯୯୬ ସାଲେ ଲିଭିଯେଇଥିଲା ।

ନୀଲମାଧବ ପାଣିଗ୍ରାହୀ

ସେ କୋସଲି ଭାଷାକେ ସମ୍ବିଧାନର ଅଷ୍ଟମ ଅନୁଚ୍ଛେଦନେ ସାମିଲ କରବାର ଲାଗି ଭୁକ ହଡ଼ତାଲଥି ବସିଥିଲେ । କୋସଲି ଭାଷାକେ ଓଡ଼ିଶା ସରକାର ଆର ଓଡ଼ିଆ ସାହିତ୍ୟ ଏକାଡେମୀର ଖୁଡ଼ପୁଡ଼ ବାଗିର ବେଭାର ଦେଖିକରି ଉଡ଼ିଆରେ ଲେଖବାର, ସାକ୍ଷାତକାର ଦେବାର ବି ଛାଡ଼ିଦେଲେ । ସେ ସାରଲା ସମ୍ମାନକେ ବି ମନା କରିଦେଇଥିଲେ । ପଛେ କିଏ ନଚନିଆ କି ମୁହୁରିଆ ଅଛେ ପରବାୟ ନି କରି, ଇ ମାଟିର ଝୁମରା ଭାଙ୍ଗବାର କାଯେ ସେ ନିଜର ପେନସନ ଆର ବୁଢ଼ା ବେଲର ଆରାମ ଛାଡ଼ି କରି 'ନିସାନ' ପିଟିଛନ । ସେ ଉଁଚ୍ୟା ଭାଷା ନୁ କୋସଲି ଭାଷାକେ ଅନୁବାଦ କରୁଥିବା ସାହିତ୍ୟ ଲାଗି ସମ୍ବଲପୁର ଯୁନିଭର୍ସିଟି ନୁ ତାଙ୍କର ନାଁଥି ୧୦ ହଜାର ଟଙ୍କାର ଗୁଟେ ସମ୍ମାନ ବି ମୁଲ କରେଇଛନ ।

ନୀଲମାଧବଙ୍କର ଜନମ ୧୪/୧୧/୧୯୧୯ ସାଲେ ସମଲପୁର ପାଖର ଗୁଲୁଣ୍ଡା ନ ହେଇଥିଲା । ଶ୍ରୀ ପାଣିଗ୍ରାହୀଙ୍କୁ ଲୋକ ଜହ ଜାନସନ 'କୋସଲି ମାହାଭାରତ'ର ରଚୟତା ବଲି ଆର ଶ୍ରଦ୍ଧାରେ ଡାକସନ 'କୋସଲି ବ୍ୟାସ' ବଲି । ଓଡ଼ିଶା ସରକାରର ଏକସାଇଜ ବିଭାଗନେ ୩୭ ବଛର ତକ କାମ କଲେ ହେଲେ ସଂଗୀତ ପ୍ରତି ତାଙ୍କର ଗୁହେର ଶ୍ରଦ୍ଧା ତାହାକୁ ଭାରତୀୟ ସଂଗୀତର ଗୁଟେ ମାହାରଥି

ବନେଇଦେଲା । ସେ ଭାରତୀୟ ସଂଗୀତ ଉପରେ ଗୁରୁଦୁଟେ ଲେଖାଲେଖି କରିଛନା । ସେ ଭିତୁ ଗୁଡ଼ାଏ ନାଁ ନେବାର ଲାଏକର ବହି ହଉଛେ: ଭାରତୀୟ ସଂଗୀତ (୧୯୭୦, ଓଡ଼ିଶା ସାହିତ୍ୟ ଏକାଡେମି ପୁରସ୍କୃତ), ସଂଗୀତ ସମ୍ମାର୍ଜନୀ, ଶ୍ରୀ ଜୟଦେବ ଓ ଗୀତଗୋବିନ୍ଦ, ଗୀତଗୋବିନ୍ଦର ସାଂଗୀତିକ ଦିଗଦର୍ଶନ ଆଦୀ । ସେ ଇତାର ସାଙ୍ଗେ ତାଳପତର ପାଣ୍ଡୁଲିପିମାନେ ବି ସଂପାଦନା କରିଛନ । ସେ ଭିତୁ କେତେଟା ହଉଛେ ଗୀତପ୍ରକାଶ, ସଂଗୀତ କଲ୍ଲୋଲଟିକା, ସଂଗୀତାର୍ଣ୍ଣବ ଚନ୍ଦ୍ରିକା, ସଂଗୀତ କୌମୁଦୀ, ଅଭିନୟ ଦର୍ପଣ ପ୍ରକାଶ ଆଦି ।

ଶ୍ରୀ ପାଣିଗ୍ରାହିଙ୍କର ସଂଗୀତ ସାଧନା ତାହାକୁ କେତନି ଉଁଚା ପଦପଦବି ଦେଇଥିଲା । ଓଡ଼ିଶା ସଂଗୀତ ନାଟକ ଏକାଡେମୀର ପତ୍ରିକା 'ରଙ୍ଗଭୂମି'ର ସହ-ସଂପାଦକ, ବେଦ ବିଗ୍ୟାନ ପୀଠ, ଦିଲ୍ଲୀର ଗାନ୍ଧର୍ବ ବେଦ ବିଭାଗର ଡିନ, ଓଡ଼ିଶୀ ରିସର୍ଚ ସେନ୍ଟରର ଚେୟାରମେନ, ଅଡିସନ କମିଟି ଆକାଶବାଣୀ ସମ୍ବଲପୁରର ସଭ୍ୟ ଆଦି କେତେଟାକର ନାଁ ଧରାଯେଇପାରେ ।

ଖାଲି ପଦପଦବୀ ନାଇଁ ମିଲି ସାଙ୍ଗେ ଗୁରୁଦୁ ସମ୍ମାନ ବି ମିଲିଛେ । ଓଡ଼ିଶା ସଂଗୀତ ନାଟକ ଏକାଡେମୀନୁ ମିଲିଛେ କବି ସମ୍ରାଟ ଉପେନ୍ଦ୍ର ଭଞ୍ଜ ସମ୍ମାନ, ସମ୍ବଲପୁର ୟୁନିଭର୍ସିଟି ମାଏନ କରିଛେ ତାଙ୍କର କୋସଲି ଭାଷା ଆର ଲେଖା ଲାଗି ଡି.ଲିଟ ଦେଇକରି । ଶ୍ରୀ ପାଣିଗ୍ରାହିଙ୍କର ଖାଲି ସଂଗୀତନେ ମାହାରଥ ନେଇଁନ ସେ କୋସଲି ଭାଷାରେ ବି ସେତକି ଦଖଲ ରଖିଛନ ବରଂ ତାର ନୁ ଜହ ସେ ହେବା କମ ନେଇଁ । ତାଙ୍କର କୋସଲି ମାହାଭାରତ ହିଁ ତାକର କଲମର ଯୋର ବାବଦେ କହିପାରବା । ମାହାଭାରତ ଉପରେ ମଂଗଲୁ ଚରଣ ବିଶ୍ୱାଲ ଲେଖିସନ: "ନୀଲମାଧବ ବାବୁର ଫିଁ ଧାଡ଼ି ପଢ଼ଲେ ରକତ ଭିତୁ କାଣାଟେ ରଂଗୁଛେ ଲେଁଖେ ଲାଗସି । ମୁଇଁ ମୁରୁଖ ଇତାକେ ଦରହଟେ ବଲି ଭାବୁଥିଲିଁ । ଭିତରେ ବୁଡ଼ି ଦେଖଲା ବେଲକେ ଦରିଆଟେ ଆୟ । ଇତାର ଥଲକୁଲ ପାନ ନାଇଁ ହୁଏ ।

ଇ ମାହାଭାରତର ଭାଷା ତ free verse (ମୁକ୍ତ ଛନ୍ଦ)ଥି ଲେଖା । ଉପଧା ମିଲନ ଇତାର ସୁଆଦକେ 'ମୁଗଦାଲି ଘି ପରଝ!' ବାଗିର ବଢ଼େଇ ଦେଇଛେ । ଗୁନୀ ଲୋକଟେ ଆନ ନୀଲମାଧବ ବାବୁ । ନାଇଁ ହେଲେ କାଁୟେ କହେତେ:

ଗୁନ ଥିସି ଦିହେଁ ଜା'ର,
ଦିନେ ନାଇଁ ଦିନେ ଆସିସ ପାୟସି

ନିରନିହା ବିଧାତାର (ପୃ, ୫୯)

ଶଘର ନିଖୁନ ବେଭାର ଭାଷାକେ ଖର କରିଛେ । ବୁଝବାର ଲୋକ ବୁଝବା ।

ଜଦି କହିଥିବେ ରାତିର ପହେଲା ପହରେ ଫିରବେ ବଲି

ଅଧରାୟତ ଡେଗି ପହ ପହ ଜାୟ ଟଲି, (ପୃ, ୯୩)

'ଡେଗି' ଆର 'ଟଲି'ର ଚାଲ (movement) ଭିତରକେ ପଶଲେ ଜାଇ ବୁଝିହେବା ।

ହରେକ କିସମର ବିରୋଧ ଭିତରେ ଏକଜୁଟ ହେଇ କାମ କରବାର ଗୁଟେ ବଡେ ନାଇଁ ବଡେ ଡାକରାଟେ ଦେଇଛନ ମାହାନ କବି ନୀଳମାଧବ ପାଣିଗ୍ରାହି ଦୃପଦର କଥାଟି ।

ମୟତିର ଆରୁ ପିରତିର ମିସା

ପାଟ-ମଠା-ବଟା ରସି

ବଁଧନ ଭିତେ୍ର ଛାଁଦି ବାଁଧି ହେଇ

ରହିଥିମା କାଁଦି ହଁସି (ପୃ, ୨୨୬)

ଶ୍ରୀ ପାଣିଗ୍ରାହିଙ୍କର କୋସଲି ଲେଖାମାନେ ହେଲା: ସମଲପୁରର କଥା (ଐତିହାସିକ କାବ୍ୟ), ମହରା ଆର ମହୁ (ଗଦ୍ୟ ସମାଲୋଚନା), କୋସଲିକା ପଦ୍ୟସଞ୍ଚୟନ, ପାଣିଗ୍ରାହୀ ପଦ୍ୟାବଲୀ, କୀଚକ ବିନାଶ ଆର କୌରବ ଦଲନ (କାବ୍ୟ), ମାହାଭାରତ କଥା (ଭାଗ ୧-୬), ମହାପ୍ରସ୍ଥାନିକ ପର୍ବ, ସମଲପୁରି ବ୍ୟାକରଣ (ପ୍ରଫୁଲ୍ଲ ତ୍ରିପାଠିଙ୍କର ସାଂଗେ ମିଶିକରି) ଆଦି ।

ସେ ତାଙ୍କର ଶେଷ ସାଁସ ୨୮ /୧୧.୨୦୧୨କେ ନିଜର ଗାଁ ଗୁଲୁଣ୍ଡା ନ ଛାଡିଥିଲେ ।

ଦୋଲଗୋବିନ୍ଦ ବିଶୀ

ବଲାଁଗିର ଜିଲ୍ଲା ଟିଟିଲାଗଡ ନ ରହୁଥିବା ଦୋଲଗୋବିନ୍ଦ ବିଶୀ ୧୮/୨/ ୧୯୬୦ଥି ଜନମ ହେଇଥିଲେ । ସେ ଓଡିଆ ଆର କୋସଲିଥି ଲେଖସନ । ଡ. ବିଶୀଙ୍କୁ କୋସଲି ଭାଷା ଆର ସଂସ୍କୃତିର ସିଘା ଆର ପୁରଖା ଗବେଷକ ମାନାଯାଏସି । କୋସଲି ଭାଷା ଉଲଗୁଲାନର ପହେଲା ସମିଆଁର ଉଲଗୁଲାନକାରୀ ହଉଛନ ଡ. ବିଶୀ । ପଣ୍ଡିତ ପ୍ରୟାଗଦ ଯୋଷୀଙ୍କର ସାଂଗେ ମିଶିକରି କୋସଲି ଉଲଗୁଲାନର

ନିହି ରଖିଥିଲେ । ୧୯୮୪ଥୁ ପହେଲା କରି "କୋଶଲୀ ଭାଷା ସୁନ୍ଦରୀ" ବଲି କୋସଲି ଭାଷାର ବ୍ୟାକରଣ ଲେଖିଥିଲେ । ସେ "କୋଶଲ ଶ୍ରୀ" (୧୯୮୮) ତିନ ମାସିଆ ପତ୍ରିକାର ସଂପାଦନା କରିଥିଲେ । ସେ ଆକାଶବାଣୀ ନୁ ମାଏନ ପାଏଲା ଗୀତିକାର ବି । କୋଶଲାୟନ ସଂସ୍ଥାର ଥାପନାକାରୀ । ସେ "କୋସଲି ରାମାୟଣ", "କୋସଲି ଭାଷାର ସଂକ୍ଷିପ୍ତ ପରିଚୟ" ବାଗିର କେତନି ଯୁଗ ବଦଲେଇ ଦେଇଥିବା ବହିର ସଂପାଦନା କରବାର ସାଙ୍ଗେ ଇହାଦେ ବି ପତ୍ରପତ୍ରିକା, ସୁରତା ବହି ଆଦିଥୁ କୋସଲି ଭାଷା, ସଂସ୍କୃତି ବାବଦେ ନିଅମିତ ଲେଖି ଆସୁଛନ । ହଜାର ସଂଖ୍ୟାଥୁ ଲେଖିଥିବା ତାଙ୍କର ପ୍ରବନ୍ଧ ସବୁ କୋସଲି ସାହିତ୍ୟକେ ବୁରସାଲ କରିଛେ । ଇହାଦେ ଡିଏଭି କଲେଜ ଟିଟିଲାଗଡ ନୁ ରିଡାଏଡ ହେଇକରି ଭାଷା ସାହିତ୍ୟର ସାଧନା ଜାରି ରଖିଛନ । ତାଙ୍କର ସାହିତ୍ୟ ସାଧନା ଲାଗି ସେ ଶହ ସଂଖ୍ୟାଥୁ ନାଁକରା ଅନୁଷ୍ଠାନ ମାନକର ନୁ ମାଏନ ପାଇଛନ ।

ହୃଦମଣି ପ୍ରଧାନ

ହୃଦମଣି ପ୍ରଧାନ ଜହକରି ୫ନେ ପ୍ରଭାବଶାଲୀ ବ୍ୟାକରଣବିତ, ଭାଷାବିତ ହିସାବେ ଜନାଶୁନା । ସେ କବିତା, କଥାନୀ, ନାଟକ, ଗୀତ ଲେଖିଥିଲେ ବି ତାଙ୍କର ବ୍ୟାକରଣ କାମ ଲାଗି ଜହ ଚର୍ଚିତ । ବରଗଡ ଜିଲ୍ଲାର ଗୁଟେ ବଡ ଗୁଷ୍ଠିର କବି ଲେଖକ ତାଙ୍କର ବତାଲା ବ୍ୟାକରଣ ଢାଁଚାକେ ହିଁ କୋସଲି ଲେଖବାର ଲାଗି ଅପନେଇଛନ ।

ବରଗଡ ଜିଲ୍ଲାର ଘେଁସ ପାଖର ବଦପାଲି ଗାଁ ନ ୧୬ ମେ ୧୯୪୦ଥି ଜନମ ହେଇଥିଲେ ହୃଦମଣି ପ୍ରଧାନ । ବାପା ନିଧି ପ୍ରଧାନ, ମାଁ ଉର୍ବଶୀ ପ୍ରଧାନ । ହେଲେ ରିଟାଏଡ ହେଲା ଉତାରୁ ଗୋବିନ୍ଦପାଲି, ବରଗଡ ନ ରହୁଥିଲେ । ଇଂରାଜୀର ଅଧ୍ୟାପକ ହେଇଥିଲେ ବି ବରଗଡ ସହର ଭିତରେ ସାଏକଲଥି ଜାନାଆନା କରୁଥିଲେ । ସାଧା ମୁନା ଗୁଟେଥି କାଗଜପତର ଭରିକରି ସଭାକେ ପହଁଚି ପଡୁଥିଲେ । ପିନ୍ଧନଥି ବି ଅତି ସରଲ; ଚପଲ ଆର ବିନା ଇନଥି ହାଫ ସାଟ, ଫୁଲ ପେଁଟ ।

ତାହାକୁ ତିନ ବଚ୍ଛର ହଉଥିଲା ବେଲକେ ତାଙ୍କର ବାପାଙ୍କର ମରନ ହେଇଥିଲା । ତାହାକୁ ତାଙ୍କର ବଡଖା ବା, ବଡଖା ମାଁ ସଁକଲିଥିଲେ ଆର ପଢେଇଥିଲେ । ଘେଁସ ଇସକୁଲ, ଜର୍ଜ ହାଇସ୍କୁଲ ବରଗଡ, ଜିଏମ କଲେଜ ସମ୍ବଲପୁର, ଆର ରେଭେନ୍‌ସା କଲେଜ ନୁ ପାଠ ପଢିଥିଲେ । ୧୯୫୮ ସାଲେ

ବୋଡାସମ୍ବର ଲୁଇସ ଗୋଲ୍ଡ ମେଡାଲ ପାଇଥିଲେ । ସେ ରେଭେନ୍ସା ନୁ ଇଂରାଜୀଥି ଏମଏ କରିଥିଲେ । ୧୯୬୦ ସାଲେ ତାଙ୍କର ବିହା ହେସି ବିନୋଦିନୀ ସାଂଗେ । ୧୯୬୫ ସାଲୁ ଅଧ୍ୟାପକ ହିସାବେ ପଞ୍ଚାୟତ କଲେଜ ବରଗଡ, ସରକାରି କଲେଜ ଫୁଲବାଣୀ, ବିକ୍ରମଦେବ କଲେଜ କୋରାପୁଟ ଆଦି ନ କାମ କରିଥିଲେ ।

ସେ ଇଂରାଜୀ, ଓଡିଆ, ଆର କୋସଲୀ ଭାଷାଥି ଲେଖୁଥିଲେ । ତାଙ୍କର ଲେଖାମାନେ ହେଲା: ଶେଷ ଦୃଶ୍ୟ ପଞ୍ଚମ ଅଙ୍କର (୧୯୭୧), ସାତୋଟି ନାଟକ (୧୯୭୫), କେତୋଟି ନାଟକ (ଓଡିଆ ୧୯୮୫), ଆମର ଭାସା (ପ୍ରାଇମର ୨୦୧୦), ଆମର ଭାସାର ନାଁ (ପ୍ରବନ୍ଧ ୨୦୧୦), ସମ୍ଲପୁରୀ କୁସଲୀ-ବିଚାରଧାରା, ଜଟିଆର ଗୀତ, ଗାଁ ଖୁଲିର ଧୁଏଲ ଆଦି । ତାଙ୍କର ସଂପାଦନାଥି ବାହାରିଥିବା ଲେଖାମାନେ ହେଲା, କବି ଧନେଶ୍ୱର ମହାପାତ୍ରଙ୍କର କାବ୍ୟ "ବସ୍ତର ହରନ" (୨୦୦୩), "ଉଜ୍ଜଲବତି ରାମାୟଣ"(୨୦୧୨) । ଆର କେତେଟା ଲେଖା ପାଣ୍ଡୁଲିପି ହିସାବେ ରହିଜାଇଛେ ସେଟାମାନେ ହେଲା, ଆମର କେତେକ ଲୋକନାଟ୍ୟ, ମଧୁଗୁଁଜନ (ଗୀତ), ଜାହ୍ନବୀ, ଚତୁର୍ଥ ପ୍ରହରର ନାଟକ, ଚିତ୍ରଲେଖା (ମୁଲ କଥାନୀ ଭଗବତୀ ଚରଣ ବର୍ମା), ସିଦ୍ଧାର୍ଥ (ନାଟ) ଛନକି ଓ ଅନ୍ୟାନ୍ୟ ନାଟକ, ଭାବ ସଂପଦ (କବିତା ସଙ୍କଲନ), କଞ୍ଜା ଫଳର ପସରା (କବିତା ସଙ୍କଲନ), ମାଲୁଣୀର ଚାଁଗୁଡ଼ି(କବିତା ସଙ୍କଲନ), ଚାରା ବଗିଚା (କବିତା ସଙ୍କଲନ), ସ୍ୱରସୃଷ୍ଟି (କବିତା ସଙ୍କଲନ), ତିନୋଟି କବିତା, କଥା ଆରୁ ରମ୍ୟ କଥା (ପ୍ରବନ୍ଧ), ଡାଏରି ନୁଁ (ପ୍ରବନ୍ଧ) । ସେ ଇଂରାଜୀଥି Sambalpuri-Kusli Phonology, A descriptive Grammar of Sambalpuri ଆଦି ଲେଖିଛନ । ପ୍ରଫେସର ପ୍ରଧାନ ସମ୍ଲପୁର ୟୁନିଭର୍ସିଟି ନ ପିଏଚଡି କରବାର ଲାଗି Sambalpuri-Kusli Phonology ପେପର ଦାଖିଲ କରିଥିଲେ ହେଲେ ୟୁନିଭର୍ସିଟିର ଗାଇଡ ତାହାଙ୍କୁ ଅଲଗା ହିସାବେ ଲେଖବାର ଲାଗି କହିଥିଲେ ହେଲେ ସେ ଆର ଅଲଗା ହିସାବେ ଲେଖିକରି ଦାଖିଲା କରବାରକେ ମନା କରିଥିଲେ । ସୂଚନା ମିଲ୍ସି କି ତାଙ୍କର ପେପରନୁ ଲେଖା ନେଇକରି ଅଲଗା ମାନେ ପିଏଚଡି କରିଛନ । ସେ ଗୁଟେ ଅହଁକାର ଆର ଷଡ଼ଯନ୍ତର ଶିକାର ହେଇଥିଲେ ଆର ପିଏଚଡି କରି ନି ପାରଲେ । ପ୍ରଫେସର ପ୍ରଧାନଙ୍କର ସବୁ ନୁ ଚର୍ଚିତ କାମ ହେଲା ତାଙ୍କର ପ୍ରାଇମର ଆର ବ୍ୟାକରଣ । ସେ ସଭାସମିତି ମାନକୁ ଚିରାଚରିତ ଓଡିଆ ବ୍ୟାକରଣ ନୁ ଆମର ବ୍ୟାକରଣ ଅଲଗ ହେବାର କଥା ବଲି ଯୁକ୍ତି ସଂଗତ ବ୍ୟାଖ୍ୟା କରୁଥିଲେ । ମୁଁ ବେନି ପତ୍ରିକାର ସଂପାଦକ ଥିଲା ବେଲକେ ବେନି

ପତ୍ରିକା ଲାଗି ଅପନା ହେଇଥିବା ବ୍ୟାକରଣକେ ନେଇକରି ୭/୧୦/୨୦୧୧ରେ ଗୁଟେ ଚିଠି ପଠେଇଥିଲେ । ସେନୁ କିଛି ଧାଡ଼ି ହେଲା: "ଖାଲି ଉଡ଼ିଆ ନହେସେ, ହିନ୍ଦୀ କି ବଂଗାଲି, ଅହମିଆଁ କି ସଂସ୍କୃତ-କେନସି ବି ଆମର ମାତୃଭାସାର ମଡେଲ ହଇ ନେଇଁ ପାରେ । ପରଟି ଭାସା ଆର ଗୁଟେ ଭାସା ନୁ ଅଲଗ ଆଏ । ବ୍ୟାକରଣର ଇଟା ଗୁଟେ ବଢ଼େଟେ ସୁତ୍ର ଆଏ । XXX XXX XXX ମନେରଖ ବାବୁ ମୁନୁସ ବିକଲ୍ପ ନୁରତେଲ ଜିବା ଆରୁ ସେସକେ ଠିକ ଠାନେଁ ପୁହଁଚିବା ।"

ସେ ବ୍ୟାକରଣ ବାବଦେ ଆର ବି କହିଛନ କି, "ଆମେ ଲେଖବାର ଲାଗି ୧୯୭୧-୭୨ ନୁ ଲାଗିଛୁଁ । ଇଥି ତିନଟା ନିଅମକେ ଧରିକରି ଚଲସୁଁ । ପହେଲା, ଆମେ ଜେନ୍ତା କହୁଛୁଁ ହେନ୍ତା ଲେଖବାର ରିତି । ଦୁସରା, ଆମେ କହୁଛୁଁ ପାଖେ ଆର ଲେଖୁଛୁଁ ପାଖେ । ତିସରା, ଆମେ ଜତଖତିଆ ନିଜର ମନେ ଲେଖୁଛୁଁ । ମୋର ବିଚାରରେ ଆମେ ଜେନ୍ତା କହୁଛୁଁ ହେନ୍ତା ଲେଖବାର କଥା । ପୁରଥିବି ନ ଗୁଟେ ଭାସା ସଂସ୍କୃତି ନ ଇ ନିଅମ ରହିଛେ । ଇ କହେଲେ ଇ ଲେଖବେ । ଷ କହେଲେ ଷ ଲେଖବେ । ପାଣିନିକର ଅଷ୍ଟାଧ୍ୟାୟୀଥି ଧ୍ୱନିତତ୍ୱ ଉପରେ ଯେନ ତଥ୍ୟ ଦିଆହେଇଛେ ସେଟା ସଂସ୍କୃତଥି ଅଛେ । ବଏଲେ ଆମେ ବି ଇ ଧାରାକେ ଅପନାବାର କଥା ।"

କୋସଲି ଭାସାର ସାମିଧାନିକ ସ୍ୱୀକୃତିକେ ନେଇକରି ବି କେତନି ଯୋର ଦଉଥିଲେ । କୋସଲି ଭାସାର ସାମିଧାନିକ ସ୍ୱୀକୃତି ଲାଗି ଇଁରାଜୀ ଖବରକାଗଜ ମାନକୁ ଆଲେଖ ସବୁ ଲେଖିଛନ । ୨୦୧୧ର ଜନସୁମାରି ସମିଆଁଥି ଜହନୁ ଜହ ଲୋକ କେନ୍ତା କରି ଆମର ମାତୃଭାସାର ନାଁ ଲେଖବେ ସେଥିର ଲାଗି ପୁସ୍ତିକା ଲେଖିକରି ବଁଟେଇଥିଲେ । ଗୁଟେ ସମିଆଁତକ ଜିଲ୍ଲାର ପ୍ରଭାବି ସାହିତ୍ୟ ସଂଗଠନ ହିସାବେ ନାଁ କରିଥିବା ଆର ୧୯୯୫ ସାଲେ ବରଗଡ ନ ବନିଥିବା ସମଲପୁରି ସାହିତ୍ୟ ପରିସଦର ପହେଲା ଆର ଥାଇ ସଭାପତି ଥିଲେ । ତାଙ୍କର ସାହିତ୍ୟ ସାଧନା ଲାଗି ସେ କେତନି ଅନୁଷ୍ଟାନ ନୁ ମାଏନ ପାଇଛନ । ସମଲପୁର ୟୁନିଭର୍ସିଟି ୨୦୧୯ ଲାଗି ପଷ୍ଟିମ ଓଡ଼ିଶା ସଂସ୍କୃତି ସମ୍ମାନ ଲାଗି ଘୋଷଣା କରିଥିଲା ହେଲେ ସମ୍ମାନ ନେଇଯିବାର ଆଘୋନୁ ହିଁ ସେ ଦିହଁ ଛାଡିଦେଇଥିଲେ ନ । ପ୍ରାୟ ୭୦ ବଛରର କୋସଲି ଭାସା ସାହିତ୍ୟର ସାଧନା ୨୭/୯/୨୦୨୧କେ ହମିଶା ଲାଗି ବନ୍ଦ ପଡ଼ିଥିଲା ।

ରାମଭକ୍ତ ଫରିକାର

ରାମଭକ୍ତଙ୍କୁ ଜହକରି ଜାନସନ ଆର ଲୋକ ସୋର କରବେ ୫ନେ ଭାଷା ସଂଗ୍ରାମୀ ହିସାବେ । ସେ ଭାଷା ଉଲଗୁଲାନକାରୀ ସାଙ୍ଗେ ଅଲଗ ରାଏଜର ସମର୍ଥକ ଥିଲେ । କୋସଲି ଜାତୀୟତାବାଦୀ ଚିନ୍ତାଧୋରାର ପ୍ରଚାରକ ଥିଲେ । କୋସଲି ଭାଷା ଉଲଗୁଲାନ ମୂଲ ହେଲା ସମିଆଁକେ ପଣ୍ଡିତ ପ୍ରୟାଗଦବ ଯୋଷୀଙ୍କୁ ସମର୍ଥନ କରୁଥିବାର ଆର ପଛେକା ନିଜେ ବି କୋମନା ନୁ ବଲାଂଗିରକେ ଫିରଲା ଉତାରୁ ଜନମମାଏଟ ବଲାଂଗିର ନ ଶେଷ ଶାଁସ ତକ ଉଲଗୁଲାନ ଜାରି ରଖିଥିଲେ । ତାଙ୍କର ଜନମ ୨୫/ ୩/୧୯୫୯ ସାଲେ ହେଇଥିଲା । ବାପା ରାଘୁ ଫରିକାର ମାଁ କଲାବତୀ । ସେ ବିଜଲି ବିଭାଗଥି କାମ କରୁଥିଲେ । ୧୯୮୭ ସାଲେ କୋସଲି ଭାଷାର ପ୍ରଚାର ପ୍ରସାର ଲାଗି ଜାନୁୟାରୀ ୧ ତାରିଖ ହକୁଆ ପ୍ରତିକା ବାହାର କରେଇଥିଲେ । ପତ୍ରିକା ସେ ସମିଆଁକେ ଉଲଗୁଲାନର କଥା ଲୋକର ନିକେ ପହଁଚଉଥିଲା । ସେ ୨୦୦୯ ସାଲେ ରିଟାଏଡ ହେଲା ଉତାରୁ ଲେଖାଲେଖିଥି ମନ ଦେଇଥିଲେ ଆର "ବେନ୍ଦରା ଫୁଲ", "ପେମେଇ ରିତୁ" ବାଗିର କବିତା ସଙ୍କଲନ ବାହାର କରେଇଥିଲେ । ଇତାର ବାହାରେ ମହାକୋସଲ ନାଟବାଦୀର ଉଜ୍ଜୁକକର୍ତା ଥିଲେ । ସେ ଭାଷା ସଂଗ୍ରାମୀ, ସଂଗଠକ, ସଂପାଦକ, କବି ଥିଲେ । ତାହାଙ୍କୁ କୋସଲ ଗୌରବ ଉପାଧି ମିଲିଥିଲା । ୧ ଜୁଲାଇ ୨୦୧୩ ବଲାଂଗିର ନ ଶେଷ ଶାଁସ ନେଇଥିଲେ ।

ମନୋରୋଂଜନ ସାହୁ

୧୯୧୧ ମସିହାରେ ଯେତେବେଲେ ଇଂଲଣ୍ଡର ଯୁବରାଜ ଷଷ୍ଠ ଜର୍ଜ ସମଲପୁର ଆସିଥିଲେ ତାଙ୍କର ସ୍ୱାଗତରେ ସମଲପୁର ଫ୍ରେଜର କ୍ଲବ ନ ବାଲାଜୀ ମେହେର ଗୁଁଡିଆ କବିତା ପଢିଥିଲେ । ଦେଖମାଁ ବଏଲେ ଗୁଁଡିଆ କବିତା ବି ଗୁଟେ ହାସ୍ୟ କବିତା ଆଏ । କିଛି ଧାଡ଼ି:

ଗୁଁଡିଆର କନିଆଁ ଦୁଇ ଗୁଟି

ଘୁନଗୁଟି ଆଉର କୁରକୁଟି ।

ସେ ଦିନେ ତାଁକର ମଂଗଲବାର

ଦେବୀକେ ଦେବେ ରକତଧାର

ନାଇଁ ଦେଲେ ନାଇଁ ଚଲେ

ଗୁଁଡିଆ ଗଲା ରାତିର ବେଲେ

ଦେଖଲା ତମୁ କୁହୁଲା ଦିଆ

ଗୁଁଡିଆ ବଏଲା ନାଇଁରେ ବୁଆ ।

ଗଲୌଁ ମଲିଁ ରକତ ଭୁଗି

ଜୀବନ ଯିବା ମାଏଁର ଲାଗି ।

ସ୍ୱାଧୀନତାର ଆଘୋନୁ ହାସ୍ୟବ୍ୟଂଗ କବିତାର ଚଲନ ଆମର ସାହିତ୍ୟଥି ମୂଲ ହେଇଯେଇଥିଲା ନ । ହେଲେ ଇହାଦେ କୋସଲିଥି ଯେନ ହାସ୍ୟବ୍ୟଂଗ କବିତାର ଦେଖୁଛନ ତାର ଧାର ନବେ ଦଶକର ପହେଲା ଆଡେ ମୂଲ ହେଇଥିଲା । ଯଦି ଆଏଜକା ପଶ୍ଚିମ ଓଡିଶାରେ ଯେନ ହାସ୍ୟବ୍ୟଂଗ କବିମାନକୁ ଦେଖୁଛନ ଆର ତାଙ୍କର କବିତା ଶୁନିକରି ଖିଦଖିଦେଇ ଜାଏସନ ତାଙ୍କର ପଛାଦେ ଅଛନ ଛନେ ମାଷ୍ଟର; ମନ ମାଷ୍ଟେ । ୧୯୯୨-୯୩ ସାଲ ଆଡୁ ମୂଲ ହେଇଥିଲା ଏଭର କୋସଲି ହାସ୍ୟବ୍ୟଂଗ କବିତାର ଧାର । ସେ ବେଲର ସାହିତ୍ୟ ମଟାନ ମାନକୁ ମନ ମାଷ୍ଟେ ନିଜର କବିତା ଶୁନେଇକରି ଲୋକକୁ କୁତକୁତେଇ ଦଉଥିଲେ । ସେ ନିଜେ ହାସ୍ୟବ୍ୟଂଗ କବିତା ଲେଖବାର ଆର ପଢବାର ସାଙ୍ଗେ କେତନି ନୂଆଁ କବିମାନକୁ ଶିଖେଇଛନ ବି । ସେ ଗୁଟେ ହାସ୍ୟବ୍ୟଂଗ ଅନୁଷ୍ଠାନ କି ଇସକୁଲ ବଲିପାରମାଁ । ତାଙ୍କର ପୁରା ନାଁ ମନୋରଂଜନ ସାହୁ ହେଇଥିଲେ ବି ମନ ମାଷ୍ଟେ ବଏଲେ ସବେ ଜାନସନ । ତାଙ୍କର ଜନମ ବରଗଡ ଜିଲ୍ଲା ପଦମପୁର ପାଖର ସିଂହନପୁର ଠାନେ ୨୪/୮/୧୯୫୪ଣଥି ହେଇଥିଲା । ବାପା ପ୍ରେମାନନ୍ଦ, ମାଁ କେତକୀ । ବରଗଡ ସିମେନ୍ଟ ନଗର ହାଇସ୍କୁଲ ନୁ ରିଟାଏଡ ହେଇକରି ଇହାଦେ କୋସଲ ନଗର ବରଗଡ ନ ରହୁଛନ । ସେ ଓଡିଆ ଆର କୋସଲି ଦୁହି ଭାଷାଥି ଲେଖସନ । ତାଙ୍କର କିଛି ଲେଖା ହେଲା ଭାଷାର କଥା ଅଥାବିଆ, ଟିମକିଡ, ହେ ବନଗିରି, ବିଶ୍ୱାମିତ୍ର ଉବାଚ, ଫେର ଘାୟ, ମନୋରଂଜନ, ଉର୍କୁଲା ଛଲାଛରୋ, ହସି କହେ ନଦ ହୋଇ କାଦ କାଦ (ଆତ୍ମଜୀବନୀ) ଆଦି କେତନି କବିତା, ପ୍ରବନ୍ଧ, ନାଟ, ଆଦି ବହି ଲେଖିଛନ । ତାଙ୍କର ସାହିତ୍ୟ ସାଧନା ଲାଗି କେତନି ଅନୁଷ୍ଠାନନୁ ସେ ମାଏନ ପାଇଛନ କିଛି ବଟାଲା ବାଗିର ହେଲା, ରସରାଜ, ରସସାଗର, ବ୍ୟଂଗବିଦୁଷ, ବ୍ୟଂଗ ବରିଷ୍ଠ ଆଦି ଉପାଧି ପାଇଛନ ।

ବିନୋଦ ପଶାୟତ

୧୯୮୪ ଆଉକେ ଯେତ୍ତା କି ପ୍ରସନ୍ନ ସାହୁଙ୍କର ସସେମିରା, ମଂଗଲୁ ଚରଣ ବିଶ୍ୱାଳଙ୍କର ଭୁଖା ନାଟ କେତନି ଠାନେ ମଟାନ ପାଇକରି ନାଁ କଲା । ସେ ସମିଆଁକେ ବିନୋଦ ପଶାୟତଙ୍କର ନାଟ 'ଉଖୀ' ବି ଆସିଥିଲା । ବିନୋଦ ପଶାୟତ ଗୀତିକାର, ନାଟକକାର ଆର କବି ହିସାବେ ଜନାଶ୍ରୁନା ।

୧୯୩୫ ସାଲେ ବଲାଂଗିର ସହ୍ର ନ ଜନମ ହେଥିଲେ । ଅଭାବ ଲାଗି ସାତ ତକ ପଢ଼ିପାରଲେ ଆର ଆଗକେ ତାଙ୍କର ବାପାଙ୍କୁ କୁଟୁମ୍ବର ବେପାରଥି ସାହେଜ କଲେ । ୧୯୫୩ ସାଲେ ସେ ସମ୍ବଲପୁର ଆସଲେ । ସେ ପୁରଖା ସଂସ୍କୃତିପ୍ରେମୀ ସାହିତ୍ୟିକ ମୁରାରୀ ପ୍ରସାଦ ମିଶ୍ରଙ୍କର ତହଁକଥି ସାହିତ୍ୟ ସାଧନା କଲେ । ତାଙ୍କର ହରେକ ଗୀତ ସାଧାରଣ ଲୋକର ହୁରୁଦକେ ଛିଲା । ଆକାଶବାଣୀ ନୁ ଶହ ଶହ ଗୀତ ପ୍ରସାରିତ ହେଲା । ସେ ଗୀତ ସାଂଗେ ନାଟ ବି ଲେଖୁଥିଲେ । 'ମୁଇଁ ନାଇଁ ମରେ ନାଟ' କେତନି ପ୍ରସିଦ୍ଧି ପାଇଛେ । ତାଙ୍କର ସାହିତ୍ୟ ସାଧନା ଲାଗି ସଂଗୀତ ନାଟକ ଏକାଡେମୀ, ପଦ୍ମଶ୍ରୀ ପୁରସ୍କାରଥି ମାଏନ କରାହେଇଛେ ।

ଗୋପିନାଥ ଯୋଷୀ

ସେ କୋସଲିଥି କାବ୍ୟ, କବିତା, ନାଟ ଆଦି ଲେଖିଛନ । ସେ ଭାଗବତ ଗୀତାର କୋସଲି ଅନୁସ୍ରଜନ କରୁଛନ । ସେ ସ୍ୱାଧୀନତା ସଂଗ୍ରାମୀ ହିସାବେ ବି ଜନାଶ୍ରୁନା । ପାଟଣାଗଡ ନ ଜୀବନ କାଟିଥିବା ଶ୍ରୀ ଯୋଷୀ ୧୦/୧୨/୧୯୭୧ ସାଲେ ଜନମ । ବାପା ରାମଚନ୍ଦ୍ର, ମାଁ ଇଲାବତୀ । ତାଙ୍କର ସାହିତ୍ୟ ସାଧନା ଲାଗି କେତନି ଅନୁଷ୍ଠାନ ନୁ ମାଏନ ପାଇଛନ ।

ବିନୟ କୁମାର ଦାଶ

ବଲାଂଗିର ଜିଲ୍ଲା କଂଟାବାଂଜି ନ ରହୁଥିବା ବିନୟ କୁମାର ଦାଶଙ୍କର ଜନମ ୨୧/୭/୧୯୧୯୩ ସାଲେ ହେଇଥିଲା । ବାପା ଯୁଧିଷ୍ଠିର ଦାଶ, ମାଁ ପୂର୍ଣ୍ଣବାସୀ ଦାଶ । ସେ ଇହାଦେ ଅମର ଜ୍ୟୋତି କଲେଜ, କୁଟୁମଡୁଲା ନୁ ଅବସର ନେଇକରି ସାହିତ୍ୟ ସାଧନା ଜାରି ରଖିଛନ । ସେ ପହେଲା କୋସଲି ପତ୍ରିକା 'ହକୁଆ'ର ପ୍ରତିଷ୍ଠାତା ସଂପାଦକ, ଆଧୁନିକ କୋସଲି କବିତା ସଙ୍କଲନ 'ଅଁଠରା'ର ଯୁଗ୍ମ ସଂପାଦକ ରହିଛନ । ସେ ଉଡ଼ିଆ ଆର କୋସଲି ଦୁହି ଭାଷାଥି ଲେଖସନ । ତାଙ୍କର କବିତା, ପ୍ରବନ୍ଧ, ସମାଲୋଚନା ଭିନେ ଭିନେ ପତ୍ରପତ୍ରିକାମାନକୁ ବାହାରତେଲ ଆଉଛେ । ସେ

୧୯୮୬ ସାଲୁ କୋସଲିଥି ଲେଖାଲୁଖି କରୁଛନ । ସେ କହେସନ, "ଯେନ ସାହିତ୍ୟର ମାଁ ମାଟିର ଭାଷାକେ ବାଦଦେଇ ସୃଷ୍ଟି କରାହେବା, ଯେନ ସିରଜିନା ନିଜର ଇତିହାସ ଜନଜୀବନର କଥା ତାର ପରିବେଶ ଆର ସଂସ୍କୃତିର କଥା ନେଇଁ କହେ ସେ ଲିଖା କେଭେ ସମାଜର ହେଇ ନି ପାରେ ।" ଡାଙ୍କର ଗୁଟେ କବିତା:

ଜୁହ୍ନା

ପୁରନା ବହି ନୁ ମଲାଟ ହିଟି ଗଲା ନ
ହଜି ଗଲା ନ, ବହି ଚିରି ଚିରି ଗଲା ନ...

ହେତେଲ ଲିପା ପୁଛାର ଜୁହ୍ନା ଫଟା କାଁଥିଥି
ଅଲଙ୍ଗି ଆଇଛେ, କେନ କେନ ଗାଁ
ଦେସ ବିଦେସର ଗୁଟେ ଫଟୁ ବି ଚିରି ଗଲା ନ
ସୁରିଖିଆ ବାକସ ମୋର ବୁଢି ଆଇର ପୁରଥି
ହେ ହେ ବଛରର ଚନ୍ଦନ ଟିକା, ସେନ୍ଦୁର ଟୁପା
ଆର ରାଖି ତାର ସାଖି
ବାକସ ସାଏତା ପୁଥି ତାର ବୟସ କଢଉଛେ
ମଲାଟ ହିଟି ଗଲା ନ,
ପୁଥିର ଫରଦ ଫରଦ ଚିରି ଗଲା ନ
ଲରୋଥରୋ ମୋର ବୁଢି ଆଇ ହଜିଗଲା ନ ।

ସବୁ ହଜିଗଲାଥି ଆମେ ଆମକୁ ପାଉଛୁଁ
ଚାଲ ନୁରମାଁ, ନାଇଁ ତ ମଲାଟେ ବନାମାଁ
ମଡେଇ ଦେମାଁ ଖୋଲଟେ ଦେଖ,
ବହି ଚିରି ଚିରି ଗଲେ ବି
ଛୁଆ ବେଲର; ମୋର ହାତ ଲେଖା ନାଁ
ଡଗ ଡଗ ଦେଖୁଛେ
ମତେ କାଶା ପଚରଉଛେ କାଏଁ ?

ଗଗନ ମହାନ୍ତି

ବଲାଙ୍ଗିର ରୁଗଡିପଡା ନ ରହୁଥିବା ଗଗନ ମହାନ୍ତି ୧୮/୯/୧୯୫୮ଥି ଜନମ ହେଇଥିଲେ । ବାପା ଗୋଲକ ମହାନ୍ତି, ମାଁ ନୀଲକାନ୍ତି । ସେ ଭିନେ ଭିନେ ପତ୍ରପତ୍ରିକାଥି କଥାନି, କବିତା ଲେଖବାର ସାଙ୍ଗେ ହକୁଆ ପତ୍ରିକା ସଂପାଦନା ବି କରୁଥିଲେ ।

ଧରମ ସିଂ ଧରୁଆ

୨୭/୧୨/୧୯୬୯ ସାଲେ ବଲାଙ୍ଗିର ଜିଲ୍ଲା ଖପରାଖୋଲ, ଚାଉଲବାଂଜୀ ନ ଜନମ । ବାପା ବେଣୁଧର ଧରୁଆ, ମାଁ ବଡ ଦେବୀ । ସେ ଝନେ କବି ଆର ସଂଗଠକ ହିସାବେ ଜନାଶୁନା । ସେ ଓଡିଆ ଆର କୋସଲି ଭାଷାଥି କବିତା, କଥାନି, ପ୍ରବନ୍ଧ ଲେଖସନ । ପେଶାଥି ମାସ୍ଟର । ୟୁନାଇଡେଟ୍ ନେସନ ଭଲ୍ୟୁନଟ୍ୟର ଏୱାଡ ସାଙ୍ଗେ ଆର ବି କେତନି ମାଏନ ପାଇଛନ ।

କରୁଣାକର ଭୋଇ

ବଲାଙ୍ଗିର ଜିଲ୍ଲା ଖପ୍ରାଖୋଲ ମହୁରଣ୍ଡି ଗାଁର କରୁଣାକର ଭୋଇ ଝନେ ଲେଖକ ସାଙ୍ଗେ ସଂଗଠନ ବି । ତାଙ୍କର ଜନମ ୧୭/୧୨/୧୯୫୫ରେ ହେଇଥିଲା । ବାପା ଝାଙ୍କର ଭୋଇ, ମାଁ ଲଲିତା ଭୋଇ । ସେ ଉଡିଆ ଆର କୋସଲିଥି ଛୁଆକର ସାହିତ୍ୟ, କଥାନି, କବିତା, ପ୍ରବନ୍ଧ ଲେଖିଛନ । ‘ସେଲାପଥର’ ପତ୍ରିକାର ପ୍ରତିଷ୍ଠାତା ସଂପାଦକ । କୋସଲି ଭାଷାଥି ‘ଶନିଶ୍ଚରମେଲା’, ‘ମହାସତୀ ଅନୁସୂୟା’ ଆଦି ଲେଖିଛନ । ଲଟକନା କେସେଟର ପ୍ରସିଦ୍ଧ ଗୀତ ‘ଆହା ମୋର ଗୁଭା ମନ୍ଦାର’ ସେ ଲେଖିଛନ । ସେ କେତନି ଭଜନ ଆର ଗୀତ କେସେଟ ଲାଗି ଲେଖିଛନ । ସେ ୧/୯/୨୦୧୭କେ ଦିହଁ ଛାଡିଥିଲେ ।

ଅରବିନ୍ଦ ବାଗ

ଦଶପୁର ବଲାଙ୍ଗିର ନ ରହୁଥିବା ଅରବିନ୍ଦ ୨୦/୧/୧୯୭୦ ସାଲେ ଜନମ ହେଇଥିଲେ । ବାପା ରତ୍ନାକର ବାଗ, ମାଁ ତିଲୋତମା ଦେବୀ । କୋସଲି ପତ୍ରିକା ହକୁଆର ସହ ସଂପାଦକ ଥିଲେ । କବିତା, କଥାନି ନାଟକ ଲେଖୁଥିଲେ ।

କୃଷ୍ଟଚନ୍ଦ୍ର ବାରିକ

ବଲାଙ୍ଗିର ଜିଲ୍ଲା ଖପ୍ରାଖୋଲ ଠାନେ ରହୁଥିବା କୃଷ୍ଟଚନ୍ଦ୍ର ବାରିକ ୧୦ ଏପ୍ରିଲ ୧୯୫୫ ସାଲେ ଜନମ ହେଇଥିଲେ । ତାଙ୍କର ବାପା ଗଦାଧର ବାରିକ ଥିଲେ । ସେ ଓଡ଼ିଆ ଆର କୋସଲି ଦୁହି ଭାଷାଥି ଲେଖିଛନ । ସେ କବିତା, ଗୀତ, କଥାନି, ନାଟକ ଆଦି ଲେଖିଛନ । ୧୯୭୧ ସାଲୁ ଆକାଶବାଣୀର ଗୀତିକାର ହିସାବେ ମାଏନ ପାଇଛନ ।

ଉଦୟନାଥ ଚନ୍ଦନ

ବଲାଙ୍ଗିର ଜିଲ୍ଲା ପାଟଣାଗଡ ଠାନେ ଲେଖକ ଉଦୟନାଥ ଚନ୍ଦନ ୨୦/ ୧୭/୧୯୭୯ ସାଲେ ଜନମ ହେଇଥିଲେ । ବାପା ବିଶ୍ଵନାଥ ଚନ୍ଦନ ଆର ମାଁ ଉଜ୍ଜଳବତୀ ଚନ୍ଦନ । ସେ କୋସଲି ଆର ଉଡିଆ ଦୁହି ଭାଷାଥି ଲେଖିଛନ । ତାଙ୍କର ଲେଖାମାନେ ହେଲା, ସତଟା ଶୁକ୍ଲ ମିଛଟା କଲା (କଥାନି, ୧୯୯୯) ଆଦି ୭ ଖଁଣ ବହି ବାହାରିଛେ । ସେ କେତନି ନାଟକ ବି ଲେଖିଛନ । ସେ ଭିତରୁ କିଛି ଆକାଶବାଣୀ ନୁ ପ୍ରସାରିତ ହେଇଛେ । ସେ ପାକ୍ଷିକ ସାହିତ୍ୟ ପତ୍ରିକା 'କୋଶଲ ଭୂମି'ର ସଂପାଦନା କରୁଥିଲେ । କେତନି ପତ୍ରପତ୍ରିକାଥି ତାଙ୍କର ଲେଖା ବାହାରିଛେ । ତାହାଙ୍କୁ ଓଡିଶା ସାହିତ୍ୟ ଏକାଡେମୀ, ରୁଦ୍ର ଆହ୍ଵାନ, ରଂଗକାର, ଆଦି ଅନୁଷ୍ଠାନ ମାନକର ନୁ ମାଏନ ପାଇଛନ । ୨୦୧୧ରେ କୋଶଲୀ ଭାଷା ସଂସ୍କୃତି ସମ୍ମାନ ବି ପାଇଛନ ।

ଧନପତି ମହାପାତ୍ର

ଧନପତି ମହାପାତ୍ରଙ୍କର ଜନମ ୭/୧୦/୧୯୪୫ ସାଲେ ବରଗଡ ପାଖର କଲାପାଏନ ଗାଁ ନ ହେଇଥିଲା । ସେ ୧୯୮୭-୮୮ ସାଲୁ ଭାଷା ସାହିତ୍ୟ ଗତିବିଧିଥି ସାମିଲ ଅଛନ । ସେ ଉପନ୍ୟାସ, ନାଟକ, କଥାନି, ଗୀତ ଲେଖସନ । ତାଙ୍କର ଲେଖାମାନେ ହେଲା ବିଲାସିନୀ, ଜଖେଇ, ରିକ୍ସାବାଲା, ଅକାଲ, ଲେଡା, ଚେତା, ସିନ୍ଦୁର, ବାଟ, ହାଏରେ କପାଲ, ବଲି, ଶହେପାପ ଗୁଟେ ବୁଢ଼ ଆଦି । ନାଟକଥି ଜୀବନ ଆର ଜୀବିକାର କଥା ଆର ପ୍ରତିବାଦ ଆର ଅସନ୍ତୋଷ ଏଲେଖ ହିସାବେ ଫୁଟିଛେ । ସେ ଚାକରି ଜୀବନ ନୁ ରିଟାଏଡ ହେଲା ଉତାରୁ ବରଗଡ ନ ରହୁଛନ । ତାଙ୍କର ସାହିତ୍ୟ ସାଧନା ଲାଗି କେତନି ଅନୁଷ୍ଠାନ ଠାନୁ ମାଏନ ପାଇଛନ ।

ଅଚ୍ୟୁତ ପୁରୋହିତ

ବଲ୍ଲାଂଗିର ଜିଲ୍ଲା ବକଟୀ, ସାଲେଭଟାର କବି ଅଚ୍ୟୁତ ପୁରୋହିତ ୨/୧/ ୧୯୬୩ ସାଲେ ଜନମ ହେଇଥିଲେ । ବାପାଙ୍କର ନାଁ ନାରାୟଣ ପୁରୋହିତ । ସେ ବ୍ୟଂଗ କବି ହିସାବେ କେତନି ନାଁ କମେଇଛନ୍ । ତାହାଙ୍କୁ ସେଥିର ଲାଗି ସରସ ସାହିତ୍ୟ ସମିତି କଟକ ନୁ ରସରାଜ ଉପାଧି ମିଲିଛେ । ସେ ଓଡ଼ିଆ ଆର କୋସଲି ଦୁହି ଭାଷାଥି ଲେଖସନ୍ । ତାଙ୍କର ଲେଖାମାନେ ହେଲା ତାଥିନ ଥିନା (ଓଡ଼ିଆ), ଫାଇଲ ଚାଷ (ଓଡ଼ିଆ), ବୁଡବକ ଉବାଚ (ଓଡ଼ିଆ), କୁଲୁରୁ ଉଲୁରୁ ବାଇ (ଓଡ଼ିଆ), ଶସ୍ତା ସୁନ୍ଦର ମଜବୁତ (କୋସଲି) ଆଦି । ସେ ୧୯୭୯ ଆଡୁ ଭିନେ ଭିନେ ମଟାନ ନ ହାସ୍ୟବ୍ୟଂଗ କବିତାମାନେ ପଢ଼ିକରି ନିଜର ଗୁଟେ ଥଲଗ ପ୍ରଶଂସକ ଗୁଟ ବନେଇ ପାରିଛନ୍ । ସେ ଆଏଜ ବି ସଭା ସମିତି ମାନକୁ ତାଙ୍କର ହାସ୍ୟବ୍ୟଂଗ ରସଥି ଲୋକକୁ କୁତକୁତଉଛନ ତାଏଲ । ୧୯୮୩ ସାଲେ ତାଙ୍କର ପହେଲା କବିତା ଛପିଥିଲା ଆର ସେ ଦିନୁ ଏଜତକ କେତନି ପତ୍ରପତ୍ରିକାଥି ଛୁଆକରି କବିତା ନୁ ମୁଲକରି ପ୍ରବନ୍ଧ ଆଦି ଛପିକରି ବାହାରିଛେ । ତାଙ୍କର ସାହିତ୍ୟ ସାଧନା ଲାଗି ଶହ ସଂଖ୍ୟାଥି ଅନୁସ୍ଥାନ ମାନକର ନୁ ମାଏନ ପାଇଥିଲେ ବି କିଛି ବଟାଲା ବାଗିର ମାଏନ ହେଲା, ରସରାଜ ଉପାଧି, ଜୁଗାର ସମ୍ବାଦ ସମ୍ମାନ, ଭୂମିକା ବଲ୍ଲାଂଗିର ସମ୍ମାନ, ମନୋହର ସମ୍ମାନ, ଫକୀର ମୋହନ ସାହିତ୍ୟ ପରିଷଦ ମଲ୍ଲୀକାଶପୁର ଆଦି ।

ହେମଚନ୍ଦ୍ର ଆଚାର୍ଯ୍ୟ

ଇହାଦେର ବରଗଡ ଜିଲ୍ଲା ଗର୍ଭଣା ଗାଁ ନ ଜନମ ହେଇଥିଲେ ହେମଚନ୍ଦ୍ର ଆଚାର୍ଯ୍ୟ । ହାଇସ୍କୁଲ ତକ ପଢ଼ିସାରଲା ଉତାରୁ ଭିନେ ଭିନେ ବ୍ଲକମାନକୁ ୨୨ ବଛର ତକ ଚାକରି କରିଥିଲେ । ୧୯୬୭ଥି ଚାକରି ଛାଡ଼ିକରି ରାଜନୀତିଥି ଯୋଗଦେଇଥିଲେ । ମେଲଛ୍ଛାମୁଣ୍ଡା ନିର୍ବାଚନ ମଣ୍ଡଲୀରୁ ବିଧାୟକ ପ୍ରାର୍ଥୀ ହେଇଥିଲେ । ପଛେ ଚେୟାରମେନ ପଦ ଲାଗି ବି ଲଡ଼ିଥିଲେ ହେଲେ ରାଜନୀତିଥି ସଫଲ ହେଇ ନି ପାରଲେ । ସେ ଓଡ଼ିଆ ଆର କୋସଲି ଦୁହି ଭାଷାଥି ଲେଖିଛନ୍ । ସେ କବିତା, ନାଟକ, କଥାନି, ପ୍ରବନ୍ଧ, ସଂସ୍କାର ଗୀତ ଆଦି ଲେଖିଛନ୍ । ତାଙ୍କର ଲେଖାମାନେ ହେଲା, ରାମରାହା, ନୁନି, ସତର ସତୀ ବୃନ୍ଦାବତୀ, କଥାନୀ ସତ ସତାନୀ ଆଦି ଲେଖିଛନ୍ । ତାଙ୍କର ସାହିତ୍ୟ ସାଧାନ ଲାଗି କେତନି ଅନୁସ୍ଥାନ ସେ ମାଏନ ପାଇଛନ୍ ।

ନୀଳମଣି ସାହୁ

ସର୍ଗିଗୁଡ଼ା ଟିଟିଲାଗଡ଼ ନ ରହୁଥିବା ନୀଳମଣି ସାହୁଙ୍କର ଜନମ ୨/୪/ ୧୯୫୧ଥି ହେଇଥିଲା । ବାପା ବିଷ୍ଣୁ ପ୍ରସାଦ ସାହୁ । ସେ କବିତା, କଥାନି, ନାଟକ ଲେଖବାର ସାଙ୍ଗେ ନାଟକରେ ପାଟ କରୁଥିଲେ । କେତନି ପତ୍ରପତ୍ରିକାଥି ତାଙ୍କର ଲେଖା ସବୁ ବାହାରିଛେ ।

ପୀତାମ୍ବର ଗୁରୁ

ବରଗଡ଼ ଜିଲ୍ଲା ବିଜେପୁର ପାଖର ପରା ଗାଁର ସାହିତ୍ୟିକ ହଉଛନ ପୀତାମ୍ବର ଗୁରୁ । ତାହାଙ୍କୁ ଗୁପଲୁ ବି ଲୋକ ଡାକସନ । ସେ ଓଡ଼ିଆ ଆର କୋସଲି ଦୁହି ଭାଷାଥି ଲେଖସନ । ସମାଜସେବୀ, ସଂଗଠକ, ନାଟକକାର ହିସାବେ ଜନାଶୁନା । ବାଟେଘାଟେ, ଗୁପଲୁ, ତାର ଲାଗିଁ, ଆସ ସଭେ ଲାଗି ପଡ଼ମାଁ, ଫଏସଲା, ଇନ୍ଦୁସେନୁ ଆଦି । ସେ ନିଜେ ଗୁଟେ ପୁଖତ ଅଭିନେତା ସାଙ୍ଗେ ନାଟ ନିର୍ଦ୍ଦେଶକ ଥିଲେ ।

ନବେ ଦଶକର କୋସଲି ସାହିତ୍ୟ

ନବେ ଦଶକ କୋସଲି ଭାଷା ସାହିତ୍ୟ ଯୋରସୋର ଫଏଲି ବସିଥିଲା ନ । ସବୁଆଡେ ସଭାସମିତି ସାହିତ୍ୟ ଚର୍ଚା, ଭାଷା ଚର୍ଚା ହେଇ ବସିଥିଲା ନ । ଇ ସମିଆଁକେ କେତନି ନୂଆଁ ଯୁଆନ କବି ଲେଖକ ସାମନାକେ ଆସିଛନ । ଇ ସମିଆଁରେ କୋସଲିର ଆଧୁନିକ ଦିଗ ବି ବରକସ ହେତେଲ ଯେଇଛେ । ଶିଖିତ ପଢାପିଲା, କଲେଜ ଅଧ୍ୟାପକ, ଆର ସଚେତନ ନାଗରିକ ମାନେ ବି କୋସଲି ଭାଷାରେ ଲେଖବାରକେ କଲମ ଉଠେଇଛନ ।

କୋସଲି କବିତାକେ ଅଶୀ ଦଶକ ନ ଯେନ ଆଧୁନିକତା ଧରିଥିଲା ସେଟା ନବେ ଦଶକର ପହେଲା ଆଡକେ ବଲାଙ୍ଗିର ଜିଲ୍ଲା ନ ବିକଶିତ ହେବାରକେ ଲାଗିଥିଲା । କିଛି ଓଡିଆଥି କବିତା ଲେଖୁଥିବା କବି କୋସଲିର ଆଧୁନିକ କବିତା ଲେଖବାର ମୂଲ କରିଥିଲେ । ଆର ଧାରାଟା ଏତେ ଯୋର ବଢଲା ଯେ ନବେ ଦଶକର ଶେଷ ଆଡକେ ବଲାଙ୍ଗିର ନ ଓଡିଆ ଆଧୁନିକ ଲେଖା କମି ଯାଇଥିଲା । ହେଲ୍ଲା କିଛି କବି ହେଲେ ରବି ପ୍ରଧାନ, ଲେନିନ ରାୟ, ଜ୍ୟୋତି ପ୍ରକାଶ ମିଶ୍ର, ନବୀନ ବିଶ୍ୱବନ୍ଧୁ, ପ୍ରଦୀପ ଦାଶ, ପ୍ରକାଶ ବହିଦାର, ପ୍ରହଲ୍ଲାଦ ମହାରଣା, ସଦିପ କୁଅଁର, ଚତୁର୍ଭୂଜ ସାଆନ୍ତ, ଆନନ୍ଦ ଚନ୍ଦ୍ର ସାହୁ ଆଦି । ଇ ଆଧୁନିକ କବିତାର ଧାରାଟା ବରଗଡ ଜିଲ୍ଲା ନ ବି ଦେଖବାରକେ ମିଲିଥିଲା ।

ଅମୃତଲାଲ ସାହୁ

ବରଗଡ ଜିଲ୍ଲା ଘେଁସ ନ ରହୁଥିବା ଅମୃତଲାଲ ସାହୁ ଆମର ସମିଆଁର ୫ନେ ଜନାଶୁନା କୋସଲି ଲେଖକ । ତାଙ୍କର ଜନମ ୫ ମାର୍ଚ ୧୯୫୦ରେ ହେଇଥିଲା । ସେ କୋସଲି ଆର ଓଡିଆ ଦୁହି ଭାଷାଥି ଲେଖସନ । ସେ କୋସଲି ଭାଷାଥି କବିତା, ଉପନ୍ୟାସ, କଥାନି, ନାଟକ ଲେଖିଛନ । ନାଟକ ଲେଖବାର ସାଙ୍ଗେ ନିର୍ଦ୍ଦେଶନା

ବି ଦେଇଛନ । ତାଙ୍କର ନାଟକ ମାନେ ଦୂରଦର୍ଶନ ଆର ଆକାଶବାଣୀ ନୁ ପ୍ରସାରିତ ହେଇଛେ । ସେ ମାସିକ ସାହିତ୍ୟ ପତ୍ରିକା ସଏଲତା ସଂପାଦନା କରିଛନ । ସେ ବଂଗାଲି, ମଲୟାଲମ ଆଦି ଭାଷା ନୁ କୋସଲିକେ ଅନୁବାଦ ବି କରିଛନ । ତାଙ୍କର ପାଖାପାଖି ୧୯ଟା ବହି ଛପିକରି ବାହାରି ସାରିଥିବାର ବେଲକେ ଆର ୨୧ଟା ଲେଖା ପାଣ୍ଡୁଲିପି ହିସାବେ ରହିଯାଇଛେ । ତାଙ୍କର ଲେଖାମାନେ ହେଲା; ମୁଇଁ ରାଧା କହୁଛେଁ (ଉପନ୍ୟାସ), ମଲା ନଦୀର ଡଂଗା (ଉପନ୍ୟାସ), ଗଂଗାଜଲ (ଉପନ୍ୟାସ), ପର୍ବତ ସିଘେ (ଉପନ୍ୟାସ), ଢଁକେର ରାତିର ଝୁମରା ନଇଁ (କବିତା ସଙ୍କଲନ), ଝୁମରା ଘର (କବିତା ସଙ୍କଲନ), ଗୋପା, ଆଲତୀ, କଦମ୍ବ (କଥାନୀ ସଙ୍କଲନ), ମାରିଷା (କଥାନି ସଙ୍କଲନ), ଭାଇ ଜିଉଁଟିଆ (ନାଟକ), ଗୁଲୁମ (ନାଟକ), କେରଟାଲ ଦେଶର ଜନ (ମଲୟାଲମ ନୁ ଅନୁବାଦିତ କଥାନି ସଙ୍କଲନ), ତମାଲ ନଦୀର ତଲେ (ଉପନ୍ୟାସ), ଅଧୁରା ସପନ (ଉପନ୍ୟାସ), ଡୁଣା ଗଛର ଚରେ (ଉପନ୍ୟାସ), ଶ୍ରୀଜନ ଦଉଲର ସଏଲତା (ଆତ୍ମଜୀବନୀ), ଏ କୁଇଲି କଥାନି କହ (କଥାନୀ ସଙ୍କଲନ), ଉକିଆ (ପ୍ରବନ୍ଧ ସଙ୍କଲନ), ତେତେଲ ପତର ଝାଇଁକି (କବିତା ସଙ୍କଲନ), ଲଲୋ (କବିତା ସଙ୍କଲନ), ରାଧା (ଆକାଶବାଣୀ ନୁ ପ୍ରସାରିତ ନାଟକ), ତୁଲସୀ (ଦୂରଦର୍ଶନଥି ପ୍ରସାରିତ ନାଟକ), କାରଗିଲ (ନାଟକ), ଖଗଲା (ନାଟକ) । ଇତାର ବାହାରେ ଲୋକ ସାହିତ୍ୟ ଉପରେ ବି ଗବେଷଣା ପ୍ରବନ୍ଧମାନେ ଲେଖିଛନ ।

ଶିକ୍ଷକ ପେଶା ନୁ ରିଟାଏଡ ହେଲା ଉତାରୁ ସାହିତ୍ୟ ସାଧନାଥି ମନ ଦେଇଛନ । ସେ ଲେଖସନ:

ଜୀବନ୍ ଗାଉଟେ ଗାଉଛେଁ ସଜନୀ

ଶୁନିଆ ଶୁନିଆ ଅଟକ୍ ଯାଏ

ଫୁଲ୍ ଲେଖେଁ ଆମେ ଫୁଟିଛୁଁ ଇଠାନେ

ଫୁଲ୍ ଲେଖେଁ ଆମର ଜୀବନ୍ ଆଏ

ସତ୍ ଶାନ୍ତି ଦୟା ପ୍ରେମ୍ ବାସ୍ନାଟେ

ସଂସାର୍‌କେ ଯଦି ପାର୍‌ମାଁ ଦେଇ

ତେଭେ ସିନା ସଖୀ ଜୀବନ୍ ସଫଲ

ଫେର୍ ପ୍ରଭୁର୍ ଗଲେ ହେମାଁ ଉଲେଇ

ତାଙ୍କର ସାହିତ୍ୟ ସାଧନା ଲାଗି କେତନି ଅନୁଷ୍ଠାନ ନୁ ମାଏନ ପାଇଛନ । କିଛି ବଟାଲା ବାରିର ମାଏନ ହେଲା; କୋଶଳ ଶ୍ରୀ, ପ୍ରଗ୍ୟାଁ ଭାରତୀ ସମ୍ମାନ, ସମ୍ବଲପୁର ୟୁନିଭର୍ସିଟି ନୁ ଡ. ନୀଲ ମାଧବ ପାଣିଗ୍ରାହୀ ସମ୍ମାନ ଆଦି ।

ମନୋହର ସାହୁ

ଇ ସମିଆଁକେ ଆର ୫ନେ ଯୋରଦାର ସାହିତ୍ୟ ପ୍ରତିଭା ଉଭରିକରି ଆସିଛନ ଘେଁସ ପାଖର କଁଟାପାଲି ଗାଁରୁ । ମନୋହର ସାହୁ କୋସଲି ସାହିତ୍ୟର ସବୁ ଦିଗେ କଲମ ଚଲେଇଥିଲେ; କବିତା, କଥାନୀ, ପ୍ରବନ୍ଧ, ଉପନ୍ୟାସ, ନାଟକ, ରମ୍ୟରଚନା ଆଦି । ତାଙ୍କର ଲେଖାମାନେ ହେଲା, ଜଖା(ଉପନ୍ୟାସ), ସୁନାମି (ଉପନ୍ୟାସ), ମହିମା(ଉପନ୍ୟାସ), ସଙ୍କ୍ରାନ୍ତି(ଉପନ୍ୟାସ), ଭୀଁକାରି(ଉପନ୍ୟାସ), କଖଗ (ଉପନ୍ୟାସ) ଅମରବର(କଥାନୀ), ବିସମବିଧି(କଥାନୀ), ପ୍ରେମଗଁଗା (ନାଟ), ପଁଚରସି, ପରଚଁର୍ଟ୍, ଇଦରଧନୁ (ପ୍ରବନ୍ଧ), ଅଧରମିଆଁ (ନାଟ), ଅନମୁନସିଆ (କଥାନୀ), ଏଗାର ଭାଇ ଗୁଲାମ (ରମ୍ୟ ରଚନା), ରାଧା ଭାବ (ଗୀତି କାବ୍ୟ) ଆଦି । ଇତାର ବାହାରେ ଡର୍ଜନ ଉପରେ ଲେଖା ଛପି କରି ନୁହେ ବାହାରେ ତାଏଲା । ମନୋହରଙ୍କର ଜନମ ପଦମପୁର ପାଖର କନସିଁହା, କୁଦୋପାଲି ନ ୧/୭/୧୯୪୮ ସାଲେ ହେଇଥିଲା । ସେ ଘେଁସ ପାଖର କଁଟାପାଲି ନ ରହୁଥିଲେ । ତାଙ୍କର ସାହିତ୍ୟ ସାଧନା ଲାଗି ସମ୍ବଲପୁର ୟୁନିଭର୍ସିଟି ନୁ ନୀଲମାଧବ ପାଣିଗ୍ରାହୀ ସମ୍ମାନ ସହେତେ କେତନି କେତେ ଅନୁଷ୍ଠାନନୁ ମାଏନ ପାଇଛନ । ୨୩/୪/୨୦୧୫ ସାଲେ ତାଙ୍କର ମରନ ହେଇଥିଲା ।

ହଲଧର ନାଗ

୧୯୯୧ ଆଡକେ ହଲଧର ନାଗ ଆସଲେ କୋସଲି କାବ୍ୟ ସାହିତ୍ୟ ଜଗତକେ । ତାକର କାବ୍ୟ ସବୁ 'ହଲଧର ଗ୍ରନ୍ଥାବଲି' ନାଁରେ ୧୯୯୮ ମସିହାରେ ବାହାରଲା ଆର ତାକର କବିତା ସଙ୍କଲନ 'ସୁରୁତ' ନାଁରେ ବାହାରିଛ । ହଲଧରଙ୍କୁ ଯେନମାନେ ଅତି ପାଖୁ ଜାନସନ ସେମାନକର ଭିତରୁ ଡ.ସୁବାସ ମେହେର କହେସନ, "ହଲଧରର କେତେଟା ଭଲ ଗୁନ ହଉଛେ, ସେ ଉଡିଆ କି ଇଁରାଜି ସାହିତ୍ୟନୁ ପ୍ରଭାବିତ ନେଇସେ ସେଠିର ଲାଗି ତାଙ୍କର ସାହିତ୍ୟଥି ଏକଦମ କଁଟା କୋସଲି ଶବ୍ଦମାନେ ବାହାରସି । ସେଠି ମେଶରି ନେଇଁ ମିଲେ । ଆର ସେ ଶବ୍ଦମାନକର ବେଭାର ସଟିକ ହିସାବେ କରସନ । ହଲଧର ଯେନଟା ଥରେ ଶୁନଲେ ସୋର କରି ପାରସନ ଆର ଆଘୋନୁ ଡଣ ନାଚବାର ଅଭିଗଁଥା ତାହାକୁ ଗୁଟେ ଭଲ ବକ୍ତା

ବନେଇ ଦେଇଛେ । ସେ ନିଜର କବିତାମାନଙ୍କୁ ନିଜେ ଯେତେବେଲେ ଆବୃତି କରସନ ସେତେବେଲେ ସେ କବିତା ଜୀଁ ଉଠସି" ।

ତାଙ୍କର ସାହିତ୍ୟ ପ୍ରତିଭା ଲାଗି ତାହାଙ୍କୁ ୨୦୧୬ ମସିହାରେ ପଦ୍ମଶ୍ରୀ ସଙ୍ମାନ ବି ମିଲିଛେ । ଇହାଦେ ସେ ପଷ୍ମିମ ଓଡ଼ିଶାର ସବୁ ନୁ ଜହ ନାଁ କରା ସାହିତ୍ୟିକ । ହେଲେ ସେ କେତନି ବିବାଦୀତ ବି ହେଇଯେଇଛନ । ସେ ତାଙ୍କର ଗାଁର କବି ଅମୃତଲାଲ ସାହୁଙ୍କ ସାଁଗେ ଏକେସାଁଗେ ଗୁଟେ ଶ୍ରେଣୀରେ ପଢୁଥିଲେ । ଅମୃତଲାଲ ସାହୁ ଗୌରାଂଗ ପାଣ୍ଡେଙ୍କର ସଂପାଦିତ ଜୁହାର ପତ୍ରିକାଥ ହଲଧରଙ୍କର 'ବଚ୍ଛର' ଆର 'ଉର୍ମିଲା' କାବ୍ୟର ସମାଲୋଚନା କରିଥିଲେ । ସେ ସମାଲୋଚନା ସହି ନି ପାରିକରି ହଲଧର ନାଗ 'ଟେକରଗୁଡ଼ା' କବିତା ଲେଖିକରି ଜବାବ ଦେଇଥିଲେ ।

<h3>ଟେକର୍ ଗୁଡ଼ା</h3>

ହାତିର୍ ପଛାଡେଁ   ଜେତେ ଭୁକ୍ଲୋଁ ଭି
ଭିର୍କି ପଲାବା କାର୍ୟଁ
ଅଜାନ୍ତି ଲେଖେଁ   ସୁଇଥ୍‌ଲୁ କେନ
ବାଇସ୍ ବଛର୍ ଜାଏ ॥
ଜେତେ ସାହିତ୍ୟିକ୍   ମୁରୁଖ୍ ଅଛନ୍‌
ସିଷ୍ଟିତ୍ ଟା ତୁଇ ଏକା
ତୁଇ ଲେଖି ଦେଲୋଁ   ତଲ୍ ପଡ଼ିଜିବା
ହଲଧର ନାଗ ଲେଖା ॥
ଅକର୍ମିଆଁ ତ   ଭୁଇ ନିନ୍ଦା କରେ
ରୁଘା ନିନ୍ଦା କରେ ଜଲ୍
ବେସୁଏନ୍ ପତି   ନିନ୍ଦା କରୁଥ୍‌ସି
ଜନ୍ ନିନ୍ଦେ ଚୋର୍‌ଖଲ୍ ॥
ବଚ୍ଛର କାବ୍ୟର   ସମାନେ ଲେଖାଟେ
ଭାରତ ସାହିତ୍ୟେ ନାଇ
ସର୍ବ ଭାରତୀୟ   କବି ସମ୍ମିଲନେ
ଅଛେ ପରସଁସା ପାଇ ॥

ମାଆଁ ବହେନ୍ କି   ମାଏ ପୋ ହେଲେଁ ଭି
ନାତା ନାଇ ଦେଖେ କବି

କାବ୍ୟ ନାୟିକା   ହେଲା ମାଡର୍ କେଁ
ବର୍ନିବା ରୂପ ଛବି ॥

ଆସିର୍ବାଦକେ   ଲୋଭ୍ ନାଇ ଥାଏ
ଅଭିସାପ୍ ନାଇ ଡର୍

ତେଭେଁ ଜାଇ କରି   ସେ କବି କବିତା
ରହେସି ହେଇ ଅମର ॥

ନିକୃଷ୍ଟ କବି କି   ଲେଖି ଦେଇଛନ୍
ମହା କବି କାଳିଦାସ୍

ଗିତ ଗୋବିନ୍ଦର୍   କବି ଜୟଦେବ୍
ଲେଖି ଦେଇଛନ୍ ଖାସ୍ ॥

ନାଇ ଜାନିକରି   କବି ହଲଧର
ଷେପୁଚ୍ଛେ ଭାରତ ଦେସେଁ

ଜହ ଜାନ୍‌ବାର୍   କବିତେ ଇଚ୍ଛେନ୍
ବାହାରି ପଡ଼୍‌ଲା ଘେଁସେଁ ॥

ଛଅ ରୁତୁ ଛଅ   ବହେନ୍ ବଲିଜେ
ଲେଖିଛନ୍ ନାରି କବି

କବି କଲ୍ପନା   ସେମାନେ ପୁରୁଷ
ଲିଙ୍ଗ ହେଲେ ଜଦର୍ ବି ॥

ନଦି କେନ୍ ଠାନେ   ବ୍ରହ୍ମ ପୁତ୍ର ଆର୍
କେନ୍ ଠାନେ ମନ୍ଦାକିନି

ପରକୁତି ଲିଙ୍ଗ   ନାଇ ଦେଖେ କବି
ହେଟା ଖିଜୁଚ୍ଛେ ଖିଜିନି ॥

ଭାରତ ସାହିତ୍ୟ   ଗବେସଣା କେନ୍ଦ୍ର
ମହାସତି ଉର୍ମିଲା

ଦଶମୀ ବାହୁଡ଼ା   ରଥର ଦିନେ ତ
ଗବେଷଣା ହେଇଥିଲା ॥

ଚୁରେଇ ଆନ୍‌ଲା   ଲେଖା ଆଏ କି ସେ
ଆଏ ମଉଳିକ୍‌ ଲେଖା

କସ୍‌ଟି ପଥରେ   ସୁନା ବରାବର
ଉତ୍‌ରି ଦେଇଛେ ଦେଖା ॥

ଟେଗୋର ସମ୍ମାନ୍‌   ପାଇଥିବା କବି
ଜେଏକି କୋସଲ ବ୍ୟାସ୍‌

ମହାସତୀ ଉର୍ମିଳା   ପଢ଼ିକରି ଲେଖି
ଦେଇଛନ୍‌ ସାବାସ୍‌ ॥

ଇନ୍ଦର ଜିତର   କଟାମୁଡ଼୍‌ ଜେଢେଁ
ନାଇ କହିପାରେ କଥା

ବେଲାଲ୍‌ ସେନର   ମୁଣ୍‌ଜେ କେନ୍‌ତା
କଥା କହେଲା ଜେ ବତା ॥

ବେଦ୍‌ ପୁରାନ୍‌ କି   ଉପନିଷଦ କେ
ହଲଧର ଜିବା କାହିଁ

ତାର୍‌ ଭାବେଁ ସେ ତ   ସାଧନ୍‌ କରୁଛେ
ମାଟିର୍‌ ଗାଥାକେ ଗାଇ ॥

କବିର୍‌ କବାର   ଲେଖା ମାଧ୍ୟମ୍‌ ଥିଁ
ସମାଜ୍‌କେ କରେ ଗୁଟେ

ତୁଇ କାଣି ଗାଏ   ଅଲ୍‌ଗୋ ଗୁଠାନି
ମେଲନ୍‌ ନାଇନ ମୁଟେ ॥

ହିଁସା ସଏଲତା   ଜଲି ଜଲି କରି
ତାର୍‌ ସୁଖେଁ ଜିବା ଖପି

ସାତ୍‌ ଥର ତୁଇ   ଜନମ୍‌ ହେଲୋଁ ଭି
ପାର୍‌ବୁ କାଏଁ ଦହଁପି ॥

ଲୋକ କବି ରତ୍ନ   ହଲଧର ନାଗ
  ତୁଇ କାଁଜେ ହେଲୁ ଲୁହା

କବି ନୁହେଁ ତୁଇ   ପର୍ ଗୋଡ୍ ଘିଚା
  ଅହଁକାରି ବଡ଼୍ କୁହା ॥

ହଲଧର ସାହି–   ତ୍ୟକେ ଆର୍ କିହେ
  ଜାନ୍ ବାକେ ନାଇ ବାକି

ସୋସ୍ ନାଇ ମୋଟେ   ଲାଖ୍ ଲଖ୍ ଲୋକ୍
  ଆକୁଲେଁ ଥୁସନ୍ ଟାକି ॥

ତିନ୍ ପଢ଼ା ହଲ–   ଧରର୍ ସାହିତ୍ୟ
  ବେଦର୍ ବିଚାରେଁ ଥୁଇ

ଫୁଲ୍କେ ନୁର୍ସି   ମହୁମାଛି ହେଲେଁ
  ଡନାମାଛି ନୁରେ ଗୁହୁ ॥

ହଲଧର ସାହି–   ତ୍ୟକେ ଜେନ୍ମାନେ
  ନାଇ ଖୁପାବାର୍ ଖୋର୍

କେତେ ପାଏନ୍ କି   କେତେଟେ ଗୁହେର୍
  ଡଁଡେଇର୍ କାଏଁ ସୋର୍ ॥

ବରହ୍ମକେ ଲଭି   ବରହ୍ମ ବାଦିନି
  ସତ୍ ଲଭି ସତ୍ ବାଦି

ଆହାର୍ ମିଥୁନ୍   ଧୁମ୍ରା ତିଆଗି
  ଜୋଗ୍ ରୁପା ଜୋଗ୍ ସାଧ୍ ॥

ପାର୍ବତି ଥିଲେ   ଜୋଗ୍ ରୁପା ହେଲେଁ
  ସେମାନେ ତ ଦେବି ଆନ୍

ମାନବି ଟେ ହେଇ   ସେ ଜୋଗ୍ ସାଧ୍ଛେ
  ଆଏସେ କେଡ଼େ ମହାନ୍ ॥

ପଥର ମୁର୍ତି   ଆଖିଁ ଲହ ୫ରେ
  ଭଗବାନ୍ ଜେଭେଁ ରାମ୍

ଛାତି ଚିର୍‌ଲେଁଟ   ହନୁ ମରିଜିବା
       କେତା ଅସମ୍ଭବ୍‌ କାମ୍‌ ॥

ବାହାଦୁରି ଆଏ   କବି ଜେଛେଁ କଲ୍‌-
       ପନାଥିଁ ପହଁରୁ ଥାଏ

ଥିଲା ବିସେ ଜଦି   ନକଲ ମାରୁଛେ
       ହେଟା କାଏଁ କବି ଆଏ ॥

ସତି ମାନେ ତାର୍‌   ଲାଏଗ୍‌ ନହେସେ
       ମହାସତି ଉର୍ମିଲା

ଉର୍ମିଲାର୍‌ ତ   ବିଚ୍ଛେଦ୍‌ ନାଇନ
       ସିତାର୍‌ ବିଚ୍ଛେଦ୍‌ ଥିଲା ॥

ଲଏଖନର୍‌ ସେ   ଅଧେ ଆଏ ଅଙ୍‌
       ସକ୍‌ତି କରଲା ଭେଦ୍‌

ଲଏଖନ୍‌ ଜେଏ   ଉର୍ମିଲା ସେଏ
       ନାଇ ଥାଇଁ ଭେଦା ଭେଦ୍‌ ॥

ସିତାକେ ରାମ୍‌ ତ   ସଙ୍ଗେ କରିଛନ୍‌
       ଉର୍ମିଲା କେ ତ ନାଇ

ପରଭୁ କେତାର୍‌   ଭୋଗ୍‌ ନି ଲାଗ୍‌ଲେଁ
       ପ୍ରସାଦ୍‌ ପାଇଛେ କାହିଁ ॥

ପତି ଦେଲା ଜେନ୍‌   ମାନ୍‌ ପତରତେ
       ସେଠାନୁ କେ ବଡ଼ ଅଛେ

ଅଧେ ଅଙ୍ଗେ ଥିଲା   ଅର୍ଧାଙ୍ଗିନି ସେ
       କାଏଁଜେ ଗୁଡ଼ାବା ପଛେ ॥

ଜାନି ଜାନି କରି   ଅବୁଜ୍‌ ମୁରୁଖ
       ଛୁଛା ପବନ୍‌ ଖାର୍‌ଚା

ଉର୍ମିଲା ବଛର୍‌   ଜୁହାରେଁ ଦୁଇଟା
       ହେତା ହେଇଛେ ଚରଚା ॥

ରାମ ବନ୍‌ବାସ୍‌   ଦେଲେ କଇକେୟି
      ଲଏଖନ୍‌ କେତ ନୁହେ
ରାମ୍‌ ପାଦ୍‌ ସେବା   କଲେଁ ଲଏଖନ୍‌
      ସେ ଫଲ୍‌ ପାଏବେ ଦୁହେଁ ॥
ଦୁର୍‌ଦର୍‌ସି ସେ   ନିଜର୍‌ ପତିକେ
      ବନ୍‌କେ ପଠେଇ ଥିଲା
ଗୁଲ୍‌ଗୁଲା ହେଇ   କାନ୍ଦ୍‌ବା କାର୍ଯଁ ଜେ
      ମହାସତି ଉର୍ମିଲା ॥
ସତି ହେଇ କରେ   ଅସାଧ୍ୟ ସାଧନ୍‌
      ଜେନ୍‌ତା କି ସାବ୍‌ତ୍ରି
ଚିତର୍‌ ଗୁପତ୍‌   ପାଞ୍ଜି କାଟି ପଢ଼ି
      ଜିବନ୍‌ ପାଇଛେ ଫିରି ॥
କାନ୍ଦ୍‌ବା ବୁବ୍‌ବା   ମିଲନ୍‌ ବିଚ୍ଛେଦ୍‌
      ମହାସତି ନୁହେ ମୁଟେ
ଘଏତା ମାଏ ପୋ   ଦୁହି ଆତମା ଟା
      ହେଇ ଜାଇଥିସି ଗୁଟେ ॥
ପତିର୍‌ ଭିତରେଁ   ସତି ମିସିଗଲେଁ
      ଲଭ୍‌ସି ପରମ୍‌ ପତି
ପରମ୍‌ ପତିକେ   ଲଭି ପାରିଥିବା
      ଉର୍ମିଲା ମହାସତି ॥
ସିବ ପାର୍‌ବତି   ହଉଛନ୍‌ ଜିବ
      ଜଗତର୍‌ ମାଆଁ ବାପ୍‌
ଉର୍ମିଲା ଏକ୍‌–   ନିସ୍ଠା ଦେଖି କରି
      ସେମାନେ ଭି କାଏ କାଏ ॥
ଦେଇଛନ୍‌ ଜେନ୍‌   ମାନ୍‌ ପତର୍‌ ଟେ
      ସେନୁ କିଏ ବଡ଼ ଅଛେ

ଆମ ଗଛେଁ ଜାମ   ପାଏବା କି କଡ଼ୋ
ଅଡ଼ାଳିଲୋଁ ଆମ ଗଛେ ॥

ଶ୍ରୀରାମ୍ ବିଜେତା   ବଜରଙ୍ଗ ବଲି
ଜେନ୍ ବିର୍ ହନୁମାନ୍

ଉର୍ମିଲା ଅଲୋ-   କିକ୍ ଦେଖିକରି
ହଜିଗଲା ତାର୍ ଗ୍ୟାନ୍ ॥

ହନୁମାନ୍ ଦେଲା   ମାନ୍ ପତର୍ଟେ
ସେଠାନୁ କେ ବଡ଼ ଅଛେ

ସାତିକାଁଶେ କବି   ନାଇ ଲେଖି ଥିଲେଁ
ନାଇ ଲେଖି ଥାଉ ପଛେ ॥

ରାମ୍ ହାଟେଁ ଥାଇ   ଭଗାରିର୍ ମୁଡ଼୍
କରି ଦେଲା ସିଉକାର୍

ଜାନ୍‌ବା ଲୋକ୍ ତ   ଜାନ୍‌ବା ସକ୍ତି
କେତେ ସେ ଉର୍ମିଲାର୍ ॥

ସତରୁ ଦେଲାଜେ   ମାନ୍ ପତର୍ଟେ
ସେଠାନୁ କେ ବଡ଼ ଅଛେ

ସଏଲତା ନୁହେ   ମାନ୍ ପତର୍ଟା
ଫଳସା ପତର୍ ଗଛେ ॥

ଜଗତ୍ ଜିବନ୍   ନିଦା ବିସ୍ନୁ ଜେ
କ୍ଷିର୍ ସମଦର୍ ସାଯି

ମାନ୍ ପତର୍ ଟେ   କଲେ ପରଦାନ୍
ଉର୍ମିଲା ଗୁନ୍ ଗାଇ ॥

ସାମାନ୍ ଥାଏକି   ସେ ମାନ୍ ପତର
ସେନୁ କିଏ ବଡ଼ ଅଛେ

ପୋଜ୍ ରକଟ୍ କି   ଖାଏବୁ ମାଛିରେ
ଦିହେଁ ନାଇ ଘାଆ ରଁଟେ ॥

ଦେସ୍ ବିଦେସ୍ କେ   ସାହିତ୍ୟ ଜେନ୍ତା
                ଗଲାନ ହଲ୍‍ଧରର୍

ଉଚ୍‍କି ହେଇ ଭି   ମରି ଜାଇ ପାରୁ
                ପାଏଲେଁ ତାର୍ ଖବର୍ ॥

ଦୁନିଆଁ ଜାକର୍   ବୁଝି ସାର୍‍ଲେନ
                ମହାସତି ଉର୍ମିଲା

ଅମୃତ ଆଉ   କି ବିସ୍ ଆଉ
                ତୋର୍ ବୁଝିବାର୍ ବାକି ଥିଲା ॥

ମୂଲ କଥା ହଲ–   ଧର ପ୍ରତିଭାକେ
                ନାଇ ପାର୍‍ବାର ସହି

ଛାତି ଫାଟି ଛିଡ଼ି   ପଡ଼ୁଛେ କଲଜା
                ନାଇ ପାର୍‍ବାର୍ ରହି ॥

ସେ ନିଜର ଛୁଆ ଦିନର ସାଁଗକେ ବି କଡ଼ା ଶବଦ ଥି କବିତା ଜରିଆରେ ଆଲୋଚନା କରିପାରିଛନ ।

ଇତାର ବାହାରେ ଯେତେବେଲେ ବ୍ୟଂଗକବି ମନ ମାସ୍ଟେଙ୍କର କ୍ରିକେଟ କବିତାର କିଛି ପଦକେ ନେଇକରି ହଲଧର ନାଗ ନିଜେ ସେଥି କିଛି ପଦ ମିଶେଇ କରି ଭିନେ ଭିନେ ସଭାସମିତି ମାନକୁ ଗାଇବସଲେ । ସେତେବେଲେ ବି ମନ ମାସ୍ଟେଙ୍କର ସାଙ୍ଗେ ଝମେଲା ହେଇଥିଲା । ମନ ମାସ୍ଟେ ବି ହଲଧରଙ୍କୁ କେତନି ସାହେଜ ସହଯୋଗ କରିଛନ ତଥାପି ସେ ଭୁଲିଗଲେ । ହଲଧର ନାଗ ବେଭାର କରିଥିବା ମନ ମାସ୍ଟେଙ୍କର କବିତାର ପଦ ହେଲା:

"କ୍ରିକେଟ କହନ୍ତି ଶୁଣ ମୋହନ
ବଇଁଶୀକେ ଆଉ ନାଇଁ ଧରନ
ଫିକିଦେଇଅ ତାକେ ନାଇଁ କରି ଲେଟ୍
ହାତେଁ ଧର ଗୁଟେ କ୍ରିକେଟ ବେଟ୍ ହୋ
ମୁଡେ ଖାପ ହେଲ୍‍ମେଟ୍
ଦୁହି ନଲହାଉଠୁଁ ଫାଲେ ଫାଲେ କଁଥା

ମୋହନ ହେ ମୋହନ

ଦୁହି ହାତେ ଗ୍ଲୋବ୍ ସେଟ୍ ହୋ ମୋହନ ।"

ସେତାକେ ମନ ମାଷ୍ଟ୍ରେ ଗଣଇଶ୍ତାହାର ପତ୍ରିକାଥି ପ୍ରତିବାଦ କରି ଲେଖିଥିଲେ:

ମନ ମାଷ୍ଟ୍ରଙ୍କ କ୍ରିକେଟ୍ ଗୀତ,

କବି ହଳଧର ଗାଉଛି ତ

ଏ ସବୁ ପ୍ରତିଭା ବିଲୟ,

ଟଙ୍କା ଗାମ୍ଛାର ଜୟ ଜୟ ॥

ମନ ମାଷ୍ଟ୍ରେ ତାଙ୍କର ଆତ୍ମଜୀବନୀ "ହସି କହେ ନନ୍ଦ ହୋଇ କାନ୍ଦ କାନ୍ଦ" ବହିଥି ଲେଖିଛନ । ତାହାଙ୍କୁ ଜବାବ ଦେବାର ଲାଗି ବିଜେପୁର ପାଖର ତାଳପଦର ଠାନେ ମନ୍ଦିର ପଦିଷ୍ଠା ବେଳକେ ହଳଧର ନାଗଙ୍କର ୫ନେ ସମର୍ଥକ କବିତା ପାଠ ଉଜୁକ କରିଥିଲେ । ଆଗରୁ ଯୋଜନା ହିସାବେ ହଳଧର ନାଗ ସେନ୍‌କେ ପହଁଚି ସାରିଥିଲେ ନ ଆର ମନ ମାଷ୍ଟ୍ରେ ଆର କିଛି କବି ମାନକର ସାଂଗେ ପହଁଚିଲେ । ସଭା ମୁଲ ହେଲା କି ମନ ମାଷ୍ଟ୍ରଙ୍କର ଉଦ୍ଦେଶ୍ୟରେ ହଳଧର ନାଗ କହିଥିଲେ, "ଇଟା ସବୁ ଲେଡିଆ ବୁଟିଆ ଗ୍ରୁହୁମୂତର କବିମାନେ ଦୁଇଦିନିଆଁ ଆନ, ମୁଇଁ ହଉଛେଁ କାଳଜୟୀ କବି" ।

ନାଇଁ ହେଲାର ଭାଗବତ ଲେଖିକରି କବି ବୁଲଉଛନ । କାଣା ଆଏ ସେ ଭାଗବତ −

ଉଧବ ଗଲେ ଦାଣ୍ଡେ ଦାଣ୍ଡେ । ସେଠାନେ ପଡିଥିଲା ଲେଣ୍ଡେ ॥

ସେଟା ମୁଠା ନ ଦେଲେ ଭରି । ଆଢେ ବୋଲ ହରିହରି ॥

ଏଟା ଭାଗବତର କବି ତ ?

ଇତାର ପରେ ମନ ମାଷ୍ଟ୍ରଙ୍କର ଲାଗି ବି ହଳଧର ନାଗ ଗୁଟେ କବିତା ଲେଖିକରି କିଶୋର ସାହୁଙ୍କୁ ଦେଇଥିଲେ ତାଙ୍କର ପତ୍ରିକାଥି ଛାପବାର ଲାଗି । ସେଟା ହେଲା **ଗୁହୁଁ କବିର୍ ନିଲଜ୍ ମୁହୁଁକେ:**

ଗୁହୁଁର୍ କବିରେ ମନ ମାସ୍ତ୍ର	ଅମୃତ କବି ହେଲେ ହଳଧର
ମୁହଁରେ ଅମୃତ ଗିଜରେ ଗୁହୁଁ	ଗୁହୁଁକେ କି କେଭେ ଖାଉଛେ ମୁହଁ
କ୍ରିକେଟ ଲେଖିବା କବିର ନୁହେଁ	ଅମୃତ କାଂଜେ ସାନି ହେବା ଗୁହେଁ
ଗୁହେଁ ସାନି ହେସି ଗୁହର କିଟ	ସୁଖୁଡି ଗୁହେଁ ହେସି ଛଟ ପଟ

ପାଟିକୁଲୁଣ୍ଠାରେ ସୁନିଲେ ଜାହା   ଚଢିଲେ ମନର ମୁହେଁ ଦେଇ ପାହା
କବିର ଲେଖାରେ କ୍ରିକେଟ ନାଇଁ   ହେଟା ମନର ମୁହେଁ ମିଠା ପଁଢେଇ
ମନର ଲେଖାଟା ହେଲା ତେରଫେଟା   ଛଟ୍କି ଛଟ୍କି ମରୁଛେ ବେଟା
ପାଇକମାଲ ହାଇସ୍କୁଲ ଠାନେ   ତତେ ଡେଗିଗଲେ ତୋର ସାମ୍ନେ
ସାମନା ସାମନି କର ଲଢେଇ   ପଛାଡେ କହୁ ଚୁରୁନି ବିଲେଇ
କବି ଆଉ ଜେଢେଁ ଅଛେ ତୋର ଧଡି   ଉଠୋ ବରଗଛକେ ଜାଆ ଚଢି
ବଢେ କବି ବଲି ହେସୁ ଦେଖେଇ   ପୁରୁବ ଉଡିସାରେ ହେସୁ ସେଁକେଇ
କବି ଖଗେସର ହଲଧରକୁଁ   ନିନ୍ଦା କରୁଥୁଲୁ ସଭା ମାନକୁ
କହୁଥୁଲୁ ନିଚ ଭାସା ବଲି ତ   ଏ ଭାସା ହୁଏନି ସାହିତ୍ୟ ଲେଖା
ସମଲପୁରିକେ ଉଝୁଲା କରି   ସେ ଭାସାକେ କାଁଜେ ଆଉଛୁ ମରି
ସମଲପୁରି ନୁଆଁ ନୁଆଁ କବି   ତୋର ମାରେଁ ଜାଉଥିଲେ ଜେ ଦବି
ପଢିଗଲୁ ହଲଧର ହାବୁଡେଁ   ଚଡକ ପଡୁଛେ ତୋହର ମୁହେଁ
ଭାସା ବିରୋଧି ତତେ ଅଛୁଁ ଦେଖି   କବି ସମାଜ ଦଉ ଅଛୁଁ ଲେଖି
କବି ସମ୍ରାଟ କି ହେବୁରେ ମନ   ଗୁହେଁ ଘାଁଟି ହେଇଚାଲା ଜୀବନ
ଆର ଜନମରେ ହେବୁ ଘୁଁସୁରେ   ନରକ ଖାଇ କରି ପେଟ ପୁରା

      ହଲଧର ନାଗ ତାଙ୍କର ଗାଁର ୫ନେ ଓକିଲ ସାଂଗ ବି କୋରୋନା ସମିଆଁକେ କେଶ ମାମଲାଥି ଲାଗିଛନ । ଏତା କେତନି ବିବାଦିତ ହେଇଯେଇଛନ ପଦ୍ମଶ୍ରୀ ପାଏଲା ଉତାରୁ ।

ବିପିନ ଆଚାର୍ଯ୍ୟ

      ବିପିନ ଆଚାର୍ଯ୍ୟ ୫ନେ ସମର୍ପିତ କବି, କଥାନୀକାର, ଉପନ୍ୟାସିକ, ପ୍ରାବନ୍ଧିକ, ସମୀକ୍ଷକ, ଆର ଆଲୋଚକ । ସେ ଇଂରାଜୀ, ହିନ୍ଦୀ, ଉଡିଆ ଆର କୋସଲିଥି ସମାନ ଦଖଲ ରଖିଛନ ସାରସ୍ୱତ ସୃଜନ ଲାଗି । ତାଂକର କୋସଲି କବିତା ସଂକଲନ 'ଝୁଲପୁଲ ସହର' ଆମର କବିତା ବିଭାଗକେ ଆଧୁନିକତା ଢାଁଚାନେ ଲେଖବାରକେ ଅନୁପ୍ରେରିତ କରସି । ଇତାର ବାହାରେ ସେ ଭିନେ ଭିନେ ସାହିତ୍ୟିକ ଆର ସାଂସ୍କୃତିକ ଅନୁଷ୍ଠାନ ସାଂଗେ ଜୁଡିହେଇ ଈ ବାହିର ମାତୃଭାଷାକେ ସମୃଦ୍ଧ କରବାର କୁଶିସ କରିଛନ । ତାଂକର କିଛି କବିତା

ଗୁଡିକେ ଦୁଇଟା ଚିଠି

କବିତା ଲେଖ ନାଇଁ

ମାଁ ମୋର
ଘର ଭାଙ୍ଗିଯିବା
ଛିଡ଼ି ପଡ଼ବା ଆକାଶ ।

କବିତା ନ କାଏଁ ନିଆଁ ଜଳସି...,
କବିତା ନ କାଏଁ ଶାସନ ବଦିଳସି...,
କବିତା ନ କାଏଁ କ୍ରାନ୍ତି ଆଏସି ...?
କବିତା ନ କାଏଁ ବାରି ହେସି ଆତ୍ମା ର
ସାଫ ସୁତରା ନକ୍‌ସା...?

ଇ ମୁନୁଷ ଗଢ଼ିଛେ ଦେଖ
ସାତ ତାଲର ସହର
ଚୌଦ ତାଲର ହୁଟଲ
ହୁଟଲ ଭିତ୍ରେ ନଏଦ
ନଏଦ ଭିତ୍ରେ ସାମଖୋଲ
ଆରୁ ସାମଖୋଲ ଭିତ୍ରେଁ ପାଲିଛେ
ଐରାବତ, ଅସ୍ତରା ଆରୁ ଉଡ଼ନ ଖୋଟଲା

ତୁଇ କବି, ତ...,
ଦେଖା
ଗୁଲାପ ଫୁଲେ ବାସ୍ନା ଅଛେ, ତ ଦେଖା
ବର୍ଷା ମାଟି ନ ଶିହରନ ଅଛେ – ତ ଦେଖା
ଦେଖା
ପଲସ୍ତରା ଭିତ୍ରେଁ କେନ ଲୁକିଛେ
ମିସ୍ତୀର ନୁନିଆଁ ଝାଲ
ରେଜାର ପେଟେ ନିଆଁ
ଆରୁ
ମାଁର ପନତେ ନିରଭଏ ଗୁଟେ ଆଶ୍ରା ।

ଦେଖା କେନ ଅଛେ ତୋର ମନ
ଭାବ...ତୋର ସପନ...ତୋର ଭବିଷ୍ୟତ ।

ଗୀତ ନୁହେଁ
ଗୀତ ନୁହେଁ ଇଟା ।
ନୁହେ ଇଟା ମୋର କବିତା
ମନର ମୁନୁଷଟେ ଜାହା ପୁଡ଼ୁଛେ ।
ପୁଡ଼ାମନର କନ୍ଦାବୁବା ତତେ
ଗୀତ ବାଗିର ଶୁଭୁଛେ ।।

ଟ୍ୟୁସନ୍ ମିଲବା
...ଟ୍ୟୁସନ୍ ...?

ଆଠ ନ' ପ୍ଲସ୍‌ଟୁ ମାଇନର
ଟ୍ୟୁସନ୍ ଗୁଟେ, ଆଞ୍ଜା..."
ମିଲବା ? ?
ଟିକ୍ ଟିକ୍ ଖରାନ ପୁଡ଼ିଯାଉଛେ ହସିଁ,
ଉହଉହ ନିଆଁନ ଜଲିଯାଉଛେ ଅଁଟି,
ଖଦେ ଲାଚାରୀର ବୋଝ
ଆଁଖି ଫଟାଟୁଟା ସପନ୍ ।
ବୁଲୁଛେ ହୀରୋ, ଗଲି ଗଲି ଦପ୍ତର ଦପ୍ତର
ଖୁଜୁଛେ ଗୁଟେ ନଉକିରୀ
ଖୁଜୁଛେ ଗୁଟେ ଟ୍ୟୁସନ୍,
ଦୀନ୍‌ଭର ।।

ମାଁ କହିଥିଲା-ପାଠ୍ ପଢ଼ବୁ, ପଢ଼ଲା ।
ମାଷ୍ଟର୍ କହିଥିଲା ସତ କହେବୁ – କହେଲା ।
ଅଜା କହିଥିଲା ସୁଧାର ହେବୁ – ହେଲା ।
ଖାଲି ନାଇଁ ହେଇ ପାରଲୋ

ବା'ର କଥା,
ହସ ଖୁସିରେ ଖୁଜି ଖୁଜି
ଗୁଜୁରିଗଲା ବା'
ଗଲା ବ‍ର୍ଷେଁ
ମାଁର ଆଉ କେତେ ଦିନ...?
ବାକି ପଡ଼ିଛେ କେତେ ନାଇଁ କେତେ ଉଧାରୀ,
ରକ୍ତର ଉଧାରୀ, ଗୁରୁସର ଉଧାରୀ,
ପୂଜାଧଜା, ଉପାସବଲାର ଉଧାରୀ,
ଗୁଟେ ଜୁଟିଆ, ମୁଠେ ଅଲୁଆ ଚାଉଲର ଉଧାରୀ,
ଉଧାରୀ-ପଦେ କଥା
ଟିକେ ଆହା'ର ଉଧାରୀ
ତମାମ ଉଧାରୀର
ହୋହୋ ଘୋଘୋ ଭିତେଁ
ବଢ଼ୁଛେ ଖାଲି ଲାଚାରୀ
ସାଧେଁ ସାଧେଁ ॥

ଘରବାଲୀ ବୁଢ଼ୀ ଚିଲ୍ଲୁଥିବା ଘରଛାଡ଼,
-ଘରଛାଡ଼ ।
ସାଂଗ ମୁଡ଼ୁଥିବା ମୁହୁଁ ।
ହଜୁଥିବା ବାଟେଘାଟେ ଇନ୍ଦ୍ରଭୁ ଲେଟର,
ବଢ଼ୁଥିବା ଖାଲି
ଗୁଟେ ଗୁଟେ ତାରିଖ...ଫାଲେ ଫାଲେ କେଲେଣ୍ଡର ।
ବଢ଼ୁଥିବା ବଏସ,
ବଢ଼ୁଥିବା ନାକାମିୟାବିର ଡର ।
ଦୀନୁଁଦୀନ...ସାଲୁଁସାଲ ମରୁଥିବା ମନ ।
ହୀରୋ ବନୁଥିବା ଜିରୋ...,
ଖୁଜୁଥିବା ଗୁଟେ ଟ୍ୟୁସନ...।
ଗୁଣୁଥିବା... "ହମ ହୋଂଗେ କାମୟାବ"...,

ଈ ସଞାଲ୍ୁ ଆର ସଞାଲତକ୍‌

–ଫେର ସଞାଲ୍ୁଁ ଫେର ସଞାଲତକ୍‌

–ଫେର ସଞାଲ୍ୁଁ...॥

ଗୋରେଖନାଥ ସାହୁ

ଗୋରେଖନାଥ ସାହୁ ଜାତୀୟତାବାଦୀ ଚିନ୍ତାଧାରାର ସଂଗ୍ରାମୀ ଲେଖକ । ୧୯୯୦–୯୧ ଆଡକେ କୋସଲବାଦୀ ନେତା ପ୍ରେମରାମ ଦୁବେଙ୍କର ଘରେ ବୈଠକି ବସିଥିଲା ଆର ସେନ କୋସଲ ପାଟି ଗଠନ କରାହୋଇଥିଲା । ସେଦିନୁ ଗୋରେଖନାଥ ସାହୁ ମାଁ ମାଟିର ସଂଗ୍ରାମଥି ଯୁଡିହୋଇଗଲେ । ଆଘୋନୁ ସେ ଓଡିଆଥି ଲେଖୁଥିଲେ । ପ୍ରେମରାମ ଦୁବେଙ୍କୁ ଭେଟଲା ଉତାରୁ ତାଙ୍କର ନିଜର ମାତୃଭାଷା କୋସଲି ବଲି ଜାନଲେ । ଆର ସେତକି ଦିନୁ ସେ କୋସଲିଥି କଲମ ଚଲେଇ ଆସିଛନ୍ । ତାଙ୍କର କଲମ ନୁ ନିଝରିଛେ, 'କୋଶଲ ସ୍ୱାଭିମାନ', 'କୋଶଲୀ ଗୀତା ସାର', 'ପ୍ରଜ୍ଞା ଲୋକ', 'ଆମର ଘରର ମଜା କଥା', 'ଗୋରେଖନାଥ ସାହୁଙ୍କର କୋଶଲି ପ୍ରବନ୍ଧମାଲା' । ସେ କୋଶଲି ଭାଷାର ସାପ୍ତାହିକ ପତ୍ରିକା କୋଶଲ ପ୍ରଦେଶ ଛାପିଛନ ମୁଖିଆ ସଂପାଦକ ହିସାବେ ।

ସେ ଇହାଦେ ଭିନେ ଭିନେ ସାହିତ୍ୟ, ସଂସ୍କୃତି ଅନୁସ୍ଥାନ ସାଙ୍ଗେ ଯୁଡିଛନ । କୋଶଲ ସାହିତ୍ୟ ସଂସ୍କୃତି ଏକାଡେମୀର ଆର କୋଶଲ ହେରିଡେଜ ଟ୍ରଷ୍ଟର ସାଧାରଣ ସଂପାଦକ । ଏକାଡେମୀ ତରଫରୁ ଭିନେ ଭିନେ ଲେଖକଲେଖିକା ମାନକର ୪୦ ଖଣ୍ଡ ବହି ଛପାହୋଇଛେ । ଏକାଡେମୀ ତରଫରୁ କୋଶଲ ରଥ ବୁଲେଇ କରି ଜନଜାଗରଣ କରାହୋଇଥିଲା ଜନସୁମାରି ବେଲାକେ । ଯାର ଦ୍ୱାରା କି ପଶ୍ଚିମ ଓଡିଶାର ୨୬ ଲକ୍ଷ ନୁ ଜହ ଲୋକ ନିଜର ମାତୃଭାଷା କୋଶଲି ବଲି ବତେଇଛନ ।

କୋଶଲ ରାଏଜ ଲାଗି ଦିଆ ହଉଥିବା ଇଂରାଜୀ ଦାବିପତର ସେ ଲେଖିଛନ । ଗୋରେଖନାଥ ସାହୁ ମାଁ ମାଟିର ସଂଗ୍ରାମୀ ବାହାରେ ୫ନେ ପୁରଖା ଆଇନଜୀବି ଆର ସାମ୍ୟଦିକ ।

କୃଷ୍ଟଚନ୍ଦ୍ର ଭୋଇ

ଦିନେକା ବୌଦ୍ଧ ଧର୍ମର ପ୍ରଚାର ପ୍ରସାର ଲାଗି ନାଁ କରିଥିବା ଅଂଗ ନଦୀ ଖଡିର ଗାଁ ଗନିଆଁପୋଲି ସେନ ନ କି ବୁଦ୍ଧ ବାବାମାନେ କୋସଲିର ପହେଲା ସାହିତ୍ୟ

ଚର୍ଯ୍ୟାଗୀତି ଗାଉଥିଲେ ସେ ବରଗଡ ଜିଲ୍ଲା ଗାଏସିଲେଟ ବ୍ଲକର ଐତିହାସିକ ଗାଁ ଗନିଆଁପାଲି ନ ୧୧/୪/୧୯୬୦ ସାଲେ କୃଷ୍ଟଚନ୍ଦ୍ର ଭୋଇଙ୍କର ଜନମ । ବାପା ଚକ୍ରଧର, ମାଁ ବାଲମତୀ । କୃଷ୍ଟଚନ୍ଦ୍ର ଖାଲି କବି ନୁହଁନ ଭାଷାକର୍ମୀ, ଭାଷା ପ୍ରଚାରକ ବି । ସେ ୫ନେ ଆଶୁକବି; ମାଇକ ଧରଲେ ଘନ୍ଟା ଘନ୍ଟା କବିତା ଗାଇକରି ଦେଖେନହାରୀର ହୁରୁଦ ଜିତି ପାରସନ । ଯେତେବେଲେ ୨୦୧୦ରେ ଦିଲ୍ଲୀ ଛାଡିକରି ଆସଲି, ବେନି ପତ୍ରିକା ସଂପାଦନା କରୁଥିଲି । ୨୦୧୧ ଆଡକେ ସାହିତ୍ୟ ସଭାମାନଙ୍କୁ ଅଷ୍ଟମ ସୂଚୀର କଥା କହେବାର ମୂଲ କଲୁ । ଆମେ ୨୦୧୨ ରୁ ୨୦୧୪ ତକ ଯେନ ଗାଁ ଗାଁ ବୁଲିକରି "ଘର ଘର କୋସଲି" କାର୍ଯ୍ୟକ୍ରମ କରୁଥୁଲୁ ସେଥି ଗାଏସିଲେଟ ବ୍ଲକର ଗାଁମାନକୁ ଗଲାବେଲକେ ତାଙ୍କର ସାଂଗେ ଫଟଫଟିର ପଛାଡେ ସାଂଗେ ବସିକରି ସଭାମାନକୁ ଯାଉଥୁଲୁ । ଆମର ସବୁ ସଭାର ସଞ୍ଚାଲନ ସେ ହିଁ କରୁଥିଲେ । ଦର୍ଶକମାନକୁ କେନ୍ଦ୍ରକରି ସାହିତ୍ୟ ପ୍ରତି ଜୁଟିକରି ରଖାଯାଇପାରବା ସେ ଜାନିଥିଲେ । କବିମାନେ କବିତା ପାଠ କଲା ମଞ୍ଚ । ନ ମୁଁ ଦୁଇ ପଦ ବାଗିର ଭାଷାର ସ୍ୱୀକୃତି କାଏଁଯେ ଦରକାର ସାଧାରଣ ଲୋକକୁ ବୁଝଉଥିଲିଁ । ଆମର ସଭା ସବୁ ଗାଁଖୁଲି ସାଧାସିଧା ହିସାବେ କରା ହଉଥିଲା ।

ସେ ଓଡିଆ କୋସଲି ଦୁହି ଭାଷାଥି ଲେଖସନ । ୪୦୦ ନୁ ଅଏତକା କବିତା ଭିନେ ଭିନେ ପତ୍ରପତ୍ରିକାଥି ବାହାରିଛେ । ତାଙ୍କର ଲେଖାଥି ମୁନୁଷ ଲାଗି ଦରଦ, ସମାଜଥି ସଂସ୍କାର ଆର ଚେତନା ଆନବାର ମୁଖିଆ କାମ ବଲି କବି କହେସନ । ତାଙ୍କର ଲେଖାମାନେ ହେଲା, 'ଚଲନ', 'ସମିଆଁ', 'ଅମରାଫୁଲ', 'ସବୁ ତ ଗଲା ନ ଲୁକି', 'ଧାଂଗରୀ ସେଲା', 'ଭକ୍ତର ଭଗବାନ', 'ସମୁଦ୍ର ମନ୍ଥନ', 'କବିତା କଥାନୀ', 'ଭାଷାର ପଦେ' ଆଦି ବାହାରିସାରିଛେ । ଆର କେତେଟା ଲେଖା ବାହାରିବାରକେ ଅଛେ ସେତାମାନେ ହେଲା, 'ପ୍ରେମ ଦରଶନ', 'କରମସାନୀ', 'ଭାଷାର ପଦେ', 'ଜୀବନ ଧରସା' ଆଦି ।

ତାଙ୍କର ଭାଷା ସାହିତ୍ୟର ସେବା ଲାଗି କେତନିଟେ ଅନୁଷ୍ଠାନ ନୁ ମାଏନ ପାଇଛନ । ସେ ଭିତରୁ ପାଇଥିବା କିଛି ଉପାଧି ହେଲା, କବିରତ୍ନ, କବି ଚନ୍ଦ୍ର, କୋସଲି କବି ଆଦି । ସେ ଚାକରି ଜୀବନ ନୁ ଇହାଦେ ରିଟାଏଡ ହେଲା ଉତାରୁ ଭାଷା ସାହିତ୍ୟର ପ୍ରଚାର ପ୍ରସାର ଲାଗି କଲମ ଚଲାବାର ଜାରି ରଖିଛନ ।

ଆନନ୍ଦ ଚନ୍ଦ୍ର ସାହୁ

ଆନନ୍ଦ ଚନ୍ଦ୍ର ଜନାଶୁନା କବି ହିସାବେ ନବେ ଦଶକର ପହେଲା ଆଡକେ ଉଭରିଥିଲେ ନ । ନିଜର କବିତା ବାବଦେ କବି ଲେଖସନ, "କବିତାର ଧାତିଥି ଜୀବନକେ ଭୁଡେଇ ହେଇ କବି ଗହଗହ ହଉଥିସି ଅଠି ପହର । ନିଜର ବଟରେ ନିଜର ଜୀବନକେ ବାଁଚବାର ବାଟ ତାହାକେ ଖୋବ ଭଲ ଭାବେ ଜନା । ଜୀବନର କୁରକୁଟି ସପନ ଭରମକେ ଛାତିଥି ଜାଁକିଜୁଁକା କରି କବିତାର ଝରନଟେ ବୁହେଇ ଦେସି କବି । ଯେନ କବି ଯେତେ ଇଁଚରେଇ ପାରିଛେ ସମିଆଁକେ ଆର ସମିଆଁର ପାହାରକେ ସେ କବି ସେତକି ଛିଁ ପାରସି ମୁନୁଷର ଜୀବନକେ ।"

କବି ସମାଲୋଚକ ଅଧ୍ୟାପକ ବିନୟ କୁମାର ଦାଶ ଲେଖସନ 'ଇଟାଭାଟି ସକାଲ'ର କବିତାର ବଡତି ଦିଗେ, କବି ମୁଲୁ କବିତାର ମୂଲ କରି କହିଛନ,

'କୁରକୁଟି ସପନକେ
ଉଁଡେଇ ଉଁଡେଇ
ସଲଂଖଉ ଥା ଫଟା ଦରପନ
ଇଆଡେ ସମିଆଁର ଗରିକଁଟାଥି
ଅଲଞ୍ଜି ଗଲା ନ ପହ ପହ ସଂଖାଲ' ।

ଇ କେତେଟା ଧାଡି ନ ପୁରା କବିତା ବହିର ଜୀବନ ଦରଶନ ଭରି ରହିଛେ । ଆରୁ କାହାକେ ବୁଝାବାରକେ ନି ପଡବାର ଯେ ଆମେ ବହିକେ ପଢୁନ ପଢୁନ କେନ ସଁସାର ଜୀବନ ଜଁଜାଲକେ ଆଦରଲା ମୁନୁଷପନ ମାନେ ତାଁକର ବାଁଚବାର-ବାଁଚବାର ଜୀବନ ନଏଦ ନ କେତେ ଅଥୋଥାଲି ।

ଦାଦନ ଗୁଟେ ଜୀବକା, ଘର ଛାଡି, ଗାଁ ଛାଡି ଯେନ ଦେଶୁ ପରଦେଶୀ ଖଟନ ଖଟବାର ପଛେ, ଇ ଜଗତର ମୁନୁଷ ମନକର ଘର ଲେହେଁଟା, ଗାଁ ଲେହେଁଟା, ତାକର ଶାରୀରିକ ରୂପକେ କବି ଅବିକଲ ଫୁଟେଇଛନ, ...

"ନାଇଁ ଫିରେନ ଫୁଲମତୀ
ନାଇଁ ଫିରେ ତାର ମଲିଫୁଲିଆ ହଁସି
ରାଏପୁର ଥୁଁ ନାଇଁ ଫିରନ୍
ଭୁଏ ବୁଢାର୍ ଗୁଟେ ବଲି
ପୁଓ ଆର୍ ବହୁ"

୧୭ ଜାନୁଆରି ୧୯୬୯ ସାଲେ ଜନମ । ମାଁ ଜାନକୀ ଦେବି, ବାପା ମାସା ସାହୁ । ଇହାଦେ ଶାନ୍ତିପଡ଼ା ବଲାଂଗିର ନ ରହୁଛନ୍ । ପେଶାଥି ସାୟ୍ଦୀକ । ସେ କେତନିଟେ ଜନାଶୁନା ଓଡ଼ିଆ ଆର କୋସଲି ଭାଷାର ପତ୍ରପତ୍ରିକାଥି ଲେଖି ଆସୁଛନ୍ । ତାଙ୍କର ପ୍ରକାଶିତ କୃତି ମାନେ ହେଲା:

ଇଟାଭାଟିର ସକାଲ୍ (୨୦୦୪ ଆର ୨୦୧୯), ଭୋକ୍ (୨୦୧୦), ତାର ଆସ୍‌ବାର କାହାକେ ଜନା (୨୦୧୨), ଲମେଇଛେଁ ପାହା (୨୦୧୪), ଅଁଗେ ଉକିଆ (୨୦୧୭) ଆଦି । ତାଙ୍କର ସାହିତ୍ୟ ସାଧନା ଲାଗି ସେ କେତନିଟେ ଅନୁଷ୍ଠାନନୁ ମାଏନ ପାଇଛନ୍ ।

ସନ୍ଦୀପ କୁମାର କୁଅଁର

କୋସଲି ଆଧୁନିକ ସାହିତ୍ୟ ଜଗତର ଆର ଛେନେ ଉକିଆ ତରା ହଉଛନ୍ ସନ୍ଦୀପ । ସେ କୋସଲି ଆର ଓଡ଼ିଆ ଦୁହି ଭାଷାଥି ଲେଖସନ । ସେ କୋସଲିଥି କବିତା, କଥାନୀ, ପ୍ରବନ୍ଧ ଆର ସାହିତ୍ୟ ସମାଲୋଚନା ଲେଖସନ । ଇତାର ବାହାରେ ହିନ୍ଦୀ ଆର ଇଂରାଜୀ ନୁ କେତନି ଅନୁବାଦ କରିଛନ୍ । ବଲାଂଗିର ସହରର କେତନି ସାହିତ୍ୟିକ ଆର ସାମାଜିକ ଅନୁଷ୍ଠାନ ସାଂଗେ ଜୁଡ଼ି ହେଇ ଅଛନ୍ । ତାଙ୍କର କବିତା ସଙ୍କଲନ ମହୁଘରା (୨୦୧୭)ଥି ବାହାରିଥିଲା ।

ଯେନ ଆଡେ ଯିବୁ ଯା !

ବାଟ ଲମିଛେ ଛାଟପାଟ,

ନାକ ସୁତରେ ସୁତରେ ଯିବୁ ବଏଲେ

ଯା ସମାଲପୁର କି ସନପୁର,

ଯେନ ଦିଗେ ଗଲେ ବି ଭେଟବୁ

ସୁକ‍ତେଲକେ

ଆବରି କରି ଠିଆହେବା ଆଗଆଡେ

କେତେବେଲେ ଖଲଖଲ ବୁହିଗଲା ଧାରେ ତ

ଆର କେତେବେଲେ ଚଟ୍‌ କଲା ବାଏଲ ସରସର

ଛାଡ଼ିଥ ପୁଟ‍ଲେଇ ପକାବା ତତେ, ସୁକ‍ତେଲ ।

ସୁକ‍ତେଲ,

ଖାଲି ଗୁଟେ ନଏଦ ନାଈଁ ସେ
ସୁକଟେଲ
ଗୁଟେ ଇତିହାସର ଅସଂଖ୍ୟାପନର କଥାନି,
ସମିଆଁର ଧାରେ ହଜିଯାଇଥିଲା କଥାନି,

ବାଁଧି ଦେଲେ କେବେ କେନେ ଅଟକିଛେ ଯେ
ଅଟକିବା ପାନିର ଧାର,
ପବନର ପାର
ନାକୁ ବୁଚଡିଯାଉଥିଲା ନିଶାସ
ଭାଁଗି କରି କୁରକୁଟି ହେଇଗଲା ବିଶାସ

ୟିମି ବଲି ବୟେଲେ କାଏଁ ଯାଇହେବା ?

ଟାଖିଥା ବଲି କେବେ ଘାଏ
କହିଦେଲା ଝେନେ ଯେ
ଟାକି ଟାକି ପଖନ ହେଇଗଲେ ପନେ ।
କେତେ ପାଏନ ବୁହିଗଲା
ସୁକଟେଲର ମଝା ଧାରେ,

ବନ୍ଦା ହେଲାକେ ଖଁଡିର ଗାଁମାନେ ବୁଡି ହେଲେ,
ଧୁରିଆର ଗାଁମାନେ ଚହରେଇ ହେଲେ ପାଏନ ପାସେ
ସୁକଟେଲ
ଗୁଟେ ଅବଗା ସୁନ୍ଦରୀ, ଫୁଲଟାଁଘରିର ନାଁ
ଗୁଟେ ଛଲଛଲ ଖଲଖଲ ଭାବର ଗାଁ
ଗୁଟେ ଜୀବନଧାରର ପନ
ଗୁଟେ କିହେ ନାଈଁ ବୁଝିପାରଲୋ ମନ,
ସୁକଟେଲ, ସୁକଟେଲ ।।

ବଲାଂଗୀର ରାଧାରାଣୀ ପଡା ନ ରହୁଥିବା ସଦୀପଙ୍କର ଜନମ ୩/୧୦/ ୧୯୭୦ ସାଲେ ହେଇଥିଲା । ବାପା ଲକ୍ଷ୍ମଣ କୁମାର, ମାଁ ଜାନକୀ । ପେଶାଥି ସାମ୍ୟାଦିକ । ତାଙ୍କର ସାହିତ୍ୟ ସାଧନା ଲାଗି କେତନି ଅନୁସ୍ଥାନ ନୁ ମାଏନ ପାଇଛନ ।

ଚତୁର୍ଭୁଜ ସାଆନ୍ତ

ବଲାଂଗିର ଜିଲ୍ଲା ନ ୧୯୫୦ ରୁ ୯୫ ଆଉକେ କୋସଲି ଆଧୁନିକ କବିତାର ଯେନ ଧାରଟେ ପଝରିଥିଲା ସେଟାକେ ପଝରାବାର ଭିତରେ କବି ଚତୁର୍ଭୁଜ ସାଆନ୍ତ ଝନେ । 'ଦଲଦଲି' ଆର 'ଧରସା'ର ସଫଲ କୋସଲି ଆଧୁନିକ କବି ହଉଛନ ଚତୁର୍ଭୁଜ । ବଲାଂଗିର ଜିଲ୍ଲା ତାଲପାଲି ଗାଁ ନ ୧୯୬୬ ମସିହା ମାର୍ଚ ୨ ତାରିଖ ତାଙ୍କର ଜନମ । ବାପା ବାଦୁ ମାଁ ଲକ୍ଷ୍ମୀ । ସେ ସମିଆଁର ପତ୍ରପତ୍ରିକାଥି ସେ ଲଗାତାର ଲେଖି ଆସୁଥିଲେ । ଅସମିଆଁଥି ୨୧ ମେ ୨୦୨୧ ସାଲେ ସେ ଶେଷ ସାଁସ ଛାଡିଥିଲେ । ତାଙ୍କର ସାହିତ୍ୟ ସାଧନା ଲାଗି ସେ କେତନି ଅନୁସ୍ଥାନନୁ ମାଏନ ପାଇଛନ ।

ସୀତଯ୍ୟା

ମୁଇଁ ତ ସମରପନି

ଦୁଖ ସୁଖ ହାଁସିଖୁସି

ମୁଇଁ ଅପନେ ଏକା ବୁଝାମନା

ମନଚାହି ପକାଲେ ପାହା

ସଂଦେହର ଭୁତ ହେସି ଠିଆ

ମୁଇଁ ତ ଝୁଏର ଝୁଏ

ହାଁସଲା ବାତନିକେ କେନ ମୋର ଭଏ

ଜଲିଛେଁ, ଜାଲିଛେଁ, ମନ ଭିନ ଭିନ

ସଫା ବଧିଆ ମନସା କରପଡା

ସଁକଲା ବେଟଲା ପୁରନ ଭାବ ଦରପୁଡା

ସଁପିସାରି ଦିଛେଁ ଏକମନ ଏକ ତନ

ବିହିଛେଁ ମହାସତୀର ବାନା

ନବୀନ ବିଶ୍ୱବନ୍ଧୁ

କୋସଲି ଆଧୁନିକ ଧାରାର ଆର ୫ନେ କବି ହଉଛନ ନବୀନ ବିଶ୍ୱବନ୍ଧୁ । ବଲାଂଗିର ଜିଲ୍ଲା ମହିମୁଣ୍ଡା ପାଖର ବିହିବନ୍ଧ ଗାଁ ନ ୨୪/୧୦/୧୯୭୦ ସାଲେ ନବୀନଙ୍କର ଜନମ । ସେ କୋସଲି କବିତା, ପ୍ରବନ୍ଧ, ସମାଲୋଚନା, ଲୋକ ସାହିତ୍ୟ ଗବେଷଣାଥି ନିଜର ଗୁଟେ ଅଲଗ ନାଁ କରିଛନ । ତାଙ୍କର ଗୁଟେ ଲେଖା ହେଲା:

ମାଆଁକେ

ତୁଇ ଅଛୁ ବଲି

ମୁଇଁ ଅଛେଁ ଗୋ ମାଁ ।

ତୁଇ ନାଈଁଥିଲେ

ଶୁଇନ ଦାଦରେ

କିଏ ପଚରାତା ମୋର ନାଆଁ ଗାଆଁ

ତୁଇ ଥିଲୁ

ସେ କାଲୁ

ଥିଲୁ ବଲି ତ

ମକେ ଆରୁ ସଂସାରକେ

କଅଁଲାଲୁ !

ବୁଢ଼ୀ ମାଁ ମତେ ସବୁ ଦେଖୁଛୁ

ଥାଇ ନାଇଁ ଥାଇ..

ମକେ ଏତା ଗେଲ କରୁଥିବୁ

ଗୋ ମାୟି ।

ତୋର ଗାଲିଦିଆ କି ମାଡଖିଆ

ଭାଗ୍ୟ ଥିଲେ ମିଲସି

ଗୋ ମାଆଁ

ଘାଏ ଘାଏ ଅତରଉଥିବୁ

ବଲି ମୋର ଛୁଆ ।।

କେଶ ରଂଜନ ପ୍ରଧାନ

କୋସଲି ଲୋକ ନାଟକର ଯେନ ବଢେଟେ ଧାର ଲୀଳା, ସୁଆଙ୍ଗ, ଯାତ୍ରା ହିସାବେ ବୁହି ଆସୁଥିଲା ସେ ଧାରାଥି ଯୁଗ ଅନସାରେ, ଲୋକର ରୁଚି ଅନସାରେ, ନାଟକକେ ଆଧୁନିକ ମଟାନ, ଲାଇଟ ଆର ମଟାନ ସାଜୋ (stage craft) ଆଦି ବେଭାର କରି କରି ପରସିବାର ଚଲନ ଅଧ୍ୟାପକ କେଶ ରଂଜନ ପ୍ରଧାନଙ୍କର ଆଘୋନୁ ହେଇଥିଲା ନ । ଜନାଶୁନା ନାଟକକାର ଭଗବାନ ସାହୁ ବି ପଶ୍ଚିମ ଓଡିଶାର ସାଜୋବାଜୋ ପଶ୍ଚିମ ଓଡିଶାର ପିଢ଼ନ ଉଢ଼ନ, ଭାଷା ସଂସ୍କୃତିକେ ତାଙ୍କର ନାଟକଥି ବେଭାର କରି କରି କେତନି ନାଁ କରିଥିଲେ । ଭଗବାନ ସାହୁଙ୍କର ନାଟ ଦଲ ସଂଖାଲ ପୁଆ ତକ ହଉଥିବା ଅପେରା କରୁଥିଲେ ହେଲେ କେଶରଂଜନଙ୍କର ନିକେ ସେଟା ଆସୁନ ଆସୁନ ନାଟକର ସମିଆଁ କମ ହେଇଗଲା ।

ଆଜିର ତାରିଖରେ କେଶ ରଂଜନ ହଉଛନ ପଶ୍ଚିମ ଓଡିଶାର ସବୁ ନୁ ଜହ ନାଁ କରା ଆର ତାଙ୍କର ଲେଖଲା ଆର ବଟାଲା ନାଟକମାନେ ଶହ ଶହ ମଟାନ ଅଭିମଣ୍ଡିତ ହେଇଛେ । ତାଙ୍କର ନାଟକର ସୋର ଜରୁର ଆଧୁନିକ ଏ ହେଲେ କମ ଖର୍ଚାଥି ସହର ନୁ ଗାଁଲି ଗାଁର ଗାଁଖୁଲି ବି କେନ୍ତା କରି ନାଟକ ପରସା ଯେଇପାରେ ସେ ଚେଷ୍ଟା କରିଥିଲେ । କେଶ ରଂଜନଙ୍କୁ ଯଦି ଖାଲି ନାଟକ ନିର୍ଦ୍ଧେଶକ କି ଲେଖକ ବଲି କହେମାଁ ବଏଲେ କମ ହେଇଯିବା । ସେ ନାଟକ ଲେଖବାର ସାଁଗେ କଥାନି, କବିତା ବି ଲେଖସନ । କେତନି ଅଲଗା ଭାଷାର ଲେଖାମାନକୁ ଅପନେଇକରି ଛାୟାନୁବାଦ (adaptation) ବି କରିଛନ । ହେଲେ ତାଙ୍କର ଜହ ପରିଚୟ ନାଟକକାର ହିସାବେ ରହିଛେ । ସେ ନିଜେ ଲୁ ନାଟକ ଅନୁଷ୍ଠାନ ଜରିଆରେ ଭିନେ ଭିନେ ନାଟକ ପରସୁଥିଲେ ବି ନବେ ଦଶକର ପହେଲା ଭାଗୁ ଆଏଜତକ କେତନି ଅଭିନେତା, ନାଟକ ଲେଖକ, ନିର୍ଦ୍ଦେଶକ ସେ ତିଆରି କରେଇଛନ । ମୁଁ ନିଜେ ବି ତାଙ୍କର ସାଁଗେ କାମ କରବାର ସୁଯୋଗ ପାଇଛେଁ ଆର ଅନୁପ୍ରେରିତ ବି ହେଇଛେଁ । ସେ ଯେତେବେଲ "ଅମ୍ମ", "ନାଗନାଡି" କରୁଥିଲେ ମୁଁ "ଆରୁ ଦୁଯୋଧନ" ଲେଖୁଥିଲିଁ । ପଦମପୁର ବାଗିର ଛୋଟ ସହରର ପିଲାମାନେ ତାଙ୍କର ଲାଗି ବଲି ଏନୁଏସଡିର ସପନ ଦେଖିଛନ । ସେ ସମିଆଁକେ କୋସଲିଥି ହାସ୍ୟ କବିତାର ବା ମଟାନ କବିତାର ଧାରା ଥିଲେ ବି ପଶ୍ଚିମ ଓଡିଶାରେ କୋସଲି ନାଟକ ହଁକାବାଦୀ ଆର ଉଚ୍ଚବଂମାନେ ଜଜବଜ ହଉଥିଲା । କଲେଜ ଫଂକସନ ନୁ ମନ୍ଦିର ପ୍ରତିଷ୍ଠା ବେଲାକେ ବି ନାଟକ ଅଭିମଣ୍ଡିତ ହଉଥିଲା । କୋସଲି ନାଟକ ପ୍ରତି ଗାଁ ଗହଲି ନୁ

ସହର ତକ ଦେଖେନହାରି ବନାବାର ଆର ନାଟକ ଲାଗି ଆଗ୍ରହର ମାହୋଲ ବାନାବାର ପଛାଡେ ତାଙ୍କର ନାଟକମାନେ ସଫଳ ଥିଲା ।

୧୯୯୩ ସାଲେ ତାକର ବ୍ରେନ ଚାଇଲ୍ଡ "ଦି ଲୁ"ର ଥାପନା କରସନ । ଲୁ ବ୍ୟଏଲେ ସଂସ୍କୃତ ବର୍ଣ୍ଣମାଳାର ଗୁଟେ ଭୁଲେଇଗଲା ଅକ୍ଷର । ହୁଏତ ତାଙ୍କର ନାଟକ ସଂସ୍କାର ନାଁ ଲୁ ଦେବାର ପଛାଡେ ଇଟା ହେଇଥେଇପାରେ କି ଇଲାକାର ଗଲା ଦିନମାନକୁ ଭୁଲି ପାଶରି ଦେଲା ସଂସ୍କୃତିକେ ଫେର ଉଖରେଇ କରି ପରସିପାରେ । ଲୁ ଥାପନା କଲା ଦିନୁ ପରସିଥିବା ନାଟକମାନେ ହେଲା: ୧୯୯୩-ଅସୁର (୨୦ ସୋ), ୧୯୯୪-ଗଛର କଥା, ୧୯୯୫-ଗଧର କଥା (କୃଷ୍ଣ ଚନ୍ଦ୍ରକର କଥାନି ଉପରେ ଆଧରିତ), ୧୯୯୮- ଅମ୍ୟା (ସାରଲା ମହାଭାରତର ଅମ୍ୟା ଚରିତ୍ର ଉପରେ ଆଧାରିତ), ୧୯୯୯- ନାଗନାଡି (ଏନ୍ତନ ଚେକଭକ୍ର Chekhov's A Marriage Proposal ଛାୟାନୁବାଦ), କଲମସପାଦ, ୨୦୦୦- ମାୟା (ଛୁଆକର ନାଟ), ଚେଲେଞ୍ଜ (ଛୁଆକର ନାଟ), ୨୦୦୧ – ମାହାପୁରୁ (ଛୁଆକର ନାଟ), ୨୦୦୧- ଘାଟି (ଘେଁସ ଜମିଦାରଙ୍କର କଥାନୀ), ଖୁଦାନ (Hewers of Coalର ଛାୟାନୁବାଦ), ରାୟମତୀର ବାୟର (ନକୁଲ ବାଦୀଙ୍କର କଥାନୀ ଉପରେ ଆଧାରିତ), ୨୦୦୩-ସଭେ ଗଧ, ୨୦୦୪-କୁଇଲି କୁଇଲି କିଏ ରଜା, ୨୦୦୫-ଅଭୁତ ପରବତ (ମନୋଜ ଦାସଙ୍କର କଥାନୀ ଉପରେ ଆଧରିତ), ୨୦୦୬- ଶେଷ ଚାଲ (The Game of Chess by K S Goodman ଛାୟାନୁବାଦ), ମାଁ - ମେକ୍ସିମ ଗର୍କିଙ୍କର କଥାନୀ Mother of a Traitor ଉପରେ ଆଧରିତ), ୨୦୦୭ – ପଂଜା। WWJacob's The Monkey's Paw ଉପରେ ଆଧରିତ), ୨୦୦୮ – The Magic Brush, ଚିନି କ୍ଲାସିକ ଉପରେ ଆଧାରିତ, ବିମାଧରର କଥା, (ଓଡିଆ ଲେଖକ ହୃଷିକେଶ ପଣ୍ଡାଙ୍କର ଲେଖା ଉପରେ ଆଧାରିତ), ୨୦୦୯- ଚାୟର ସିପାହୀ, ସନ୍ତୋଷ ରଥଙ୍କର କାଥାନି ଆଧାରିତ, ଗୁରୁ ଦକ୍ଷିଣା, ରବି ପଟନାୟକଙ୍କର ଉପନ୍ୟାସ ଆଧରିତ), ୨୦୧୦- ଭାଗତେଇ, ଅବନୀ ବରାଲଙ୍କର କଥାନୀ ଉପରେ ଆଧାରିତ, ଅନ୍ତର କଥା, The Beggar and the King by Winthrop Parkhurst, ରତ୍ନଲାଭର କଥା, ୨୦୧୧- ସିନ୍ଥେଟିକ, ଗରାବନ୍ଧା, ୨୦୧୨- ଅନ୍ତ, ୨୦୧୩- ପୃଥିବୀର ପରିକ୍ରମା, ଦାଦନ, ଚରନ ଦାସ ଚୋର, ୨୦୧୪- ଲୁକୁ ଦାସର କଥା, ଧାନଫୁଲ, ଗନ୍ଧ, ୨୦୧୫ – ଦକ୍ଷିଣା, ନିଜର ହାତେ ନିଜର ଭାଗ୍ୟ, ୨୦୧୬- ଦୁର୍ଗା, ପୁତୁଲି, ୨୦୧୭- ସେକେଣ୍ଡ ଚାନ୍ସ, ଇସ୍ତଫା, ୨୦୧୮

– ଧାନଫୁଲ, ୨୦୧୯– ଗାନ୍ଧି ଛକ, ୨୦୨୧– ଦୁବିଧା, ୨୦୨୨– ମାଁ କହ ଗୁଟେ କଥାନୀ, ପାରୁଟି ୨୦୨୩– କିଞ୍ଚିତ ଭୋଗମ, ପଏରଛା ସତୀ, ରଂଗଭୂମୀ, ୨୦୨୪– ହୃଦୟପଥଗାମୀ, ଆଦମଖୋର ।

ଇତାର ବାହାରେ କେଶରଂଜନ ତାଜମହଲର ଟେଣ୍ଡର, ଗାଁ, ସୁନାର ଚେରେ, ଲେଂଗଡା ରାଜା, ଇସ୍ତିଫା, ଭଗନସ ଆଦି ନାଟକ ଛାୟାନୁବାଦ କରିଛନ ।

ତାଙ୍କର ନାଟକ 'ଗଧର କଥା' ଆର 'ଅମ୍ଳା' ନୂଆଁ ଧାରା ମୁଲ କରିଥିଲା । ଦୁହି ନାଟକ ଭୋଜପୁରୀ ଆର ହିନ୍ଦୀ ଥି ଅନୁବାଦିତ ହେଇକରି ମଞ୍ଚନ ହେଇଛେ । ହଁସିମଜାକ ରସଥି ବୁଥବୁଥା 'ନାଗନାଡି' ଆର 'ରାଏମତୀର ବାଏର' କେତନି ଗାଁ ଆର ସହରଥି ଚାଲିଥିଲା । ଅସୁର, କଲମସପାଦ, ଭଗନସ, ସୁନାର ଚେରେକେ ବୁଦ୍ଧିଜୀବୀ ମାନକର ପ୍ରଶଂସା ମିଲିଥିଲା । ସେ ଟଲଷ୍ଟୟ, ଗର୍କି, ପ୍ରେମଚାଦ, ମନୋଜ ଦାସ, ରବି ପଟନାୟକ, ହୃଷୀକେଶ ପଣ୍ଡା ଆଦିଙ୍କର କଥାନିକେ ଆଧାରକରି ନାଟକ ଲେଖିଛନ ।

ପଶ୍ଚିମ ଓଡିଶାର ଲୋକ ସଂଗୀତ ଆର ମୁଖିଆଧାରାର ଥିଏଟରକେ ମିଶେଇକରି ନିଜର ନାଟକକେ ପରସିଥିସନ । ତାହାଙ୍କୁ ୨୦୧୭ ସାଲେ ଓଡିଶା ସଂଗୀତ ନାଟକ ଏକାଡେମୀ ତରଫରୁ ନାଟକ ଲାଗି ମାଏନ କରାହେଇଛେ ।

ସୁବାସ ମେହେର

ବାରମାଟି ଘୌଁସର ଆର ୫ନେ ଲାୟକ ପୁଅ ହଉଛନ ସୁବାସ ମେହେର । ତାଙ୍କର ଜନମ ୨୦/୪/୧୯୫୪ଥି ହେଇଥିଲା । ବାପା ଗୌରାଙ୍ଗ ମେହେର ଆର ମାଁ ଫୁଲମତୀ ମେହେର । ହାଇସ୍କୁଲ ବେଲୁ ଓଡିଆ ଆର କୋସଲି ଦୁହି ଭାଷାଥି ଲେଖିଆସୁଛନ । ପେଶାଥି ଶିକ୍ଷକ ହେଲେ ବି ସେନୁ ସମିଆଁ ବାହାରକରି ମାଟିର ସଂସ୍କୃତିକେ ଆଗକେ ନେବାର ଲାଗି ସେ ମାତୃଭାଷାଥି ସିରଜନା କରିଛନ କେତନି ସାହିତ୍ୟ । ପ୍ରାୟ ୨୧ ଖଣ ବହି ଲେଖିଛନ ସୁବାସ । ସେ କବିତା, କଥାନୀ, ପ୍ରବନ୍ଧ, ନାଟକ ଲେଖବାର ସାଁଗେ ନାଟକ ନିର୍ଦ୍ଦେଶନା ବି ଦଉଥିଲେ । ନାଟେ ନିଜେ ବାହାରୁଥିଲେ ବି । ଲୋକଧାରା ବିଷୟରେ ଗବେଷଣା କରି ପିଏଚଡି ପାଇଛନ ସୁବାସ । ସେ "ଆମର ସାହିତ୍ୟର ବିକାଶ ଧାରା", "କୋସଲି/ସମ୍ବଲପୁରୀ ଭାଷାର ବିକାଶ ଧାରା" ବାଗିର ବହି ଲେଖିକରି ନିଜର ଗୁଟେ ଅଲଗ ଠାନ ବନେଇ ପାରିଛନ । ୨୦୧୨ ସାଲୁ ରିଟାଏଡ ହେଲା ଉତାରୁ ସେ ସାହିତ୍ୟ ସାଧନାଥି ଜହ

ମନ ଦେଇଛନ୍ । ତାଙ୍କର ଲେଖାମାନେ ହେଲା, କାପକାପି (୧୯୯୯, ଛୁଆକର ସାହିତ୍ୟ), ସହିଦ ଜମିଦାର ମାଧୋ ସିଂ (ନାଟ, ୨୦୦୧), ଧୁନକେଲ (ଆଧୁନିକ କବିତା, ୨୦୦୩), କଥାନି କଥା ସୁନିକରି ଗଡଗଡୁଥା (୨୦୦୫), ସହିଦ ରକତର ଡାକ (୨୦୦୮), ପିଲା ହେବ ତ ଏନ୍ତା (୨୦୧୦), ଅଢିଆଁ କାବ୍ୟ ଚର୍ଚା (୨୦୧୦), ଗୀତା ବିଜ୍ଞାନ (୨୦୧୪), ଆମର ସାହିତ୍ୟର ରଂଗଢଂଗ (୨୦୧୬), ପଥର ଫରୁଆ (୨୦୧୭), ଅମୃତ ସାଗର, ପଶ୍ଚିମ ଓଡିଶାର ଲୋକାଭିବ୍ୟକ୍ତି, ଛନ୍ଦ-ବନ୍ଧ-ପ୍ରବନ୍ଧ, ସପ୍ତବର୍ଣ୍ଣା ଆଦି ।

ସେ କେତନିଟେ ସାହିତ୍ୟ ଆର ସାଂସ୍କୃତିକ ସଂଗଠନ ସାଂଗେ ଜୁଡିଛନ୍ । ତାଙ୍କର ସାହିତ୍ୟ ସାଧନା ଲାଗି ଆର୍ଟ ଏଣ୍ଡ ଆର୍ଟିଷ୍ଟ ସମ୍ବଲପୁର, ସମ୍ବଲପୁର ୟୁନିଭର୍ସିଟି ନୁ ଡ. ନୀଳମାଧବ ପାଣିଗ୍ରାହୀ ସମ୍ମାନ ଆଦି ପାଇଛନ୍ ।

ତେଜରୁ ବାରିକ

ବରଗଡ ଜିଲ୍ଲା ନ କୋସଲି ଭାଷା ସାହିତ୍ୟକେ ନେଇକରି ଯେନ ହଲଚଲ ହଉଛେ ସେଥି ତେଜରୁ ବାରିକଙ୍କର ଯୋଗଦାନ କେତନି । ବରଗଡ ଜିଲ୍ଲା ବରପାଲି ବ୍ଲକ ଜୁଲଟ ଗାଁ ନ ୩/୧/୧୯୬୨ ସାଲେ ଜନମ ହେଇଥିଲେ ତେଜରୁ । ବାପା ସାରଂଗ ବାରିକ । ପେଶାଥି ଶିକ୍ଷକ । ଗଲା ୧୯୫୦ ମସିହା ନୁ ସେ କୋସଲିଥି ଲେଖୁଛନ୍ । ତାଙ୍କର ଲେଖାମାନେ ହେଲା ଡିଂଗରା (କବିତା ସଙ୍କଲନ), ଲାଠି, ଲାତ (କଥାନି ସଙ୍କଲନ), ଗୁଟି, ଭାଟି, ଭୋକ (ଉପନ୍ୟାସ), ଅଢ୍ରେଇ ଦିନିଆ ଯମ୍, ବତର କିରି, ଜଖା, ଉଆଁସ ରାତିର କଲାଛାଏଁ, କିରା, ଅବୁଝା ରଜାକେ ପୁଆଲ ଚୁଟା ମନ୍ତ୍ରୀ (ନାଟକ), ବୁଲାକିର ବୟାନ (ବୁଲାକି କଥାନି) ଆଦି ଲେଖିଛନ୍ । ଇତାର ବାହାରେ ସେ 'ନୂଆଁଝରନ' ପତ୍ରିକାର ମୁଖିଆ ସଂପାଦକ, 'ମନୋହର' ପତ୍ରିକାର ସଂପାଦକ ଅଛନ୍ ଆର ସମ୍ବଲପୁରି ସାହିତ୍ୟ ପରିସଦ, ବରଗଡର ସଂପାଦକ ରହିଛନ୍ । ସେ ୬ନେ ଆକାଶବାଣୀର ମାଏନ ପାଏଲା ଗୀତିକାର ବି । ୩ଟା ଉପନ୍ୟାସ, ୧୪ଟା ନାଟ, ଗୁଟେ କଥାନୀ ସଙ୍କଲନ ବାହାରବାରକେ ତିଆର ଅଛେ ।

ସେ କେତନିଟେ ଅନୁଷ୍ଠାନନୁ ସମ୍ମାନ ସମ୍ବର୍ଦ୍ଧନା ପାଇଛନ୍ । ତାଙ୍କର ଉପନ୍ୟାସ 'ଭାଟି' ଲାଗି ସମ୍ବଲପୁର ୟୁନିଭର୍ସିଟି ଡ. ନୀଳମାଧବ ପାଣିଗ୍ରାହୀ ସମ୍ମାନଥି ମାଏନ କରିଛେ ।

ଶ୍ରୀନିବାସ ଉଦଗାତା

ବାପା ଶ୍ରୀଧର ଉଦଗାତା ଆର ମାଁ ଶ୍ରୀମତି ଉଦଗାତା କର ପୁଅ ହଉଛନ ଶ୍ରୀନିବାସ ଉଦଗାତା । ୬ ଜାନୁଆରୀ ୧୯୩୫ ସାଲେ ବଲାଂଗିର ଠାନେ ତାଙ୍କର ଜନମ । ବାପା ଶ୍ରୀଧର ଉଦଗାତା ବି କୋସଲି କବି ଥିଲେ । ଶ୍ରୀନିବାସ ବଡଭାଗି ଓଡିଆ ଲେଖକ ହିସାବେ ଜନାଶୁନା । ତାଙ୍କର କୋସଲି ଲେଖା ହେଲା 'ଭାବ ସମାଧି' ।

ସେ ଏକେଧାରେକେ ୫ନେ କବି, କଥାନୀକାର, ନାଟକକାର, ଉପନ୍ୟାସକାର, ପ୍ରାବଂଧିକ, ସଂପାଦକ, ଅନୁବାଦକ ଆନ । ସେ ଗଲା ପାଁଚ ଦଶକ ନୁ ସାରସ୍ୱତ ସାଧନା କରି ରଚିଛନ ଦେଢ ଶ' ନୁ ଅଏଟକା କୃତି । ସେ ଅନୁବାଦ ଲାଗି କେନ୍ଦ୍ର ସାହିତ୍ୟ ଏକାଡେମୀ ପୁରସ୍କ୍ରତ, ସୌହାର୍ଦ ସନ୍ମାନ ପାଇଛନ ହିନ୍ଦୀ ସାହିତ୍ୟ ସଂସ୍ଥା, ଲକ୍ଷ୍ମୀ ନୁ ଆଚାର୍ଯ୍ୟ ବିଦ୍ୟାସାଗର ପୁରସ୍କାର, ବିଶ୍ୱ ହିନ୍ଦୀ ସମ୍ମେଳନ ନୁ ସହସ୍ରାବ୍ଦି ସନ୍ମାନ, ବିସୁବ ପୁରସ୍କାର, ସାରଲା ସନ୍ମାନ, ସମଲପୁର ଯୁନିଭର୍ସିଟି ନୁ ଡି ଲିଟ୍, ପ୍ରୟାଗ ହିନ୍ଦୀ ସାହିତ୍ୟ ସମ୍ମେଳନ ନୁ ବିଦ୍ୟାବାଚସ୍ପତି ଉପାଧି ଆର ମହାମହିମ ଭାରତର ରାଷ୍ଟ୍ରପତି ନୁ ପାଇଛନ ପଦ୍ମଶ୍ରୀ ସନ୍ମାନ । ଇତାର ବାହାରେ ସେ ଚିତ୍ର କରସନ ଆର କ୍ଲାସିକାଲ ସଂଗୀତଥି ରୁଚି ରଖସନ ।

ସଦାନନ୍ଦ ଅଗ୍ରୱାଲ

୧ ନଭେମ୍ବର ୧୯୪୨ ସାଲେ ଇହାଦେର ସୋନପୁର ଜିଲ୍ଲା ମେଣ୍ଢା ଗାଁ ନ ଜନମ । ବାପା ବେନିରାମ ଅଗ୍ରୱାଲ, ମାଁ ରମାବାଇ ଅଗ୍ରୱାଲ । ସେ ମେଟ୍ରିକ ତକ ପଢାପଢି କରିଥିଲେ । ସଦାନନ୍ଦ ଅଗ୍ରୱାଲ ଜହ କରି ଐତିହାସିକ ହିସାବେ କେତନି ନାଁ କରିଛନ । ସେ ଓଡିଆ, ହିନ୍ଦୀଥି ଲେଖବାର ସାଂଗେ କୋସଲିଥି ଗୁଟେ ବଲି ନାଟକ ଲେଖିଛନ 'ରକତ' । ହେଲେ ରକତ ନାଟକ ସେ ସମିଆଁର ନାଟକ ଧାରାର ଗୁଟେ ସଫଲ ସାମାଜିକ ନାଟକ ବଲି ଧରାୟଅଏସି । ସେ ରାଷ୍ଟ୍ରୀୟ ସଂସ୍କୃତ ବିଶ୍ୱବିଦ୍ୟାଲୟ ତିରୁପତି ନୁ ୨୦୧୫ ସାଲେ ଡି.ଲିଟ ମାଏନ ପାଇଛନ ।

ହରେକୃଷ୍ଣ ମେହେର

ନୂଆଁପଡା ଜିଲ୍ଲା ସିନାପାଲି ଗାଁର ହରେକୃଷ୍ଣ ମେହେର ଆର ୫ନେ ବଡଭାରି ସାଧକ । ସେ ୫ ମେ ୧୯୫୬ ସାଲେ ସିନାପାଲି ନ ଜନମ ହେଇଥିଲେ । ବାପା ନାରାୟଣ ଭରସା ମେହେର, ମାଁ ସୁମତି ଦେବୀ । ତାଙ୍କର ଅଜା ହଉଛନ କବି ମନୋହର ମେହେର ଯିଏକି ପଲ୍ଲୀକବି ହିସାବେ ଜନାଶୁନା । ହରେକୃଷ୍ଣଙ୍କର ବାପା

ବି ଓଡ଼ିଶା ସାହିତ୍ୟ ଏକାଡେମୀ ନୁ ମାଏନ ପାଏଲା କବି । ତ କାବ୍ୟ କବିତା ଲେଖାଲୁଖି କରବାରଟା ହରେକୃଷ୍ଣଙ୍କର ରକତଥି ବୁହେଞ୍ଚେ ବଲିପାରମାଁ । ପାଁଚଟା ଭାଷା ଇଂରାଜୀ, ହିନ୍ଦୀ, ଓଡ଼ିଆ, ସଂସ୍କୃତ, କୋସଲିଥି ଲେଖାଲୁଖି କରସନ ।

ସିନାପାଲି ନୁ ହାଇସ୍କୁଲ ସାରଲା ଉତାରୁ ଜିଏମ କଲେଜ, ରେଭେନ୍ସା କଲେଜ ନୁ ପଢ଼ିଥିଲେ ଆର ଗୋଲ୍ଡ ମେଡାଲିଷ୍ଟ ହେବାର ସାଁଗେ ବନାରସ ହିନ୍ଦୁ ୟୁନିଭର୍ସିଟି ନୁ ପିଏଚଡି କରିଛନ । ଦୂରଦର୍ଶନରେ ତାଙ୍କର କୋସଲି ଗୀତ ମାନେ ପ୍ରସାରିତ ହେଇଛେ । ସେ କୋସଲି ଭାଷାଥି କାଲିଦାସଙ୍କର ମେଘଦୂତକେ ଅନୁବାଦ କରିଛନ ଆର କୋଶଲୀ ଗୀତମାଲା ଲେଖିଛନ । ସେ କେତନିଟେ ପତ୍ରପତ୍ରିକାର ସଂପାଦନା ମଣ୍ଡଲୀଥି ରହିଥିବାର ବେଲକେ କେତନି ସାହିତ୍ୟ ସଂସ୍ଥା ସାଁଗେ ବି ଜୁଡ଼ିକରି ଅଛନ । ଡ. ମେହେର ୨୦୧୪ରେ ଜିଏମ ୟୁନିଭର୍ସିଟି ନୁ ସିନିଅର ରିଡର ପଦ ନୁ ରିଟାଏଡ ହେଲା ଉତାରୁ ସାହିତ୍ୟ ସାଧନାଥି ମନ ଦେଇଛନ । ତାଙ୍କର ସାହିତ୍ୟ ସାଧନା ଲାଗି ସେ କେତନିଟେ ମାଏନ ପାଇଛନ ହେଲେ ସେ ଭିତରୁ କୋସଲି ମେଘଦୂତ ଲାଗି ୨୦୧୦ରେ ସମ୍ବଲପୁର ୟୁନିଭର୍ସିଟି ନୁ ଡ. ନୀଲମାଧବ ପାଣିଗ୍ରାହୀ ସମ୍ମାନ ମୁଖିଆ ।

ନକୁଲ ବାଦୀ

ନକୁଲ ବାଦୀ ଲେଖବାରଟା ୧୯୮୧/୮୨ ରୁ ଲେଖୁଥିଲେ । କିର୍ତନ ଗୀତ ଲେଖୁଥିଲେ । ହେଲେ ଲୋକ ତାହାଙ୍କୁ ଜାନଶନ ୧୯୯୩ ଆଡେ ତାଙ୍କର ନାଟ 'କନ୍ଧ ଯୁଗିଥିବା ଗନ୍ଧମାର୍ଦ୍ଦନ' ନୁ । ୧୨ଶହ ରାଏତ ନୁ ଅଏତକା ମଚାନ ନ ପରସା ହେଇଥିବା 'କନ୍ଧ ଯୁଗିଥିବା ଗନ୍ଧମାର୍ଦ୍ଦନ' ନାଟ । ସେ ଇ ବାହିର ନାଟପାଟି ମାନକର ଲାଗି ନାଟ ଲେଖୁଥିଲେ, 'ଆଠ ମଲିକେ ଲେମହଉ ରଜା', 'ସତର ପୁଓ ଧର୍ମର ବଛା', 'ଗାଁର ନା ଭଟ୍ଲି ଦଧିବାମନର ହଟ୍ଲି' ଆଦି । ଥିଏଟର ଲାଗି ଲେଖବାର ମୂଲ କଲେ ୧୯୯୪ ଆଡକେ । ପହେଲା ନାଟ ଥିଲା ଅଲଝଟ (୯୪), ବାସି ଶୀତଲ ଷଷ୍ଠୀ (୯୪), କାକୁ (୯୯), ଭାଏରସ (୨୦୦୦), ରଜା ଖଁଡ ଖଞ୍ଜା (୨୦୦୧), ବକରନା (୨୦୦୨), ଏ ଫୁଲ (୨୦୦୩), ଫଗ୍ଗୁନ (୨୦୦୩), ସତ୍ୟା ସାହୁର ସଁସାର (୨୦୦୪), ରବିଆଖିଆ (୨୦୦୫), ବାଗଡ଼ି (୨୦୦୬), ରଜା ମାକରିଆ (୨୦୦୮), ଫେକାରି (୨୦୧୦), ଲାରେ ଲାପା (୨୦୧୦), ଅସୁରର ନାଁ ଏଚଆଇଭି, ଝଲକା ଗଁଠିଆ (୨୦୧୧), ପଫଂଗା ପାହାଡର ତଲେ (୨୦୧୨), ମୋର ଭାଏ ତୋର ଭାଏ (୨୦୧୩), ମାଏକି (୨୦୧୪), ବଟ

ଉପଲ (୨୦୧୬), ଫେର ଗୁଡ଼େ ରେବତୀ (୨୦୧୭), ଗୁଢ ମର୍ଷ୍ଟି (୨୦୧୯), ଜମିଦାର (୨୦୨୦) ଆଦି । ନାଟକକାର ନକୁଳ ବାଦୀଙ୍କର ତାକତ ହଉଛେ ନାଟକର ଡାଏଲଗ ଆର ଭାଷା ।

ଅଧ୍ୟାପକ ମାନଭଞ୍ଜନ ପ୍ରଧାନ ଲେଖ‍ନ, "ନକୁଳ ବାଦୀ ସାମ୍ପ୍ରତିକ କାଳର ଜଣେ ଆଗ ଧାଡ଼ିର ନାଟ୍ୟକାର । ଉଭୟ ଆଙ୍ଗିକ ଓ ଆମ୍ଭିକ କ୍ଷେତ୍ରରେ ତାଙ୍କର ପ୍ରୟୋଗ ଓ ପରୀକ୍ଷା ନିଆରା । ବଳିଷ୍ଟ ସଂଳାପ, ସଫଳ ପ୍ରତୀକ ତଥା ଲୋକ ସଂଗୀତର ବ୍ୟବହାର ତାଙ୍କ ନାଟକକୁ ଜନାଦୃତ କରାଇଛି । ସଂସ୍କାରଧର୍ମୀ, ଜୀବନ ଦର୍ଶନ ଓ ସାମାଜିକ ଅଙ୍ଗୀକାରବଦ୍ଧତା ତାଙ୍କ ନାଟକର ମୂଳ ଉସ୍ ।"

ନକୁଳ ବାଦୀଙ୍କର ଜନ୍ମ ୫/୩/୧୯୬୩ ସାଲେ ଅଟାବିରା ପାଖର ବନହର ଗାଁ ନ ହେଇଥିଲା । ବାପା ତପେଶ୍ୱର ବାରିକ, ମାଁ ଯଜ୍ଞବତୀ । ରାଏଜ ଆର ରାଏଜ ବାହାରେ ନାଟକାର ଆର ନିର୍ଦ୍ଧେଶକ ହିସାବେ କେତନି ଅନୁଷ୍ଠାନ ନୁ ମାନ୍ୟନ ପାଇଛନ ।

ସୁବାସ ପଧାନ

୧୯୯୩/୯୪ ସାଲେ ଗୁଟେ ନାଟକ ଆଏସି 'ଦ୍ୱିତୀୟ ଗାନ୍ଧୀ' ଆର କୋସଲି ନାଟକ ଜଗତକେ ମିଲସି ଗୁଟେ ନୁଆଁ ନାଟକକାର । ସୁବାସ ଚନ୍ଦ୍ର ପ୍ରଧାନ ଆଏଜ ପଶ୍ଚିମ ଓଡ଼ିଶାର ଗୁଟେ ଜନାଶୁନା ନାଟକକର୍ମୀ । ସୁବାସ ୫ନେ ଅଭିନେତା, ନିର୍ଦ୍ଧେଶକ, ଆର ନାଟ ଲେଖକ । ତାକର ନାଁ କମେଇଥିବା ନାଟକ ମାନେ ହେଲା 'ଖୁଲା ଟର୍କ', 'ଲାଲ ପାଏନ', 'ବଡ଼ଖା ଦଦା', 'ଏପ୍ରିଲ ୨୧' ଆର 'ଉଲପି' ଆଦି । ତାଙ୍କର ନାଟକମାନେ ଜାତୀୟ ଆର ଆର୍ତ୍ତଜାତୀୟ ମଟାନ ନ ପରସିଛନ । ସେ ମିରର ଥିଏଟର ଗଠନ କରି ୫୦ ନୁ ଅଏତକ ନାଟକ ଆର ୧୫ ଛୁଆକର ନାଟକ ପରସିଛନ । ତାଙ୍କର ନାଟକମାନେ ଦେଶ ବାହାରେ ଫ୍ରାନ୍, ବେଲଜିଅମ, ଲକ୍ଜେମ୍ବର୍ଗ, ନେଦରଲେଣ୍ଡ, ଡେନମାର୍କ ଆଦି ନ ନାଟକ ପରସିଛନ ।

ତାଙ୍କର ନାଟମାନେ ପଶ୍ଚିମ ଓଡ଼ିଶାର ଭାଷାଥି ହେଇଥିବାର ବେଲକେ ପଶ୍ଚିମ ଓଡ଼ିଶାର ସଂସ୍କୃତି ଆର ଇନର ଲୋକ ଗୀତ, ଲୋକ ସଂଗୀତ ବେଭାର କରିଥିସନ ସୁବାସ ।

ଗଲା ୨୦୨୩ ଡିସେମ୍ବର ୧ ତାରିଖରୁ ୩ ତାରିଖ ତକ ୪୯ ଘଣ୍ଟା ଧରି ମିରର ଥିଏଟରର ନିଜର ମଟାନ ନ ନାଟକ 'କାଏଁଜକୁରି' ପରସିକରି କେତନିତେ

ବିଶ୍ୱ ରେକର୍ଡ ବନେଇଛେ । ନାଟକଟି ୨୧୮ ଅଭିନେତା କାମ କରିଥିବାର ବେଲକେ ଲମ୍ବା ନାଟକ ସହେତେ ୩୮୮ ବିଶ୍ୱ ରେକର୍ଡ ବନେଇଥିଲା ।

ସୁବାସଙ୍କର ଜନମ ୧୨/୮/୧ ୭୩ ସାଲେ ବେଲପାହାଡ ନ ହେଇଥିଲା । ବାପା ହଜାରି ପ୍ରଧାନ, ମାଁ କୁମୋଦିନୀ ପ୍ରଧାନ । ନାଟକ ଲାଗି ସେ କେତନି ରାଏଜ ଆର ରାଜ ବାହାରର ଅନୁଷ୍ଠାନ ନୁ ମାଏନ ପାଇଛନ ।

ଅଶୋକ କୁମାର ବହିଦାର

ଇଂରାଜୀ ସାହିତ୍ୟରେ ସେକ୍ସପିଅରଙ୍କର ସମିଆଁରେ ବେନ ଜନସନ ବଲି ଜନେ ଚମକ୍କାର ନାଟକକାର ଥିଲେ । ହେଲେ ସେ ସମିଆଁର ଇଂରାଜୀ ସାହିତ୍ୟ ସେକ୍ସପିଅରକର ହୁକୁମ ମାନୁଥିଲା । ଠିକ ସେଇଆ ପଦମପୁର ଠାନେ ନାଟକକାର କେଶରଂଜନ ପ୍ରଧାନଙ୍କର ସାହିତ୍ୟିକ ହଁକାବାଦୀଥି ଅଶୋକ ବହିଦାର ଆର ଘୈଁସ ନ ହଲଧର ନାଗ କର ପ୍ରସିଦ୍ଧି ଆଗାଡେ ଅମୃତଲାଲ ସାହୁକର ଚର୍ଚା ଜହ୍ନ ହେଇ ନି ପାରି । ହେଲେ ବି ଆଜିର ସମିଆଁରେ ପଶ୍ଚିମ ଓଡିଶାର ନାଟକ ଚର୍ଚା କଲା ବେଲକେ ଅଶୋକ ବହିଦାରଙ୍କର ନାଁ ପହେଲା କେତେ ଜନକର ଭିତରେ ଆଏସି । ବରଗଡ ଜିଲ୍ଲା ପଦମପୁର ଠାନେ ୧୪/୪/୧ ୯୬୨ ସାଲେ ଅଶୋକଙ୍କର ଜନମ । ବାପା ପଦ୍ମଲୋଚନ ବହିଦାର, ମାଁ ଇନ୍ଦୁମତୀ ଦେବୀ । ସେ କଲେଜ ସମିଆଁରେ ଓଡିଆଥି ଲେଖୁଥିଲେ । କଲେଜର ଲିଟେରାରି ଚଂପିଏନ ଥିଲେ । ହେଲେ ୧ ୯୯୦ରୁ ମୁଲ ହେସି ନିଜର ମାତୃଭାଷା କୋସଲିଥି ଲେଖବାର । ତାଙ୍କର ପହେଲା କୋସଲି ନାଟକ ହେଲା 'ଠିକ୍ ଦଶ ବଜେ' । ତାଙ୍କର ନାଟକ ବାବଦେ ଅଧ୍ୟାପକ ମାନଭଂଜନ ପ୍ରଧାନ ଲେଖୁଛନ: "ନିର୍ଦ୍ଦେଶକ ଓ ନାଟ୍ୟକାର ଅଶୋକ କୁମାର ବହିଦାରଙ୍କ ଲେଖନୀ ଅଜସ୍ରସ୍ରାବୀ । ନାଟକରେ ଲୋକ ଜୀବନର ସେ ଜଣେ ଅପ୍ରତିଦ୍ଵନ୍ଦୀ ରୂପକାର । ସେହିପରି ଜୀବନକୁ ନାଟକରେ ରୂପାନ୍ତରିତ କରିବାରେ ସେ ଏକ ବିଚକ୍ଷଣ ବିଜ୍ଞାନୀ । ତାଙ୍କ ନାଟକରେ ବ୍ୟଙ୍ଗ ଓ ବିଦ୍ରୁପର ସ୍ୱର କେତେବେଲେ ଶାଣିତ ତ କେତେବେଲେ ନୀରିହ, ନିର୍ଯ୍ୟାତିତମାନଙ୍କ ପାଇଁ ସ୍ୱର କରୁଣ ଓ ସମ୍ବେଦନଶୀଳ । ଭିନ୍ନକ୍ଷମମାନଙ୍କ ପାଇଁ ନାଟ୍ୟକାରଙ୍କ ଦୁର୍ବଲତା ବା', ଘା', ରଥ୍ ରେ ସୁସ୍ୱସ୍ଥ । ଏମାନେ ନାଟକର ମୁଖ୍ୟ ଚରିତ୍ର । ଏମାନଙ୍କୁ ନେଇ ନାଟକ ଗତିଶୀଳ ଓ ସଫଲତାର ଶିଖରରେ ଉପନୀତ । ଶିଳ୍ପୀଙ୍କ ମଞ୍ଚ କୌଶଲ, ପାତ୍ରୋଚିତ ଭାଷା ଓ ସଙ୍କାପର ସଂଯୋଜନା ତାଙ୍କ ନାଟକର ସଫଲତାର ରବି କାଠି । ପୁରସ୍କାର, ସମ୍ମାନ ଓ ସମର୍ଦ୍ଦନା ନାଟ୍ୟକାରଙ୍କୁ ପଥହରା କରି ପାରିନାହିଁ ବରଂ ତାଙ୍କ ଲେଖନୀକୁ ଦୃଢ଼ ଓ ଚଳଚଂଚଳ କରୁଛି ।" ସେ ଓଡିଆ

ଆର କୋସଲୀ ଦୁହିଁ ଭାଷାଥି ନାଟକ ଲେଖିଛନ୍ତି । ତାଙ୍କର କୋସଲୀ ନାଟକ ମାନେ ହେଲା, ଠିକ୍ ଦଶ ବଜେ, ବା’, ଘା’, ଭୋ’, ରଥ, ଲୁହୁର ରଙ୍ଗ, ସୁରିଖ୍ୟା ପାଟି, ଘୁଙ୍ଗୁର, ଭାବ୍, ଗରରା, ସନାତନ୍‌କେ ଲିଙ୍ଗନର ଭୁତ୍ ଧରିଛେ, ତମ୍ବୁ, ଆଜିର ଖବର, ନାଇଟ ୱାଚର, ଭୁଲତା, ତାଲ, ବସ୍ତାନି, ବୟସ, ବାପା ବନାମ ବୁଢ଼ା, କୁକୁରର ନାଁ ହେରେସ୍‌ମେ, ଲକ୍ଷ୍ମୀ ଇନ୍ ସରସ୍ୱତୀ ଆଉଟ, ଶାଲ, ଓନଲି ଏଜୁକେଶନ୍, ତୋର ପାର୍‌କେ ମୋର ପାହା, ବୁକା, ଚିହ୍ନା, ରଘୁପତି ରାଘବ ରାଜାରାମ, ଉଚ୍ଛେଦ, ବାବୁ, ଖର୍ଦା, ଟିକଟ, କବାଡି ସାମାନ ଆଦି ।

ତାଙ୍କର ନାଟକମାନେ ରେଡିଓ ଆର ଦୂରଦର୍ଶନଥି ପ୍ରସାରିତ ହେଇସାରିଛେ । ତାଙ୍କର ନାଟକ ସଂସ୍ଥା ଅର୍ବଶ୍ବର ଗୁଁଡା କେତନି ଜାତୀୟ ଆର ରାଏଜ ଘରିଆ ନାଟକ ହଁକାବାଦୀ ଆର ପ୍ରଦର୍ଶନୀଥି ଭାଗ ନେଇକରି ନାଁ କମେଇଛେ । ସେ ନିଜେ ନାଟ ଲେଖବାର ସାଙ୍ଗେ ନିର୍ଦେଶନା ବି ଦେସନ । ଆଝିର ସମିଆଁରେ ମଟାନ ନ ନାଟକ ପରସିବାରଟା ହଉଛେ ଗୁଟେ କିସମର ନିର୍ଦେଶକୀୟ ବ୍ୟାଖ୍ୟା । ସେ ବିହାର, ଉଭର ପ୍ରଦେଶ, ହରିୟାନା, ଆନ୍ଧ୍ର ପ୍ରଦେଶ, ଉଭରାଖଣ୍ଡ, ଝାରଖଣ୍ଡ, ଛତିଶଗଡ ରାଏଜର ଭିନେ ଭିନେ ମଟାନ ନ ନାଟକ ପରସିଥିବାର ବେଲକେ ରାଏଜ ଭିତରେ ଭୁବନେଶ୍ବର, ପୁରୀ, କଟକ, ଖୋର୍ଦା, ବ୍ରହ୍ମପୁର, ବାଲେଶ୍ବର, ପାରାଦୀପ, ସମ୍ବଲପୁର, ଭବାନୀପାଟଣା, ବଲାଂଗିର, ବେଲପାହାଡ, କୁଚିଣ୍ଡା, ବରଗଡ, ଖଡିଆଲ, ସୁନାବେଡା, ଦାମନଯୋଡି, ଝାରସୁଗୁଡା, ବ୍ରଜରାଜନଗର, ଦେବଗଡ, ତାଲପଦର, ବରପାଲି, ଧଣ୍ଡାମୁଣ୍ଡା, ରାଉରକେଲା, ସୁନ୍ଦରଗଡ ଆଦି ଠାନେ ତାଙ୍କର ନାଟକ ପରସିଛନ । ୨୦୦୨ ମସିହାରୁ ଭିନେ ଭିନେ ସଂସ୍ଥାରୁ ମାଯନ ମାନେ ପାଏତେଲ ଆସୁଛନ ଯେ ସେ ଭିତରେ ପ୍ରଫୁଲ୍ଲ ରଥ ନାଟ୍ୟ ସମ୍ମାନ, ନାଟ୍ୟ ରଶ୍ମୀ ଉପାଧୀ, ଓଡିଶା ସଂଗୀତ ନାଟକ ଏକାଡେମୀ ସମ୍ମାନ (୨୦୧୧) ଆଦି କିଛି ବତାବାର ଜରୁରି ।

ନିମାଇଁ ଚରଣ ପାଣିଗ୍ରାହୀ

ବଲାଂଗିର ଜିଲ୍ଲା ଚନ୍ଦନଭାଟି ପାଖର ସିନ୍ଦୁରବାହାଲ ଗାଁ ନ ୫/୧୧/୧୯୫୧ ସାଲେ ଜନମ । ବାପା ନୃସିଂହ ଚରଣ ପାଣିଗ୍ରାହୀ, ମାଁ ସାବିତ୍ରୀ ପାଣିଗ୍ରାହୀ । ଜଙ୍ଗଲ ବିଭାଗଥି ଚାକରି କରୁଥିଲେ । ୧୯୭୬ ଜହ୍ନମାମୁ ପତ୍ରିକାଥି ପହେଲାକରି ତାଙ୍କର ଲେଖା ବାହାରିଥିଲା ହେଲେ ୯୦ ଦଶକର ମଝ଼ି ଆଉକେ ସେ ଜହ ଜନାଶୁନା ହେଇଛନ । ବଲାଂଗିର ଆରଟିଓ ଛକ ନ ଘର ବନେଇ ରହୁଥିଲେ । ଘରର ନାଁ

ଦେଇଥିଲେ କୋସଲି କୁରିଆ । କୋସଲୀ ଇଲାକାର ଜୁହ୍ନା ସାମାନ ଆର ବହି ସବୁ ଥୁଲେଇ ମ୍ୟୁଜିଅମ ବନେଇଥିଲେ । କିସମ କିସମ ଧାନ ନୁ ଶଗଡ଼ ଚକା, ଆଉଘୋର ହାତହତିଆର ନୁ ବାଜନା ଆଦି ଠୁଲେଇ କରି ରଖିଛନ । ସେ କୋସଲିଥି ଛୁଆକର ସାହିତ୍ୟ, ଖମଖମାଲୋ, ମିତନି ମିତନି, ଭୁଗଲେ ବଖାନି ଆଦି ଲେଖିଛନ । ସେ କେତନି ଲୋକ କଥାନୀ, ଲୋକ ସାହିତ୍ୟ ବି ଠୁଲେଇଛନ । ଭାଗବତ ଗୀତାକେ କୋସଲିଥି ଅନୁବାଦ କରିଛନ । ସେ କୋସଲି ଉଲ୍‍ଗୁଲାନଥି ସକ୍ରିୟ ଥିଲେ ଆର କୋସଲ ରାଏଜର ବି ସମର୍ଥକ ଥିଲେ । କେତନି ଗହ ଗହ ହ‍ଁସି ମିଜାଜର ଝେନେ ଲୋକ କୋସଲି ଶବ୍‍କେ ନେଇକରି ବିଲକୁଲ ବି ସମଝୋତା ନି କରୁଥେଇ । ତାକର ମରନ ୫/୮/୨୦୧୪ଥି ହେଇଥିଲା ।

ଗୋବର୍ଦ୍ଧନ ସାହୁ

ଡ.ଗୋବର୍ଦ୍ଧନ ସାହୁ ଟିଟିଲାଗଡ଼ ଡିଏଭି କଲେଜ ନୁ ଇଂରାଜୀ ଅଧ୍ୟାପକ ହିସାବେ ରିଟାଏଡ ହେଲା ଉତାରୁ ଇହାଦେ ବରଗଡ ସହର ନ ରହୁଛନ । ସେ ଇଂରାଜୀ, ଓଡିଆ ଆର କୋସଲି ଥି ସାହିତ୍ୟ ସାଧନା କରିଛନ । ସେ ୪ଟା ଗବେଷଣା ଆଧାରିତ ବହି, ୧୨ଟା କଥାନୀ ସଂକଲନ, ୩ଟା କବିତା ସଂକଲନ, ୫ଟା ଅନୁବାଦ ବହି, ଗୁଟେ କୋସଲି ଉପନ୍ୟାସ, ଗୁଟେ ଇଂରାଜୀ ଉପନ୍ୟାସ । ପ୍ରାୟ ୩୦ଟା ଖଁଡେ ବହି ଲେଖିଛନ ଡ.ସାହୁ । ଦୁନିଆଁର ୧୫ଟା ଦେଶ ବୁଲିଛନ ଡ.ସାହୁ ଆର ତାଙ୍କର ସାହିତ୍ୟ ସାଧାନା ଲାଗି ସେ କେତନି ଅନୁସ୍ଥାନ ନୁ ମାଏନ ପାଇଛନ । ସେ କୋଶଲଶ୍ରୀ ସମ୍ମାନ ଥି ସମ୍ମାନିତ ହେଇଛନ ।

ସନ୍ତୋଷ କୁମାର ରଥ

ବଲାଂଗିର ସହରର ପେଲେସ ଲାଇନ ନ ରହୁଥିବା ସନ୍ତୋଷ ରଥ ୨୮/୨/ ୧୯୬୦ଥି ଜନମ ହେଇଥିଲେ । ବାପା କୃଷ୍ଟଚନ୍ଦ୍ର ରଥ ଆର ମାଁ ବିଷ୍ଟୁପ୍ରିୟା ରଥ । ସେ ଓଡିଆ ଆର କୋସଲି ଭାଷାଥି ଲେଖସନ । କୋସଲି କବିତା ସଂକଲନ ଅଁଟରାର ସଂପାଦକ ମଣ୍ଡଲୀର ସଭ୍ୟ, ଅସ୍ୱୀକୃତ ପରଂପରା (ପ୍ରବନ୍ଧ), କଥାନି ଆଦି ଲେଖିଛନ ।

ସେ ସମିଆଁରେ ଆର କିଛି ଲେଖକ ଯେନମାନେ ଲେଖୁଥିଲେ ସେମାନେ ହେଲେ:

ଜ୍ୟୋତି ପ୍ରକାଶ ଗଡତ୍ୟା, ବଲାଂଗିର ଜିଲ୍ଲା ଟିଟିଲାଗଡ ନ ରହୁଥିବା ଜ୍ୟୋତି ପ୍ରକାଶଙ୍କର ଜନମ ୧୨/୦୯/୧୯୬୧ଥି ହେଇଛେ । ବାପା ଲକ୍ଷ୍ମୀ ପ୍ରସାଦ ଗଡତ୍ୟା

ମାଆ ସାବିତ୍ରୀ ଗଡତ୍ୟା । ସେ କୋସଲିଥି କଥାନୀ ଲେଖସନ । ଆର ତାଙ୍କର ସାହିତ୍ୟ ସାଧାନା ଲାଗି କେତନି ସଂସ୍ଥା ନୁ ମାଏନ ପାଇଛନ ।

ପ୍ରହ୍ଲାଦ ମହାରଣା, ବଲାଙ୍ଗିର ହାଟପଦା ପଡା ନ ରହୁଥିବା ପ୍ରହ୍ଲାଦ ମହାରଣା ୧୦/୪/୧୯୫୩ଥି ଜନମ ହେଇଥିଲେ । ସେ କୋସଲିଥି କଥାନି ସଙ୍କଲନ "ଉଜେର ଗାଁ" ଆର କୋସଲି ନାଟକ "ଭୁରକୁଟି" ଲେଖିଛନ । ଆକାଶବାଣୀ ଆର ଦୂରଦର୍ଶନ ନୁ ସ୍ୱୀକୃତ ପାଏଲା ଗୀତିକାର । ତାଙ୍କର ସାହିତ୍ୟ ସାଧାନା ଲାଗି ସେ କେତନି ଅନୁଷ୍ଠାନ ନୁ ମାଏନ ପାଇଛନ ।

ପ୍ରକାଶ ଚନ୍ଦ୍ର ବହିଦାର, ବଲାଙ୍ଗିର ରୁଗଡିପଡା ନ ରହୁଥିବା ପ୍ରକାଶ ଚନ୍ଦ୍ର ବହିଦାରଙ୍କର ଜନମ ୧୨/୮/୧୯୭୩ ସାଲେ ହେଇଥିଲା । ବାପା ପୁରୁଷୋତ୍ତମ ବହିଦାର ଆର ମାଁ ସୁବର୍ଣ୍ଣଲତା । ତାଙ୍କର ନାଁ କରା ଲେଖା ହେଲା 'ପିତୃଶ୍ରାଦ୍ଧ ବନାମ ଭୁଲବୁଟ୍ୟା' । ୫ରିଏଲ ପତ୍ରିକାର ସଂପାଦକ ଥିଲେ । ସେ କବିତା, କଥାନୀ, ପ୍ରବନ୍ଧ ଆଦି ବି ଲେଖୁଥିଲେ ।

ପ୍ରଦୀପ କୁମାର ଦାଶ, ୧୦/୨/୧୯୬୩ ସାଲେ ପ୍ରଦୀପଙ୍କର ଜନମ । ବାପା ଲମ୍ବୋଦର ଦାଶ, ମାଁ ଗୁନାମଣୀ ଦାଶ । ବଲାଙ୍ଗିର ଜିଲ୍ଲା ଲାଠୋର ନ ରହେସନ ପ୍ରଦୀପ । ସେ ଉଡିଆ ଆର କୋସଲି ଭାଷାଥି କଥାନି, କବିତା, ପ୍ରବନ୍ଧ, ସମାଲୋଚନା, ଶିଶୁ ସାହିତ୍ୟ ଲେଖିଛନ ।

ଦେବରାଜ ପାଣିଗ୍ରାହୀ, ୨୦/୬/୧୯୭୩ଥି ଜନମ ହେଇଥିବା ଦେବରାଜ ପାଟଣାଗଡ ନ ରହୁଛନ । ବାପା ଦାଶରଥି ପାଣିଗ୍ରାହି । ସେ କୋସଲି ଆର ଉଡିଆଥି ଛୁଆମାନଙ୍କର ଲାଗି କବିତା, କଥାନି ନାଟକ ଆଦି ଲେଖିଛନ ।

ପ୍ରଦୀପ କୁମାର ମିଶ୍ର, ବଲାଙ୍ଗିର ତାଲପାଲି ପଡା ନ ରହୁଥିବା ପ୍ରଦୀପଙ୍କର ଜନମ ୧୫/୯/୧୯୬୧ ସାଲେ ହେଇଥିଲା । ବାପା କୁଲମଣି ମିଶ୍ର, ମାଁ ସୌଭାଗ୍ୟ ମଂଜରୀ । ସେ କୋସଲି ନାଟକ 'ମାଏଲେ ପେଟର ଭୋକ', ଆର 'ମେରିଆ'ର ଲେଖକ । ଆର ତାଙ୍କର ସାହିତ୍ୟ ସାଧାନା ଲାଗି କେତନି ସଂସ୍ଥା ନୁ ମାଏନ ପାଇଛନ ।

ରଞ୍ଜନ କୁମାର ପାଣିଗ୍ରାହୀ, ବଲାଙ୍ଗିର ସାଗରପଡା ନ ରହୁଥିବା ରଞ୍ଜନ ଙ୍କର ଜନମ ୨୪/୬/୧୯୬୬ ଥି ହେଇଥିଲା । ସେ କୋସଲି ଓଡିଆ ଦୁହି ଭାଷାଥି ଲେଖୁଥିଲେ । ଭିନେ ଭିନେ ପତ୍ରପତ୍ରିକାଥି ତାଙ୍କର କବିତା କଥାନି ବାହାରୁଥିଲା ।

ରଘୁନାଥ ବାବୁ, ଜନମ ୯/୧୨/୧୯୫୩, ପେଲେସ ଲାଇନ ବଲାଙ୍ଗିର ନ ରହୁଥିବା ରଘୁନାଥ କୋସଲି ଭାଷାଥି ନାଟ, ଛୁଆକର କଥାନୀ, ଆର କବିତା

ଲେଖୁସନ୍ତି । ତାଙ୍କର ଲେଖା ହେଲା କୁମ୍ନୀ ଭିତରେ ଡେଁଡୋ ଆଦି । **ଡା. ଅନିତା ମିଶ୍ର**, ଜନମ-୧୫/୩/୧୯୬୬ । ଜରାସିଂହା ବଲାଂଗିର ନ ରହୁଥିବା କବୟତ୍ରୀ କୋସଲିଥ କବିତା ଆର କଥାନୀ ଲେଖୁସନ୍ତି । **ସଂଜୟ କୁମାର ଅଗସ୍ତି**, ଜନମ-୧୪/୮/୧୯୬୨, ଟିଟିଲାଗଡ ନ ରହୁଥିବା ସଂଜୟ କୋସଲିଥ କବିତା, କଥାନୀ ଲେଖୁସନ୍ତି । **ଡା. ଛାୟାକାନ୍ତ ଷଡଂଗୀ**, କୋସଲିଥ କେତନି ଲେଖାମାନେ ଲେଖୁତେଲା ଆସୁଛନ୍ତି । **ଗୋବିନ୍ଦ ନାମଦେବ**, ଜନମ-୧୨/୩/୧୯୫୫, ବାପା- ବନମାଲୀ, ମାଁ- ପାର୍ବତୀ ୫ନେ ଯୋରଦାର କୋସଲି ଆଧୁନିକ କବି ଆର ଭାଷାକର୍ମୀ । ଟିଟିଲାଗଡ ନ ରହୁଥିବା ଗୋବିନ୍ଦ ନାମଦେବ ୨୦୧୦ ସାଲେ ଦିହଁ ଛାଡିଥିଲେ । **ମୂଷିକ ବାହାନ ଚନ୍ଦନ**, ଜନମ ୧/୪/୧୯୭୦, ବାଲିପଟା, ପାଟଣାଗଡ, ବାପା- ମକରଧ୍ୱଜ, ମାଁ- ମିଥିଲା କୋସଲି ଭାଷାଥି "ମୁଇଁ ପାଠ ପଢମି" ଆଦି ଲେଖିଛନ୍ତି ।

ନଟରାଜ ମହାପାତ୍ର

ନୂଆଁପଡା ଜିଲ୍ଲା ଢୋଲପଥର ଗାଁ ନ ୨୨/୮/୧୯୪୧ ସାଲେ ତାଙ୍କର ଜନମ ହେଇଥିଲା । ବାପା ଗଣେଷ ପ୍ରସାଦ, ମାଁ ତାରାବତୀ । ପେଶାଥି ଶିକ୍ଷକ ଥିଲେ । ସେ କୋସଲ ଜାତୀୟତାବାଦୀ ବିଚାରର ଲେଖକ ଥିଲେ । ସେ କୋଶଲୀ ଏକତା ମଞ୍ଚ, ଜିଲ୍ଲା କବି ପରିଷଦ ନୂଆଁପଡା, କୋଶଲ ରାଏଜ ସମନ୍ୱୟ ସମିତି ଆଦି ସଂସ୍ଥା ସାଂଗେ ସକ୍ରିୟ ହିସାବେ ୟୁଡିଥିଲେ । ଇତାର ବାହାରେ ସେ ଅଞ୍ଚଲର କେତନି ସାମାଜିକ ପରିବର୍ତ୍ତନ ଲାଗି ସଂଗ୍ରାମ କରିଥିଲେ । ସେ ଇଂରାଜୀ, ହିନ୍ଦୀ, ଓଡିଆ, କୋସଲି, ଆର ସଂସ୍କୃତଥି ଓମର ଖୟ୍ୟାମଙ୍କର ରୁବାୟତ ନୁ ଅନୁପ୍ରେରିତ ହେଇକରି ନଟରାଜ ରୁବାୟତ ଲେଖିଛନ୍ତି । ଇତାର ବାହାରେ ସେ କୋଶଲ ବିପ୍ଳବ (୨୦୦୪), କୋଶଲ, କୋଶଲୀ ଭାଷା, କୋଶଲୀ ଲିପି (୨୦୧୭), କୋଶଲ ବନାମ ଉତ୍କଲ ଆଦି କେତେଟା ବଟାଲା ବାଗିର ଲେଖା କୋସଲି ସାହିତ୍ୟକେ ଦେଇକରି ଯାଇଛନ୍ତି । ସେ ୧/୧୨/୨୦୨୧କେ ଦିହଁ ଛାଡିଥିଲେ ।

ସୁରଜିତ ସିଂହ ମହାରଥା

ତାଙ୍କର ଛିରେ ଛିରେ କୋସଲି ନରଦିସ । ଯେନ ଗଲି ନ ରହେସନ ତାର ନାଁ ବି କୋସଲି ନଗର । ନିଜର ଚାର୍ଦ୍ଦିକୁଟି କୋସଲି ରେଚେଇ ଦେଇଛନ୍ତି । କୋସଲି କୋସଲିଥ ମହକୁଚ୍ଛେ ଇଲାକା, କୋସଲି ଆର ଅବଗୋର କୋସଲି । ନୂଆଁପଡା ଜିଲ୍ଲାଥି କୋସଲି ଉଲଗୁଲାନର କଥା ପଢଲେ ପ୍ରୟାଗଡଢ ଯୋଷୀଙ୍କର ଉତାରୁ ସୁରଜିତ

ସିଂହ ମହାରଥାଙ୍କର ନାଁ ପଡ଼ସି । କୋସଲ ଜାତୀୟତାବାଦୀ ବିଚାରଧାରାର ଆଗଧାଡ଼ିର ସଂଗ୍ରାମୀ ହିସାବେ ଜନାଶୁନା । ସ୍କୁଲ ନ ପଢ଼ାଲା ବେଲୁ ପ୍ରୟାଗଦତ୍ତ ଯୋଷୀଙ୍କର ସାଂଗେ ମିଶିଛନ । ସେ ୧୯୯୫ ସାଲୁ କୋସଲୀ ଭାଷା ଉଲଗୁଲାନଥି ସକ୍ରିୟ ହେଇଛନ । ୧୯୯୬ ସାଲେ କୋସଲୀ ଭାଷାର ଗବେଷଣା ପ୍ରତିଷ୍ଠାନ ଥାପନା କରି ମାଁ କୋଶଲ ଭାରତୀର ସେବା କରିଆସୁଛନ । ସେହି ସଂସ୍ଥା ବାହାର କରସି କୋସଲୀ ସାହିତ୍ୟ ପତ୍ରିକା 'ଢୋଲ' ଆର ତାଂର ମୁଖିଆ ସଂପାଦକ ହେସନ ସୁରଜିତ । ୧୯୯୮ ସାଲେ କୋସଲୀ ଏକତା ମଞ୍ଚର ସଭ୍ୟ ବନସନ । କୋସଲୀ ଭାଷାର ପ୍ରଚାର ପ୍ରସାର କରବାର ଲାଗି ୨୦୧୬ ସାଲେ ନୂଆଁପଡ଼ା ନ ଧନୁଯାତ୍ରାର ପରିକଳ୍ପନା କରସନ । ଆର ଅବଗା କୋସଲୀ ଭାଷାଥି ପହେଲା କରି ମୁଲହେସି ଧନୁଯାତ୍ରା । ନୂଆଁପଡ଼ା ନ କଂସ କୋସଲୀ କହେସି । ୨୦୧୯ରେ କୋସଲୀ ପତ୍ରିକା ବିଜୟା ସଂପାଦନା ମୁଲ କରସନ । ଫେର କୋସଲୀ ସଂସ୍କୃତିକେ ଦୁନିଆଁର ଚାରିଆଡ଼େ ଫଏଲାବାର ଲାଗି ୨୦୨୪କେ ନୂଆଁପଡ଼ା ନ ମୁଲ ହେସି 'କୋସଲୀ ସାଂସ୍କୃତିକ ମହୋଚ୍ଛବ', ତାର ପର୍ଦ୍ଦା ପଛ୍‌ଆଡ଼ର ମୁଲିହାର ହଉଛନ ସୁରଜିତ । କୋସଲ ଅସ୍ମିତା ରଥ ବୁଲ‌ଲା ବେଲକେ ଲେଖକ ତାଙ୍କର ଘରକେ ୨୦୨୪ରେ ଯାଇଥିଲେ । ସୁରଜିତ ବାବୁ ଲୁକି ଯଉଥିବା କୋସଲୀ ସାମାନ ସବୁକେ ଠୁଲେଇକରି ଗୁଟେ ମ୍ୟୁଜିଅମ ଆର ଲାଇବ୍ରେରୀ ବନେଇଛନ । ସେ କୋସଲୀ ସଂସ୍କୃତିର ଗଲା କାଏଲ ଆର ଇହାଦେକେ ସଁକଲି ରଖବାର ଚେଷ୍ଟା କରିଛନ ।

ନୂଆଁପଡ଼ା ଜିଲ୍ଲା ଖଡ଼ିଆଲ ପାଖର ଦେଓବାହାଲ ଠାନେ ୨୧/୯/୧୯୬୧ ସାଲେ ସୁରଜିତଙ୍କର ଜନମ । ବାପା ରାମ ପ୍ରତାପ ମାଁ କୁମୁଦିନି । କୋସଲୀ ଭାଷାକେ ଆଗକେ ନେବାର ଲାଗି ସୁରଜିତଙ୍କର କଲମ ନୁ ନିଝ‌ରିଛେ କବିତା, କଥାନୀ, ପ୍ରବନ୍ଧ, ଉପନ୍ୟାସ, ଅନୁବାଦ ସାହିତ୍ୟ ଆର ଛୁଆକର ଲାଗି ପ୍ରାଇମର । ତାଙ୍କର ବହିମାନେ ହେଲା, କୋସଲୀ ଗୀତ ଗଂଗା (କବିତା), କୋସଲୀ ପ୍ରବନ୍ଧ ଧାରା, କୋସଲୀ କଥାନିମାଲା, ପେରେମର ଦୁତିଅ ସିଢ଼ି, ବେତାଲ ପଂଚ ବିଂସତି(ଅନୁବାଦ), କୋସଲୀ ବର୍ଣ୍ଣବିନ୍ୟାସ ଆଦି ।

କୋସଲୀ ଭାଷା, ସାହିତ୍ୟ, ସଂସ୍କୃତିର କାମ ଲାଗି କେତନି ଅନୁଷ୍ଠାନ ନୁ ମାଏନ ପାଇଥିଲା ବେଲକେ ତାହାକୁ କୋଶଲ ଶ୍ରୀ ଉପାଧ ଦିଆହେଇଛେ ।

ସଂଜୟ କୁମାର ମିଶ୍ର

ବଲାଂଗିର ବ୍ରାହ୍ମଣପଡ଼ା ନ ରହୁଥିବା ସଂଜୟ ମିଶ୍ରଙ୍କର ଜନମ ୧୧/୭/ ୧୯୭୪ରେ ହେଇଥିଲା । ବାପା ଅକ୍ଷୟ କୁମାର ମିଶ୍ର ମାଁ ଶାନ୍ତିଲତା ମିଶ୍ର । ସେ କୋସଲି ଆର ଉଡ଼ିଆ ଦୁହି ଭାଷାଥି ଲେଖିଛନ । ସେ କୋସଲି ଭାଷାଥି କବିତା, କଥାନୀ, ଉପନ୍ୟାସ, ଗବେଷଣାଧର୍ମୀ ପ୍ରବନ୍ଧ ଆଦି ଲେଖିଛନ । ତାଙ୍କର ଲେଖାମାନେ ହେଲା ମାରାଗୁଡ଼ା, ରାଏତ ସରତା ତମର ସାଙ୍ଗେ, ପଶ୍ଚିମ ଓଡ଼ିଶାର ଲୋକଗାଥା, ଦାଦନ ସୁନ୍ଦରୀ ଆଦି ।

ସୁଶାନ୍ତ ବାଗ

ବଲାଂଗିର ସହର ନ ରହୁଥିବା ସୁଶାନ୍ତଙ୍କର ଜନମ ୨୭/୦୬/୧୯୭୨ଥି ହେଇଥିଲା । ବାପା କରମଜିତ ବାଗ, ମାଁ ଭାମା ଦେବୀ । ସେ ୧୯୯୮ ରୁ କୋସଲିଥି ଲେଖାଲୁଖି କରୁଛନ । ତାଙ୍କର କବିତା ମାନକୁ ଖପି ଯଉଥିବା ସଂସ୍କୃତି ଆର ସମିଆଁକେ କବିତାର ଫରଦ ନ ସଁକିଲି କରି ରଖବାର ଚେଷ୍ଟା କରିଛନ ବଲି ଆଲୋଚକ ମାନେ ମତଦେସନ । ତାଙ୍କର ପ୍ରକାଶିତ କବିତା ସଙ୍କଲନ ହେଲା "ଏକ ତରା ଜୁଲ ଜୁଲ" ।

୧୭

ଏକୁଶ ସଦୀର ପହେଲା ଦଶକଥି କୋସଲି ସାହିତ୍ୟ

ଏକୁଶ ସଦୀର ପହେଲା ଦଶକ ଆଡେ ପଷ୍ଟିମ ଓଡିଶାର ଗାଁନୁ ସହରତକ ସବୁଆଡେ ନାଟକ ମଞ୍ଚନ କରବାର ଗୁଟେ ବଡଭାରି ଧାରା ବନିଥିଲା । ଇତାର ସାଂଗେ ସାଂଗେ ମଟାନ କବି ମାନକର ଧାରା ବି ବଢିଥିଲା । ଆର ମଟାନ କବି ମାନକର ଧାରା ୨୦୧୦ ପାଖାପାଖି ଜହ ବଢିଥିଲା । କୋସଲି ନାଟକ ପ୍ରତି ଲୋକର ସଉକ ବଢିଥିଲା । ଗାଁନୁ ଛୋଟ ସହର ନୁ ବଡ ସହର ତକ ନାଟକ ଉଚ୍ଛବ, ଆର ହଁକାବାଦୀ ମାନେ ଉଜୁକ ହଉଥିଲା । ଇ ସମିଆଁର ନାଟକ ମାନକର ଲେଖକ ଆର ନିର୍ଦ୍ଧେଶକ ୫ନେ ରହୁଥିଲେ । ଇ ସବୁ ନାଟକକେ ଲେଖକ ବା ନିର୍ଦ୍ଧେଶକଙ୍କର directorial interpretation ବଲି କହେମାଁ ବ୍ୟେଲେ ଭୁଲ ନି ହୁଏ । ଇ ସମିଆଁର ନାଟକ ଗଟାନୁଗଟିକ ନାଟ ଧାରା ଛାଡିକରି ଆଧୁନିକ ଥିଏଟର ଧାରାକେ ଅପନେଇଥିଲା ନ । ବଲାଂଗିର ନ ଲ କଲେଜ ମଟାନ ନ ମହାକୋଶଲ ନାଟବାଦୀ ଉଜୁକ ହଉଥିଲା ସେ ସମିଆଁକେ ସମ୍ବଲପୁର ନ ବୀର ସୁରେନ୍ଦ୍ର ସାଏ ରାଏଜ ଘରିଆ ନାଟକ ହଁକାବାଦୀ ହଉଥିଲା, ରାଉରକେଲା ନ ସ୍ଥନ, ହିରାକୁଦ ହିଣ୍ଟାଲକୋ, ଆଦି କେତନି ନାଟକ ହଁକାବାଦୀ ହଉଥିଲା । ବେଲକେ ଛୋଟ ନୁ ବଡ ସହର ମାନକୁ ନାଟ ଉଚ୍ଛବମାନେ ଉଜୁକ ହେଇଛେ ।

ପରମେଶ୍ୱର ମୁଣ୍ଡ

ଏକୁଶ ସଦୀର ପହେଲା ଦଶକ ନ ଯେନ କିଛି ନାଟକକାର ନିଜର ନାଟକ ସାହିତ୍ୟଥି ପ୍ରଭାବିତ କରିଥିଲେ ସେମାନକର ଭିତରୁ ଭବାନିପାଟଣାର ପରମେଶ୍ୱର ମୁଣ୍ଡ ୫ନେ । ପରମେଶ୍ୱର ଓଡିଆ ଆର କୋସଲି ଦୁହି ଭାଷାଥି ଲେଖସନ । ନାଟ ଲେଖବାର ଆର ନିର୍ଦ୍ଧେଶନା ବାହାରେ ଆଦିବାସୀ ସଂସ୍କୃତି ଗବେଷକ ହିସାବେ ବି

ଜନାଶ୍ରୁନା । ସେ ସମାଲୋଚନା ଲେଖବାର ଆର ପ୍ରାମାଣିକ ଚିତ୍ର ବି ବନାସନ । ତାଙ୍କର କିଛି ନାଟକ ହେଲା 'କୁଣାବରୀ', 'ମିଗନିନା', 'ଉଠ ବଢ଼ା ମଜୁର ମାର', 'ମାଏଟ ମାଁ', 'ସାମକୋଲ', 'ଜାଏ ଆସେ', 'ମେଘର ଦେଶେ ପାଏନ', 'ରିଦୋ ୧୮୫୫', 'ମେରା', 'ଖମନ ରାନୀ', 'ପାନି', 'ଛକ', 'ହୃଦୟ', 'ପାପା', 'ମାଏଟ', 'ମେଲି', 'ଶରାବନୀ', 'ମରୁଭୂମି', 'ଇନ୍ଦ୍ରଭାଟିର କଥା', 'ବାଂଚ ପୁଥବୀ', 'ବୃଦ୍ଧାଶ୍ରମ', 'ଇନ୍ଦ୍ରାବତୀ' ଆଦି ।

ତାଙ୍କର ନାଟକଥି ଆଦିବାସୀ ଜନଜୀବନ, ଆଦିବାସୀ ସଂସ୍କୃତି, ପରଂପରା ଆର ତାର ସଂରକ୍ଷଣର ଝଲକ ଦେଖବାରକେ ମିଲିଥିସ । ସେ ସମାଜର ଘାଁସମୁଲ ସ୍ତରର ଲୋକର କଥାକେ ତାଙ୍କର ଲେଖାମାନକୁ ଚିତରେଇ ଥିବାର ଦେଖବାରକେ ମିଲସି ।

ମାଏଟ ମାଁ ଆର ମରୁଭୂମି ନାଟକଥି ବିସ୍ଥାପନର ହୁରୁଦଭଂଗା କଥା ହଉଛେ କଥାବସ୍ତୁ । ବିସ୍ଥାପନ ହେଲେ ଲୋକମାନେ ତ ଜାଗା ଛାଡ଼ିଯିବେ ହେଲେ ତାଙ୍କର ଆସ୍ଥା ଆର ବିଶ୍ୱାସର ଧରନିଖୁଟାକେ କେନ୍ଦାକରି ନେବେ ? ଫେର ସରଲ ଆଦିବାସିଙ୍କର ଉପରେ ଦଲାଲର ଶୋଷଣ, ନାଟକକେ ଭାବୁକ କରିଦେସି ।

ମରୁଭୂମି ନାଟକଥି ଖଣି ସର୍ଭେ ଦଲ ଗୁଟେ ବଡଭାରି ଖଣି ଥାବ କରିଛନ ଆର ଠାନର ଲୋକ ମନ ଦୁଖ କରିଛନ । ଇତାର ବାହାରେ ଇଲାକାର ଲୋକଜୀବନ ଆର ସଂସ୍କୃତି ବି ଖପିଯିବା ସେ କଥାକେ ଚିତରେଇଛନ ନାଟେ ।

ଆକାଶବାଣୀ ଆର ଦୂରଦର୍ଶନଥି ବି ତାଙ୍କର କେତନି ନାଟ ଆର ପ୍ରାମାଣିକ ଚିତ୍ର ପ୍ରସାରିତ ହେଇଛେ । ସେ କଲାହାଣ୍ଡିର ଆଦିବାସୀ ଜନଜାତି ଉପରେ କେତନି ପ୍ରବନ୍ଧ ଲେଖିଛନ । ସେ କେତନି ରାଏଜ ଆର ଜାତୀୟ ସ୍ତରର ମାଏନଥି ସମ୍ମାନିତ ହେଇଛନ ।

ପ୍ରଦୀପ ଧାଂଗରା ମାଝି

ପରମେଶ୍ୱର ମୁଣ୍ଡକର ସମିଆଁକେ କଲାହାଣ୍ଡି ନ ଆର ଝନେ ଜନାଶ୍ରୁନା ନାଟକକାର ହଉଛନ ପ୍ରଦୀପ ଧାଂଗରା ମାଝି । ତାଙ୍କର କିଛି ସଫଲ ନାଟକ ହଉଛେ ବନାଗୁଦା, ଟୋକିମାରା, ଅସୁରଗଡର କଥା, ବସ୍ତାନୀ, ମନ୍ଥନ, ହୋ ପାହୋମ, ଛେରଛେରା ଆଦି ।

ଜିତେନ୍ଦ୍ର ନାଥ ପଟ୍ଟନାୟକ

ଇ ସମିଆଁକେ ଖଡ଼ିଆଳ ନ ଆର ଝନେ ନାଟକ ପ୍ରତିଭା ଉଭରିଛନ । ସେ ହଉଛନ ଜିତେନ୍ଦ୍ର ନାଥ ପଟ୍ଟନାୟକ । ବାପା ରମେଶ କୁମାର ପଟ୍ଟନାୟକ, ମାଁ ଶ୍ରୀୟା କୁମାରୀ ପଟ୍ଟନାୟକ । ୨୮.୦୩.୧୫୬୫ ସାଲେ ଖଡ଼ିଆଳ ନ ଜନମ । ସେ ନାଟ ଲେଖବାର, ବତାବାର ସାଙ୍ଗେ ଅଭିନୟ ବି କରସନ ।

ତାଙ୍କର ଲେଖଲା କୋସଲି ନାଟ ମାନେ ହେଲା, ସଂଗ୍ରାମ, ଦାମୁର, ଜିଇଁତା ଥାଉ, ନିଅ, ଗାଁର ମଲି, ବଦଲା, ହଜାଲା ଧନ, ପାଏନ, କଲିଯୁଗ, ଖମନ, ସଁଚିଥା ହସ୍ୱଥା, ଆମର ଗାଁ, ତରକିଥା ଆଦି । ସେ ପଥପ୍ରାନ୍ତ ନାଟକ ଲେଖିକରି ୧୦୦୦ ନୁ ଅଏତକା ଠାନେ ପରସିଛନ । ତାଙ୍କର ନାଟକ ପାଏନ ଭବାନୀପାଟଣା ରେଡିଓ ଟେସନ ନୁ ପ୍ରସାରିତ । ନାଟକ ବାହାରେ ସେ କେତନି ସି.ଡ଼ି.ଫିଲ୍ମଥି ବି କାମ କରିଛନ । ୧୯୯୩ ରୁ ଖଡ଼ିଆଳ ସାଂସ୍କୃତିକ ଅନୁଷ୍ଠାନର ସଭାପତି ଅଛନ ଆର ୨୦୧୮ରୁ ଖଡ଼ିଆଳ ମହୋସବର ସଭାପତି ଅଛନ ।

ସେ ତାଙ୍କର ନାଟକ ଲେଖା, ନିର୍ଦ୍ଦେଶନା ଦେବାର ଆର ଅଭିନୟ ଲାଗି କେତନି ରାଏଜ ଆର ଜାତୀୟ ସ୍ତରୀୟ ଅନୁଷ୍ଠାନ ନୁ ମାଏନ ପାଇଛନ ।

ନାଟକକେ ଯେତା କୁଡ଼େ ସଦୀର ନବେ ଦଶକର ଶେଷ ଫାଲକେ ଆର ଏକୁଶ ସଦୀର ପହେଲା ଆଡକେ ଆଧୁନିକତା ଧରିଥିଲା ନ ସେତା କବିତା ସାହିତ୍ୟକେ ବି ୮୦ ଦଶକ ନୁ ଯେନ ଆଧୁନିକତାର ପରିକ୍ଷାନିରିକ୍ଷା ହେଇଥିଲା ସେଟା ଏକୁଶ ସଦୀର ପହେଲା ଆଡକେ ଆଧୁନିକତା ବନେ ଫଏଲି ବସିଥିଲା ନ ।

କ୍ଷୀରୋଦ କୁଅଁର

୨୦୦୫ ସାଲେ ଆସିଥିଲା କ୍ଷୀରୋଦ କୁଅଁରଙ୍କର କବିତା ସଙ୍କଲନ "ଗାଁ ଘରର କଥା" । କୋସଲି ଆଧୁନିକ କବିତାର ଆର ଗୁଟେ ଚର୍ଚିତ କବିତା ସଙ୍କଲନ । ୨୦୧୦ ଥି ଆସିଥିଲା ଆର ଗୁଟେ କବିତା ସଙ୍କଲନ "ପାହା ତଲର୍ ଛାଏଁ" । ଦୁହି ସଙ୍କଲନ କେତନି ଚର୍ଚାଥି ରହିଥିଲା ।

ମାଁ

ଯେନ୍ ଠିକ୍ନା କୁଶେ ଦୁରୁଁ
ସେନ୍ହୋର୍ କହଁର୍ ମଗ୍ମଗାସି

ଫଗ୍‌ନିଆ ଧୁଆଁ ଲେଖେଁ

ମନ୍‌କେ ଉଶ୍ୱାସ୍ କରୁସି

ଯେନ୍ ଠାନୁ ଖଲଖଲାନୁ ବହିଯାଏସି

ଅମୃତର୍ ଧାର

ଯିଏ ଅଁଧାର୍‌କେ ପିଇ

ଉକିଆ ବହରାସି

ଯାହାର୍ ଧର୍‌ସାର୍ ଡାଲ୍ ଝାପରୁ ହେଇ ପାଁଲୁ ଥିସି

ଯାହାର୍ ଠାନେ ଦେ ଦେବତା ଭି ମୁଡ୍ ଗାଡ୍‌ସନ୍

ହେଟା ତ ଏ ମାଁ

ମୋର୍ ମାଁ ।

 କ୍ଷୀରୋଦ ପଢ଼ିଲା ବେଲୁ କବିତା ଲେଖୁଥିଲେ । ଆର୍ କେତନି ନାଁ'କରା ପତ୍ରପତ୍ରିକାଥି ତାଙ୍କର କବିତା ସବୁ ବାହାରୁଥିଲା । ସେ ଓଡ଼ିଆ ଆର୍ କୋସଲି ଦୁହି ଭାଷାଥି ଲେଖିଛନ୍ । ସେ କେସେଟ୍ ଆଲବମ ମାନକର ଲାଗି ଗୀତ ବି ଲେଖିଛନ୍ । ଇତାର୍ ବାହାରେ କେତନି ସ୍ମରଣୀକାର ସଁପାଦନା ବି କରିଛନ୍ । ତାଙ୍କର ସାହିତ୍ୟ ସାଧନା ଲାଗି କେତନି ଅନୁଷ୍ଠାନନୁ ମାୟନ ପାଇଛନ୍ ।

ବଲଦେବ ଦୀକ୍ଷିତ

କୋସଲି ସାହିତ୍ୟକେ ବୁରୁସାଲ କରବାର ଲାଗି କବିତା, ଛୋଟ ଉପନ୍ୟାସ, କଥାନୀ, ପ୍ରବନ୍ଧ, ଅନୁବାଦ, ଫିଚର, ପତ୍ରିକା ସଁପାଦନା, ସାହିତ୍ୟିକ ମାନକର ଭିଡିଓଗ୍ରାଫି ସାକ୍ଷାତକାର, ଆର୍ କବିମାନକର ବହି ଛାପିଛନ୍, ପତ୍ରିକାମାନକୁ ଆର୍ଥିକ ସହଯୋଗ କରିଛନ୍ ଆର ସାହିତ୍ୟ ସଂଗଠକ ହିସାବେ ଜନାଶୁନା । ବ୍ରଜରାଜନଗର ନ ରହୁଥିବା ବଲଦେବ ଦୀକ୍ଷିତ ୮୦ ଦଶକରୁ ଯୁଆନ ସମିଆଁକେ ଲେଖୁଥିଲେ ବି ଏକୁଶ ସଦୀର ପହେଲା ଦଶକର ମାଝ। ଆଉକେ ତାଙ୍କର ନାଁ ବଢ଼ିଛେ । ସେ କହେସନ କୁମାର ହସନ ତାହାଙ୍କୁ ଲେଖବାରକେ ତହଁକଉଥିଲେ । ତାଙ୍କର ଲେଖାମାନେ ହେଲା, ଅଛେ ଆଶା ଅଛେ ସପନ ଅଛେ ଦମ, ଦ ସ୍ଟୋରି ଟେଲର ତାର ଅପ୍ରକାଶିତ କଥା, ତୋର ଲାଗିରେ ଗୁଲାପି, କୋଲକାତାର ଜନ ଅରଣ୍ୟର ଅନେକ କଥା, କଂଗନା, ଅଗରତଲାନେ ବାଂଗଲାଦେଶୀ ଛତା, ଇମିଲ ମାଦଲର ସୁରେ ସୁରେ ନାଟମାଁ ଆ,

ଟେକ୍‌ନୋଲୋଜିର ନରଦାନଥ ଫେକ୍‌ଫେକେଇ ଗଲା ନ ମାଇକେଲ କେରକେଟା, ସଁସାରେ ଘର କରିଛୁ ପରେ, ଜୀବନର ଗଣିତଥି ପ୍ଲସ ମାଏନସ, ଆନବୁ ନୂଆଁସକାଲଟେ ବିଶ୍ୱାସ ଅଛେ, ମିନି ଗପ, ଅଣ୍ଡ ଗପ, ସ୍କେଚ, ସୋନାଲୀ ମୋର ଗାର୍ଲ୍‌ଫ୍ରେଣ୍ଡ ଅ ଫେସବୁକ, ତୁମେ ଯେଭେ ଯାଏସ ମତେ ଏକଲା କରିଦେସ, ଝିଲିକ ମେହେର ସାଂଗେ ଅନଲିମିଟେଡ ସପନ, ଦୁଃଖ ମୂଲକି ମୂଲକି ହଁସୁଛେ, ସୁନ୍ଦର ଜୀବନ ଲାଗି ସେମାନକର ୧୦୮ ଉପଦେଶ, ମୁଁଁ ଜାନସିଁ ପିଁଜରା ଭିତରର ଚେରେ କାଁଏ ଗୀତ ଗାଏସନ, ରୂପନ ମାଷ୍ଟର ସଁସାର, ଡ୍ୟାନ୍ସ ଅପନ ଏ ଟାଇମ ଜନ ରାମପୁର କୋଲିଆରୀ, ସହିଦ ହଟେ ସିଁହ, ସ୍କେଚ ବିହାଚୁରା/ଘର, ଜୀବନ ଜିନ୍ଦାବାଦ ଆଦି ।

ଠାକର ଲେଖାଥି ଆଦିବାସୀ ଜନଜୀବନର କଥାକେ ଚିତରାବାର ଚେଷ୍ଟା କରିଛନ, ବିଶ୍ୱ ସାହିତ୍ୟର କିଛି ଲେଖାକେ କୋସଲି କରିଛନ, ଆମେରିକାର ଲେଖକ ବବ ଡ୍ୟାଲନଙ୍କୁ ଛାୟାନୁବାଦ ଆଦି କରିଛନ ।

ଠାଁକର ଜନମ ୪/୮/୧୯୫୯ ସାଲେ ବ୍ରଜରାଜନଗର ନ ହେଇଥିଲା । ବାପା ନିଶିକାନ୍ତ, ମାଁ ଅରୁନ୍ଧତୀ ।

ବରଗଡର ରେଡିଓ କଲାକାର **ବୁଦ୍ଧଦେବ ପ୍ରଧାନକର** କାଁଟା ମୁରୁଖ୍ ଆର କନିଆଁ ଦେଖା ନାଟକ ଦୁହିଟା ମୁରଖାମି ଲାଗି ସବୁ ନୁକସାନ ହେଇଥିସି ଆର ମାହେଜିଟୁକେଲ କର ବସ୍ତୁ ଉପରେ ଦୁଇଟା ତାକତବର ଲେଖା ।

ଅଧ୍ୟାପକ **ଉମେଶ ଚନ୍ଦ୍ର ମହାପାତ୍ରଙ୍କର** ହେସି ହେଡା, ଫିଙ୍କା ଫାଗୁନ, ଭୁରକୁଟିଆ ରଜା, ଚାବରି ରାନୀ ଆଦି ନାଟକରେ ସମାଜ ଆର ଜୀବନର କଥା ଅତି ସୁନ୍ଦର ହିସାବେ ଦେଖା ହେଇଛେ ।

କୋସଲି ନାଟକଥି **ଶଙ୍କର ମହାନନ୍ଦ** ଗୁଟେ ଚିହ୍ନା ନାଁ । ବରଗଡ଼ର କଲାକାରମାନଙ୍କୁ ନେଇକରି ତାଙ୍କର ନାଟକ ବାଗ୍‌ଧରା, ହାତୀର ଝଲ, ଆଏଁଖ, ଅବୋଲକରା ଆଦି ହମିଶା ଦର୍ଶକ ସୋର ରଖିଥିବେ । ତାଙ୍କର ନାଟକଥି ଉଲ‌ଗୁଲାନର ସୋର ତେଜ ଥିସି ।

ଦୀଲୀପ ବେହେରାଙ୍କର ଦୀକ୍ଷା, ଭାରତ ବାସୀ କି ଜଏ ଆର ଅବଗା ଟୁକେଲ ମାନକୁ ନେଇକରି ବନିଥିବା ନାଟକ ଆଶ୍ରା ସଫଲ ନାଟକ ମାନକର ଭିତରେ ଗନାଯାଏସି ।

ନାଟ୍ୟକାର **ମନୋରଂଜନ ମିଶ୍ରଙ୍କର** ଲେଖଲା ନାଟ ଆଏଜ୍ ଠକ୍, ଜାହିଁ ଜଂଗଲ ତାହିଁ ମଂଗଲ୍, ଅଁଠା, ଉବେଲିଆ ଉପ୍ପାତ୍, ବିର୍‌ର ତୁମର ହାତେଁ, ଦୋଷ ଦେମି କାହାକେ, ଅଙ୍ଗାରା, ଜୀବନ୍ କାନ୍ଦୁଛେ, ଭରକୁଲା ଆଦି ନାଟ ଗୁଟେ ଗୁଟେ ସଫଲ ନାଟ । ଜୀବନ-ଜଂଜାଲର ଚିତ୍ର ପରସିବାର ଥି, ସମସ୍ୟାଥି ଘେରେଇହେଲା ଜୀବନଥି ଆଶାର ଉକିଆ ଦେଖାବାରଥି ୫ନେ ସଫଲ ନାଟକକାର ।

ଭଟଲି ବ୍ଲକର କେସେଇପାଲି ଗାଁର ନାଟ୍ୟକାର **ଚୂଡ଼ାମଣି ରଥକର** ଝାର ବିଲେଇ, ଅହଲ୍ୟା, ବାଏ ଖୁଏନ୍, ତମସୋ ମାଁ ଜ୍ୟୋତିର୍ଗମୟ, ଜଂକ୍, ନିଘା, ଆଶାପୁରାରୁ ଆମେରିକା ଆଦି କେତନି ଠାନେ ସଫଲ ହିସାବେ ମଟାନ ହେଇ ପ୍ରଶଂସା ମିଲିଛେ । ସଫ୍‌ଲା ଫଟିକ ଉପସ୍ଥାପନା ଆର ନାଟକର ଗତି ନାଟକ ମାନକର ବୈଶିଷ୍ଟ୍ୟ । ଅଭ୍ୟାଭନାର ନାଟକକାର **ଅମୂଲ୍ୟ ଶେଠ** ତାଙ୍କର ଭାଲୁପୋକ ଆର ବଏଠା ଲାଗି କେତନି ଜନାଶ୍ରୁନା ଆର ମାଏନ ପାଇଛନ ।

ବରପାଲି ଇଲାକା ନ କୋସଲି ନାଟକର ଧାର ତେଜ ଅଛେ । ମସାନ୍, ପଏସା, ହାସ୍ୟ ରସାମ୍ନକ ନାଟକ ବଲଦ୍ ଆଦିର ନାଟକକାର **ସୁଧାଂଶୁ କୁମାର ଦାଶ** ଗୁଟେ ବଡ଼ଭାରି ପ୍ରତିଭା । କଲା ଲାଗି କଲା ଆର ନିରୋଲ ମନୋରଂଜନ ସାଁଗେ ସମାଜ ସଚେତନ ତାଙ୍କର ନାଟର ସୋର । ନାଟକକାର **ରାଜେଶ କୁମାର ରାୟଙ୍କର** ରଜାଟେ ଥିଲା, ଝାର, ଆଁଖ୍ ଥାଉନ୍ ଥାଉନ୍, ମଞ୍ଜି ଆଦି ନାଟକଥି ଇହାଦେର ସମାଜର କେତନି ଚିତ୍ର ଆର ଚରିତ୍ରକେ ଉପକେଇଛନ । ତାଙ୍କର ନାଟକ ମାନକର ଭାଷା ସରଲ ହେଲେ ଭାବ ଗୁହେର ।

ପ୍ରଭୁ ଚରଣ ମହାନ୍ତିଙ୍କର ଲାଲ୍‌ସା, ଭାବ୍ ଆଦି ଗୁଟେ ଗୁଟେ ସଫଲ ନାଟ । ଅଧ୍ୟାପକ **ରମାକାନ୍ତ ତ୍ରିପାଠୀଙ୍କର** ଲେଖଲା ଡିଙ୍ଗା, ଡୁମେର ଗୁରସ, ନେପାଲ ନ ପରସିଲା ରେମୁ ଆଦି ନାଟ ଖାଲି ମଟାନ ସଫଲ ନି ହେଇ ବରଂ ନାଟମାନେ ସମିଆଁକେ ଚେତାବାର, ସମାଜକେ ବାଟଦେଖାବାର ଉଦାହରଣ ଆନ ।

ଭେଡ଼େନ, ଚିଟିଣ୍ଟା ଆର ରେମେଣ୍ଟା ହଉଛେ ନାଟର ପ୍ରସିଦ୍ଧ ଠାନ । ଲୋକକଲା, ଲୋକସଂସ୍କୃତି ଆର ଲୋକ ବିଶ୍ୱାସ ସଚେତନ ଶିଳ୍ପୀ **ବୁଦ୍ଧଦେବ ଦାସଙ୍କର** ନାଟକ କରମସାନି, ବଏଲ, ମାଷ୍ଟର ବାବୁ, ଦୁଲାରି, ଅର୍ଦ୍ଦଲି ଆଦୀ କୋସଲି ନାଟ ଜଗତଥି ଚହଲ ପକେଇଥିଲା । ନାଟକକାରଙ୍କର ଅସମିୟାଁଥି ମରନ ଇ ଭାଷା, ସାହିତ୍ୟ ଆର ନାଟ କଲାର ବିକାଶ ଲାଗି ଭରନା ନି ହେଇପାରେ । ନାଟକକାର

ଏସଙ୍କେତନ ପ୍ରଧାନଙ୍କର ତସ୍ମୈ ଶ୍ରୀ ଗୁରବେ ନମଃ ଗୁଟେ କେତନି ପ୍ରଶଂସିତ ଆର ଚର୍ଚ୍ଚିତ ନାଟକ । ତାଙ୍କର ତଥାସ୍ତୁ, ପରହର୍ ଭାଟୌ.., ବଛରଟାକର ତିହାର ଆଦୀ ନାଟକରେ ସାଧାରଣ ଲୋକମାନକର ଚିତ୍ର ସଫଳ ହିସାବେ ଚିତରା ହେଇଛେ । **ବୀରେନ୍ଦ୍ର କୁମାର ନନ୍ଦଙ୍କର** ରୁପ୍, ଜିସକା ବାପ୍ ଚଡ଼େ ଘୁଡ଼ା, ପୁତଲା, କରି କରାଡ ଥାଏ ସେହି, ଅସଲୀ ମଦାଙ୍ଗ, ଏକସ୍ ବାଏସି, କିରିଆ ଆଦି ନାଟକ ମାନକୁ ତାଙ୍କର ସାମାଜିକ ନଜରିଆ ଫଟିକ ବାଆରି ହେସି । **ଉସନ୍ନ କୁମାର ଭୋଇଙ୍କର** ଠୁଟି କାହାଲି ଆର କନିଆଁ ଦେଖା କଥାବସ୍ତୁ ଆର ସଂରଚନାଥି ନାଟ ଆକାଶର ଦୁଇଟା ଉକିଆ ତାରା ।

ସୋହେଲାର ନାଟକକାର **ରାଜେଶ କାରିଆଙ୍କର** କିରିଆ, ହଲିଆ, ମାଲି ଘରେ ଛେଲ ପିଲା, ନମୋ ଗଣେଶ ବିଘ୍ନେଶ, ଦଉଲ ବିହା ଆଦି ନାଟକଥି ସମାଜର ଭିନେ ଭିନେ ବର୍ଗର ଲୋକକର ଜୀବନଲେଖାକେ କଲାକାରି ଆର ହୁରୁଦ ଛିଁଲା ଶୈଲୀଥି ଲେଖା ହେଇଛେ । **ଜ୍ୟୋତି ପ୍ରକାଶ ତ୍ରିପାଠୀଙ୍କର** ଚାଁକୋ, ଗୁହୁଁ, ଭୋକ୍, ରାମ ନାମ ସତ୍ୟ ହେ ଆଦି ନାଟକର ମଟାନ ମୂଲ୍ୟ କେତନି । ଅଧ୍ୟାପକ **ଟେକଚନ୍ଦ ଦୁଆନଙ୍କର** ଶଁସେ ଆର ଗଏଁ ଭିନେ ସୁଆଦର କୃତି ।

ଗାଇସିଲାତ ଅଞ୍ଚଲରୁ ହିଁ ପହେଲା ଗୀତିଧର୍ମୀ କୋସଲି ନାଟକର ମୁଲ । ଅଧ୍ୟାପକ **ଅର୍ଜୁନ ମହାନ୍ତିଙ୍କର** ନାଟ ଚୁରୀ, ସୁନାର ଦେଶ କେତନି ସମ୍ମାନ ଆର ପ୍ରଶଂସା ପାଇଛେ ।

ଘେଁସ ଇଲାକାର ଅଧ୍ୟାପକ **ସୁକୁମାର ଭୋଇଙ୍କର** କିସ୍ତି, ଚେତବାର ବେଲ୍ ଇ ଇଲାକାର ନାଟ ଧାରାକେ ବୁରସାଲ କରିଛେ । **ରଂଜନ ଦେବତାଙ୍କର** ଐତିହାସିକ ନାଟକ ସହୀଦ୍ ମାଧୋ ସିଂ ବୀର ମାଟି ଘେଁସର ଗୌରବ କଥାକେ ଆଗକେ ନେସି ।

ମନାପଡ଼ା, ଲରମ୍ବା, ଅତାବିରା, ବାବେବିରା ଇଲାକା ନ ନାଟର ଗୁଟେ ଉସାର ପିସାର ନିହି ରହିଛେ । ଅନେଇଶ ସଦୀର ପହେଲା ନୁ ମନାପଡ଼ାର ନାଟ ମାନକୁ ପହେଲା ଗୀତ ଆର ଫାରସର ବେଭାର ଦେଖବାରକେ ମିଲିଛେ । ପଛେ ପୁରା ନାଟ ଲେଖବାର ଲାଗି ତହଁକ ଦେଇଛେ । ଅଧ୍ୟାପକ **ସରୋଜ ନାଏକଙ୍କର** ଇ ଗାଁ ଆମର ମାଁ, ଝାର ଜଂଗଲ ଥଲୋ ମଙ୍ଗଲ, ମିଟିଂ, ଅନୁବାଦ ନାଟକ କଲିକଟି ଟେକ୍, **ସମାପ୍ତ ପ୍ରଧାନଙ୍କର** ଇଟାତ ଦୁନିଆଁ, ତାମ୍ସା ରୁଲିଛେ, ରାଜନୀତି, ପରିବର୍ତ୍ତନ ଆଦି ନାଟଥି ସମିଆଁର ଧୁକଧୁକି ଜାନିହେସି ।

ବିଜେପୁର ପାଖର ପଢ଼ାର ନାଟକକାର **ମୋହନ ସିଂ କହ୍ନେଇଙ୍କର** ମାଁ, ଯେନ୍‌ନୁ ମୂଲ ସେନ୍‌ନୁ ଶେଷ ନାଟ କେତନି ଠାନେ ସଫଳ ହିସାବେ ଅଭିମଣ୍ଡିତ ହେଇଛେ । ତାଲପଦରର ନାଟକକାର ଅଧ୍ୟାପକ **ସୁଶାନ୍ତ ମିଶ୍ରଙ୍କର** ନାଟ ମାନେ ସମାଜର ଭିନେ ଭିନେ ସମସ୍ୟା ଆଧାରିତ । ତାଙ୍କର ଚରିତ୍ରମାନେ ସମାଜର ସବୁ ସ୍ତରନୁ ଆସିଥିସନ । ତାଙ୍କର ନାଟ ମାନକର ଭିତରେ ଚଢ଼େନ୍ ଧୁରିର ମୁଡ଼େଁ ବାଡ଼ି, ଜୁଆ, କପାଲର ଦୋଷ, ଗରେଲ, କଲିକାଲ ଆର ଚିଠି ବଟାଲା ବାଗିର ।

ପାଇକମାଲର ନାଟକକାର **ବିଜୟ ପ୍ରଧାନଙ୍କର** ସଂସ୍କାରଧର୍ମୀ ନାଟକ ବଦିଆଁ ଗୁଟେ ଚମତ୍କାର ଲେଖା । ମୁନୁଷ ଭିତରେ ଥିବା ପଶୁତ୍ୱକେ ପଶୁ ମୁହାଁ ବଦଲାବାର ଚେଷ୍ଟା ଅଭିନନ୍ଦନୀୟ । **ବିଶ୍ୱନାଥ ଶେଠ** ଚେତନାଥୁଁ ପ୍ରଦୂଷଣ, ସେଙ୍ଘାଭୁଲ୍ଲୁ, ଆରୁ କେତେଦିନ୍, ଠାଠୁ ନଜର, ଯଉଛେ, କାଁଥ୍ ବାଗିର ଉଁଚା ଦର୍ଜାର ନାଟର ସ୍ରଷ୍ଟା ।

ସ୍ୱଭାବ କବି ଗଙ୍ଗାଧର ମେହେରଙ୍କର ଜନାଶ୍ରୁନା କାବ୍ୟ ତପସ୍ୱିନୀ, ପ୍ରଣୟ ବଲ୍ଲରୀ ଆର କୀଚକ ବଧକେ କୋସଲି ଭାଷାଥି ନାଟ ରୂପ ଦେଇଛନ ଅଧ୍ୟାପକ **ମୋହନ ସାହୁ** । ବଡ଼ମା ପାର୍ବତୀ ଗିରିଙ୍କର ଜୀବନୀ ଆଧାରିତ ତାଙ୍କର ଆର ଗୁଟେ ନାଟ ହେଲା ବଡ଼ମା' । ବ୍ୟଙ୍ଗ ଆର ବିଦ୍ରୁପଧର୍ମୀ ତାଙ୍କର ଭିନେ ସୁଆଦର ନାଟ 'ଯତ୍ ପଢ଼ା ତତ୍ ବେଢ଼ା' ବଟାବାର ଜରୁରି ।

ଅଭିନେତା ଆର ନାଟକକାର **ପ୍ରଦୀପ କୁମାର ପଣ୍ଡାଙ୍କର** ନାଟକ 'ବୁଢ଼୍‌ଲା ବେଲ ଉଦ୍‌ଲା ଜନ୍' ଆର 'ଥର୍' ତାଙ୍କର ଜଗତ ଆର ଜୀବନ ବାବଦେ ନଜରିଆକେ ବଟେଇଥିସି ।

ପଦମପୁରର **ସନ୍ତୋଷ ମହାନ୍ତିଙ୍କର** ନାଟକ ଢୋଲ୍ ହଜିଯଉଥିବା ଲୋକ କଲାକେ ବଁଚେଇ ରଖବାର ଲାଗି ଗୁଟେ ଚେଷ୍ଟା । ନିଯେ ତାଙ୍କର ଆଉ ଗୁଟେ ସଫଳ ସୃଷ୍ଟି ।

ନିର୍ଦ୍ଦେଶକ ଆର ନାଟକକାର **ରାଜେନ୍ଦ୍ର କୁମାର ମହାନ୍ତିଙ୍କର** ଗୁରସ, ପଲଟା ବାୟ, ଧୁକା, ସରପ, ବଉଲା, ଅନ୍ଧି, ନାଚନି, ଏତା ଏତା କଥା, ମିତୁର କଥା, ଉ୍ୱା, ନାରଦ ଉବାଚ, ବଦଲି, ଡର, ଖୁଲା ଝରକା, ମନ୍, ପିଁଣ୍ ବାଗିର କୁଡେ ନୁ ଅଏତକା ନାଟ ଲେଖିଛନ । ପଲଟା ବାୟ ନାଟଥି ସମାଜର ଅନ୍ଧ ବିଶ୍ୱାସ ଆର କୁସଂସ୍କାରର ଭୟାନକ ପରିଣାମ ଦେଖାହେଇଛେ ।

ଅଧ୍ୟାପକ **ରବି ରଂଜନ ପ୍ରଧାନ**ଙ୍କର ଦୁଇଟା ଅନୁବାଦ ନାଟକ ବାଂଛାର ବାଏର ଆର କୁଇଲୋ କାଟୁ । ବରକସ ସଂଲାପ ଆର ନୂଆଁ ମଚାନ ଟକନିକ ଲାଗି ରାଏଜ ବାହାରେ ବି ନାଁ କରିଛେ । ତାଙ୍କର ଆର ଦୁଇଟା ସଫଳ ଆର ଚର୍ଚ୍ଚିତ ନାଟ ହଉଛେ ଉପାସିର ଚିଠି ଆର ମାୟା ।

ସମାଲୋଚକ ଆର ନାଟକକାର ଅଧ୍ୟାପକ **ଡ.ପ୍ରମୋଦ ପାଢ଼ୀ**ଙ୍କର ଅନୂଦୀତ ନାଟ ଇନୁ ଇନ୍କେ ଆର ପୁଷ୍ପୁନି; ଅଧ୍ୟାପିକା **ଉମା ପ୍ରଧାନ**ଙ୍କର ଫଏସଲା ଆର ଇଟା ତ ଜୀବନ୍ କୋସଲି ନାଟ ଇତିହାସଥି ଅଲଗ ଠାନ ଆବରୁଛେ । **ସୁଦର୍ଶନ ବରିହା**ଙ୍କର କାହାକେ କହେମି, ପୁନି ରାତିର ଚକା ଜନ୍, ଜୟ ମା ସିଂହବାହିନୀ ଆଦି ନାଟଥି ସାମାଜିକ ସମସ୍ୟାର ଚିତ୍ର ଫଟିକ । କବି ଆର ନାଟକକାର ଅଧ୍ୟାପକ **ସନ୍ତୋଷ ଦେବତା**ଙ୍କର ଲୋକକଥା ଆଧାରିତ ଭାଲୁ ନାଟଥି ଅନିଏ, ଶୋଷଣ ସାଂଗେ ମାହେଜି ଟୁକେଲ କର ସାହାସ ଚମକ୍ରାର ହିସାବେ ଦେଖାହେଇଛେ ।

ସଂଗୀତା ପଣ୍ଡା ଷଡ଼ଙ୍ଗୀ

କବି ସମାଲୋଚକ ଆନନ୍ଦ ଚନ୍ଦ୍ର ସାହୁ ଲେଖସନ, ଆମର ସମିଆଁର ଜନେ ବରକସ କବି ହଉଛନ୍ ସଂଗୀତା ପଣ୍ଡା ଷଡ଼ଙ୍ଗୀ । ତାଙ୍କର କବିତା ଖୋବ୍ ପିନ୍‌ପିନା, ପଏରଚ୍ଛା । ପଡୁନ୍ ପଡୁନ୍ ଟାମଡ଼ି ପକାସି କଲଜା ହଁଡ଼ାକେ । ଶବଦ ଜଂଜାଲ୍ ଭିତ୍‌ରେ ଘାଁଟି ନେଇକରି ସଂଗୀତା ସବୁବେଲୋଁ ଭାବର ଭଉଁରିକେ ନିଘା ରଖ୍‌ସନ୍ କବିତା ଲେଖ୍‌ଲା ବେଲକେ, ଯେନଥିର ଲାଗି ତାଙ୍କର କବିତା ବରକସ ଲାଗ୍‌ସି । ଜୀବନର ସୁରୁ ସୁରୁ ଭାବ, ସପନ, ଘଟନାଥ ଝଲମଲଉଥିସି ତାଙ୍କର କବିତା ସଁସାର । ଭାବର ବରକସ ରାଁଜଥିଁ ଇଥିତାହିଁ ମନକେ ମନ୍ ଲମୁଥିସି ତାଙ୍କର କବିତାର ଢିର । ଖୋବ୍ ବନେ ଲାଗ୍‌ସି ସଂଗୀତା ପଣ୍ଡା ଷଡ଼ଙ୍ଗୀଙ୍କର ନିଆରା କବିତାର ଧାରା ।

କେତେବେଲେଁ ଖୋବ୍ ରୋମାଷ୍ଟିକ୍ ଆର୍ କେତେବେଲେଁ ପ୍ରକୃତିମୁହାଁ, ଫେର କେତେବେଲେଁ ଜୀବନ୍ ଜଂଜାଲର ଗୁରୁଦୁଟେ ଘିଚାଟନାକେ ନେଇକରି ସଂଗୀତାଙ୍କର କବିତା ସବୁବେଲେ ସମୃଦ୍ଧ ହେଇଥିସି । ତାଙ୍କର କବିତାର ଢାଡ଼ି ଗୁଟେକେ ନିଘା କଲେ ପଏରଚ୍ଛା ଜାନିହେବା ତାଙ୍କର ମନ୍ କରପନର କବିତା ଭାବ୍ ।

'ଏଭର ଫଗୁନଥ୍ କବିତା ଗଲୋ ଭିଜିସି

ରଝୋ ରଝୋ ବର୍ଷାଥ

ଟୁପୁର୍‍ ଟୁପୁର୍‍ ଝଁକେର୍‍ ଥ

କେତେବେଲେ ଫଟା ମାଏଟର୍‍ ଗର୍ଜନ୍‍ ବି ଶୁଭ୍ୟସି

ଏଭର୍‍ ଫଗୁନ୍ଥ ଚାଷୀର୍‍ ଗୁଲୁଗୁଲା ବି ପରେ ଦିଶସି

କୃଆଁରୀମାନ୍‍କର୍‍ ହୁମୋ ବଉଲି ବି ଶୁଭ୍ୟସି

ଫଗୁନ୍ଥ ବଉଲି ଧୁକା ଧୁକୁ କି ନେଇଁ ଧୁକୁ

ଅବେଶ୍‍ କବିତା ମାନ୍‍କେ ଫଗୁନ୍‍ଟା ଆଇଥ୍ୟସି.... ।

ଶବ୍‍ଦକେ ଗୁଁଥ୍‍ବାର୍‍ ଲାଗି ଜହ ଲହର୍‍ ୫ପର୍‍ ନେଇଁ ହେଇକରି ସଂଗୀତା କବିତାଥ ଭାବ୍‍କେ ଗୁଁଥ୍‍ବାରଥି ସବୁବେଲେ ନିଘା ରଖ୍‍ଥିବାର୍‍ ଅନୁମାନ କରିହେସି । ତାଙ୍କର୍‍ କଲମର ସୁରୁତ୍‍ କବିତା, ପାଠକ୍‍ମାନ୍‍କୁ ଯେନ୍‍ତା ସୁଆଦ୍‍ ଲାଗ୍‍ସି, ହେନ୍‍ତା ନିଜର୍‍ କରିପକାସି ।

ଭାବର୍‍ ସଁସାର୍‍ । ଭାବ୍‍ ସର୍‍ସରା ସଁସାର୍‍ । ଭାବର ଭୁବ୍‍ରାଥ ଲସ୍‍ଲସେଇ ପହଁରୁଥ୍ୟସି କବିତା । କବିତାକେ ବି ଘାଏ ଉଁଘା କରି ସାଉଁଟିବାର ଲାଗିଁ ବାହାଁକେ ବଟର୍‍ କର୍‍ବାକେ ହେସି । କବିତାର୍‍ ଭିତର୍‍କେ ମୁସ୍‍ଡ଼ିବାର୍‍କେ ହେସି, କବିତାର ଡାହି ପଖ୍‍ରାଥ ଡାହି ମାକ୍‍ରି ଖେଲ୍‍ବାର୍‍କେ ହେସି । ନିଜର୍‍ ଭିତର୍‍କେ କବିତାକେ ବି ମୁସ୍‍ଡ଼େଇ ନେବାର୍‍କେ ହେସି । ନିଜର୍‍ ଛିର୍‍ପଁଟ୍‍ ଭିତ୍‍ରେ ବି ଯେନ୍‍ତା ପହଁରି ଯାଇ ପାରୁଥ୍‍ବା କବିତା । ଗୁଟାମୁଟା କହେବାର୍‍କେ ହେଲେ, କବିତାକେ ଘାଏଘଡ଼େ ଜିଙ୍ଦେଇ ପାର୍‍ଲେ ହାଏ ଲାଗ୍‍ସି, ନିଜ୍‍କେ ବି ମୁହାଁମିହିଁ ଭେଟି ହେସି । ସଂଗୀତାଙ୍କର କବିତାଥିଁ ନିଜ୍‍କେ ଭେଟି ହେଲା ବାଗିର୍‍ ଅନୁଭବ୍‍ ଆୟସି । କବିତାକେ ଘାଏଘଡ଼େ ଜିଙ୍ଦେଇ ପାର୍‍ବାର୍‍ ସାହାସ୍‍ ବି ଛାଡିଥିଁ ପୁରତୁନ୍‍ ହେଇଯାୟସି । ସଂଗୀତାଙ୍କର ଜୀବନ୍‍ମୟ କବିତା, ମୁନୁଷ୍‍ ଭେଲିଥ ମୁନୁଷ୍‍କେ ସହି ସଲାମତ୍‍ ରଖ୍‍ବାର୍‍ ଲାଗି ଖୋବ୍‍ ତାକତ୍‍ ରଖ୍‍ଛେ; ଇ' କଥା ମୁଇଁ ଛାତିଥିଁ ହାତ୍‍ ଦେଇକରି କହିଦେଇ ପାର୍‍ମି ।

କବି ସାବିତ୍ରୀ ପୁରୋହିତ ଲେଖ୍‍ସନ:

ଖେପିଯିମି...

ଅଁଧାର୍‍ ନୁ ଉକିଆକେ

ଗହଲାଲା ସମିଆଁକେ

ଯଦର୍‍ବି ଜାନିଛେଁ... ପଦମ୍‍ ନାଇଁ ଫୁଟେ ପାହାତଲୋଁ...

ଜାନିଛେଁ ଭି...

ହବ୍‌ଡେଇ ହେମି... କଟ୍‌ଡେଇ ହେମି...

ଯତ୍ ନରଧ୍‌ମି... ତତ୍ ରକ୍‌ତେ ପାହା ଗୁଧାମି... ॥

କେନେ ଉକ୍‌ବୁକେଇ ହଦ୍‌ମଦେଇ

ଅଧ୍‌ପରାନ୍...

ତ କେନେ ହଦ୍‌ରି ହିଜ୍‌ରି ବାଏବିଛୋ...

ଆଁପ୍‌ରି ଚିପ୍‌ରି... ଗହଦି ଘୁମ୍‌ରି ନାନ୍‌ଖାନ୍... ॥

ଇଟା ଗୁଟେ କବିର ଦରଦ୍ । ସଂସାର ଯାକର ଦୁଖ ତାର, ସୁଖ ତାର, ଆଶା ଭି ତାର ଆରୁ ନିରାଶା ଭି ତାର୍ । ଏତା ଗୁଟେ ପୁରଥଥୁ କବିର ଆଚରଣ ବିଚରଣ ହରୁ ହରଦମ୍ ।

ସଂଗୀତା ପଣ୍ଡା ଭି ଏତା ବାଏବିଛୋ ହଉଛନ୍ । ତାକର ପାରଖୁ ନଜରଥୁ ଦେଖୁଛନ୍ ସଂସାରକେ । ଅଥାବିଥା ହଉଛନ୍ । ରଦ୍‌ଖଦେଇ ହେଇ ଶବଦ୍‌ମାନେ ସରଗୁଁ ଉତ୍‌ରି ଆଉଛନ୍ ଗଙ୍ଗାର ଧାର ବାଗିର୍, କବିତାର ଧାର ହେଇ ।

ଇ କବିତା ସଙ୍କଲନ୍‌ନେ ଠାନ୍ ପାଇଥିବାର୍ ସବୁ କବିତାଥୁ କବୟିତ୍ରୀଙ୍କର ଗୁଟେ ନିଆରାପନ୍ ଆରୁ ଶଦର ଯାଦୁକରୀ ବାଆରି ହେଇ ପଡୁଛେ । "ସତରର ନୂଆଁ ଦିହିତେ"ଥ କବୟିତ୍ରୀ, କେତେ ଛାଟିପିଟି ହଉଛନ୍ ।

ଆଏଜ୍ ତାର ବାଗିର୍, କାଏଲ୍ ସେତାର ବାଗିର ତ ଫେର କେଭେ ହେତାର ବାଗିର ଦିଶବାରକେ, ସମିଆଁ ସାଁକ୍‌ଲି ହଉଛେ... ଗୁଟେ ଦିହିକେ ସଜବାଜ୍ କରବାରଥୁ ମନ୍ ଅଥା ହେଉଛେ ।

ଆଏଜ୍ ପହପହନୁଁ ଉଠ୍‌ଲିଁ

ଆର ମୁଁ ମତେ ପଚରାଲିଁ

କେନ୍‌କେ ଆଏଜ୍

ଯିବାର ଅଛେ ଭାଏଲ୍ ? ?

ତୁମେ ସଭେ ତ ଦେଖିଛ ଅଷ୍ଟାଉକେ । ମନ୍ ଭରି ଭିଜିଛ... ଉସନାକ୍ ହେଇଛ । ହେଲୋଁ କିଏ ଭାବ୍‌ଲ କାଏଁ କେଭେ ମୋର ସେ ସେନ୍‌ହୋ ପିରତିର ଗୁଲାୟ୍ କଡୋକେ ଯେ ଫୁଟବାର ଆଘୋନୁ ଝରିଗଲା ମେଘର ଦୁଲ୍‌ଦୁଲି ଘଡ୍‌ଘଡି ଆରୁ ବିଜଲିର ମାର ଥ । ଆହାୟ... କବୟିତ୍ରୀ ଭିଜି ଯାଇଛନ୍ ଦରବର ଯ୍ଁକେରଥୁ । ଛିନ୍‌ଛତର ହେଇଛେ ସେ ଫଟୁ ଖଁଡ୍ ଖଁଡ୍ ହେଇ ଇତାର ତାର ହାତେ ।

ମୁଇଁ ଗଲେ ଆଏଜ୍ ତମ୍କୁ ଡାକୁଥ୍‌ତିଁ

ଏ ଗୁଲାପିର୍ ବା

ହଏ ଗୋ ଗୁଲାପିର୍ ବା ବଲିଁ ।

ମନ୍‌ଟା ହଦ୍‌ମଦେଇ ଗଲା ଇ କବିତା ପଢ଼ି, ବହୁତ୍ ସୁନ୍ଦର୍ କବିତାଟେ "ଭିତ୍ରି ଅଷାଢ଼ର୍ ଫଟୁ" ।

କହେଲେ ମିଲା କବି... ସହେଲେ ମିଲା

ବେଲେ ଉବେଲେ

ରଟ୍‌କି ଯାଉଥ୍‌ସି ଅଁଟା

ଉଦ୍‌ରି ଯାଉଥ୍‌ସି ପଁଜ୍‌ରା

ବିଟ୍‌ବିଟା ଚିଟ୍‌ଚିଟା ଲାଗ୍‌ସି

ସୁରୁଖୋ ଫୁଲର୍ ରଂଗ୍... ମିଲାର୍ କହଁର୍ ।

ହର୍‌ମେସା ଅହିରୁଦନ୍

ଜ୍‌ଲାପୁଡା କଲ୍‌ଜା

ନିଥ୍‌ରି ନିଝ୍‌ରି ଥ୍‌ପି ପଉସି ଆଁଖ୍‌ଲ

ଡର୍ ଲାଗ୍‌ସି କାଂପ୍‌କାପିର୍

ରଂଗ୍ ସର୍‌ସର୍ ଡେନା

ମନ୍ ହରୋବଟୋ...

ଡହ୍‌କ୍ ବିକଲ୍ ॥

ମାନ୍‌ଭଞ୍ଜନ ପାଣିଗ୍ରାହୀ ଲେଖ୍‌ସନ :

ମୁନୁସ୍ ଯେତ୍‌କି ଆଦିମ୍, କବିତା ସେତ୍‌କି ଆଦିମ । ମୁନୁସ୍ ଆର୍ କବିତାର୍ ନାତା ଗହିରିଆ । ମୁନୁସର୍ ସାରିରିକ୍ ଅବସ୍ଥା; ତାର୍ ରଂଗ, ଢଂଗ, ଆଚାର୍ ବେଭାର୍, ଚାଲି ଚଲନ୍, ସୁଖ, ଦୁଃଖ, ତାର ମାନସିକ୍ ଅବସ୍ଥା, ତାର ଅନ୍ତଃ ଚେତନା କବିତାଥୁଁ ଫୁଟି ଉଠ୍‌ସି । କବିତା ଭିତ୍‌ରେ ଜିବନ୍ ଆର୍ ଜିବନ୍ ଭିତ୍‌ରେ କବିତା ନିଚ୍ଛକ୍ ନିର୍ମଲ୍ ଭାବେ ଜନା ଯାଏସି । ନୁକୋ ଆଉ କାଲ୍‌ଜୟି କବିତାର୍ ଜୁଡ଼େ ଦିର୍ ଥ୍‌ସି । କବିତା ପାଠ୍‌କେ ଆନନ୍ଦମୟ କର୍‌ସି ଆରୁ ସରସ ସୁନ୍ଦର ଜିଁବାର ବାର୍ତା ଦେସି । ସଂଗୀତା ପଣ୍ଡା ସଢ଼ଙ୍ଗିକଁର୍ ଇ କବିତା ଗୁଚ୍ଛା ଜାହାର୍ ନାଁ ଦେଇଛନ୍ "ହାତୁଁ ହାତ୍‌କେ" ଯେନ କି ପ୍ରାୟେ କୁଡ଼େ ନୁ ଅଏତ୍‌କା କବିତା ଅଛେ, ସାହିତ୍ୟର ଇ ଜୁଡ଼େ ଦିଗକେ ସୁନ୍ଦର

ଭାବେ ଫୁଟେଇଛେ । ଭିନ୍ ଭିନ୍ ବିଷୟବସ୍ତୁକେ ନେଇକରି କବିତାମାନକର ଛାଁଟ୍ ଆର୍ ଢାଁଚାକେ ହେପାଜତ୍ କରି କରି କବି ପାଠକ୍ ମାନକୁ ବଡା ମାର୍ମିକ୍ ଭାବେ ପରସିଛନ୍ । ପ୍ରାୟେ ସବୁ କବିତାଥୁଁ କାବ୍ୟକ୍ ସତ୍ୟତା ଆଉ କାବ୍ୟକ ସୁନ୍ଦରତାର କଳାମ୍ନକ ମିଶ୍ରଣ ହେଇଛେ । ଭାଷା ଆଉ ବିଷୟବସ୍ତୁର୍ ତାଲ୍ ମେଲ୍ ନିଆରା ଆଏ । କିଛି କବିତାର୍ ଉଦାହରଣ୍ ନିଆଯାଇପାରେ ।

"ମରନର ଗର୍ଜନ" ୫ଟା ପଦ ଥିଲା ଛୋଟଟେ କବିତା । ଗୁଟେ ନିୟମିତ ଗଠନ ଅଛେ । ହଲ ହଲ ପୁଢ୍ ପୁଢ୍ ରାଁ ରାଁ ଖାଁ ଖାଁ ଆଧୁନିକ ଜୀବନ ଭିତରେ କବି ମରନ ଦେଖିଛେ । ମାୟଟ, ପାୟନ, ପବନେ ଏତ୍ତାକି ମୁନୁଷର ମନେ ବିସ ଦେଖିଛେ କବି । ହିଁସା, ଅହଁକାର୍, ଗର୍ବ, ଘୁଣାର ବିସ୍ । ଅନମୁନସିଆ ପନର ବିସ ଫୟଲୁଛେ ସଁସାରେ । ମରି ମରି କରି ଜୀବନ୍

ଜିଁଲା ଲୋକ୍ ମରନକେ ପଚରଉଛେ...

ଜିଁଲା ବାଗିର୍ ଜିବନ୍ଟେ

ବଅଁଚି ପାର୍‌ବାର୍

ବାଟ୍‌ଟେ ବତେଇ ଦେ ରେ

ମରନ୍ ।

ମରନ୍‌କେ ଇ କବିତାରେ ବ୍ୟକ୍ତିସତ୍ତା ଦିଆହେଇଛେ ଆଉ କାବ୍ୟ ପୁରୁସ ମରନ୍ ସାଂଗେ କଥା ହଉଛନ୍ । ଅତି ସରଲ୍ ଶବ୍ଦ ବିନ୍ୟାସ୍ କବିତାକେ ପଢବାର୍ ଲାଗି ନିଉତା ଦଉଛେ ।

ଆଉ ଗୁଟେ କବିତା "ହାତୁଁ ହାତ୍‌କେ" ନାରିର୍ ଅଥୋଥିଲି ନିରାସ୍ତ ଜିବନର ଗାଥା ଆଏ । ନାରିଟେ ନାଁ ଜିଁ ପାରୁଛେ, ନାଁ ମରି ପାରୁଛେ । ନା ଭୁଲି ପାରୁଛେ, ନା ହେତେଇ ହେଇ ପାରୁଛେ । ନା ସହି ପାରୁଛେ, ନା ବିଦ୍ରୋହ କରି ପାରୁଛେ । ନିରାସ୍ତ ନିରବ ଫୁଏନ୍ ନାରି ହରଘଡ଼ି ଜଲିପୁଡ଼ି ହୁତାସନ୍ ହେଇକରି ଜିଁଉଛେ । ନାରି କାବ୍ୟପୁରୁସ ନିଜର୍ ଚେତନା ସାଂଗେ କଥା ହଉଛେ;

ମାଟିର୍ ପୁତୁଲାଟେ

ଘିନୁଆ ଜାଉଛେ, ଇ ହାତୁ ସେ ହାତ୍‌କେ

ହାତୁ ହାତ୍‌କେ

ମୋର ଜନମ୍‌ଟା ଅଛେ ହେଲେ

ମରନ୍‌ଟା କାହାରିର୍‌ ହାତେ ନାଇ

କାହାରିର୍‌ ହାତେ ନେଇ ।

ଆଧୁନିକ୍‌ ଜୁଗର୍‌ କବିତା ମାନକର୍‌ ଗୁଟେ ଲକ୍ଷଣ ଯେ ହେତେଇ ଆର୍‌ ହୁରୁଗୁନି ହେବାରଟା । ହଜିଗଲା, ଲିଭିଗଲା ଜିନିସମାନକୁଁ ହେତେଇ ଆର୍‌ ହୁରୁଗୁନି ହଉଛେ ଆଞ୍ଚିର୍‌ ମୁନୁସ୍‌ । ଡାଲଖାଇ ଆମର୍‌ ବାହିର୍‌ ଗାଁ ମାଁ ମାଏଟର୍‌ ଜନମ୍‌ । ଇ ବଡ଼ Musical form ଗାଁରେ ଖପିଗଲାନ । ତାର ଜନମ୍‌ ଭୁଇଁକେ ଛାଡ଼ିକରି ସହରକେ ଆସିଛେ । ବନାବଟି ଅପମିସ୍ରିତ୍‌ ରଂଗ୍‌ ବେରଂଗର ଡାଲଖାଇ ଆଜି ସହରର୍‌ ମଟାନ୍‌ରେ । କବି ହାଏଲୁଟି ବାଏଲୁଟି ହେଇକରି ଡାଲଖାଇକେ ଡାକୁଛେ ଜନମ୍‌ ମାଏଟ୍‌କେ ଫିରି ଆଏବାର୍‌ ଲାଗି:

ଆ ଫିରି ଆରେ ଡାଲଖାଇ ମୋର

ହୁମୋ ବଉଲିର୍‌ ଗିତ୍‌ ସାଂଗେଁ

ଢୋଲ୍‌ ନିସାନ୍‌ର ପାର୍‌ ସାଂଗେଁ

ତୋର ଗାଁ ଖୁଏଲ୍‌କେ

ତୋର ଜନମ୍‌ ମାଏଟ୍‌କେ

ଦାଦନ୍‌ ଚିଠି ଲେଖୁଛେ ସରକାରକେ । "ପରଦେସୁ ଦାଦନ୍‌ର ଚିଠିଟେ" କବିତାରେ ଜନମ୍‌ ମାଏଟନୁ ଦୁର୍‌ ହେବାର ଦୁଃଖ, ଗରିବିର୍‌ ଦୁଃଖ, ମାଲିକର୍‌ ଅସହନି ବେଭାର୍‌, ପରାଧିନ୍‌ ରହେବାର କଲବଲ୍‌କେ କବି ବଡ଼ା ସୁନ୍ଦର୍‌ ଭାବେ ଫୁଟେଇଛନ୍‌ । ଗୁଟେ ସାଧାରଣ ଖଟିଖିଆର୍‌ ଦୁଃଖର ଜିବନ୍‌ ସଂଗିତ୍‌ ଆଏ ଇଟା । ଆରିସ୍ଟୋଟଲ୍‌ ଙ୍କର ଭାସାରେ ଇ କବିତାରେ Catharsis ଅର୍ଥାତ୍‌ ଦାଦନ ପ୍ରତି ପାଠକ୍‌ ଭିତରେ ଦୟା ଆସୁଛେ ଦାଦନର ଚେତନା ପାଠକର ମସ୍ତିଷ୍କରେ ସକ୍ରିୟ ହେଇଯାଉଛେ ।

P.B. Shelleyର ଗୁଟେ ଲାଇନ୍‌ ଇ କବିତାର ବିସୟବସ୍ତୁ ସାଂଗେ ଠିକ୍‌ ଖାପ ଖାଉଛେ । The sweetest songs are those that talk of the saddest thoughts.

ସବୁ କବିତା ନୁ "ଇ ଫାଗୁନ ଗଲେ ଗୁଟେ କବିତା ଆଏନ" କବିତା ଗୁଟେ ବରକସ୍‌ ଚେତନାଧର୍ମି ଆର୍‌ କବିତାର୍‌ ବିବର୍ତ୍ତନ ଉପରେ ଲିଖା ଆଏ । ଫାଗୁନ୍‌ ଭିତରେ

କବିତା ଆର କବିତା ଭିତରେ ଫଗୁନ : ଫଗୁନର୍ ରଂଗିନ୍ ଖିଆଲିପନ୍, ସଁସେ ସରାଗର ଜୀବନ୍, ବଉଲିଆ ଧୁକା, ମାଟିର୍ କହଁରନ୍, ଏକଲାପନ୍, ଚାସିର ଦୁଃଖ, ଫଟା ମାଏଟର୍ ଗର୍ଜନ, ଜନମ୍, ଜିବନ୍ ଆର୍ ମରନ୍ ପରଘେଇ ଆନସି କବିତାକେ । କବିତା ରାନିକେ ଘଁଟ୍ ସଁକ୍ ହୁଲାହୁଲି ଦେଇକରି ବରି ନେଇଜାଏସି ଫଗୁନ୍ । କେତେବେଲେ ଫଗୁନ ରାନି କବିତା ହେଇ ଜାଏସି ତ କେତେବେଲେ କବିତା ରାନି ଫଗୁନ ହେଇଜାଏସି । ମୁନୁସର ଦୁଃଖ ଆର ଦହଗଁଜ୍ ମେରୁଖମ୍ ଭଲି ଠିଆ ଉଠିଥିସି-ଫଗୁନ ଫଗୁନ୍ ବଲି

କବିତାର ସବଦଏଁ ରଂଗ ଛୁଟିଥିସି ।

ଜନାସୁନା French critic, Clearth Brooks ଙ୍କର ଭାସାରେ, କବିତାକେ ଗଦ୍ୟ ବନେଇକରି ପାଠକ୍‌କେ ବୁଝାଲେ କବିତା ପରେ ବରବାତ୍ ହେସି । ଇତାକେ ସେ କହୁଛନ୍ Heresy of paraphrasର କବିତା Para phrase କରବାର ଲାଗି ନହେ ବରଂ ପଢବାର୍ ଲାଗି, ଆବୃତ୍ତି କରବାର୍ ଲାଗି, ସୁନ୍‌ବାର ଲାଗି ସୁନାବାର ଲାଗି । ଆସୁନ୍ ପଢ଼ମା, ଗାଏମା, ସୁନମା, ସୁନାମା ।

କବୟତ୍ରୀ ସଂଗୀତା ୧୯୯୬ ସାଲୁ ଲେଖୁଥିଲେ ବି ତାହାଙ୍କୁ ଏକୁଶ ସଦୀର ପହେଲା ଦଶକର ମଝେ । ଆଢକେ ନାଁ ମିଲିଛେ । ସେ କୋସଲିଥି କବିତା, ଆଲୋଚନା, ସମୀକ୍ଷା ଲେଖସନ । ତାଙ୍କର କବିତା ସଙ୍କଲନ ହେଲା "ହାତୁଁ ହାତକେ" ୨୦୨୩ ସାଲେ ବାହାରିଛେ । ତାଙ୍କର ଜନମ ୧୭/୪/୧୯୭୬ ସାଲେ ବରଗଡ ନ ହେଇଥିଲା । ବାପା ବିପିନ ବିହାରୀ ପଣ୍ଡା, ମାଁ କିଶୋରୀ । ତାଙ୍କର ସାହିତ୍ୟ ସାଧନା ଲାଗି କେତନି ଅନୁଷ୍ଠାନ ତାହାକୁ ମାଏନ କରିଛନ ।

ସବିତା ଭୋଇ

ସବିତା ଭୋଇ ହଉଛନ ଏକେସାରି କବୟତ୍ରୀ, କଥାନିକାର ଆର ପତ୍ରିକା ସଂପାଦକ । ୩୧ଟା କବିତାର ସଙ୍କଲନ 'ସମିଆଁର ଚକା' । ସମାଜର ଚିତ୍ର ଝଲକିସି ସଙ୍କଲନ ଥି । ସେ ଭିନେ ଭିନେ ପତ୍ରପତ୍ରିକାଥି ଲଗାତାର ଲେଖି ଆସୁଛନ । ପନତକାନି ପତ୍ରିକା ସଂପାଦନା କରିଆସୁଛନ । ବଲାଂଗିର ଦମକିପାଲି ନ ସବିତାଙ୍କର ଜନମ । ବାପା ବିରାଟଚନ୍ଦ୍ର ମାଁ ଯାଜ୍ଞସେନୀ । ତାଙ୍କର ସାହିତ୍ୟ ସାଧନା ଲାଗି କେତନି ଅନୁଷ୍ଠାନ ତାହାକୁ ମାଏନ କରିଛନ ।

ନରେନ୍ଦ୍ର ମହାନ୍ତି

ନରେନ୍ଦ୍ର ମହାନ୍ତି କବି, ନାଟକକାର, ଆର କଥାନିକାର ହିସାବେ ଜନାଶୁନା । ଭୁକ୍ତା, ବରଗଡ ଆଦି ଠାନର ସଂଗଠନ ମାନକର ସାଂଗେ ଜୁଡ଼ିଛନ । ତାଙ୍କର ଲେଖାମାନେ ଭିନେ ଭିନେ ପତ୍ରପତ୍ରିକାଥି ବାହାରିଛେ । ମୁନୁଷ ଜୀବନ ଗୁପ୍ତାଗୁଲା ତାଙ୍କର ଗୁଟେ ବ୍ୟଂଗ କବିତା ସଙ୍କଲନ, ଦରପନ କବିତା ସଙ୍କଲନ, ଫିରତି ଫାଗୁନ, ଫୁରସତ ଆମର ଭାଷାକେ ଦାନ । ସେ ଯେମ ଘରେ କୁନ୍ଧୁଆଁ କେସେଟ ବନେଇଥିଲେ । ଫାଲତୁ ନାଁ ଧାରାବାହିକ ଲେଖସନ । ୭/୧/୧୯୬୧ ଭୁକ୍ତା ଅମ୍ଭାଭୋନା ଠାନେ ଜନମ । ବାପା ରାମଚନ୍ଦ୍ର, ମାଁ ଶୋଭାଗିନୀ । ତାଙ୍କର ସାହିତ୍ୟ ସାଧନା ଲାଗି କେତନି ଅନୁଷ୍ଠାନ ତାହାକୁ ମାଏନ କରିଛନ ।

ଅଖୋଜ କୁମାର ସାଣ୍ଡ

ଅଖୋଜ ଝନେ କବି, ଗୀତିକାର, ସଂପାଦକ, ନାଟକକାର, ଆଲୋଚକ ଆରୁ ସଙ୍କଲକ । ତାଙ୍କର ଲେଖାମାନେ ହେଲା, କୁରେଫୁଲର ଝୁପା, କବିତା ସୁରୁଙ୍ଗି, ଆମର ଲୋକ ଗୀତ, ଚପକୋଲଟୋ ଚପାକ, ନାଇଁ ଯୁଗେ, ହଁସରି ଖଜା, ଗୁଦଲାଗୁପା, ଆମର ଭାଷା ଆମର କଥା ଆଦି । ତାଙ୍କର ଲେଖାମାନେ ଭିନେ ଭିନେ ପତ୍ରପତ୍ରିକାଥି ବାହାରତେଲ ଆଉଛେ । ତାଙ୍କର ଲେଖାଥି ଆମର ସଭ୍ୟତା ଆର ସଂସ୍କୃତି ଝଲକିସି । ୨୨/୭/୧୯୬୮ ସାଲେ ଫବସି ସୋନପୁର ନ ଅଖୋଜଙ୍କର ଜନମ । ବାପା ଡମ୍ବରୁ, ମାଁ କମଲା । ତାଙ୍କର ସାହିତ୍ୟ ସାଧନା ଲାଗି କେତନି ଅନୁଷ୍ଠାନ ତାହାକୁ ମାଏନ କରିଛନ ।

ଟିକେଲାଲ ବେହେରା

ଟିକେଲାଲ ଏକେଧାରେଁ ବ୍ୟଂଗକବି, ସଂପାଦକ, ସଂଗଠକ, ଅଭିନେତା । ତାଙ୍କର ଲେଖଲା କବିତା ସଙ୍କଲନ ହଉଛେ, ଆଁଖ (୨୦୦୬) ଆର ହୁରସୁଲା । ଆଁଖଥି ୩୫ଟା, ହୁରସୁଲାଥି ୪୧ଟା କବିତା ଅଛେ । କବିତାମାନେ ଆଧୁନିକ ମୁନୁଷର ଜୀବନଯାତ୍ରାର ସାଖୀ । ତାଙ୍କର ଲେଖା 'ହଁସ ନାଇଁ ହେଲେ ଫସ' କୋସଲି ସାହିତ୍ୟକେ ଦାନ । ୨୦୦୩ ସାଲୁ କୋସଲି ମହାଯୋଟ, ଟିଟିଲାଗଡର ମଁଗୁଆଲ ହିସାବେ ସଂସ୍କୃତିକେ ବଁଚେଇ ରଖବାର ମହାନ କାମ କରିଆସୁଛନ । ୫/୪/୧୯୬୩ ସାଲେ ଟିଟିଲାଗଡ ନ ତାଙ୍କର ଜନମ । ବାପା ଚକ୍ରଧର, ମାଁ ତ୍ରିବେଣୀ । ତାଙ୍କର ସାହିତ୍ୟ ସାଧନା ଲାଗି କେତନି ଅନୁଷ୍ଠାନ ତାହାକୁ ମାଏନ କରିଛନ ।

୧୩
ଏକୁଶ ସଦୀର ଦୁସରା ଦଶକଥ କୋସଲି ସାହିତ୍ୟ

ଜଗଦାନନ୍ଦ ଛୁରିଆ

୧/୧୨/୧୯୪୪ ସାଲେ ବଲାଂଗିର ଜିଲ୍ଲା ପୁଇଁତଲା, କୁଟେନପାଲି ନ ଜନମ ହେଇଥିଲେ ନାଟକକାର ଜଗଦାନନ୍ଦ ଛୁରିଆ। ବାପା ସମାରୁ ଛୁରିଆ ମାଁ ବୃନ୍ଦାବତୀ। ଇହାଦେ ବଲାଂଗିର ତେଲିଗୋଠ ପଡା ନ ରହେସନ। ସେ ପେଶାଥି ୫ନେ ମାଷ୍ଟର। ପାଁଚ ପଢଲା ବେଲୁ ସେ ନାଟେ ବାହାରୁଥିଲେ। ସେ କେତନି ଉଡିଆ ଆର କୋସଲି ନାଟକ ଲେଖିକରି ବଟେଇଛନ। ୨୦୧୦ ଆଡୁ କୋସଲି ଭାଷାଥି ଲେଖିକରି ନାଟକ ବଟଉଛନ। କେନ ଠାନେ କେନ ରୂପ (୨୦୧୦), ନୂଆଁ ସପନ, ଗାନ୍ଧୀ ମାହାତ୍ମାର ଚସମା ଆଦି ପରସିଛନ। ସେ ହବିବ ତନଭି କର ନାଁ କରା ହିନ୍ଦୀ ନାଟକ 'ଚରନ ଦାସ ଚୋର'ର କୋସଲି ଅନୁବାଦ କରି ଅଭିମଞ୍ଚନ କରିଛନ। ଇତାର ବାହାରେ ଅଜୟ ଶୁକ୍ଲାର 'ତାଜମହଲ କା ଟେଣ୍ଡର' ନାଟକକେ ବି କୋସଲି ଅନୁବାଦ କରିଛନ। ଆଧୁନିକ ହିନ୍ଦୀ ସାହିତ୍ୟର ଜନକ ଭାରତେନ୍ଦୁ ହରିଶଚନ୍ଦ୍ରକର ନାଁ'କରା ନାଟକ 'ଅନ୍ଧେର ନଗରୀ ଚୌପଟ ରାଜା', ଆଦି ଅନୁବାଦ କରି ମଟାନ ଲାଗି ବଟେଇଛନ। ଓଡିଆ ନାଟକ ସାଲବେଗ ବି କୋସଲି ଅନୁବାଦ କରି ମଟାନ ନ ପରସିଛନ। ସେ ୨୦୦୨ରେ ରିଟାଏଡ ହେଲା ଉତାରୁ କେତନି ସାମାଜିକ, ସାଂସ୍କୃତିକ ଅନୁଷ୍ଠାନ ସାଂଗେ ଜୁଡିକରି ଅଛନ। ସେ ନାଟକ ହଁକାବାଦୀ ମାନକୁ ବି ବିଚାରକ ହିସାବେ ନିଏ କରିଆସିଛନ। ସେ ନାଟ ସାଂଗେ ସାଂଗେ କେତନିତେ କୋସଲି ଫିଲ୍ମ ଆର ସର୍ଟ ଫିଲ୍ମଥି ବି ଅଭିନୟ କରିଛନ। ଉଲଗୁଲାନ, ଆଦାମ ବିଚାର, ଶଲା ବୁଢାର ବଦଲା, ପରିବର୍ତନ, ବୁଟକା ଆଦିଥି ପାଟ କରିକରି ନିଜର ଅଭିନୟର ଛାପ ଛାଡିଛନ। ୫ନେ ନାଟକର୍ମୀ ହିସାବେ ସେ କେତନିତେ

ଅନୁଷ୍ଠାନୁ ମାଏନ ପାଇଛନ । ସେ ଭିତରୁ 'ନାଟ୍ୟଭୂଷଣ' ଉପାଧି ଲାଗି ଜହ ଜନାଶ୍ରୁନା ।

ସାକେତ ଶ୍ରୀଭୂଷଣ ସାହୁ

ସାକେତ ୧୯୯୬ ସାଲୁ ଲେଖାଲେଖି କରୁଥିଲେ ବି ତାଙ୍କର ଲେଖାମାନକୁ ୧୯୯୬ ରୁ ୨୦୦୩/୦୪ ତକ ପହେଲା ଚରଣ ଆର ୨୦୧୦ ଉତାରୁ ଦୁସରା ଚରଣ କହିପାରମାଁ । ପହେଲା ଭାଗଥି ସେ ସମିଆଁକେ ସେ କଥାନି ଆର ନାଟକ ଲେଖିଥିଲେ । ପାଁଚଟା ନାଟ; "ଆରୁ ଦୁର୍ଯୋଧନ", "ନଏଦଖଏଁଶ", "ଦୋସ", "କଂସର ରାଏଜେ", "ବିସାନଫୁଲ" ଆସିଥିଲା । ନିଜର ନାଟଦଲ ଆଖଡ଼ାଶାଲ ଜରିଆରେ ଭିନେ ଭିନେ ନାଟବାଦୀ ଥି ଭାଗ ନଉଥିଲେ । "ଆରୁ ଦୁର୍ଯୋଧନ" (ପୌରାଣିକ ବ୍ୟାଖ୍ୟାର ନାଟ) ନାଟକେ ଦେଖେନହାରିଙ୍କର କେତନି ପ୍ରଶଂସା ମିଲିଥିଲା । କଟକ କଲାବିକାଶ କେନ୍ଦ୍ର ନ ମଞ୍ଚନ ଉତାରୁ Hindusthan Times (12/10/2000) ଲେଖିଥିଲା:

Folk tradition is still alive and kicking is proved by the play 'Aru Durjyodhan' presented by the Akhrasaal, 'Basudheiba Kutumbakam', the indian tradition is lost in the midst of meanness and jealousy said its young director Saket Sreebhushan.

ଆରଣ୍ୟକ ମଞ୍ଚ ସମ୍ବଲପୁର ନ ମଞ୍ଚନ ଉତାରୁ ସମ୍ବାଦ (୨୭/୧୨/୨୦୧୦) ଲେଖିଥିଲା:

"ଆରୁ ଦୁର୍ଯୋଧନ ଏକ ସଂକେତଧର୍ମୀ ଓ ପୌରାଣିକ କଥାବସ୍ତୁ ଉପରେ ଆଧାରିତ । XXX XXX XXX ମଞ୍ଚସଜ୍ଜା ଓ ନାଟକର ଅନ୍ତଃସ୍ବର ଦୃଷ୍ଟିରୁ ଶ୍ରୀ ସାକେତ ଶ୍ରୀଭୂଷଣ ସାହୁଙ୍କ ପ୍ରଥମ ସଫଲ ଉଦ୍ୟମ କୁହାଯାଇପାରେ । ଏଥିରେ ଆଂଗିକ ପ୍ରୟୋଗବାଦୀ ଚିନ୍ତାଧାରା ବେଶ ପ୍ରଭାବ ବିସ୍ତାର ହୋଇଥିବା ଲକ୍ଷ କରାଯାଇଥିଲା ।"

ଇ ଭିତରେ ତାଙ୍କର କଥାନି ମାନେ ଭରନି, ନୂଆଁ ଝରନ ଆଦି ପତ୍ରପତ୍ରିକାଥି ବାହାରୁଥିଲା ।

ସେ ଯେତେବେଲେ ୨୦୧୦ର ଶେଷ ଆଡକେ ବେନି ପତ୍ରିକାର ସଂପାଦକ ବନଲେ ସାହିତ୍ୟ ମାହୋଲରେ ତାଙ୍କର ପରିଚୟ ବଢ଼ିଥିଲା । ହେଲେ ୨୦୧୨– ୧୩ ଆଡୁ ଜହକରି କୋସଲି ଭାଷା ଆଦୋଲନର କର୍ମ ହିସାବେ ଲୋକ ଜାନିଶନ । ଭାଷା ଆଦୋଲନ ଲାଗି ବେନି ପତ୍ରିକାକେ ସମିଆଁ ଦେଇ ନି ହେଲା ଆର ବେନି

ବନ୍ଦ ପଡ଼ିଲା । ୨୦୧୬ରେ ତାଙ୍କର କବିତା 'ପଦମ କହଁଡ଼ୋର ସପନ' ଛପିକରି ଆସିଲ ।

ଅଧ୍ୟାପକ ଶାଶ୍ୱତ ସାହୁ ଲେଖସେନ, ପଦମ କହଁଡ଼ୋର ସପନକେ ପହେଲା ବିନା କିଛି ତତ୍ବ (Theory), ଆଶା, ଆଶଙ୍କା ନେଇ ପଢ଼ିବାର ଆରମ୍ଭ କଲିଁ । ଗୁଟେ ନିଶ୍ୱାସରେ ସାରିଲିଁ । ତାର ଉହୁଲାନ୍ଟା ମତେ ବି ସାଂଗେ ଉହୁଲେଇ ନେଲା । ତାର ଗତି ପାହାଡ଼ି ଝରନା ବାଗିର । ପାହାଡ଼ ମୁଡ଼ନୁ, ଜଟନୁ ପାହାଡ଼ ପାଦ ତଲ ତକ । ଫେର, ଯେନ ଉଁଚା ଜାଗାନୁ ଝରନାଟା ଆସିଛେ ସେ ଜାଗାକେ ଘାଏ ଦେଖବାରକେ ମନ ଉଟୁସ ପୁଟୁସ ହେଲା । ଚଡ଼ବାର ସୁରୁ କଲିଁ । ସେନ ଟିକେ କାଏଡ଼ ହେଲା । ସେ ଉଁଚା ଦେଶକେ ତ ନାଁଁ ଅମରି ପାରିଲିଁ, ବନେ ଉଁଚା ନୁ ଧାରଟା ଆସିଥିବାର ଅନୁମାନଟେ କରିପାରିଲିଁ ଖାଲି !

ଦୁସରା ଥର ଆଉ ଟିକେ ବେଉଁଟ୍ କରି ପଢ଼ିବାର ଚେଷ୍ଟା କଲିଁ । ମାନେ (Meaning), ଶୈଲୀ (Style), କାରୁକାର୍ଯ୍ୟ (Devices and Techniques),ର କଥା ମନକେ ଆପେ ଆସଲା । ସାହିତ୍ୟ ପାଠର ସାହାରା ନେବାରକେ ପଡ଼ିଲା, ପାଠକ ଲାଗି ସେ ସାହାରାଟା ଅବେଶ ଜରୁରି ନୁହେ ।

ସଖାଲୁଁ ଝୁମରା ଭାଂଗଲା ଉତାରୁ ସଜନିର ମନର ଭାବନା । ଝୁମୁରା ନାଇଁ ଭାଂଗି ଥିତା କାଏଁ! ମନର ମୁନୁସ ସାଂଗେ ଆର ଘଡ଼େ ସପନ ଦେଶଁ ଏକାକାର ହେଇଥିତିଁ ଭାଏଲ୍!

ସପନ କଥା ନୁ ସରରିଆଲିଜମ୍ (Surrealism) କଥାଟା ସେସେଥୁଁ ମନକେ ଆସଲା। ସରରିଆଲିଷ୍ଟ କବିତାରେ ସୃଜନିର ଉହୁଲାନ୍ରେ କିଛି ଛେଁକାନ୍ କି ଘୁରେନ୍ ନାଇଁ ରଖା ହୁଏ । ସେଥୁଁ ନା ରହେସି ଭାବନା, ବିଚାର ଶକ୍ତିର ଛେଁକାନ, ନା ଥିସି ସାମାଜିକ ରିତିନିତିର ବଟା ବନ୍ଧା ଘୁରେନ୍ । ମନର ଗହିରିଆ ପ୍ରଦେଶ ନୁ ଭାବର ଧାରଟେ ପଝରି ଆଏସି । ଯେନ୍ ଗହିରିଆ ପ୍ରଦେଶକେ Unconscious mind ବି କହିପାରମାଁ । ସରରିଆଲିଷ୍ଟ କବିତାରେ ସପନର ଉପାଦାନ ମାନ ବି ପାଏମା, ସପନ ଆର୍ ଚେତି ଥିବାର ମଝଘଟିଆ ଅବସ୍ତାର ଉପାଦାନ ବି ।

ପଦମ କହଁଡ଼ୋର ସପନଥି ସରରିଆଲିଜମ୍ର ପ୍ରୟୋଗ ଜାନିଶୁନି କରି କରା ହେଇଛେ କି ବିନ୍-ଜାନ୍ତକେଁ, ହେଟା ବି ନିଘା କରବାର ଆଏ । ବାକି ଜାହା ହଉ କୋସଲୀ କବିତାରେ ଇଟା ନୂଆଁ ପ୍ରୟୋଗ ନିଶ୍ଚେ!

ପଦମ ରେ, ଠାନ୍ ଠାନ୍, ଖଡ଼ିଆ ଉଡ଼ିଆ ବାକ୍ୟ ସବୁ ଛିଞ୍ଛି ବିଛି ହେଇଛନ୍ –

୧) "ଦିହଁ ଆର ମନ...

ଆଲଟି-ମୁକ୍ଲଟି, ଉଟୁସ-ପୁଟୁସ

ହେଲୁଟି-ବେଲୁଟି

ଉକିଆ ସାଲାଇନ ନଉଥିଲା ।"

୨) "ଗଲା ଗଲା ବାଟ ଉଦା

ପ୍ରଶ୍ନ ବଏଡ

ଆଁଖଲେ ଆଁଖଲେ ।"

ଭାବ କି ଭାବନା ଉତାରକେ ଉତାର ଯେନ୍ ଆଉଛେ ସେଥୁଁ ତାର୍କିକ କ୍ରମ (Logical order) ଅଛେ କି ନାଇଁ? ପାଠକେ ସବୁ ଠାନ୍ ତାର୍କିକ ନାଇଁ ଲାଗିପାରେ । କିନ୍ତୁ ତାର୍ ଗୁଟେ ସ୍ୱାଭାବିକ, ସରରିଆଲିଷ୍ଟିକ୍ କ୍ରମ ଥାଇପାରେ, ଯେନ୍ତା –

୧) "ଆର ପଦମ କଢ଼ି ଉଭରି ଉଭରି ଆଏଲା

ମସଜିଦର ସିକଲା

ଝନ–ଝାନ ଢିଲିହେଲା"

୨) "ଭାଁର ଭାଁର ଟିହା ଆର କୁଆ

ଅଲସ ଦିହଁ ନିସଦ ନିସଦ ପାହା"

୩) "ଦର୍ପଣେ ସିଁତାକେ ଦେଖୁଛେଁ... ଥାକ ଥାକ ସୁରତା ।" ଇ ପଦରେ ଟାକବାରଟାକେ କବି ଆହୁରି ଗହିରକେ ନେଇଛନ, କିନ୍ତୁ ପରର୍ ପଦ "ବୁଢ଼ା ବୁଢ଼ା ପାଟପନିଆଁ... 'ପାସ କି ଫେଲ' ବଲି ।" ରେ ଛୁଆବେଲର ନିରୀହତା, ଛୁଆବେଲର ସୁରତାକେ ଥୁଇଛନ ।

ସରରିଆଲିଷ୍ଟ କବିତାର ଆଉ ଗୁଟେ ଗୁନ ହେଲା ଦୁଇଟା ଅସଂପର୍କିତ ଚିତ୍ରକେ ଏକଠନିଆଁ ରଖବାରଟା (Juxtaposition of unrelated images) । ଉପରକେ ସେଟା ଅସଂପର୍କିତ ଲାଗିପାରେ, ଭିତରକେ ଡୁଂଗଲୋଁ ଜନାପଡ଼ବା ସପନ ଜୁଡ଼ି ଧରିଛେ । ଯେନ୍ତା ଆମେ ଦେଖମା –

"ଧସକେ ନି ଧସକେ ତମର କିଲା

ସେମପେନ ବୁତଲର ଠିପି ଖୁଲଲା

ଗୁଟେ ଗିଧା ଝାଁପି ନେଲା ଧାଂଗରି ଦ୍ରୋପଦୀ

ସାକ୍ଷୀ ପାଣ୍ଡୁ କିଲା ।"

ଇ ପ୍ରକାର ସପନ୍ ଭେଟିଲା ମିତାର କ୍ରମବିନ୍ୟାସରେ Allusionsର ସାଫୁଲ ପ୍ରୟୋଗ ବି କବି ସାକେତ ସାହୁ କରିଛନ୍ – ୧) ବୁଡ଼ବକ 'ସିବିଲ' ବାଗିର ୨) ଲମି ଜଉଛେ 'ସେଁଟିଆଗୋ'ର ଆସ ୩) 'ହିଁଗୁଲ ଦେଇ'ର ଉମେହି ନୁ ୪) 'ଅଇବନ୍ ରଜା' ... ମିଥ୍ ନୁ, ଜନାସୁନା ଉପନ୍ୟାସ ନୁ ଫେର ଆଞ୍ଚଳିକ ଲୋକକଥା ନୁ Allusions ସବୁ ନେବାର୍ତା ଖରି ଥଁ ଜାଫ୍ରାନ କେଶର ପକାଲା ବାଗିର ଆଏ । ସ୍ୱାଗତ୍ ।

ସାକେତ ସାହୁଙ୍କର ଭାଷା ଉପରୋଁ ପକଡ଼ କେତେ ମଜବୁତ କବିତାନୁ ଫଟିକ ଜନାପଡ଼ସି –

୧) "କେତେ କରି ଥାବେ ସୁତ୍ରେ ଚଉତି ଦେଖୁଛେଁ ଅଁଗଛି

ସରଲି ସରଲି ଜଉଛେ ଥାକ ଥାକ ସୁରତା ।"

୨) "ଝଁପିର ଝଁପିର ସୁରତାଥି ଭିଜି ଭିଜି

ସାମନାର ଉଚ୍ଛନାକେ ଠଁକଉଥିଲିଁ

ଥପଥାପ ତମର ସୁରତା ଥିପୁଥିଲା..."

୩) "ଦୁଇ ତେରଟା ଫପସାଲା ଝୁହ୍ଁା ସପନ

ଉଲମି ଉଲମି ଝରି ପଡ଼ିଥିଲେ..."

ଏତା କେତେଟା କଅଁଲିଆ ବାକି ନିଦା ମେଟାଫର (Metaphor) ସବୁ କବିତା ସାରା ଝଁଟା ହେଇଛେ, ଜାର ମହକନ ଚହଟି ଜାଉଛେ ।

ପଦମ କହଁଡ଼ୋର ସପନ କୁସେର ପନା ମିତାର 'ନିଅ-ଉକୋ-ଉକୋ-ପିଅ' କବିତା ନୁହେ । ବରଂ, ଖୋଦ୍ କୁସେର ଆଏ, ଜାର ରସ, ମିଠାସ୍ ଆର ମଜା ନିଜେ ବୁତା କରି, ଚାବି ଚାବି ଉଠାବାର୍କେ ପଡ଼ବା । କୋସଲି କବିତା ଦୁନିଆଁରେ ଆଧୁନିକତାର ସାଫୁଲ ପ୍ରବେଶ୍ ଆରୁ ପ୍ରୟୋଗ ଲାଗି ସାକେତ ସାହୁଙ୍କର ମୌଲିକ କୃତି ପଦମ କହଁଡ଼ୋର ସପନକେ ପାଠକ ସବୁ ଦିନର ଲାଗି ସୋର ରଖବେ ।

ଅଧ୍ୟାପିକା ଅନୁରାଧା ମିଶ୍ର ଲେଖସନ, ଇଟା ଗୁଟେ ଏକଲିଆ କବିତା ନୁହେ, ଯେନ୍ୟ କି ଥରକେ ଗୁଟେ ମୁଡେ (mood) ଲେଖାହେଇଥିବା । ଯେନଟାକେ ନିଜେ କବି ଭିଲ କବିତାର ମୁହୁଡ଼ାଥି ଲେଖିଛନ ଯେ ଇ କବିତାଟା ଗୁଟେ କବିତା

ଗୁଚ୍ଛାଟେ ଆଏ । ଭିନ ଭିନ ସମିଆଁଥି ଭିନ ଭିନ ମୁଢେ ଲେଖାହେଇଛେ । ୨୦୦୩ ନୁ ଏବତକ କବି ଗୁରଦୁଟେ କବିତା ଲେଖିଥିଲେ ସେଥିର ଭିତରୁ କେତେଟା ଛପା ହେଇଥିଲା ଆର କେତେଟା ଅଛପା ହେଇଥିଲା । ତାର ସାଂଗେ କେତେ ବଚ୍ଛରୁ ଇନୁ ସେନୁ ପଢିଥିବାର ଛୋଟ ଛୋଟ ନୋଟମାନକୁ ମିଶେଇକରି ପଦମର ଜନମ ହେଲା । ପଦମର ତିଆର କରବାର ସମିଆଁଥି କବି ବନିହାନ ଥର ଇତାକେ ଭାଂଗିଛନ ଭି ଆର ନୂଆଁଟି ଜିନିଷ ଜୁରିଛନ ଭି । ଇତାକେ ଭାଗ ଭାଗ କରି ଅଲଗା ପଢଲେ ବି ସବୁ ଖଁଡର ନିଜର ପେହଚାନ ଆର ଅର୍ଥ ଅଛେ । ହେଲେ ଲେଖକର ବାହାଦୁରି ଇଟା ଆଏ କି ଇ ସବୁକେ ଜୁରିକରି ଗୁଟେ କରିପାରିଛନ । ଏତକି ସବୁ ଅଲଗ ଅଲଗ ଭାବକେ ଏତକି ପତଲା ସୁତାଥି ଗାଁଠିଛନ ଯେ ଫରକ ଜାନବାରଟା ମୁସକିଲ ହେସି । ହେଲେ ଇ କବିତାକେ ବୁଝ୍ବାରକେ ହେଲେ ଏକଠାନିଆ ଥରକେ ଗୁଟାକରି ପଢବାରକେ ହେବା । ଇଟା କୋସଲି ସାହିତ୍ୟର ସବୁ ନୁ ଲମା କବିତା ଆଏ ଯେନୁ କି ଏତେ ଶବଦ ବେଭାର ହେଇଛେ । ଇଟା ତାର ନିଜର ଭିତରେ ଗୁଟେ ବଢେ କଥା ଆଏ ।

ପଦମ ଗୁଟେ ବ୍ୟକ୍ତିଗତ କବିତା

କେନସି ବି କବିତାକେ କବିର ଜୀବନର କଥାନି କହେବାରଟା କି ପୁରାପୁରି ବ୍ୟକ୍ତିଗତ କହେବାରଟା ଠିକ ନି ହୁଏ । T.S. Eliot ତାକର Essay Tradition And Individualityରେ Theory of Impersonality କଥା କହିଛନ । ଇତାର ମାନେ ହେଲା ଗୁଟେ ସଫଲ କବି ସେ ଆଏ ଯିଏ ତାର ବ୍ୟକ୍ତିଗତ ଭାବନାକେ ଗୁଟେ ଜାଗତିକ ଭାବ universal appeal ଦେଇପାରସି । ଇ କବିତାକେ ପୁରାପୁରି ଭାବେ autobiographical ବଲି କୁହାଯେଇ ନି ପାରେ । ହେଲେ ସବୁ କବିତା କବିର ନିଜର ଥିସି, ତାର ନିଜର ଛାପ, ନିଜର ଭାବ ନିଷ୍ଠେ ରହେସି । ଯେତେ impersonal ହେବାର ଚେଷ୍ଟା କଲେ ବି କିଞ୍ଚିତା ବ୍ୟକ୍ତିଗତ ଭାବ ରହି ହିଁ ଯାଏସି । Eliot ନିଜେ ବି ତାକର କବିତା The Wasteland ଥି ବ୍ୟକ୍ତିଗତ ଭାବ ନୁ ବାହାରି ନେଇଁପାରି ।

ଗୁଟେ ଫାଲେ ଯଦି କବିତା ପ୍ରେମଥି ବୁଡିଛେ ବଏଲେ ଆର ଗୁଟେ ଫାଲେ ସହରି ଜୀବନର ସମାଲୋଚନା ଭି କରୁଛେ ହେଲେ କଡା ଭାଷାଥି ନେଇଁ । କବି ଇନୁ ଶିଖାବାରକେ ନାଇଁ ଚାହେଁବାର କି ସମାଜର ଚେହେରାକେ ସୁଧରାବାରକେ ଚେଷ୍ଟା ନାଇଁ କରବାର । ବରମ ଖାଲି ଗୁଟେ ଚିତ୍ରଟେ ବନେଇଛନ ଆଖିର ଦୁନିଆର ।

ଇଟା କବି ନିଜର disillusionment ଲାଗି ଆଏ । ହେଲେ ପଢ଼ିଲା ଲୋକ ଇ ଭାବ ସାଂଗେ ଏକାକାର ହେଇପାରସି, ବୁଝିପାରସି ଯେତା କବିର disillusionment କେ mass disillusionment about the modern life ବନେଇଦେଇଛେ । ତାର ମାନେ ହେଲା ଆମେ ସବୁ ପାଠକ ଇ ଭାବକେ ବୁଝିପାରୁଛୁଁ, କାରଣ ଆମେ ଇଟାକେ କମବେଶୀ ସବେ ଜିଇଁଛୁଁ । ଯୁଗେ ଯୁଗେ କବିର ପ୍ରକୃତି ଆଏ ଯେ ସିଖାବାରକେ ଚେଷ୍ଟା କରସି, ସପନ ବିକସି । ହେଲେ ପହେଲା ବିଶ୍ୱ ଯୁଦ୍ଧ ଯେନତା ୧୯୧୪ରେ ହେଇଥିଲା ତାର ପରେ ଇଁରାଜି ସାହିତ୍ୟଥି ଗୁଟେ ପରିବର୍ତନ ଆସିଥିଲା । କବିମାନେ ଆଉ ସପନକେ ନାଁ ଲେଖିକରି ଜୀବନକେ ଲେଖିଲେ, ଜୀବନର ଅସଲ ଚେହେରା naked truthକେ ଅଭିବ୍ୟକ୍ତ କରବାରକେ ଚେଷ୍ଟା କରଲେ । ଯେତା ୧୯୨୨ରେ ଇଲିଅଟର ଦି ୱେଷ୍ଟଲେଣ୍ଡ (The Wasteland) କବିତା ଥିନ ସାଫ ସାଫ ବା'ରି ହେସି । ଇଲିଅଟକେ ଛାଡ଼ିଦେଲେ ଭି ଦୁସରା ବିଶ୍ୱଯୁଦ୍ଧ ଯେନତା ୧୯୩୯ରେ ହେଇଥିଲା ତାର ପରେ ଜୀବନର ଇ disillusioned picture ଟା ଆଉ ବେଶୀ ବେଭାର ହେଲା । W.H.Auden, Philip Larkin ଲେଖେ କବିମାନେ ଇ ଧାରାକେ ଆଉର ଆଗକେ ବଢ଼ାଲେ । ହେଲେ ଇ ପ୍ରକାରର ଧାରାଟା ଆମର ଭାରତକେ ବହୁତ ପଛେ ପହଁଚିଲା । ପହେଲା ହିନ୍ଦୀ ସାହିତ୍ୟଥି ମାହାଦେବୀ ବର୍ମା ଲେଖେ କବିମାନକର ଲେଖାଥି ଜନାପଡ଼ଲା । ତାର ନୁ ଆଉ ପଛେ ଇଟା ଉଡ଼ିଆ ସାହିତ୍ୟକେ ଆଏଲା । ହେଲେ ଉଡ଼ିଆ ସାହିତ୍ୟଥି ଭି ଇଟା ସପନ ଆର ସତ ଭିତ୍ରେ, ମୁନୁଷ ସଂପର୍କ ଭିତ୍ରେ, ଜୀବନମରନ ଭିତ୍ରେ ଇ realistic poetry ର ଇ ଧାରାଟା କେନୁ ଗୁଁଦଲେଇ ହେଲା ଲେଖେନ ଲାଗସି । ହେଲେ କବିର ଇ କବିତାଥି ସେ ରିଏଲିଷ୍ଟିକ ଭାବଟା ସାଫ ଉଭରିକରି ଆଇଛେ । ଇ କବିତାକେ ଇଲିଅଟର ମାଷ୍ଟର ପିସ ଦି ୱେଷ୍ଟଲେଣ୍ଡ ସାଂଗେ ତୁଲନା କରାଯେଇପାରେ । ପହେଲା ତ ୱେଷ୍ଟଲେଣ୍ଡ ତାର ନିଜର ରକମର ସେ ସମିଆର ଏକଲା କବିତା ଥିଲା ହେତା ଇଟା ଭି ତାର ପ୍ରକାର ଏକଲା କବିତା ଆଏ କୋସଲି ଥି । ଦୁସରା କଥା ହେଲା, ଇ କବିତାଥି କବି ଯେନ ସତକେ ଦେଖିଛନ ସେଟା ଇଲିଅଟ ପ୍ରାଏ ୯୦ ବଛର ଆଗରୁ କହିଥିଲେ । ତାରମାନେ ହେଲା ପଶ୍ଚିମର କବିମାନେ ଇ ଖାପଛଡ଼ା ଭାବକେ, ଜୀବନର ଇ naked truthକେ ୯୦ ବଛର ଆଗୋରୁ ଅନୁବବ କରିସାରିଥିଲେ, ଯେନତା ଆଏଜ ଆମେ ଅନୁଭବ କରୁଛୁଁ ।

କବିର "ଧସକେ ନି ଧସକେ ତମ୍ର ପାଣ୍ଡ କିଲା" ଇଲିଅଟର ଦି ଓ୍ୟେଷ୍ଟଲେଣ୍ଡର କ୍ଲାଇମେକ୍ସରେ ବେଭାର ହେଇଥିବାର London Bridge is falling down (୧୯ସ ସଦିର ଲେଖା ବେନାମି କବିରେ ଛୁଆମାନଙ୍କର ଗୀତ)କେ ସୋର କରାସି। ଦି ଓ୍ୟେଷ୍ଟଲେଣ୍ଡ ଯେତ୍କା ଇଂଗଲିସ ସାହିତ୍ୟ ଲାଗି ଗୁଟେ ଲେଣ୍ଡମାର୍କ ଆଏ ଆଉ ନୂଆଁ ଧାରା ଆର ପରଂପରାକେ ଜନମ ଦେଇଥିଲା ହେତ୍କା ଇ କବିତା ବି କୋସଲି ସାହିତ୍ୟଥି ଗୁଟେ ନୂଆଁ ଧାରାକେ ଜନମ ଦେଇଛେ ଜରୁର।

ଗାଁଗହଲିର ବଦଲୁଥିବାର ଚେହେରା ବି ପଦମର ଗୁଟେ ବିଷୟ ଆଏ। କବି ନଷ୍ଟାଲଜିକ (nostalgic) ହେଇଜାଇଛନ ଇନୁ। ଇ ନଷ୍ଟାଲଜିଆ କି ବେକ ଟୁ ଦ ଅରିଜିନ (back to the origin)ଟା ଇହାଦେର ମାନେ ୨୧ ସଦୀ ପଛର (post 21st century)ର କବିତା ଲେଖାର ଗୁଟେ ମୁଖିଆଧାରା ଆଏ। ଇହାଦେର କବିମାନକୁ ପଢଲେ ଜନାପଡସି ଯେ ସଭେ ଗୁଟେ ସହରି ଜୀବନ ସାଂଗେ ଖାପଛଡା ଭାବ ଅନୁଭବ କରସନ ଆର ପଛକେ ଫିରିଜିବାରକେ ଚେଷ୍ଟା କରସନ। କବି ବି ଇ ଧାରାନୁ ହଟି ନେଙାଁଯେଇ ଆର ସେ ଗାଁର ଜୀବନକେ ଫିରି ଯିବାରକେ ବୋଲ ବୋଲ ଚେଷ୍ଟା କରିଛନ। ପଢଲେ ଜନାଯାଏସି ଯେ ଆଝିର ଜୀବନ ସାଂଗେ, ସହରି ଜୀବନ ସାଂଗେ ମନ ମିଶେଇକରି ରହି ନି ପାରବାର ବାର ବାର ପଲାବାରକେ ଚେଷ୍ଟା କରୁଛନ। ବାର ବାର ଗାଁକେ ଫିରି ଯିବାର ଇଚ୍ଛା, ଫିରି ଜଉଛନ ଭିଲ ଗାଁଖୁଲିର ଗୁଦାଲ ପାନି, ମାଷ୍ଟେକର କଂଜେର ଢାଁଟ ପାଖକେ।

ଉପର ଠାଉରିଆ କିଛି ନାଁ ବୁଝ୍ଲା ପାଠକଟେ ବି ଯଦି ପଢବା ବେଲେ ଇ କବିତା ଥିନ ପ୍ରେମର ସବୁ ରଂଗକେ ସାଫ ସାଫ ବା'ରି ପାରବା। ହେଲେ ଇ କବିତାକେ ଖାଲି ପ୍ରେମ କବିତା ବଲବାରଟା ଇ କବିତାର ଠିକ ଦାମ ନାଁ ହାକଲା ଲେଖେନ ହେବା। ଇ ରସିଆ–ରସିଏନର ପ୍ରେମ ଭିତରେ ଜୀବନର ଗାହିର ଭାବକେ ପ୍ରକାଶ କରିଛନ। ସୁରତାର ନଏଦଟା ରସିଏନ ନୁ ରସିଆର ମନ ତକ ବୁହି ଯେଇଛେ ଆର ତାର ସାଂଗେ ସାଂଗେ ବୁହି ଯେଇଛେ ସମିଆ ବର୍ତ୍ତମାନ ନୁ ଅତୀତ ତକ ଆର ଫେର ଅତୀତ ନୁ ବର୍ତ୍ତମାନ ତକ। ଇ କବିତାର ଟେକନିକଟା ସ୍ତ୍ରକଚର ମାନେ ଗଠନ ସାଂଗେ ଜୁରି ହେଇଯେଇଛେ। ଇଟା ଗୁଟେ ଗୁଲେଇ ମିତାର ଆଏ। ସପନ ନୁ ମୁଲ ହେଇଛେ ଆର ସପନଥି ସରିଯେଇଛେ।

ସମିଆଁକେ ନେଇକରି କବି ବହୁତ ସୁନ୍ଦର ଫ୍ଲାସବେକ ଟେକନିକ ବେଭାର କରିଛନ। କବି ଅତୀତନୁ ବର୍ତ୍ତମାନକେ ବାରବାର ଯାଉଛନ ଆଉଛନ। ସପନ ଆଉ

ସତ ଭିତରେ ଏତେ କମ ଦୂରିଆ ଥିସି, ଏତକି ପତଲା ଗାରଟେ ଥିସି ଦେଖି ନେଇଁ ହୁଏ ହେଲେ ଠିକ ଜାନିହେସି ଇଟା ଦୁଇଟା ଅଲଗା ଦୁନିଆଁ ବଲି । ଦୁଇଟା ଦୁନିଆ, ଗୁଟେ ସପନର ଦୁନିଆଁ ଯେନ ନ ରସିଏନ ରହେସି ଆର ଗୁଟେ ରସିଆ ପିଲାର ସତର ଦୁନିଆ । ରସିଏନର ଦରଦ ପ୍ରେମର ଦରଦ ଥିସି ହେଲେ ରସିଆର ଦରଦ ପ୍ରେମଥି ସିମିତ ନାଇଁ ନ । ସେଟା ଜାଗତିକ ସତ ହେଇଜାଇଛେ universal truth of the present day life ଇଠାନକେ ଆସିକରି କବିଟାଟା autobiographical ଲେଖେନ ଲାଗସି । ଯେନୁ ରସିଆ କବିର spokesperson ତାର ମାନେ କବିର ଆତ୍ଓଜ ହେଇଯାଇଛେ କବିତା ଥି । ରସିଆର ଟୁଣ୍ଡେଁ କବି ତାକର କଥା କହୁଛନ । ହେଟିର ଲାଗି ପିଲା ସବୁବେଲେ ସତକେ କହୁଛେ କାରଣ ସେଟା କବି ଜିଁଛନ, ଦେଖିଛନ । ଇଠାନେ ପ୍ରଶ୍ନ ଉଠସି କବି ଦୁଇଟା ମୁଖିଆ ଚରିତ୍ର ନେଲେ କାଁ କରି ? ସେଟା ଫେର ଗୁଟେ ମାହେଜି ଆର ଗୁଟେ ମୁନୁଷ ଚରିତ୍ର କାଁ କରି ବାଛଲେ ? କବି ଚାହିଁଥିଲେ ତାକର ଭାବକେ ରସିଆର ଟୁଣ୍ଡେଁ ବି କହିପାରିଥିତେ । ତାର ଉଉର ମୋର ହିସାବେ, ଯଦି ହେଟା ହେଇଥିତା ବେଲେ ଏକତରଫା ହେଇଯେଇଥିତା । ପଢବାକେ ବନେ ନାଇଁ ଲାଗିଥିତା । ଝନେ କହେଲେ ଆର ଝନେ ହୁଁକାର ଦଉଛେ ଆର ଇଟା କବିତାକେ ଗୁଟେ ଫ୍ଲୋ ଦେଇଛେ । ଅଉର ଭିଲ ସପନ ଆର ସତ ଭିତରେ ଯେନ ଦୂରିଆଟା ଅଛେ ସେଟା ଭିଲ ଜନା ନାଇଁପଡିଥିତା ଯଦି ଖାଲି ଝନେ କହିଥିତା ବ୍ୟେଲେ । ଦୁଇ ଝନ କହୁଛନ ବଲି ଜନାଯଉଛେ ଯେ ଅତୀତ ଆର ବର୍ତ୍ତମାନ ଭିତରର ଗାର ଗୁଟେ କଟାହେଇଛେ ବଲି । ଆଉ ଯେହେତୁ କବିତାଥି ପ୍ରେମର ଗୁଟେ ଗୁହେର ଭାବ ଦେଖବାକେ ମିଲସି ହେଟିର ଲାଗି ବୋଧେ କବି ମାହେଜି ଆର ମୁନୁଷର ଚରିତ୍ରକେ ମୁହାଁମୁହିଁ ବେଭାର କରବାରକେ ଚାହେଁଲେ । ଇ କବିତାଥି ଯେତା ଆଗରୁ ମୁଇଁ କହିଛେଁ ଆଜିର ଦୁନିଆଁର ଜାଗତିକ ସତ universal truth କେ କବି ଦେଖେଇଦେଇଛନ ଯେନଟା କି ଅମର ସତ ଆଏ ଆର କବିତାର ନାୟକ ବି ସତ ଆଏ । ହେଲେ ଇ ନିରାଶା ଆର disillusionment ଭିତରେ ଭି ଗୁଟେ ସତ ଅଛେ ଯେନଟା ନାୟିକାର ସତ ଆଏ ସେଟା ହଉଛେ, ଆଶା । ଇ ଆଶଟା କେବେ ଏକଲା ଗୁଟେ ନାୟକକେ ନେଇଥିଲେ ନାଇଁ ଦିଶିଥିତା ସେଥିର ଲାଗି ଭି ନାୟିକାର ଚରିତ୍ରକେ ବେଭାର କରବାରଟା ବହୁତ ଭଲ ହେଇଛେ । ପଶ୍ଚିମି ଲେଖାନେ ଇ ଆଶ କି ଉଷତେ ଶେଷ (happy ending)ଟା ନେଇଥାଏ ଜହ ବ୍ୟେଲେ ଭାରତର ପୁରାଣ ମାନକୁ ଶେଷ ସବୁ ଠିକ ହେସି । ଯେତା ଦୁଷ୍ମନ୍ତ-

ଶକୁନ୍ତଲାଥି ଏତେ ଉପର ତଲ ହେଇକରି ଭି ଶେଷେ ଦୁହେଁ ଭେଟ ପଡ଼ସନ ଆର ସୁଖେ ରହେସନ । ଇ କବିତାଥି ବି ଆଶର ସେ ଉକିଆଟେ ଦିଶସି । ଇ ଆଶର ଭାବକେ ତ ମାହେଜି ଚରିତ୍ର ଧରିଚ୍ଛେ । ସେ ଆଶ ଆର ପ୍ରେମର ପ୍ରତୀକ ଆଏ ଯେନଟାକି ମାହେଜି ଜାତିର ପେହଚାନ ଆଏ ।

ନାୟକ, ନାୟିକାକେ ଦେଖିନାଇଁ କି ଜାନିନାଇଁ । ନାୟିକା ତ ତାର ବିନମୁହିଁ ରସିଆର ବାଟ ଚାଖିଚ୍ଛେ । ସେ ତାର ସପନଥି ଗୁଟେ ଚେହେରା ଧରିକରି ବସିଚ୍ଛେ ଆର ନାୟକ ତାର ନିଜର କଥେନ, ଦଂଗରର କଥେନ ବଡବଡେଇ ହଉଚ୍ଛେ । ହେଲେ ଲେଖବାର ଶୈଲୀଟା ଏତ୍ତା ହେଇଚ୍ଛେ ଯେ ଦୁହେଁ କଥାହେଲା ଲେଖେଁ ଲାଗୁଚ୍ଛେ । ଇ କବିତା ସେଥିର ଲାଗି କବିତା ନୁହେସେ ବରମ କବିତାଥି ଗୁଟେ କଥାନି ଆଏ (a story in muse) । ଦୁଇଟାରେ ଦୁଇଟା ଚରିତ୍ର ବେଭାର କରିଚ୍ଛନ ଯେନଟାକି conversational ରୁପ ଦେଇଚ୍ଛେ । କବିତାକେ ଖଁଡ ଖଁଡ କରି ନେଇଁ ପଢିକରି ଏକମୁହାଁ ପଢଲେ ନିଶ୍ଚିତ ଭାବେ କବିର ଇ ଦୁଇଟା ଚରିତ୍ର ବେଭାର କଥା ବୁଝିପାରବେ । କାରଣ କବିତାଥି ସାଧାରଣ ଭାବେ ଗୁଟେ କହନକାର (speaker/voice) ଥିସି ହେଲେ ଇନୁ ଦୁଇଟା ଅଚ୍ଛନ । ଆର ଦୁଇଟା ଚରିତ୍ରର ସାଂଗେ କବିତାଥି ସମାନ ବେଭାର କରବାରଟା ନିହାତି ଭାବେ ବହୁତ ମୁସକିଲ ଆଏ ।

କବି ଇଥିଁ alliteration ଗୁଡ଼ୁ ବେଭାର କରିଚ୍ଛନ । ଯେତ୍ତା କି ଆଲଟି-ମୁକ୍ଟି, ଉଟୁସ-ପୁଟୁସ, ହେଲୁଟି-ବେଲୁଟି, ଅଲଟଟେ ଅଲଟିଗଲା, ଅମାନ୍ତୁ ଆଁଖଲ, କନେ-କର୍ପନେ, ଅସକଟ-ମସକଟ, ଚେରେ ଚିରଗୁନ, ଦରପୁଡ଼ା ଦରଭିଜା, ପାଁଗନ ନାସନ, ପେସେନ ଦୁସେନ, ଆଦି । ଇଟା ପଢଲା ବେଲକେ କାନକେ ସୁରୁତ ଲାଗସି । ଇମେଜ (Image) ବା ପ୍ରତୀକ ମାନକର ସୁନ୍ଦର ବେଭାର ହେଇଚ୍ଛେ ଯେତ୍ତା **ପାଣ୍ଟୁକିଲା** – ଆମର ସଂସ୍କୃତି ଆର ପରଂପରାର ପ୍ରତୀକ ଆଏ । **ଧୋବ-ଚିକନ-କଁଲ ପରତ ପରତ ବରଫ** – ସହରି ଜୀବନର ମିସିନ ବାଗିର ଖଟଲା ଜୀବନଥି ଆର ଜୀବନ ନେଇଁ ଥାଏ ଆର ବରଫ ବାଗିର ଥଁଡା ହେଇଯେଇଚ୍ଛେ । ଇ ବରଫର ପ୍ରତୀକ ମରବାରଟାକେ ସୂଚଉଚ୍ଛେ । ମିଲାପରେ ଯେତ୍ତା ହାତଗୋଡ ଥଁଡା ପଡିଯାଏସି, ଦିହ ସେତୁଆ ହେଇଯାଏସି । ଇ ସବୁ ଇମେଜ ସହରି ଜୀବନର ଜଟିଲତାକେ ଚିତ୍ରାବାର ଲାଗି ବେଭାର କଲାବେଲକେ ସମସାମଇକ ଗାଁ ଲାଗି ବେଭାର କରିଚ୍ଛନ, **ନିଲିଆ ଆକାଶେ କଲିଆ କୁହୁଁଲା** – ପ୍ରାକୃତିକ ସୁନ୍ଦରଥି ଜଜବଜ ଗାଁମାନେ ଧସକି ବସୁଚ୍ଛେ ଦିନୁଦିନ ।

ଇ କବିତାଥି ଯେନ ଭାଷା ଶୈଳୀ ବେଭାର ହେଇଛେ ସେଟା କୋସଲି କବିତା ଥିନ ନୂଆଁ ଆଏ । ଆଘୋର ପାରଁପାରିକ କୋସଲି ଭାଷା ନୁ କବି ଭାଷା ଉପରେ ଗୁଟେ ନୁଆ ପ୍ରୟୋଗ କରିଛନ । ଇ ଭାଷାଟା ପାରଁପାରିକ କୋସଲି ନେଇଁ ହେଇକରି ଗୁଟେ ଆଧୁନିକତାର ଛାପଟେ ଛାଡିଦେସି । Geoffrey Chaucer ଯେଡା ୧୪ ସଦିର ଇଁରାଜୀକେ ଗୁଟେ ନୁଆଁ ରୂପ ଦେଇଥିଲେ ହେଡା ଇ ଭାଷାଟା କୋସଲି ଭାଷାକେ ଗୁଟେ ନୁଆଁ ଆକାର ଦେଇଛେ ଆଉ possibilities ବି ଦେଇଛେ ଯେ ଇ ଭାଷାର ବେଭାରଥି ଆହୁରି ପରୀକ୍ଷା ହେଇପାରବା ଯେନଟା ଇ ନୂଆଁ ବଡୁଥିବାର ଭାଷା ଲାଗି ଗୁଟେ ଉକ୍ଷତର କଥା ଆଏ ।

ଇନୁ ଗୁର୍ଦୁଟେ ନୂଆଁ ନୂଆଁ phrase ବେଭାର ହେଇଛେ ଯେନଟା ଆଗରୁ ଇ ଭାଷାଥି ଦେଖବାରକେ ନାଇଁମିଲେ । ଯେଡା ଜୁନହା ଫଂଫସାଲା ସପନ, ଫେପଲେଇ ଜଉଛେ ସମିଆଁ, ଥପଥପ ଥିଉଛେ ସୁରତା, ଅମାନୁ ଆଁଖିଲ ଆଦି । ଇ ପ୍ରକାରର ଶଦମାନେ କୋସଲିଥି ବହୁତ କମ ବେଭାର ହେଇଛେ ।

Santiago, Cybil, ହିଁଗୁଲ ଦେଇ, ଅଇବନ, ଆଦି ଇଁରାଜି ସାହିତ୍ୟର ଚରିତ୍ର ଆର କୋସଲି ଲୋକକଥାର ଚରିତ୍ର ମାନକର ବେଭାର ହେଇଛେ ।

ମୁଟାମୁଟି ଭାବେ ଦେଖଲେ ଇଟା ଗୁଟେ ପରୀକ୍ଷାମୂଲକ (experimental) କବିତା ଆଏ । ଇ କବିତାଥି absurdity of human life ସାଁଗେ ସାଁଗେ hope ର ଗୁଟେ ବହୁତ ବଢିଆ ମିଶ୍ରଣ ହେଇଛେ । ମୋର ଆଶା ପଦମ କହଁଡୋର ସପନ କୋସଲି ସାହିତ୍ୟକେ ଗୁଟେ ନୂଆଁ ଦିଶା ଦେବା ।

ତାଙ୍କର ଆର ଦୁଇଟା ଆଧୁନିକ କବିତା ହେଲା "ମେରିଆ" ଆର "ଜୁ" । ଇ ଭିତରେ ତାଙ୍କର କଥାନି ସଙ୍କଲନ "କଥାତୁ ଆର ଉଁଝ୍ୟା କଥାନୀ" ବି ଆସିଯେଇଛେ । କବିତା, କଥାନୀ ଆର ନାଟ ବାହାରେ ସେ ଗୀତ, ପ୍ରବନ୍ଧ, ଅନୁବାଦ, ଛାୟାନୁବାଦଥି ବି ହାତ ଦେଇଛନ । ଛୁଆମାନକର ଲାଗି କଥାନୀ ଆର ପ୍ରାଇମର ବି ଲେଖିଛନ ।

ଶାଶ୍ୱତ ସାହୁ

ଇ ସମିଆଁକେ ଆର ୫ନେ ପ୍ରତିଭାବାନ ଆଧୁନିକ କବି କୋସଲି ସାହିତ୍ୟ ଜଗତକେ ଆସିଛନ, ସେ ହେଲେ ଶାଶ୍ୱତ ସାହୁ । ଶାଶ୍ୱତଙ୍କର ବାବଦେ ଅଧ୍ୟାପକ କେଶ ରଁଜନ ପ୍ରଧାନ ଲେଖସନ,

(ଏକ)

"ଜଗତ୍ ଲାଗ୍‌ଲେଁ କୁତ୍ ପିତା

ସୁନ୍‌ମି

ହଲଧର ଟୁଡ଼େଁ କବିତା"

ଇ ସଙ୍କଲନ୍‌ର ଶେଷ୍ କବିତା । ଶାଶ୍ୱତ ସାହୁଙ୍କର ସହେଟେଁ ମୋର ଚିନ୍‌ହାର୍ ଜନାର୍ ଇ ହାଇକୁ ନୁ ।

ଜଗତ୍ ପିତା ଲାଗ୍‌ଲେଁ କବିତାମନସ୍କ ହଉଥିବାର୍ ପାଠକ ଯେତ୍‌ତା କବିତା ନୁରୁଥିବେ, ହେତ୍‌ତା କେତେ କବିତାର୍ ଠିକାନା କବି ଶାଶ୍ୱତ ସାହୁଙ୍କର ଇ ସଙ୍କଲନ ।

(ଦୁଇ)

ଇ ସଙ୍କଲନର ବଡ଼ଭାଗ କବିତା କଥନ୍ ଆଏ, ବନେ ଠାନେ ଆତ୍ମ‌କଥନ୍ ଭି । 'ମୁଇଁ', 'ମତେ' ନୁ ମୁଲ୍ ବନିହାନ୍ କବିତା, ଯେ, ସବ୍ ଠାନର ସବ୍ ଲୁକର କଥା କହିଛନ୍ ଶାଶ୍ୱତ । ଆମର ବାହିର ଜନ ଜୀବନ, ତାର୍ ପତରା, ଡର ଭଏ, ଲୁକ୍‌ଲୁକାନି ଆର୍ ଖୁଲମ୍‌ଖୁଲା ଆବାଜ୍ ତ ଅଛେ । ହେଲେ ସାରା ପୁର୍‌ଥର ଇହାଚିନିର ସାହିତ୍ୟ ସହେଟେଁ କୋସଲି ସାହିତ୍ୟକେ ଜୁର୍‌ବାର୍ ଉଜୁଗ୍‌ଟେଁ ଇ ସଙ୍କଲନ ନ ଫଟିକ୍ ଦିସୁଛେ ।

ହେଥର ଲାଗିଁ ଭିନ୍ ଭିନ୍ ପ୍ରୟୋଗ୍ କରିଛନ୍ ଶାଶ୍ୱତ । ଆମର ମିଥ୍ ନୁ ନେଇକରି ଜାପାନି ହାଇକୁ । ସବଦର ଚକ୍‌ରି ବନ୍ଦ ନୁ ସଂଖ୍ୟାକେ ନେଇକରି ଖେଲ୍ । କୁଆ କଥାନି ନୁ ନୂଆଁ ଧାରାର କବିତା । 'ଠୁସ୍‌କୁଡ଼ୁବୁରୁ କବିତା' ସବୁ ତ ସାୟରି ପରା ।

ଜେତେ କମ୍ କଥା ସେତେ ଜହ ଦମ୍ । 'ଆମ୍ ଗଛେ କୁଇଲି ଗାଏସି/ ଜାମ୍ ଗଛେଁ ରାଜ୍ ମଏନା/ ଏକ୍‌ସି ବାଏସି ଏକ୍‌ସି ବାଏସି ।'

'ଗିତ ଧାଡ଼େ ଫୁଲଟୁହିଁ–/ଚରେ ଦେନା ଥଁ ଲେଖ୍‌ଦେମି/ଫୁଲଟୁହି ଉଡ଼୍‌ଲେଁ / ସାତରଂଗି ମିଠା ସଂଗିତ ବୁନି ହଇଜିବା'

'ସମିଆ' କବିତାର 'ମୁଇଁ, ହାଏ..ହାଏ..ହାଏ..ହାଏ.. 'ଆର ଫେର 'ଉ..ହୁଏ..ହୁଏ..ହୁଏ...ଉଉଉଉ' ।

ଜୀବନ୍ ମରନ୍, ମହ୍ଲମହରା; ଦୁହି କଥା କବିତାମାନକେଁ । ଝୁଆନ ସୁହାଗିନିର
ଭିତ୍‌ରେଁ ରାଆଁଢ଼ି ବୁଢ଼ି.. ଚୁଢ଼ି ଭାଂଗିଗଲେଁ ଖଟେଁ ବାଟେଁ ଘାଟେଁ ଲେନିଭାବନି ବି
ଆର୍ କେଭେଁ ତ ଛାତି ସର୍ କରୁଥ୍ସି, ଯତେ ଚୁଢ଼ି ଚଡ଼୍‌କି ଗଲେଁ ଅକାଲେଁ ସକାଲେଁ
ହେକେଇ ହେକେଇ କାନ୍ଧୁଥ୍ସି ।

ଦୁହିକଥା .. ସୁଦରିଆ ଆର୍ ଦରକାରି । ସୁନ୍ଦରିର ମୁହେଁ 'ତେରଛା କଅଁଲିଆ
ଖରା' ଆର୍ ଖର୍ସି ଲୁହାକେ ଛେନା କରେଇ କରି ଅନ୍ନ ପାକ୍ କରାବାକେ ସୁରଜ
ଦେବତାର ଦେ'ପନ୍ ।

ଝୁଢ଼େ ଦିଗ ବାରି ହଉଛେ ଶାଶ୍ୱତକାଁର କବିତାମାନକେ । ମଧୁର ସାଂଗିତିକ
ଭାସାର ବେଭାର ଆର୍ ବକ୍ତବ୍ୟର ଭାବମୟ ତାର୍କିକ ଦିଗ । ସାନ୍ ସୁରୁ କବିତା
ମାନକେଁ ଦୁହିଟା ସୁନ୍ଦର ମେସିଛେ । ଲାମ୍ବା କବିତା ମାନକେଁ ଆର୍ ଟିକେ ଜତନ୍
ମାଗୁଛେ । 'ଝୁଲ୍‌ପୁଲୁଁ ଉଦା ସରସର୍ ତିନ୍ ତାଲ୍ ଥଁ ତୋର ବାଲ୍‌ଝରା/ ଝରି ପଡ଼୍‌ଲେ
ସତେ ଝର୍ଝର୍ କଲିଆ ମେଘୁଁ ଲଖେ ତରା' । ଇ ପଦ୍ ଯେନ୍ ସ୍ଵରକେ ନଉଛେ
ପାଠକ କେ, ଯୁକ୍ତି ଆର୍ ତର୍କକେ ଆଏଲା ବେଲକେ, 'ମୋର ସବୁ ତ ତୋର୍‌ଠାନେ
ଗହନା' ନ ସଏଲା ବେଲ୍‌କେ ଟି..କେ ଖଟ୍‌କା ଲାଗୁଛେ ।

ଫେସ୍‌ବୁକ ତୁର୍‌ତା ତୁର୍‌ତି କବିତାର ପରଂପରା ବନଉଛେ । ଏଠା କବିତା
ଆର୍ କିଛି ବେଲ୍ ଦିନ୍ ମାସ୍ ବଛର ଗରଭେଁ ରହିଥ୍ତା କାଏଁ! ଆହୁରି ଅଥୋଥାଲି
କରାତା ପଛେ ଆପେ ଆପ୍ ଆଏତା!

ଲୋକଧାରାର ମଜ୍‌ଭୁତ୍ ନିହ୍ ଉପରେଁ କୋସଲି ସାହିତ୍ୟର ଇମାରତ୍ ବନୁଛେ ।
ଆମର୍ ସବଦ୍ ମାନକର୍ ମହନି ଏଠା ଜେ କବିମାନେ ଲଟ୍‌କି ଜିବେ । ଇ କବିତା
ମାନ୍‌କେଁ ଚେରେ ସେ ମହନିନୁ ମହାନ୍ ଭାବ୍‌ର ଆକାସ୍‌କେ ବି ଛୁଉଁଛେ ।

ସବଦ୍‌ନୁ ସବ୍ ସବ୍ ମୁଲ୍ । ସବଦକେ ନେଇକରି ଫୁଲ୍ । ହେଲେଁ ଖାଲି
ଫୁଲମାଲ୍ ନହେ.. କବିନୁ ଆମର ତ ଖେଲ୍‌ଖେଲ୍ ପ୍ରତ୍ୟାସା ବଲିଁ ଏଠା ସଙ୍କଲନକେ
ଆମର ସ୍ଵାଗତ୍ ।

ଆଲୋଚକ ସାକେତ ଶ୍ରୀଭୁଷଣ ସାହୁ ଲେଖ୍‌ସନ, ଶାଶ୍ୱତ ବାବୁର କବିତା
ମାସଦୁ ହେଲା ଫେସବୁକ ନ ପଢତେଲ ଅଉଛେଁ । ନିଅମିତ କବିତାମାନେ ପୋଷ୍ଟ
କରି ଫେସବୁକ ନ କୋସଲି ସାହିତ୍ୟର ଗୁଟେ ଅଲଗ ମାହୋଲ ବନେଇ ଦେଇଛନ ।
ଯେନ ସମିଆଁ ନ କୋସଲି ଭାଷା ତାର ଅପନାର ପେହଚାନ ନୁଛେ, ମାନ୍ୟତା

ଲାଗି ଦାବି କରୁଛେ, ପ୍ରଚାର-ପ୍ରସାର ଲାଗି ମଟାନ ଦେଖୁଛେ; ଗୁଟେ ଯୁଦ୍ଧ-ବରନ୍ୟା ମାହୋଲ ନ ଘଟି କରୁଛେ ସେ ସମିଆଁକେ ମନ-ତନ ଦେଇ କୋସଲୀ ମାତାର ପ୍ରଚାର-ପ୍ରସାର ଦିଗେଁ ଯେନ କାମଟେ କରିଛନ, ଇହାଦେର ସମିଆଁକେ ସେଟା ସମକିରର ନୁ ବଢ଼େଟେ କଥା ଆଏ । ପ୍ରଶଂସାର ପାତ୍ର ଆନ । ଆମର ଚିରାଚରିତ ଟପା-ଦାଏକା, ରସରକେଲି-ଡାଲଖେଇ ନୁ ଜାପାନି ହାଇକୁ ତକ ପାଠକମାନକୁ ପରସିଛନ ।

ଶାଶ୍ୱତ ବାବୁ ଇ କୋସଲୀ କବିତା ସଂକଲନର ନାଁ "ଚଁକାଗଡ଼ୁ" କବିତାର ନାଁ ହିସାବେ ଦେଇଛନ ଆର "ଆଲୋ ଅଲୋ", "ବାଏଲ-ଘର", "ମାଏଟ ମାଁ", "ଖିଜା ବିରଝା", "ଠୁସକୁ ଡୁବରୁ କବିତା" ଏଡ଼ା କରି ପାଁଚଟା ବିଭାଗଥି ସଜେଇଛନ । "ଆଲୋ ଅଲୋ" ବଏଲେ ଛୁଆମାନେ ଖୁସ ଥିଲା ବେଲେ ଇ ପ୍ରକାର ଗୁଟେ ଶବଦ ବାହାର କରସନ; ବଡ ମାନକର ହୁଲହୁଲିକେ ଅନସରି । ବୋଧେ କବି ନିଜକେ ହେଟା ଛୁଆଟେ ବଲି ଭାବୁଛନ ଆର ବଡମାନକୁ ଅନସରି କରି ମୁଲ କରୁଛେଁ ବଲି ସୂଚନା ଦଉଛନ । ତେହରୁ ବାଏଲ-ଘର, ଛୁଆମାନେ ଯେଡ଼ା ଖେଲ-ଖେଲଥି କିଛି ବନାବାର ଚେଷ୍ଟା କରସନ, ହେଟା ବାଏଲ-ଘରର କବିତା । ବାଏଲ-ଘର ବନାବାରକେ ଦରକାର ଟିକେ ଉଦା ବାଏଲ । ବାଏଲ ରେ ବାଏଲ... ତେହିଁ ନେହେଲେ କାହୁଁ ହେବା ଘର ଜଧରବି ଟିକେ ଉଦା ନାଇଁ ଥିବା; ଶବଦ ବି ତ ହେଟା ଖୁଣଖୁଣିଆ ଜଦରବି ଟିକେ ଭାବ ନାଇଁଥିବା । ନିଜର ଅଞ୍ଚଲ, ନିଜର ଜନମ ମାଏଟର ସମସାମୟିକ ଛଁଏଁରା ମାନକେ ନେଇ ଜାତୀୟତା ଭାବଥି ସର ସର "ମାଏଟ ମାଁ" । ସେଟାଏର (Satire) କେତେଟାକେ ନେଇ "ଖିଜା ବିରଝା", ବିଭାଗର ନାଁ ଅନସାରେ କବିତା ମାନେ । ଫେର ଉତରି ଆଇଛେ ଭାବର "ମାହାନଏଦ", ତାର ଉତାରକେ "ଠୁସକୁ ଡୁବରୁ କବିତା" । ମୁଟାମୁଟି ଭାବେ କବି ନିଜକେ ଛୁଆଟେ ଆଏଁ ବଲି ଜନାବାରକେ ଚାହୁଁଛନ । ଇଟା ବିନମ୍ରତା ଆଏ । ସାଂଗେ ସେ ଇଟା ବି କହୁଛନ ଯେ "ଦେଖ ଦେଖ କେଡ଼ା ହେଇଛେ ଇ କବିତା ଟିକେ ପଢ଼ି ଦେଖ ନ...", ସେ ତହଁକ ବି ଅଛେ । ନିଜକେ ଛୁଆ ବଲି ଥେଇପାରନ, ହେଲେ ଆପଣମାନେ ପଢତେଲ ଗଲେ ଜାନତେଲ ଯିବେ କବି ସିଆନ, ପୁଖତ ଶିଲ୍ପୀଏଟେ ଆନ, ସେ ସାହିତ୍ୟ ପଢ଼ିଛନ ଆର ପଢ଼ାସନ:

"ଇଙ୍ଗଲିଶ୍ ମାଷ୍ଟର ଆଏଁଖ୍ ନ
କେଡ଼ା ବାଁ ଜିବା !"

ଈ କବିତା ସଙ୍କଳନର ଦୁଇଟା ଖାସ ନୂଆଁପନ କଥା ଆପଣଙ୍କୁ ବତେଇଦେବିଁ:

ଏକ: ଶାଶ୍ଵତ ବାବୁ ଜାପାନି କବିତା ଲେଖବାର ଢାଁଚା, ହାଇକୁ (Haiku) ଢାଁଚାଇ କୋସଲି କବିତା ଲେଖିଛନ । ମୋର ଜାନବାର ଭିତରେ ସେ ପହିଲ କରି ଈ କୋଶିସ କରିଛନ:

"ଚଁଟିଆ ଦଲ୍

ଚକ୍କର ମାରୁଛନ୍ କି ଆକାସ୍‍କେ ଘାଁଟୁଛନ୍ ।"

ଈ ହାଇକୁର ସଂପର୍କ ଇଁରାଜି ସାହିତ୍ୟର ଇମାଜିଜମ (Imagism) ସାଁଗେ ବି ଅଛେ, ଇମାଜିଜମ ହଉଛେ ଆଧୁନିକ ଇଁରାଜି କବିତା (Modernist Poetry in English)ର ନିହିଁ; ଗୁଟେ ଉଲଗୁଲାନ । ଗ୍ରୁପ ହେଇକରି ଲେଖା ଛାପୁଥିଲେ କବି ମାନେ । ଈ ସୁଚନା ତାକର ଗୁଟେ କବିତା "କୋସଲ ମାତା" ନ ଦେସନ:

"ଦାର୍ ପାଁଚ୍‍ଟା ରୁଙ୍‍ରୁଙିଆ ପୋ —

ବୁରୁଧା, ବିଜେ, ସକତ, ପଦମ୍ ଆରୁ ଶାସତ

ମାଁକେ ଖୁଜି ବହାରିଲେ,

କେନ୍ ଘର୍ କାଁଏଁ ଗଲି

କେନ୍ ଗାଁ କାଁଏଁ ସହର

ନି ନୁରିଥିବେ ବଞା ଜଖା ହଇ

କାଁଏଁ କାଁଏଁଟା ନି ଥିବେ ବଦି ବଇଦ୍ ଗୁନିଆ ଫୁକା ଝରା

ଜେନ୍‍ଟା ନି ଭି ଜାନିଥିଲେ ପକାଲେ ସାଧି ।"

କବି ସେ ଇଫେଲ ଟାଓ୍ଵାର ପଏଟସ (Eiffel Tower Poets) କର ବାଗିର ବୁରୁଧା, ବିଜେ, ସକତ, ପଦମ୍ ଆରୁ ଶାସତ (ବୃଦାବନ ସାହୁ, ବିଜୟ ପ୍ରଧାନ, ସାକେତ ଶ୍ରୀଭୁସଣ ସାହୁ, ପଦ୍ମ, ଆର ଶାଶ୍ଵତ ସାହୁ) ଫେସବୁକ "କୋସଲି ଲିଟ୍ରେଚର ଗ୍ରୁପ" ନ ଇହାଦେର କୋସଲି ସାହିତ୍ୟର ହରେକ କିସମର ଉତଥାନ ଲାଗି ଲାଗିଥିବାର ଚେଷ୍ଟାକେ ଝୁଲାବାର ଚାହୁଁଛନ ।

ଦୁଇ: ତାକର "ଭଉଁରି" କବିତା ବି କୋସଲି ସାହିତ୍ୟଥି ଗୁଟେ ନୂଆଁ ପ୍ରୟୋଗ ଆଏ । ଏଭେ ଈ କିସମର କବିତାକେ କଙ୍କ୍ରିଟ ପଏଟ୍ରି (Concrete Poetry) ବଲୁଛନ, ଆଗୋ ପେଟର୍ନ ପଏମସ (Pattern Poems) କହୁଥିଲେ । ଗୁଡାଦୁ ଗ୍ରୀକ କବି ଖ୍ରୀ.ପୁ. ୩ୟ ସଦୀ ବେଲକେ ଲେଖାମନକେ ତାର ବିସୟର ଭାବ ଅନସାରେ

ଆକାରଟେ ଦଉଥିଲେ । ଇ ପ୍ରୟୋଗଟି ଲେଖାକେ ଫରଦ ଉପରେ କବିତାର କଥାବସ୍ତୁ ଅନସାରେ ଗୁଟେ ଆକାର, ଆକୃତିଥି ସଜା ହେସି । ରେନେଁସା (Renaissance) ଆର ସତର ଶ' ସଦୀ ନ ବି ଏତା କିସମର କବିତା କେତନି ଲେଖୁଥିଲେ । ଏଭେ ୧୯୫୩ ମସିହାଥି ସ୍ୱିସ କବି ଇଉଗେନ ଗମରିଂଗର (Eugen Gomringer) ଫେରି ଥରେ ନୂଆଁକରି ଚଲାଲେ ।

ଆର ବିଶେଷତା ହଉଛେ ଶବଦ ମାନକର ବେଭାର । ପୟେଟିକ ଡିକସନ (Poetic Diction)ର ବଡା ଚମ୍‌ତକାର ନମୁନାଟେ ବଲି ଧରା ଯେଇପାରେ; ଶବଦ ମାନକୁ ନିଜର ଆଏତେ ମନମାନି ମୁଢ଼ା-ମୁଢ଼ି, ଭଙ୍ଗା-ରୁଟା କରିଛନ ହେଲେ ଭଙ୍ଗା-ରୁଟା ସୁନ୍ଦର ଆର ସୃଜନାତ୍ମକ ଆଏ । ଦେଖୁନ କିଛି ଶବଦ:

ହାଡ଼୍‌-ଏଟେକ୍‌ (ହାର୍ଟ ଏଟେକ), ଆଁକୁଟ୍‌ (ଆଁଗୁଟ), ହିମାଲଏ (ହିମାଲୟ), ବର୍ଫର (ବରଫ ର), ଫୁଣ (ଫୁଡ), ଶୁଢ଼ିଙ୍ଗାଲା, ଲାଗିଙ୍ଗାଲା, ସରମିଙ୍ଗାଲା, ଗଡ଼ୁଗଡ଼ିଙ୍ଗାଲା, ଖାଇଙ୍ଗାଲ, ପିଟିନ୍ଦେଲା, ମେସେଇନ୍ଦେଲ, ମୁରି, ଗୁଲାଫୁଲ୍‌, ଆୟ, ସୁଆଁରି ଆଦି ।

ଶବଦ ମାନକର ବେଭାରର କଥା ପଡ଼ିଛେ ଯେତେବେଲେ ଆର ଗୁଟେ କଥା ଇନ କହେବାର ଜରୁରି ଭାବୁଛେଁ, ସେ ଖାଲି ନିଜର ଅଟାବିରା (ନିଜ ଗାଁ) କି ସୁନ୍ଦରଗଡ (ପେଶାର ଜାଗା)ର ଶବଦ ବେଭାର ନି କରି କରି ଦରକାର ଅନସାରେ ସାରା କୋସଲ ବାହିର ଶବଦ ମନେ ବେଭାର କରିଛନ । ତାକର "କେବିକେ (୧)" ଆର "କେବିକେ (୨)"ଥି କେବିକେ (କୋରାପୁଟ, ବଲାଂଗିର, କଲାହାଁଡ଼ି)ର ଶବଦ ମନେ, ମୁଖିଆକରି କଲାହାଁଡ଼ିର ଶବଦ ମନେ ଜଜବଜ ବେଭାର କରିଛନ: ଖୋବ୍‌, ମକେ, କାଁଜେ, ଖେଁଟ୍‌ଲା, ଆଡ଼େଁ ଆଦି ।

ଶାଶ୍ୱତ ବାବୁର କେନଭାସ ଉସାର-ପିସାର । ତାକର "ଜଟାୟୁ"କେ ଧରି ନଉନ:

"ହାମର୍‌ ଜାତିଁ ବି ତ ଅଛନ୍‌ କବି ସେମନ୍‌କେ ଗାଏବାର୍‌ ସୁନିଥିଲିଁ,"

ଇ ପଦଟା କ୍ରିଷ୍ଟୋଫୋର ମାର୍ଲୋ (Christopher Marlowe)କର ଡକ୍ଟର ଫସ୍‌ଟସ (*Doctor Faustus*) (୧୫୯୦-୧୬୦୪) ଟ୍ରୟର ହେଲେନର ସୁନ୍ଦରକେ ଯେତା ପରୋକ୍ଷ ଥିଁ ବର୍ଣନ କରିଛନ ସେଟା ସୋର କରେଇଦେସି:

"Was this the face that launch'd a thousand ships
And burnt the topless towers of Ilium?

Sweet Helen, make me immortal with a kiss."

ସେହି "ଜଟାୟୁ" କବିତାଥି ଫେର ଅଛେ:

"ହେଲେଁ ବି ଥିତା ଜଦ୍ରି ଡେନୋ ଦସ୍ରତା ଶେଷ ଡେନା କଟ୍ବାର୍ ଜାକର୍ ଲଢ଼ିଥିଁ ।"

ଇଟା ହିନ୍ଦୁ ପୌରାଣିକ ଚରିତ୍ର ରାବଣ ଆର ଜଟାୟୁ ଭିତରର ଯେନ ଲଢେଇ ହେଇଥିଲା ସେ ଚିତ୍ରକେ ସୋର କରେଇ ଦଉଛେ । ଜଟାୟୁ କବିତା ଗୁଟେ ମିଥ ଆୟ, ପୌରାଣିକ ଚରିତ୍ରକେ ନେଇକରି ଆଜିରର କଥା କୁହାହେଇଛେ । ଆର ଈ ମିଥ ପ୍ରୟୋଗ ଆଧୁନିକ କାବ୍ୟଧାରାର ବଡ଼େଟେ ପ୍ରୟୋଗ ଆୟ ।

ସୁରୁଜ ଆର ଛେନା ପ୍ରତିକଧର୍ମି କବିତା । ସୃର୍ଯ୍ୟ ଢାକତର ଧାର, ଛେନା ସାମାଜିକ କାର୍ଯ୍ୟକର୍ତା । ମାହାପୁରୁର ସିରଜିନାଥି ଯାହାକେ ଯେନ ଢାକତ, ଗୁନ ଦରକାର ଥିସି ଈ ସିରଜିନା ଜାନଲା ବାଗିର ତ ତାହାକେ ସେ ଗୁନ/ଢାକତର ଅଧିକାରୀ ବନାସି:

"ଛାୟଁ ଦେଖୁଥିବାର୍ ସୁନ୍ଦରିର

ମୁହେଁ ତେର୍ଛା କଅଁଲିଆ

ଖରା ହେଇ ସେ ପଡ଼ସନ୍,

ଫେର୍ ମୋର୍ ବାଗିର୍

ଖର୍ସି ଲୁନ୍ଦା ଉପ୍ରେଁ

ରଡ଼ରଡ଼ିଆ ଖରା ହେଇ ପଡ଼ସନ୍,"

"ଗାୟ ବନ୍ଦ୍ କର୍ବ!" ଡବ୍ଲୁ. ଏଚ୍. ଅଡେନ (W. H. Auden) କର ଇଁରାଜି କବିତା Stop All The Clock or Funeral Bluesକେ ସୋର କରାସି ।

"ସୁରୁତ୍ ନୱଏଦ୍" ସାଁଗେ ପହେଲା ବିଭାଗ ଶେଷ କରିଛନ ଜୀବନ ଦର୍ଶନର ଶେଷ ପଦଟେ ଦେଇ:

"ଶେଷେଁ ତ ହେବାର୍ ଅଛେ

ଶୂନ୍, ଗୁମ

ସମୁଁଦର, କୁରୁତ୍ କୁରୁତ୍ ।"

ସଙ୍କଲନର ନାଁ ବନିଥିବାର କବିତା ଚଁକାଗଢ଼ୁଥି ସ୍ୱାଭିମାନ ଆର ବିଦ୍ରୋହି ଭାବଟେ ଜଜ୍ବଜ ଲୁକିଛେ:

"ବ୍ରହ ଆସେଲେଁ ମାଁକେ କେଟ୍‌କେଟା କର୍‌ବା'

ବଲ୍‌ କେଭେ ନାଇଁ ହେଲା ବିହା ।"

     ××× ××× ××× ××× ×××

"ବା – 'ତମେ ଜାଉଥ, ମୁଇଁ ପଛେଁ ପଛେଁ

ସାମାନ୍‌ ଧରି ଆଉଛେଁ' କହି ଠକିଦେଲା,"

     ଇ କବିତାଥି ନାଟକିୟ ଉପାଦାନ ମାନେ ଭିଲ ବେଭାର କରିଛନ । ସ୍ୱାଭିମାନ
ନୁ ବିଦ୍ରୋହ, ସେନୁ ବିଦ୍ରୋହ ମିସିଛେ ଅଞ୍ଚଲର ସଂସ୍କୃତି ସାଙ୍ଗେ ଆର ପାହାରେ
ଦେବାରକେ ଯେଇଛେ ଶାସନ ଆର ରାଜନିତିକେ ହେଲେ ନାଇଁପାରି, କାବୁ
କରିନେଇଛନ ଯେତା:

"ଲୁକେ କହେସନ୍‌ – ଡେମ୍‌ ପାଏନ୍‌ ମାଡ଼ି ଆଏଲା,

ମାଓଲି ଦେବତାକେ ଛାପ୍‌କି ବା ରହିଗଲା ।"

     ଇହାଦେ ତାର ସାଙ୍ଗେ ଘଟସି

"ପୁଲିସ୍‌ କହେଲା – ଟଁାଗଡ଼ୁ ଯେତେତେ

ମାଡ଼ିକରି 'ହାଡ଼୍‌-ଏଟେକ୍‌' ହଇଗଲା ।"

     ଇ ଦୁହି ପଦେ ଗୁଟେ ଆର୍କିଟାଇପ ଡିଜାଇନ (Archetype design)
ଅଛେ । ଟଁାଗଡ଼ୁକେ କିମ୍ୟଦନ୍ତି ବନାବାର କୋସିସ କରିଛନ:

"ଏଢ଼େଁ ବି ରାତି ଛୁଆମାନେ ଗହମତ୍‌ କଲେଁ

ମାଁ ମାନେ କହେସନ୍‌ –

ସୁଇପଡ଼, ନେହେଲେ ଟଁାଗଡ଼ୁ ଆସିଜିବା !

ଏତା ବି ଭାଗେ ମାଁ ଅଛନ୍‌

ଜେ ନିଜର୍‌ ଛୁଆକେ ଲାଡ଼େ ଡାକ୍‌ସନ୍‌ –

ଆ' ମୋର ଧନ, ମୋର ଟଁାଗଡ଼ୁ ରେ !"

     ମିଥ ନୁ ପ୍ରତିକ ଧର୍ମ, ତିହାର-ବାର ନୁ ଜୀବନ ଦସର୍ନ, ରାଜନିତିକ ବେବସ୍ତା
ଉପରେ କଡା ରୁପ:

"ଗୁଦାମ୍‌ ନ ଚାଉଲ୍‌ ବସ୍ତା

ହଁସୁଛେ ଗର୍‌ଗଡ଼ି ଗଡ଼୍‌ଗଡ଼ି,

ଫେନ୍ ଭି ତିନ୍ ଦିନର ଭୁଆ

ମଏଲା କିଟ୍‌କିଟ୍ ଛୁଆ

କାନ୍ଦୁଛେ ରଡ଼ି ରଡ଼ି” (କେବିକେ ଛୁଆ (୧))

ଅପନାର କୋସଲି ସଂସ୍କୃତି ଦିନୁଦିନ ଜଗତିକରଣର ମାଡେ ଲିଭିଯଉଛେ ଆର ପଶ୍ଚିମ ଫାଲର ସଂସ୍କୃତି ମାଡ଼ି ଅଉଛେ:

ଆଘର ଦିନ୍ ତ କେଭେନୁ ଗଲେନ ଘୁଚି ଘୁଚି,

‘ହେପି’ ‘ହେପି’ ଦିନ୍ ମାନ୍ ଆଇଛନ୍ ଖେପି, (ପୁରା ଉଆଁସ)

ବାହାରୁ ଚିକଟିକିଆ, ଲୁଭଲୁଭନ୍ୟା ଦିଶୁଥିବାର ଜିନିଷମାନେ ଭିତରୁ ସବୁ ପୁଲା ଖୋକଲା:

ଯେନ୍ଟା ଉପରୁଁ ଦେଖଲେଁ ଚମାଟମ୍

ଭିତର୍ଟା ଲାଗସି ସବୁ ପୁଲ୍‌ଟି ପୁଲ୍‌ଟି। (ପୁରା ଉଆଁସ)

କବି ଫେର ଥରେ ଚିତ୍ରାସନ ସମସାମଇକ ଚାସି ମାନକର କଥା:

“ଭିନେ ହେଇ ବୁଡ଼ୁଛେ ଭିଲ୍ ଛଡ଼ା ବେଲ୍

ଆଗ୍‌କେ ଗୁର୍ହେଇ ହଇକରି

ଲମିଛେ ଛିନା ଧର୍ସା” (ଚାଷୀର ଫପସୋ ଛାତି)

ଚାଷୀଟେ ଆତ୍ମହତ୍ୟା କରବାରକେ ଯଉଛେ ଇ କଥାଟା, “ଭିନେ”, “ବୁଡ଼ୁଛେ”, “ଭିଲ ଛଡ଼ା”, “ଛିନା” ବାଗିର ଶଦ ନୁ ସୂଚନା ଦଉଛନ। ବାହାରର ଦୃଶ୍ୟ ସାଁଗେ ମନ ଭିତରର କଥାଟେ କହେବାର ଚେଷ୍ଟା କରିଛନ, ଆଧୁନିକ କବିତା ଶୈଲୀର ବଢ଼ିଆ ପ୍ରୟୋଗ।

ଗୁଟେ ଭାଷାକେ ସଠିକ ଲେଖବାର ଲାଗି ଯେତ୍ତା ବ୍ୟାକରଣ ଦରକାର ହେସି ସେତ୍ତା ମୁନୁଷ ଲାଗି ସାଁସାରିକ ନିଅମ ନିତି ଅଛେ। କବି ଇନ “ଇଂଗାଲିସ ମାଷ୍ଟର” ହେଇକରି ନିଜର ଉପରେ ନୁହେଁ ନିଜର ବାଗିର ବା’ନା-ବିଚ୍ଛନା କରୁଥିବା ରକ୍ଷଣସିଲ ମୁନୁଷମାନକୁ କହୁଛନ:

“ବନାନ୍ ବ୍ୟାକରନ୍ ସୁଧରାମି

ସେତେବେଲେଁ ତ ଛାର୍ଁ ଆଉ

ମୁଇଁ ଗୁଟେ ହଇ ଜାଇଥିମୁ ।" (ବନାନ୍ ବ୍ୟାକରନ୍)

ମାହେଜି ଜାତିର ସମ୍ବେଦନଶୀଲତା, ତାକର ମୁନୁଷ ପ୍ରତି ଭାବନାକେ ଭାବ ଦେଇଛନ । ଇ ମାର୍ମିକ ପଦ/ ଭାବନା ଜାଗତିକ (Universal) ଆଏ:

"ମାତର୍କ, ଜୁଆନ୍ ସୁହାଗିନିର ଭିତରେଁ
ରାଆଁଡ଼ି ବୁଢ଼ିଟେ ଲୁକିଥିସି" (ପଟେ ଟୁଟି)

କୋସଲ ବାହିର କଥାନୀ କହେବାର ଶୈଲୀ ଆର ନିର୍ଜିବମାନକୁ ଜୀବନ ଦେବାର ତରିକା ହଉଛେ ମାନବିକରଣ (Personification), ସେଟା ଝଲକିସି:

"ଗଛ ଯେ ଗଛ, ଯେ ଗଛ,

ତବାତୋବ୍,

ହୋ ହଇକରି ସବେ ଉଦ୍କିଲେ

ଉଡ଼ି ପଲାବାର୍ ଲାଗି, ଚୁଛାଟା !" (ଜଙ୍ଗଲ୍ ବଏଲେଁ କାଣା ଗୋ ?)

ମୁନୁଷର ଆଦିମ ପ୍ରକୃତି, ଆଧୁନିକ ଜୀବନର ଅସହାୟତା, ଉକୁବୁକୁକେ ଚିତ୍ରାସନ:

"ବୁଲୁଛନ୍ ପଁଜରାର୍ ପିଁଜରା ଥିଁ

ହୁରୁଦ୍ ଟାକେ କଏଦ୍ କରି ।

ବୁପ୍ରାକୁଁ ମହାପୁରୁ ଟିକେ ଭଲ୍ ପାଏତେ

ଯେତ୍ତା କି ମୁଇଁ ପାଏସିଁ ତତେ ।" (ଚରେ ଗୁଡ଼ା)

ଶାଶ୍ୱତ ବାବୁର କବିତାଥି କେତନି ଆଶା–ଭରସା ଅଛେ କୋସଲି ଆଧୁନିକ କବିତା; ସାଁଗେ ବୁଥବୁଥା ଇ ବାହିର ସଂସ୍କୃତି ଆର ଚାଲିଚଲନ ।

ଶାଶ୍ୱତ ସାହୁଙ୍କର ଜନମ ୧୦/୭/୧୯୭୮ ସାଲେ ପାହାଡ଼ଶ୍ରୀଗିଡ଼ା ନ ହେଇଥିଲା । ବାପା ଦୟାସାଗର, ମାଁ ସୁବାସିନୀ । ତାଙ୍କର ଆର ଦୁଇଟା କବିତା ସଙ୍କଲନ ବାହାରିଛେ । ତାଙ୍କର ସାହିତ୍ୟ ସାଧନା ଲାଗି କେତନି ଅନୁଷ୍ଠାନ ତାହାକୁ ମାଏନ କରିଛନ ।

ପ୍ରଦୀପ ଭୋଲଙ୍କର 'ମାଉ' ନାଟକ

ଚାର୍ହିଆଟେ ଚର୍ଚ୍ଚା ହେଇଥିଲା ମାହାନାଟକ 'ମାଉ'ର କଥା । ଦୁଇ ଦିନର ମୁହେଁ ୨୦,୦୦୦ ଦେଖେନହାରିକର ଭିଡ ଲାଗିଥିଲା ନବଜୀବନ, ସୁନ୍ଦରଗଡ ପରସ୍ଥିବାର କୋସଲି ନାଟକ ମାଉ ଲାଗି ।

ନାଟକକାର ପ୍ରଦୀପ ଭୋଲ ଇ ନାଟେ ସରଳ ଆଦିବାସୀମାନେ କେତ୍ତା ମାଓବାଦୀ ଆର ସରକାରର ଲଢେଇ ଭିତରେ ଟେପେଇ ହେଇ ଯଉଛନ ସେଟା ଦେଖେଇଛନ ।

ଛୁଚ୍ଚା ଗୁଲି ଚଲା-ଚଲିଥି ଗୁଟେ ଅଦର୍ବା ଲୋକ ମରିଯାଏସି । ଆର ତାର ଉପରେ ଲାଗିଥିବାର ସବୁ ଆରୋପକେ ମିଛ ସାବିତ କରବାର ଲାଗି ତାର ବୁହେନ ଲାଗସି । ସେଥିର ଲାଗି ସେ ସରକାରି ତଦାରଖ କମିଶନରକେ ଭେଟ୍‌ସି ହେଲେ ଉଲଟ୍ୟା ସେ ତଦାରଖ କମିଶନରକେ ମାରିପକାସି । ଯିଏକି ତାହାକେ ଖରାପ ଉଦ୍ଦେଶ୍ୟରେ ତାର ବଂଗଲାକେ ଡାଖିଥିସି । ଇ ଘଟଣାଟା ତାକେ ମାଓବାଦୀ ବନେଇଦେସି । ହେଲେ ତାର ଭାଂଜିର ସରଳ ଏଁଖମାନେ ତାକେ ଫେର ମୁଖିଆଧାରକେ ଆନିପକାସି ।

ମାଓ ନାଟକେ ବିଶେଷ ବନେଇଛେ ଶହେ ଙ୍‌ନ କଲାକାର ଆର ୧୧୦୦୦ ବର୍ଗ ଫୁଟର ମଚାନ । ମାଓର ଲେଖକ, ନିର୍ଦ୍ଧେଶକ ପ୍ରଦୀପ ଭୋଲ କହେସନ, ୨୦ ଟେହଜି କଲାକାର, ସାତଟା ଛୁଆ, ଆର ୭୩ ଙ୍‌ନ ମୁନୁଷ ପିଲା ଲାଗସନ ଇ ନାଟେ । ତାର ସାଂଗେ ସାତଟା ଗୀତ ଲାଗି ୩୦ ଙ୍‌ନିଆ ସଂଗୀତ ଦଲ ବି ଲାଗସନ । ଲେଡ ଲାଇଟ, ଡଲବି ଡିଜିଟାଲ ସାଉଂଡ ଆର ୧୨ଟା ଏଲସିଡି ସ୍କିନ ୨୦,୦୦୦ ଦେଖେନହାରିକର ଲାଗି ବେଭାର କରାହେଇଥିଲା ।

ପ୍ରଦୀପ ଭୋଲ ସୁନ୍ଦରଗଡର ଙ୍‌ନେ ଜନାଶୁନା ଫିଲ୍ମକାର ଆର ନାଟକକାର । ତାଙ୍କର ଫିଲ୍ମ ଚିନିକେ କେତନି ପୁରସ୍କାର ମିଲିଥିଲା । ୧୮/୧୨/୨୦୧୨କେ ୫୯ ବଛର ବୟସେ ଦିହଁ ଛାଡିଥିଲେ ।

ରାଜ କୁମାର ସାହୁଙ୍କର ପାଏନ୍‌ ତ ଜୀବନ୍, କୁଣ୍ଡଲି ରାଏଜର ଡଁ, ବାପାର ପେନସନ ଟଁକା, ମୋର କାଁ ଦୋଷ, ବଡରୋଗ, ଦାଦନ, ଭୁଖା ୨; **ପ୍ରଦୀପ ପାଢୀ**ଙ୍କର ଦୁଇ ପହରିଆ ଗରସା ଆର ଆମ୍ପଲ୍ଲା; **ହରେଶ ଶତପଥୀ**ଙ୍କର ପଁଟା; **ବୈଜୟତୀ ସିଂ**ଙ୍କର ତୁଲିଆ ଆର ଭଗତ୍ ପ୍ରହ୍ଲ୍ଲାଦ; **ଅବନୀ କାନ୍ତ ସାହୁ**ଙ୍କର ଫଟା କପାଲ, ଧଏନ୍ ଧଏନ୍‌ରେ ରଜା ହରିଶ୍ଚନ୍ଦ୍ର, ମହାରଥୀ ସୁରେନ୍ଦ୍ର ସାଏ, **ମୋହନ ସିଂହ କଢ୍ଡେଇ**ଙ୍କର ତାମସା, ଜଖା, ଯେନୁ ମୂଲ ସେନ ଶେଷ, **ବୀରେନ୍ଦ୍ର ନନ୍ଦ**ଙ୍କର ଅସଲି ମଦାଙ୍ଗ, ଝୁମରି, ସବକୋ ସନମତି ଦେ ଭଗବାନ, ରାମ ରାଏଜ ଆଦି ନାଟ ପଶ୍ଚିମ ଓଡିଶାର ନାଟଧାରାକେ ବୁରସାଲ କରିଛେ ।

ପୁରୁଷୋତ୍ତମ ମିଶ୍ର ଜଣେ କବି, ନାଟ ଲେଖକ, ନାଟ ନିର୍ଦ୍ଦେଶକ, ଆର ଅଭିନେତା । ସେ ଓଡ଼ିଆ ଆର କୋସଲି ଦୁହି ଭାଷାଥି ଲେଖସନ । ତାଙ୍କର କୋସଲି ଲେଖାମାନେ ହେଲା, ବନାଲହ, ଡଂଗର ତଲେ ଡମରୁ ରଜା, ସତ ସତ ସତିଆ, ପର୍ଶୁରାମ, କୋସଲି ଗୀତାର ଅନୁବାଦ ଆଦି । ୧୯୬୮ ସାଲେ କୁଦୋପାଲି, ସୋନପୁର ଠାନେ ଶ୍ରାବଣ ପୁନି ଦିନେ ଜନମ । ବାପା ସନ୍ତୋଷ, ମାଁ ସୌଦାମିନୀ । ତାଙ୍କର ସାହିତ୍ୟ ସାଧନା ଲାଗି କେତନି ଅନୁଷ୍ଠାନ ନୁ ମାଏନ ପାଇଛନ ।

ମଚାନ କବିତାର ଧାରା

କବିତା ମୁଖ଼ିଆକରି ସାମନାର ପାଠକ ବା ଦେଖେନହାରିର ମନକେ ଉଶ୍ୱାସ କରବାର ଲାଗି ପଢ଼ାହେଇଥିସି । ଇ ମଚାନ କବିତାର ଧାରା କାହିଁ କେତନି ଦିନୁ ଅଛେ । ଗଁଲିଆ ରାମାୟଣର ଜନମକାରି କପିଲ ମହାପାତ୍ର ସାରଂଗଗଡ଼ ରାଜଦରବାରର କବି ଥିଲେ । ୧୯୧୨ ମସିହାରେ ଯେତେବେଲେ ଇଂଲଣ୍ଡର ଯୁବରାଜ ଷଷ୍ଠ ଜର୍ଜ ସମ୍ବଲପୁର ଆସିଥିଲେ ତାଙ୍କର ସ୍ୱାଗତରେ ସମ୍ବଲପୁର ଫ୍ରେଜର କ୍ଲବ ନ ବାଲାଜୀ ମେହେର ଗୁଁଡ଼ିଆ କବିତା ପଢ଼ିଥିଲେ ।

୨୦୧୦ ପାଖାପାଖି ପଶ୍ଚିମ ଓଡ଼ିଶାରେ ପ୍ରାୟ ୩୦ ଉପରେ କବି ଗାଁ ନୁ ସହର ତକ ବୁଲି ବୁଲି କୋସଲି କବିତାପାଠ କରିଛନ । ସେ କବିମାନେ ଜହକରି ହାସ୍ୟ/ବ୍ୟଂଗ କବିତା ପାଠ କରୁଥିଲେ । ସେମାନେ ଭିନେ ଭିନେ ସଭାସମିତି ନ କବିତା ପାଠ କରବାର ସାଂଗେ ମନ୍ଦିର ପଦିସ୍ତା, ଏକଶିଆ ଘର ଆଦି ଠାନେ ବି କବିତା ପାଠ କରୁଥିଲେ । କବିମାନକର ତାଲିକା ସମିଆଁ ସମିଆଁକେ ବଦଲିଛେ । କିଛି କବି ଉହରି ଯାଇଛନ ଆର କିଛି ନୁଆଁ କବି ଯୁଟି ହେଇଛନ । ସେ କବିମାନେ ହେଲେ ମନ ମାଷ୍ଟର (ବରଗଡ଼), ସୁଶୀଲ ମିଶ୍ର (ବଲାଂଗିର), ପରମେଶ୍ୱର ବାଗ (ବରଗଡ଼), ନିମାଇଁ ପାଣିଗ୍ରାହୀ (ବଲାଂଗିର), ହଲଧର ନାଗ (ଘେଂସ), ତେଜରୁ ବାରିକ, ସଂଜୀବ ବଣିଆଁ (ସୋହେଲା), ନିତିଶ ଆଚାର୍ଯ୍ୟ (ଗର୍ଭଣା, ସୋହେଲା), ଗୁଣସାଗର ସାହୁ (ଖପାନପାଲି, ଘେଂସ), ସଚିଦାନନ୍ଦ ପଣ୍ଡା (ବରଗଡ଼), ବାଙ୍କା ବିହାରି ସାହୁ (ଭଟଲି), ଦେବେନ୍ଦ୍ର ସାହୁ (ଭଟଲି), କିଶୋର ସାହୁ (କାର୍ଁଶିର ବରପାଲି), ରଂଜିତ ପ୍ରଧାନ, ହରିଲାଲ ସାହୁ (ବିଜେପୁର) ଆଦି ।

ମଚାନ ନ ହାସ୍ୟବ୍ୟଂଗ କବିତାର ଧାର ଛୁଟିଥିଲା ବେଲକେ ସେଆଡ଼େ ଆଧୁନିକ କବିତା, କଥାନୀ, ଉପନ୍ୟାସ, ପ୍ରବନ୍ଧ ଆଦି ବିଭାଗଥି କେତନି ପରୀକ୍ଷା ନିରୀକ୍ଷା ଚାଲିଥିଲା । ଯେନ ଲେଖକମାନେ ସେ ସମିଆଁକେ କଲମ ଚଲେଇଥିଲେ

ସେମାନେ ହେଲେ:

ଦେବହୃତୀ କର, ମାଡ଼ାରବଗିଚା ପଡ଼ା ଭବାନୀପାଟଣା ଠାନେ ରହେସନ ଆର ଉଁଚା ଦର୍ଜାର କୋସଲି କଥାନୀ ଲେଖସନ । ତାଙ୍କର କଥାନୀ ସଙ୍କଲନ ହେଲା ‘ବନାଲହ’ । କଲାହାଣ୍ଡିର ଆର ଜଣେ ନାଁ’କରା ଲେଖକ ହଉଛନ **ଜଗଦୀଶ୍ୱର ମୁଣ୍ଡ** । ତାଙ୍କର ଘର ହଉଛେ ତୋତ୍ରାଗୁଡ଼ା, ପରୁଆଗୁଡ଼ା, କଲମପୁର । ସେ ଓଡ଼ିଆ କୋସଲି ଦୁହି ଭାଷାଥି ଲେଖସନ । ତାଙ୍କର ଲେଖାହେଲା ଲୁକଲୁକାନୀ, ଶୋଭାଯାତ୍ରା, କଚ୍ଚବଟ ଆଦି । ବାପା –ପଦ୍ମନାଭ ମୁଣ୍ଡ, ମାଁ କ୍ଷୀରାବ୍ଧୀ । ଜନମ–୧୮/୧୧/୧୯୪୯ । **ରବୀନ୍ଦ୍ର କୁମାର ଖମାରୀ** ବି ଜଣେ ବରକସ କୋସଲି ଲେଖକ । ବାପା ଚୈତନ୍ୟ ଖମାରୀ, ମାଁ ରାଧିକା । ଜନମ –୧୮/୧୨/୧୯୫୪, ଟୁରାଗାଁ । ଜ'ଏପାଟନା ନ ରହିକରି ଝୁଟଝୁଟା, ଚରବନୀ, କଲାହାଁଡ଼ିଆ ମେଘ, ସରଗୁଡ ଆଦି ଲେଖିଛନ । **ଜୟକୃଷ୍ଣ ମେହେର,** ଗୋହିରା ପଦର, ବଂଗୋମୁଣ୍ଡା ଫୁଲତୁଲି କବିତା ସଙ୍କଲନ ବାହାର କରିଛନ । **ଉମେଶ ଶତପଥୀଙ୍କର** ନାଟକ ବବା ଉଲଟିଦେଲେ, **ରାଜେନ୍ଦ୍ର ପାଣୀଙ୍କର** ନାଟକ ଗରହନ ଆଦି କୋସଲି ସାହିତ୍ୟକେ ବୁରସାଲ କରିଛେ । ଅନଲାଇନ ଲଭ କଥାନୀ ସଙ୍କଲନର ଲେଖକ ହଉଛନ **ଯଜ୍ଞେଶ୍ୱର ବିଶୀ** । ଫୁଲମନ, ବିରମାହାରଜପୁର, ସୋନପୁର ନ ରହେସନ । ତାଙ୍କର ଉଁଚ୍ୟା ଲେଖାମାନେ ହେଲା, କରମସାନୀ ଗୀତ, ଆମର ଲୋକଗୀତ ଡାଲଖାଇ, ନଚନିଆଁ ଗୀତ ଆଦି । **ଯମୁନା ମହାପାତ୍ର ମିଶ୍ର,** ସରଗଜ, ତରଭା, ସୋନପୁରଙ୍କର ଲେଖାମାନେ ହେଲା, ଆମର ବୁଲି ଆମର ଗୀତ, ଭକତି ଗୀତ, ଆମର ବୁଲିଥି ଗୀତା ଆଦି । **ମାନଗୋବିନ୍ଦ ମେହେର,** ଜୁହ୍ନାପଡ଼ା, ବିନିକା, ସୋନପୁର, ଜନମ – ୨୩/୪/୧୯୬୦ । ବାପା – ଶ୍ରୀହରି ମେହେର, ମାଁ ଲଲିତା । ତାଙ୍କର ଲେଖାହେଲା ନୂଆଁ ପୁରଥି । **ସନ୍ଧ୍ୟାରାଣୀ ମେଣ୍ଡଲୀ,** ଜନମ–୧୦/୩/୧୯୮୧, ଚଡ଼ାଇପଙ୍କ, ସୋନପୁର । ସେ କୁରେଫୁଲ, ଉଡ଼ିଆଏଲା ପନତକାନୀ ମାଁ ମେଟାକାନୀ, କବିତା ଲହରୀ, ପୁରଥି ମାଁ ଆଦି ଲେଖିଛନ । ସୁନ୍ଦରଗଡର କବି **ଦୁର୍ଗାମାଧବ ପଣ୍ଡାଙ୍କର** କବିତା ସଙ୍କଲନ ‘ଦୁର୍ଗାପଁଡାର ପଜାଲା ଖଁଡା’ କୋସଲି ସାହିତ୍ୟକେ ଗୁଟେ ବରକସ ଦାନ । ସେ ଜଣେ ହାସ୍ୟକବି ଆର ଗୀତିକାର ହିସାବେ ଜହ ଜନାଶୁନା । ସିନ୍ଦେକେଲାର ସତ୍ୟନାରାୟଣ ମିଶ୍ର କୋସଲି କଥାନୀ, କବିତା, ନାଟକ ବିଭାଗକେ ବୁରସାଲ କରୁଥିଲା ବେଲକେ ସାଧବୀ ସାହୁ କବିତା ଲେଖସନ ।

ଗୋବିନ୍ଦ ଚନ୍ଦ୍ର ତ୍ରିପାଠୀ

୧୯୯୬ ସାଲୁ କୋସଲିଥି ଲେଖୁଛନ ଗୋବିନ୍ଦ । ସେ ଛୁଆକର ଲେଖକ ହିସାବେ ଜନାଶୁନା । ତାଙ୍କର ଲେଖାମାନେ ହେଲା, ଟିଂ ଟାଂଗ ଟିଂ, ଗୋବିନ୍ଦର ପଦେ ଆଦି । ଯୋଗିସର୍ଡା ବଲାଂଗିର ଠାନେ ୧୯/୫/୧୯୬୪ ସାଲେ ଜନମ । ତାଙ୍କର ସାହିତ୍ୟ ସାଧନା ଲାଗି କେତନି ଅନୁଷ୍ଠାନନୁ ମାଏନ ପାଇଛନ ।

ସଂଯୁକ୍ତା ପରିଚ୍ଛା

ପାଟଣାଗଡ, ବଲାଂଗିର ନ ରହୁଥିବା ସଂଯୁକ୍ତା କବିତା, କଥାନି ଆର ନାଟ ଲେଖସନ । ତାଙ୍କର କୋସଲି କବିତା ସଙ୍କଲନ ହେଲା ତଲ ବରଡା । ସେ କୋସଲି ଆର ଓଡିଆ ଦୁହି ଭାଷାଥି ଲେଖସନ । ତାଙ୍କର ସାହିତ୍ୟ ସାଧନା ଲାଗି କେତନି ଅନୁଷ୍ଠାନ ନୁ ମାଏନ ପାଇଛନ ।

ବନବାସ ମେହେର

ବନବାସ ମେହେର ସୋନପୁର ଜିଲ୍ଲା ତରଭା ନ ରହେସନ । ୨୫/୩/ ୧୯୧୨ ସାଲେ ତାଂକର ଜନମ ସାଗରପାଲି ନ ହେଇଥିଲା । ବାପା ଚତରୁ, ମାଁ ହୀରାବତି । ସେ ହିନ୍ଦୀ, କୋସଲି ଆର ଓଡିଆ ଭାଷା ଥି ଲେଖସନ । ତାଙ୍କର ଲେଖାମାନେ ହେଲା, ମାଏଟ ମାଁ, ଉଲଟା ପୁରଥି, ଆମର ଗାଁ ଆମର ମାଟି କେଭେ ନାଇଁ ଯାଉଁ ଦାଦନ ଖଟି ଆଦି । ତାଙ୍କର ସାହିତ୍ୟ ସାଧନା ଲାଗି କେତନି ଅନୁଷ୍ଠାନନୁ ମାଏନ ପାଇଛନ ।

ଭିକାରୀ ମିଶ୍ର

୧୯୬୫ ସାଲୁ ଲେଖୁଥିଲେ ବି କୋସଲି ସାହିତ୍ୟ ଲାଗି କଲମ ୨୦୧୫ ଆଡେ ଚଲେଇଛନ । ତାଙ୍କର କୋସଲି ଲେଖାମାନେ ହେଲା ଖମନ୍ (କବିତା ସଙ୍କଲନ), ଜନ୍ ଖମନ୍ (କୋସଲି ଅନୁବାଦ), ଘନ ଖମନ, ଛାଏ କାଯେ ସକାଲଟେ (କୋସଲି ଅନୁବାଦ) । ଇତାର ବାହାରେ ସେ ଓଡିଶା ସାହିତ୍ୟ ଏକାଡେମୀ ଛାପିଥିବା ଝରିଆଲ ପତ୍ରିକାର ସଂପାଦନା କରିଛନ । ପତ୍ରେ ପତ୍ରେ କବିତା ପତ୍ରିକାର ସଂପାଦକ । ତାଙ୍କର ବାହାରବାରକେ ଥିବା ଲେଖା ହେଲା 'ବାଏବିଛୋ' ଆର 'ଦସ୍ତଖତ' । ତାଙ୍କର ଜନମ ୧/୮/୧୯୫୦ ସାଲେ ଟିଟିଲାଗଡ ପାଖର ଡିଆଟନ ଗାଁ ନ

ହେଇଥିଲା । ବାପା ଦଣ୍ଡପାଣୀ, ମାଁ ଶକୁନ୍ତଳା । ତାଙ୍କର ସାହିତ୍ୟ ସାଧନା ଲାଗି କେତନି ଅନୁଷ୍ଠାନ ନୁ ମାଏନ ପାଇଛନ୍ ।

ଷୀରୋଦ୍ର କୁମାର ସାହୁ

୧୧/୬/୧୯୮୧ ସାଲେ ବରପିଟା, ପାଟଣାଗଡ ଠାନେ ଜନମ ହେଇଥିବା ଷୀରୋଦ୍ରଙ୍କର ଲଗାତାର ହିସାବେ କୋସଲିଥି କବିତା, କଥାନି ଆର ଆଲୋଚନା ଭିନେ ଭିନେ ପତ୍ରପତ୍ରିକାଥି ବାହାରିଆସୁଛେ । ବାପା, ସୀତାରାମ, ମାଁ ଶୈଲସୁତା । ଯୁଆନ ଆଧୁନିକ କବିମାନଙ୍କର ଭିତରେ ଷୀରୋଦ୍ର ଗୁଟେ ବରକସ ନାଁ । ସେ କୋସଲି ପତ୍ରିକା 'କଡୋ'ର ସଂପାଦକ । ତାଙ୍କର ସାହିତ୍ୟ ସାଧନା ଲାଗି କେତନି ଅନୁଷ୍ଠାନ ନୁ ମାଏନ ପାଇଛନ୍ ।

ସୁଜିତ କୁମାର ଶତପଥୀ

ଯୁଆନ ପିଢିଥି ଲେଖୁଥିବା କୋସଲି ଆଧୁନିକ କବିତାର ଗୁଟେ ବରକସ ନାଁ ହଉଛନ୍ ସୁଜିତ । ଓଡିଆ କୋସଲି ଦୁହିଥି ଲେଖସନ୍ । ୨୦୧୨ଥି ବାହାରିଥିବା କବିତା ସଙ୍କଲନ ନୁରା କେନ୍ଦ୍ର ସାହିତ୍ୟ ଏକାଡେମୀ ଛାପିଥିଲା । ସେ କବିତା ଲେଖବାର ସାଙ୍ଗେ କେଦାରନାଥ ସିଂହଙ୍କର ଅକାଲ ମେ ସାରସ ଆର ଧର୍ମବୀର ଭାରତୀଙ୍କର କନୁପ୍ରିୟାର କୋସଲି ଅନୁବାଦ କରିଛନ୍ । ସୁଜିତ ୨/୭/୧୯୯୧ ସାଲେ ସାଲେଭଟା ବଲାଙ୍ଗିର ନ ଜନମ ହେଇଥିଲେ । ବାପା ଅଶୋକ, ମାଁ ସାଧନା । ତାଙ୍କର ସାହିତ୍ୟ ସାଧନା ଲାଗି କେତନି ଅନୁଷ୍ଠାନନୁ ମାଏନ ପାଇଛନ ।

ଆଶୁତୋଷ ମେହେର

ବିଜେପୁର ପାଖର ଲାଉମୁଣ୍ଡା ଗାଁର ଆଶୁତୋଷ ଗୁଟେ ଶକ୍ତିଶାଲୀ ଆଧୁନିକ କବି । ତାଙ୍କର ବାହାରିଥିବା ବହିମାନେ ହେଲା ତୟଚାରିନୀ (କାବ୍ୟ), ଗାଁର ଆଲବମ୍, ପଥରର ପ୍ରାର୍ଥନା, ତୋର ପାଲଟିଦେଲା ଦିନ, ସମିଆଁର୍ ପାହା ଶବଦ୍ ଆଦି । ସେ ଝନେ ଭଲ ଗୀତିକାର ଆର ନାଟକକାର ବି । ତାଙ୍କର ଦୁଇଟା ଅଛପା ନାଟ ହେଲା, ଧାରମଲି ଆର ଗୁରୁ ଦକ୍ଷିଣା । ୪/୭/୧୯୫୦ ସାଲେ ଲାଉମୁଣ୍ଡା ନ ଜନମ ହେଇଛନ ଆଶୁତୋଷ । ବାପା ହରିବୋଲ, ମାଁ ପଦ୍ମାବତୀ ।

ଆଶୁତୋଷଙ୍କର କବିତାଥି ମନ ଭିତରେ ଅଲଇଲା ଅଦେଖା ଦରଦ ଆର ଉଲଝନକେ ସୁଲଝାବାର ଲାଗି ଶବଦମାନେ କାଗଜକେ ଉତରିଥିସନ । ବ୍ୟକ୍ତିଗତ

ଦୁଃଖ ଦରଦ ବାହାରେ ପ୍ରକୃତି ପ୍ରେମ ବି ତାଙ୍କର ଲେଖାଥି ଝଲକିସି । ତାଙ୍କର ସାହିତ୍ୟ ସାଧନା ଲାଗି କେତନି ଅନୁଷ୍ଠାନନୁ ମାୟନ ପାଇଛନ ।

ବ୍ରଜମୋହନ ମେହେର

ଯୁଆନ ପିଢି ଭିତରେ କୋସଲି ଭାଷା ଲାଗି କାମ କରୁଥିବା ଆର ଝେନେ ଯୁଆନ ହେଲେ ବ୍ରଜମୋହନ । ସେ କାବ୍ୟ, କବିତା, ଲେଖବାର ଆର ଭାଷାର ଗବେଷଣା କରବାର ସାଙ୍ଗେ ଭାଷା ସାହିତ୍ୟର ପ୍ରଚାର ପ୍ରସାର ଲାଗି ଗୁଟେ ଫେସବୁକ ପେଜ "କୋସଲି ଭାଷା କୋସଲି ସାହିତ୍ୟ" ବି ଚଲାସନ । ଇତାର ବାହାରେ ସେ କୁରେଫୁଲ ପତ୍ରିକାର ସଂପାଦକ ଆର କୋସଲି ଲିପିର ସିରଜିନାକାର । ତାଙ୍କର ଲେଖାମାନେ ହେଲା, ବ୍ରଜବିଲାସ, ବ୍ରଜବିଲାପ, କବିତା କାରୁଣ୍ୟ, ପ୍ରେମ ତରଙ୍ଗିଣୀ, ଶ୍ରବଣ କୁମାର, ଫୁଲମତି, ରୂପାଂଜଲି, ତୋର ଲାଗି, କବି ଆରୁ କବିତା, ଲୋପା ଲହରୀ, ମାଟିର ସୋର ଆଦି । ତାଙ୍କର ଏମଫିଲ ଥେସିସ ବି କୋସଲି ସାହିତ୍ୟ ଉପରେ ଥିଲା । ତାଙ୍କର ଆର କେତନିଟେ ଲେଖା ଛପା ହେବାରକେ ତିଆର ହେଇଛେ । ୧୪/୯/୧୯୮୬ ସାଲେ ଜନମ ହେଇଥିବା ବ୍ରଜମୋହନଙ୍କର ବାପା ହଉଛନ ଦାମୋଦର ଆର ମାଁ ରାଜଶ୍ରୀ । ତାଙ୍କର ସାହିତ୍ୟ ସାଧନା ଲାଗି କେତନି ଅନୁଷ୍ଠାନନୁ ମାୟନ ପାଇଛନ ।

କୈଲାସ କୁମ୍ଭାର

କୈଲାସ ଝେନେ ବରକସ ସାହିତ୍ୟିକ । କୋସଲିଥି କବିତା, କଥାନୀ, ପ୍ରବନ୍ଧ, ଉପନ୍ୟାସ ଲେଖସନ । ତାଙ୍କର ଲେଖାମାନେ ହେଲା ଜିଙାଁତା (କବିତା ସଙ୍କଲନ), ମକରାଜାଲ (କଥାନୀ ସଙ୍କଲନ) ।

ତାଙ୍କର ଲେଖାଥି ପଶ୍ଚିମ ଓଡିଶାର ଜନଜୀବନର ସମସ୍ୟା, ସଂସ୍କୃତି ଆର ଚାଲିଚଲନର ଝଲକ ଦେଖବାରକେ ମିଲସି । ବାହାରବାରକେ ଥିବା ବହିମାନେ ହେଲା, ଏପ୍ରିଲ ଫୁଲ (କଥାନୀ) ରାତେକର ଲାଗି (ଉପନ୍ୟାସ) ।

୨୦୦୧ ସାଲୁ ଲେଖୁଥିବା କୈଲାସ ୧୮/୪/୧୯୭୦ ସାଲେ ଜନମ ହେଇଥିଲେ । ବାପା ମାନ କୁମ୍ଭାର, ମାଁ ବସୁମତୀ । ତାଙ୍କର ସାହିତ୍ୟ ସାଧନା ଲାଗି କେତନି ଅନୁଷ୍ଠାନ ନୁ ମାୟନ ପାଇଛନ ।

ଭଗବାନ ମଲ୍ଲିକ

ନିହି ପତ୍ରିକାର ସଂପାଦକ ହିସାବେ ଜନାଶୁନା ଭଗବାନ । ସେ ଝନେ ବହୁମୁଖୀ ପ୍ରତିଭା । ଅଭିନେତା, ନିର୍ଦ୍ଧେଶକ, ସଂଗଠକ, ପତ୍ରିକା ସଂପାଦକ, ବହି ପ୍ରକାଶକ ଆଦି । କବିତା ଲେଖବାର ବାହାରେ ନାଟକ, ଗୀତ ଆଦି ଲେଖସନ । ୮୪ଟା କବିତାକେ ନେଇକରି ୨୦୧୬ ସାଲେ ବାହାରିଥିଲା ତାଙ୍କର କବିତା ସଙ୍କଲନ ଚିହ୍ନା । ସେ ୧୦୦ଟା ଖଁଡେ ବହି ଛାପି ସାରଲେ ନ ତାଙ୍କର ନିହି ପ୍ରକାଶନୀ ତରଫରୁ । ତାଙ୍କର ଲେଖଲା ଗୀତ ସବୁ ମଶାନଫୁଲ ନାଁ ଆଲବମ ବାହାରିଛେ । ସେ ଆକାଶବାଣୀର ସୁରଜମୁଖୀ କାର୍ଯ୍ୟକ୍ରମଥି ବି ସାମିଲ ହେଇଛନ । ୧୦/୧/୧୯୮୮ ସାଲେ ପଦମପୁର ପାଖର ଗୁଏବାହାଲି ଠାନେ ଜନମ ହେଇଥିଲେ ଭଗବାନ । ବାପା କାର୍ତ୍ତିକ, ମାଁ ବିଲାସ । ତାଙ୍କର ସାହିତ୍ୟ ସାଧନା ଲାଗି କେତନି ଅନୁଷ୍ଠାନ ନୁ ମାଏନ ପାଇଛନ ।

ପରମେଶ ବିଶି

ପରମେଶ ୨୦୦୦ ଆଡ଼ୁ ଲେଖୁଥିଲେ ବି ୨୦୧୨ ଆଡ଼କେ ସାହିତ୍ୟ ଜଗତରେ ତାଙ୍କର ଚର୍ଚା ହେଇଛେ । ଗୀତି କବିତା ନୁ ମୂଲ କରି ଆଧୁନିକ କବିତା ଲେଖିଛନ । ପରମେଶ ଗୁଟେ ଖାସ ଶୈଲୀର କବିତା ଲେଖୁଥିଲେ ତାହାକେ pattern poems/ concrete poetre କହେସନ । ଚଉତିଶା, ଚାଣକ୍ୟ ନୀତିବାଣୀ ଲେଖିଛନ । ଗଂଗାଧରଙ୍କର ମହିମା କାବ୍ୟର ଅନୁବାଦ କରି ମହତ ନୀତି ଲେଖିଛନ । ୨୦୧୨ ଆଡ଼କେ ନିଜର ଗାଁ କନସିଁହା ନ 'ବାତର ପଦେ' ବଲି କଲାପତ୍ରୀ ଗୁଟେ ମୂଲ କରିଥିଲେ । କଲାପତ୍ରୀ କେତନି ସାହିତ୍ୟିକଙ୍କୁ ଜୁଡ଼ିଥିଲା ଆର ତାଙ୍କର ସାହିତ୍ୟକେ ପ୍ରକାଶ କରବାର ଜରିଆ ବନିଛେ । ଇତାରା ବାହାରେ ସେହି ବଛର ତାଙ୍କର କବିତା ସଙ୍କଲନ 'ଦରଦ ନୁ ଜୀବନ' ବାହାରିଥିଲା । ସେ କେତନି ଗୀତ ଲେଖିକରି ତାହାକେ ଭିଡିଓ ବନେଇଛନ ଆର ସର୍ଟ ଫିଲ୍ମ ମାନେ ଲଗାତାର ବନାତେଲ ଆସୁଛନ । କନସିଁହା ୯/୭/୧୯୮୩ ସାଲେ ପରମେଶ ବିଶିଙ୍କର ଜନମ । ବାପା ବାବୁଲାଲ, ମାଁ ଲକ୍ଷ୍ମୀ । ତାଙ୍କର ସାହିତ୍ୟ ସାଧନା ଲାଗି କେତନି ଅନୁଷ୍ଠାନ ନୁ ମାଏନ ପାଇଛନ ।

ନୀଳାଦ୍ରୀ ରାଉତ

ନିଲାଦ୍ରୀ ହଉଛନ କୋସଲି ଯୁଆନ ପିଢ଼ୀର ଗୁଟେ ତାକତବର ଆଧୁନିକ ସୋର । ତାଙ୍କର କବିତା ବହି ଆକାରେ ନି ବାହାରିଥିଲେ ବି ସୋସିଆଲ ମିଡିଆ ଆର ପତ୍ରପତ୍ରିକାଥି ବାହାରିଆସୁଛେ । ବାପା କିଶୋର ଚନ୍ଦ୍ର, ମାଁ ଲକ୍ଷ୍ମୀପ୍ରିୟା । ଯମୁନାବାହାଲ, କଲାହାଣ୍ଡି ଠାନେ ୧୫/୧୧/୧୯୯୩ ସାଲେ ଜନମ ହେଇଥିଲେ ।

ଗଣେଷ ବାରିକ

୨୦୦୮–୦୯ ଆଡୁ କୋସଲିଥି ଲେଖୁଛନ ଗଣେଷ । ନାଁକରା ସାହିତ୍ୟ ପତ୍ରପତ୍ରିକାଥି ତାକର ଲେଖାମାନେ ଠାନ ଆବରିଥିସନ । ଆକାଶ ମୁହାଁ ସୁଖ ବଲି କବିତା ସଙ୍କଲନ ଲାଗି ସଜ ହଉଛନ ଗଣେଷ । ଗଣେଷ ଅନୁବାଦ ବି କରସନ । ତାଙ୍କର କବିତାଥି ପ୍ରେମର ଭିନେ ଭିନେ ଭାବ ମୁଖିଆକରି ଛାଇଥିସି । ଯୁଆନ ଆଧୁନିକ କୋସଲି କବିମାନକର ଭିତରେ ୫ନେ ଦମଦାର କବି ହଉଛନ ଗଣେଷ । ତାଙ୍କର ଜନମ ରିନବଚନ ଗାଁନ ହେଇଥିଲା । ବାପା ପ୍ରକାଶ, ମାଁ ଲକ୍ଷ୍ମୀ । ତାଙ୍କର ସାହିତ୍ୟ ସାଧନା ଲାଗି କେତନି ଅନୁଷ୍ଟାନନୁ ମାଏନ ପାଇଛନ ।

ମୂରଲୀ ଶିକା

କୋସଲି ଭାଷାଥି ୨୦୦୧ ସାଲୁ କବିତା, କଥାନୀ, ପ୍ରବନ୍ଧ ଲେଖି ଆସୁଛନ । ଯୁଆନ ପିଢ଼ିର ଗୁଟେ ଦମଦାର ଲେଖକ ହିସାବେ ଉଭରୁଛନ । ତାଙ୍କର ଲେଖା ମାନେ ଆକାଶବାଣୀ ନୁ ପ୍ରସାରିତ ହେତେଲ ଆସୁଛେ । ଭିନେ ଭିନେ ପତ୍ରପତ୍ରିକାଥି ଫିଁ ଖେପି ତାଙ୍କର ଲେଖା ବାହାରୁଛେ । କଥାନୀ ସଙ୍କଲନ 'କେନ ଖେତର ଢେଲ' ୨୦୨୧ ସାଲେ ବାହାରିଛେ । ତାଙ୍କର ସାହିତ୍ୟ ସାଧନା ଲାଗି କେତନି ଅନୁଷ୍ଟାନନୁ ମାଏନ ପାଇଛନ ।

ଚନ୍ଦ୍ରାବତୀ ପାଣ୍ଡେ

ପ୍ରାୟ ୪ ଡର୍ଜନ ନାଟ ଲେଖଲେ ନ ଚନ୍ଦ୍ରାବତୀ । ତାଙ୍କର ନାଟକମାନେ ଭିନେ ଭିନେ ଅନୁଷ୍ଟାନ ଆର ଇସକୁଲ ବାହାରେ ଆକାଶବାଣୀଥି ପ୍ରସାରିତ ହେଇଛେ । ନିଜେ ଅଭିନୟ କରସନ, ନିର୍ଦ୍ଦେଶନା ବି ଦେସନ । ନାଟକ ମାନକୁ ଫିଲ୍ମର ରୂପ ବି ଦେଇଛନ ଚନ୍ଦ୍ରାବତୀ । ତାଙ୍କର ନାଁକରା ନାଟକ ଆସମାନତାରାକେ ସର୍ଟ ଫିଲ୍ମର ଆକାର ଦେଇଛନ । ତାଙ୍କର ଉଁଖ୍ୟା ଲେଖାମାନେ ହେଲା, ଶବଦ (କବିତା ସଙ୍କଲନ), ରକତ ପୂଜାର ଦିନ ଗଲା (ନାଟକ), ପାଁଚ ଆଲତୀ (ନାଟକ ସଙ୍କଲନ), ଚୌହାନ

ବୀର ସୁରେନ୍ଦ୍ର ସାଏ (ନାଟକ), ଘୌସ ମାଟିର ସହିଦ (ନାଟକ) । ତାଙ୍କର ସାହିତ୍ୟ ସାଧନା ଲାଗି କେତନି ଅନୁଷ୍ଠାନ ନୁ ମାୟନ ପାଇଛନ୍ ।

ପଦ୍ମିନୀ ମହାପାତ୍ର

ତାଙ୍କର ଚାହିଁଆଉର ସମାଜ ନ ନିଜର ଅନୁଭୂତି ନୁ ଦଲିତ, ପତିତ, ଶୋଷିତ ଚରିତ୍ର ମାନକୁ ନେଇକରି ଲେଖିଥିସନ କଥାନୀ । କେତନି ନାଁକରା ପତ୍ରପତ୍ରିକାଥି ତାଙ୍କର ଲେଖା ବାହାରତେଲ ଆସୁଛେ । ଓଡ଼ିଆ କୋସଲି ଦୁହି ଭାଷାଥି ଲେଖସନ । ସେ କବିତା, ବୁଲାକି କଥାନୀ, ଛୁଆକର କବିତା, ଆଧ୍ୟାତ୍ମିକ ଆଦି ବିଭାଗ ନ କଲମ ଚଲେଇଛନ । ବରଗଡ ଜିଲ୍ଲା ଅମ୍ଭାଭୋନା ବ୍ଲକ କୁଠାରପାଲି ନ ଜନମ ହେଇଥିବା ପଦ୍ମିନୀ ଇହାଦେ ଦେବଗଡ ନ ରହେସନ । ବାପା ମହାଦେବ, ମାଁ ସୁବର୍ଣ୍ଣ । ତାଙ୍କର ସାହିତ୍ୟ ସାଧନା ଲାଗି କେତନି ଅନୁଷ୍ଠାନ ନୁ ମାୟନ ପାଇଛନ ।

ମାନିନୀ ମେହେର

କୋସଲି ଭାଷାଥି ୨୦୧୬ ସାଲୁ ଆଧୁନିକ କବିତା ଲେଖିଆସୁଛନ । କୋସଲି ଆଧୁନିକ କବିତାଥି ତାଙ୍କର କବିତା ସଙ୍କଲନ 'କଡୋ' ଗୁଟେ ଯୋରଦାର ସୋର । ବିଜେପୁର ପାଖର ପରା ନ ଜନମ ହେଇଥିବା ମାନିନୀଙ୍କର ବାପା ହଉଛନ ଡୋଲାମଣି ଆର ମାଁ ଯଶୋବନ୍ତୀ । ତାଙ୍କର ସାହିତ୍ୟ ସାଧନା ଲାଗି କେତନି ଅନୁଷ୍ଠାନ ନୁ ମାୟନ ପାଇଛନ ।

୨୦୨୦ ରୁ ଇହାଦେତକ କୋସଲି ସାହିତ୍ୟରେ ସମାନ୍ତରାଲରେ ନାଟକ ଲେଖା ଆର ମଞ୍ଚନ ଚାଲିଛେ । ନାଟକ ହଁକାବାଦୀ ଆର ଉଚ୍ଚବମାନେ ଉଜୁକ ହଉଛେ । ପତ୍ରିକାମାନେ ଲଗାତାର ବାହାରୁଛେ । କଥାନୀ ଆର ପ୍ରବନ୍ଧ ବିଭାଗ ବି ବନେ ଉବାଗର ହଉଛେ । ଆର ସମକିର ନୁ ବିଶେଷ୍ଣ ଚର୍ଚା କରବାର ଜରୁରୀ ବେଲେ ଆଧୁନିକ କୋସଲି କବିତା ।

ବୌଦ୍ଧ ଜିଲ୍ଲା ନ ଆର ୫ନେ ଜନାଶ୍ରୁନା ନାଟକକାର ହଉଛନ ଲକ୍ଷ୍ମଣ ମହାପାତ୍ର । ସେ କୋସଲିଥି ୩ଟା ନାଟକ ଲେଖିଛନ । ଇହାଦେ ବୌଦ ଜିଲ୍ଲା ନ କୋସଲିରେ ଧିରେ ଧିରେ ଲେଖାଲୁଖି ବଢ଼ିଛେ । ଦୀଲିପ ମହାନ୍ତି, ନରେନ୍ଦ୍ର ଭୋଇ, ଅବକାଶ ପଧାନ, ପ୍ରଭାତ ଖମାରି, ଇଶ୍ୱର ସାହୁ, ଜଗନ୍ନାଥ ମହାପାତ୍ର, ରାଜକିଶୋର ସାହୁ, ସ୍ୱପ୍ନାଶ୍ମିଶା ମିଶ୍ର, ବଂଶୀଧର ମାଝି, ରାଜୁ ଅମାତ ଆଦୀ ଲେଖକ କୋସଲିରେ ଲେଖାଲେଖି କରୁଥିବାର ଜନାପଡ଼ିଛେ ।

ସାବିତ୍ରୀ ସାହୁ

ସୋସିଆଲ ମିଡିଆ ଯୁଗଥି କୋସଲି ସାହିତ୍ୟର ଫେସବୁକ କଲାପଟାମାନେ କେତନି କବି, ଲେଖକ କୁ ତାଙ୍କର ଲେଖାକେ ଦୁନିଆଁର ସାମନେ ଚିହ୍ନାର କରିଛେ । ସାବିତ୍ରୀ ସୋସିଆଲ ମିଡିଆ ଲାଗି ହେତା ୨୦୦୦ ଏକପଦୀ କବିତା ଲେଖିଛନ । ଇତାର ବାହାରେ ସେ କବିତା, ଗୀତ ଆର କଥାନି ଲେଖସନ । ତାଙ୍କର ସଙ୍କଲନ ମାନେ ବାହାରବାରକେ ତିଆର ହଉଛେ । ପଦମପୁର ପାଖର ସତୀଭଟା ନ ଜନମ ହେଇଥିବା ସାବିତ୍ରୀ ଇହାଦେ ଧଣ୍ଡାମୁଣ୍ଡା ନ ରହେସନ । ବାପା ମହେଶ୍ୱର, ମାଁ ଉର୍ମିଲା । ତାଙ୍କର ସାହିତ୍ୟ ସାଧନା ଲାଗି କେତନି ଅନୁଷ୍ଠାନ ନୁ ମାଏନ ପାଇଛନ ।

ପ୍ରଭାତ କୁମାର ଖମାରୀ

ବୌଦ୍ଧ ଜିଲ୍ଲା ନ କୋସଲି ଭାଷା ସାହିତ୍ୟକେ ଫଏଲାବାର ଲାଗି ମନତନ ଦେଇ ଲାଗିଥିବାର ସିପେଇ ହଉଛନ ପ୍ରଭାତ । ୨୦୧୨ ଆଡୁ କୋସଲିଥି କବିତା କଥାନୀ ଲେଖୁଛନ ପ୍ରଭାତ । ନୂଆଁ ପିଢିର ତେଜ ଧାରଟେ । ତାଙ୍କର କବିତା ସଙ୍କଲନ ସପନର ଘର ବାହାରିଛେ । ଭାଷା ସାହିତ୍ୟର ପ୍ରଚାର ପ୍ରସାର ଲାଗି ଫଲସା ଫୁଲ କଲାପଟା ବି ସଂପାଦନା କରସନ । ୧୧/୫/୧୯୫୪ ସାଲେ ବଘିଆବାହାଲି ନ ପ୍ରଭାତଙ୍କର ଜନମ । ବାପା ପିତାମ୍ବର ମାଁ ଶୁଭ୍ରକେଶୀ । ତାଙ୍କର ସାହିତ୍ୟ ସାଧନା ଲାଗି କେତନି ଅନୁଷ୍ଠାନ ନୁ ମାଏନ ପାଇଛନ ।

ହେମନ୍ତ ଦୀପ

ହେମନ୍ତ ନୂଆଁ ପିଢ଼ୀର ଉଭରୁଥିବା ଗୁଟେ ଯୋରଦାର କବି ପ୍ରତିଭାର ପ୍ରତିଶ୍ରୁତି । ୨୦୧୨ଥି ବାହାରିଥିବା ତାଙ୍କର 'ଏକଲା ଏକଲବ୍ୟ' ଚର୍ଚାକେ ଆସିଥିଲା । ଇତାର ଉତାରୁ ଗୁରବାରୀ ମିର୍ଧାଙ୍କର ଜୀବନି ଉପରେ ୨୦୧୩ଥି ବାହାରିଥିବା 'ହଜ୍‌ଲା ଇତିହାସଥି ଲୁକ୍‌ଲା ମୁନୁସ', ୨୦୧୪ଥି ବାହାରିଥିଲା ଫେର ଗୁଟେ କବିତା ସଂକଲନ 'ତୁମର ଗଲା ଦୀନୁ' । ୧୯୫୪ ସାଲେ ଗୁଦୁରମୁଡା, ଭେଡେନ ନ ଜନମ ହେଇଥିବା ହେମନ୍ତଙ୍କର ବାପା ଶ୍ରୀକୃଷ୍ଣ ଦୀପ, ମାଁ ମୀନାକ୍ଷୀ । ତାଙ୍କର ସାହିତ୍ୟ ସାଧନା ଲାଗି କେତନି ଅନୁଷ୍ଠାନ ଠାନୁ ମାଏନ ପାଇଛନ ହେମନ୍ତ ।

ଗୋପିନାଥ ଦଣ୍ଡସେନା, ୧୫/୬/୧୯୭୬ ସାଲେ ଜନମ । ମାଁ ନୀରବତି । ସେ କୋସଲି ଆର ଓଡିଆ ଦୁହି ଭାଷାଥି ଲେଖସନ । ଛୁଆମାନକର ପତ୍ରିକା କାଇଁଚର ସଂପାଦକ । **ଅକ୍ଷୟ କୁମାର ସରାପ**, ୩୦/୫/୧୯୮୧ ସାଲେ ସୋନପୁର ଜିଲ୍ଲା

ଶୁଖା ଗାଁ ନ ଜନମ । ବାପା ମୀନକେତନ ସରାପ, ମାଁ ସୂର୍ଯ୍ୟକାନ୍ତି ସରାପ । ଲକ୍ଷ୍ମୀପୁରାଣ, ହନୁମାନ ଚାଲିଶା, ରାମାୟଣ ଆଦୀ ଲେଖବାର ସାଂଗେ କେତନି ଗୀତ, କବିତା, କଥାନି, ଉପନ୍ୟାସ ଲେଖିଛନ । ସେ ସାମ୍ବାଦୀକ ଆର ସଂଗଠନ ବି ହିସାବେ ବି ଜନାଶୁନା । **ସୁରୁଚି ମିଶ୍ର,** ବଲାଂଗିର ଜିଲ୍ଲା ପାଟଣାଗଡ ନ ରହୁଥିବା ସୁରୁଚି ମିଶ୍ରଙ୍କର ଜନମ ୧/୧୦/୧୯୬୨ରେ ହେଇଥିଲା । ତାଙ୍କର କୋସଲି କବିତା କଥାନି ମାନେ ଭିନେ ଭିନେ ପତ୍ରପତ୍ରିକାଥି ବାହାରି ଆସୁଛେ । **ନାରେନ ପାଁଚ ଭାୟା,** ଝାରବନ୍ଦ, ବରଗଡ ପତ୍ରିକା ସଂପାଦକ, କବି, ପ୍ରାବନ୍ଧିକ ହିସାବେ ଜନାଶୁନା । **ଗୌରୀଶଙ୍କର ପାଁଚଭାୟା** ଝାରବନ୍ଦ ବରଗଡ କବି, ସାମ୍ବାଦୀକ ହିସାବେ ଜନାଶୁନା ।

୨୦୨୦ ଉତାରୁ କୋସଲି ସାହିତ୍ୟ

ଇ ବେଲାକେ ମଞ୍ଚ କବି ମାନକର ତାଲିକା ବି ବଢିଛେ । କେତନି ନୂଆଁ କବି ନିଜର ପ୍ରତିଭାକେ ପରସିଛନ ମଚାନ ନ ଆର କୋସଲି ଭାଷା ସାହିତ୍ୟର ପ୍ରଚାର ପ୍ରସାର କରିଛନ । କିଛି ନାଁ କରିଥିବା ମଚାନ କବି ହେଲେ ମୁନିରାମ କୁମ୍ଭାର, ନକୁଲ ମେହେର, ରୋହିତ ମେହେର, ମନୋରଂଜନ ଲୁହା, ରଂଜିତ ପ୍ରଧାନ, ଅଧିକାରୀ ସା, ରାମପ୍ରସାଦ ବାଗ, ଅହଲ୍ୟା ପ୍ରଧାନ, ସୋନାଲୀ ପାଢୀ, ଶିଶିର ପୁରୋହିତ, ଲୀନାରାଣୀ ପଣ୍ଡା, ସଂଗୀତା ଦାସ, ସ୍ନେହଲତା ସାହୁ, ଆଲୋକ ବଢେଇ, ବିଦ୍ୟାଧର ପଂଚାୟତ, ନବୀନ ବାଗ, ଲଲିତ ବାରିକ, ଗୌର ଚରଣ ସା, ଭରତ ନାୟକ, ନିର୍ମଲ ନାୟକ, ଭାଗବତ ସାହୁ, ଜଟାଧାରୀ ପଧାନ, ରାଜେଶ ଉନସନା, ଅର୍ଜୁନ ସାହୁ, ଶ୍ରୀୟକାନ୍ତ ଦାସ, ସନ୍ତୋଷିନୀ ନାଗ, ନମିତା ଦୀପ ଯାଦବ, ଉମେଶ ପ୍ରଧାନ, ସପନାରାଣୀ ସାହୁ, ମଂଜୁଲତା ସାହୁ ଆଦି ।

୨୦୨୦ ଆଉକେ କୋସଲି ସାହିତ୍ୟର ସବୁ ଦିଗ ଉସାର ପିସାର ହେଇ ଫଏଲିଛେ । କେତନି ନୂଆଁ କବି ଆସିଛନ । କେତନି ନୂଆଁଧାରା ଦେଖବାରକେ ମିଲିଛେ । ଛନ୍ଦବନ୍ଦ କବିତା, ଆଧୁନିକ କବିତା ସବୁ କିସମର କବିତା ଦେଖବାରକେ ମିଲିଛେ । କୋସଲି ଭାଷା ସାହିତ୍ୟକେ ବରକସ ବୁରସାଲ କରବାର ଲାଗି କଲମ ଚଲେଇଥିବା ହେତା କିଛି କବି ହେଲେ, **ପ୍ରଭାସିନୀ ଯୋଷୀ,** ବାପା ପ୍ରୟାଗଦତ ଯୋଷୀ, ମାଁ ଶଶୀ କୁମାରୀ, ଖଡିଆଲ । ତାଙ୍କର କୋସଲି କବିତା ଗୁଛା ହେଲା, 'ବଦଲୁଥିବାର ଫରଦ' । **ନୀରୁପମା ଦେହୁରୀ,** ଗୋଧନେଶ୍ୱର, ସୋନପୁର କବିତା ଲେଖସନ । **ମାଣିକ୍ୟ ସାହୁ,** ବାଘହାଣ୍ଡି, ସୋନପୁର କବିତା, କଥାନୀ, ନାଟ, ଆଲୋଚନା ଲେଖସନ, ଝାରମଲି ପତ୍ରିକା ସଂପାଦନା କରସନ । **ଦେବଯାନୀ**

ମେଶୁଆ କିଆକଟା, ଅନୁଗୁଲ କବିତା, କଥାନୀ, ପ୍ରବନ୍ଧ ଲେଖସନ । ଶ୍ରୀଧର ବାଗଙ୍କର ଲେଖାମାନେ ହେଲା ବେଲାରୀ ପାନ (କବିତା ସଙ୍କଳନ), ଗୀତ ଗୋବିନ୍ଦ (କୋସଲି ଅନୁବାଦ), ଗୀତାଞ୍ଜଲୀ (କୋସଲି ଅନୁବାଦ), ଶ୍ରୀରାଧା (କୋସଲି ଅନୁବାଦ) କରିଛନ, ଦୁଇଟା କୋସଲି ନାଟ ବି ଲେଖିଛନ ଝି ଆର ଦାଦନ ଦଲାଲ ଦରବାର । ଶାଶ୍ୱତ କୁମାର ତ୍ରିପାଠୀ, କବି, ଗୀତିକାର, ଗାହାକ ଆର ନିର୍ଦ୍ଦେଶକ ହିସାବେ ଜନାଶୁନା । ସେ କେତନିଟେ କବିତା ଆର ନାଟକ ଲେଖିଛନ । ପ୍ରଦ୍ୟୁମ୍ନ କୁମାର ସାହୁ କୋସଲିଥି କବିତା, କଥାନି, ନାଟ, ପ୍ରବନ୍ଧ ଲେଖସନ । ତାଙ୍କର ଲେଖାମାନେ ହେଲା କୁଇଲି, ଆର ଉଲଟା ଭାରତ । ପ୍ରାଣବନ୍ଧୁ ନାୟକ (ଭଣ୍ଡାର, ସୋନପୁର) କୋସଲିଥି ଗୀତ ଗଜରା, କୋସଲି ହନୁମାନ ଚୋଟିଶା ଲେଖିଛନ । ମନୋଜ କୁମାର ମହାନ୍ତି (ଉଲୁଣ୍ଡା ସୋନପୁର) କୋସଲିଥି କବିତା, କଥାନୀ, ପ୍ରବନ୍ଧ, ରମ୍ୟ ରଚନା, ନୀତିବାଣୀ ଲେଖସନ । ମଣ୍ଟୁ ପଧାନ, କୁହିବାହାଲ, ସୋନପୁର ୨୨୦୦ ଏକପଦୀ କବିତା ଲେଖିଛନ ଆର ୮୦୦ ଉପରେ ୫ ପଦୀ କବିତା ଲେଖିଛନ । ତାଙ୍କର ଲେଖାମାନେ ଫି ଖେପି ପତ୍ରପତ୍ରିକା ମାନକୁ ବାହାରୁଛେ । କୋସଲି ଭାଷାଥି ଆଧୁନିକ କବିତା ଲେଖୁଥିବା ନୂଆଁ ପିଢ଼ିର କବି ପ୍ରତିଭାମାନଙ୍କର ଭିତରେ ରିଙ୍କୁ ମେହେର ଗୁଟେ ଜବର ନାଁ । ବଁଲାଗିର ଜିଲ୍ଲାର ଲାଠୋର ନ ରହୁଥିବା ରିଙ୍କୁ ମେହେର ଲଗାତାର ପତ୍ରପତ୍ରିକା ମାନକୁ କବିତା ଲେଖିଆସୁଛନ । ଆର କିଛି ଯୁଆନ କବି ହେଲେ ପୁରୁସମ ଝୁଆଡ଼ି, ଭୁତିବାହାଲ, ଗାଇସିଲାଟ, ବରଗଡ ଆକାଶ ସାହୁ, ସାହେଲ୍ୋପାଲି, ଭେଡେନ, ଦୀଲ୍ଲିପ ସରାପ, କୁମ୍ଲୁବାହାଲି, ଗାଇସିଲାଟ, ବରଗଡ ବଲ୍ଲଭ ସାହୁ, ଡାଁଟିବାହାଲ, ଗାଇସିଲାଟ, ବରଗଡ ଶେଷଦେବ ମେହେର, ପରା, ବରଗଡ ଦେବାଶିଷ ମେହେର, ବିଜେପୁର, ବରଗଡ ବୈରାଗୀ ସାହୁ, କଲଂଗାପାଲି, ବରଗଡ ପବିତ୍ର ସାହୁ, ବିଜେପୁର, ବରଗଡ ଇଶ୍ୱର ସାହୁ, ଗାଇସିଲାଟ, ବରଗଡ ଯଦୁମଣି ସାହୁ କରିମୁଣ୍ଡା, ଗାଇସିଲାଟ, ବରଗଡ ସ୍ୱାୀରସିନ୍ଧୁ ବିଶୀ, ଟିଟିଲାଗଡ ପୁଲସ୍ତି ବେହେରା, ଟିଟିଲାଗଡ ନରସିଂହ ସାହୁ, ଟିଟିଲାଗଡ ଆଦି କବି ମାନକର ଲେଖା ଲଗାତାର ପତ୍ରପତ୍ରିକାମାନକୁ ବାହାରୁଛେ ଆର ତାଁକର ସାହିତ୍ୟ ସାଧନା ଲାଗି କେତନି ଅନୁଷାନ ଠାନୁ ମାୟନ ପାଇଛନ ।

ଯୁଧିଷ୍ଟିର ଖମାରୀ, କମଲପୁର, ବୀରମାହାରାଜପୁର, ସୋନପୁର, କୋସଲି ଭାଷାଥି କବିତା, କଥାନୀ, ପ୍ରବନ୍ଧ ଲେଖିଆସୁଛନ । ତାଙ୍କର ଲେଖାମାନେ ହେଲା, ତିରିସ ଦିନେ ସାଫୁଲ ହେବାର ତରିକା, ସତନାରେନ ବହିଦାରଙ୍କର ଜୀବନୀ ଆଦି ।

ତାଙ୍କର ଲେଖାମାନେ ଭିନ୍ନେ ଭିନ୍ନେ ପତ୍ରପତ୍ରିକାଥି ବାହାରୁଛେ । ସେ କଦମଫୁଲ ପତ୍ରିକା ସଂପାଦନା କରସନ । **ସଂଗୀତା ମୋହନ ଗିରି**, କଲାହାଣ୍ଡି, କେତନିତେ କବିତା ଆର କଥାନି ଲେଖିଛନ । କିଛି କଥାନି ହେଲା ପାଁଚ କପ ଚାହା, ମେଟ୍ରିକ ଫେଲ, ଭାବ ବିଶାସ ଆଦି । **ତରଂଗ ଚଣ୍ଡି**, ବୃଦାବାହାଲ, ଗୋଲାମୁଣ୍ଡା କାଲାହାଣ୍ଡି ତାଙ୍କର ଲେଖାମାନେ ହେଲା 'ଇ ଏଣ୍ଡ୍ୟଡ ମୋବାଇଲ ଘିନ୍‌ଲା ଦିନ୍‌', 'ଗହକି' (କବିତା ସଙ୍କଲନ) ଆଦି । **ପଞ୍ଜାନନ ମେହେର**, ଧାନବସା, ସୋନ୍‌ପୁରଙ୍କର କୋସଲି କବିତା ଆର ପ୍ରବନ୍ଧ ଭିନ୍ନେ ଭିନ୍ନେ ପତ୍ରପତ୍ରିକାଥି ବାହାରୁଛେ । **ସୁଦାମ ପୁଟେଲ**, ତରାଇକେଲା, ସୋନପୁର କବିତା, କଥାନି ନାଟ ଲେଖିଆସୁଛନ । **ଯୁବରାଜ କୁଦେଇ**, ଇଞ୍ଚ୍ଡାପୁର, ସୋନପୁର କୋସଲିଥି କବିତା, କଥାନି, ପ୍ରବନ୍ଧ ଲେଖ୍‌ସନ । ଶାଗ କବିତା ସଙ୍କଲନ ବାହାରବାରକେ ଟାଖିଛେ । **ରାମେଶ୍ୱର ଛତ୍ରିଆ**, କୁଡାଡେରା, ସୋନପୁର କୋସଲିଥି କବିତା ଲେଖ୍‌ସନ । **ସୁଶାନ୍ତ ସାହୁ**, ମୂଲ କଦାକୁରି ବଲାଂଗିରର ସୋନପୁର ନ ରହି କୋସଲିଥି ୧୦୦ ଉପରେ କବିତା ଆର କଥାନି ଲେଖିଛନ । **ରାଜକିଶୋର ଭୋଇ** ୨୫/୪/୧୯୮୧ ସାଲେ ବଲାଂଗିର ଜିଲ୍ଲା ଟଙ୍କପାଣି, ମସିଣା ଗାଁ ନ ଜନମ । ବାପା କପିଲେଶ୍ୱର ଭୋଇ । ସେ ଉଡିଆ ଆର କୋସଲି ଭାଷାଥି କେତନି କବିତା, କଥାନି, ପ୍ରବନ୍ଧ, ଫିଚର, କାବ୍ୟ, ନାଟକ ଲେଖିଛନ । **ଜୟ କିଶୋର ସାହୁ**, ସୋନପୁର ଜିଲ୍ଲା ତରଭା ସୁନାରିପଡା ନ ରହୁଥିବା ଜୟ କିଶୋର ସାହୁଙ୍କର ଜନମ ୧/୫/୧୯୫୬ଥି ହେଇଥିଲା । ସେ କୋସଲି, ହିନ୍ଦୀ, ଉଡିଆଥି ଲେଖ୍‌ସନ । **ଶିବାନୀ ବାଘ**, ବଲାଂଗିର ସହରର ସାଗରପଡା ନ ରହୁଥିବା ଶିବାନୀ ବାଗଙ୍କର ଜନମ ୧/ ୨/୧୯୭୯ରେ ହେଇଥିଲା । ତାଙ୍କର କୋସଲି କବିତା କଥାନି ମାନେ ଭିନ୍ନେ ଭିନ୍ନେ ପତ୍ରପତ୍ରିକାଥି ବାହାରି ଆସୁଛେ । **ସଂଯୁକ୍ତା ବାଗ**, ସୋନପୁର ଜିଲ୍ଲା ତରଭା ଏଇଏସ କଲେଜ ନ ରହୁଥିବା ସଂଯୁକ୍ତା ୧୦/୧/୧୯୮୧ଥି ହେଇଥିଲା । ସେ କୋସଲି, ହିନ୍ଦୀ, ଉଡିଆଥି କବିତା ଲେଖ୍‌ସନ । **ଗରିବ ପ୍ରସାଦ ମଲ୍ଲିକ**, ସୋନପୁର ଜିଲ୍ଲା ତରଭା ପାଖର ଦୁବଲା ନ ରହୁଥିବା ଗରିବ ପ୍ରସାଦ ୧୫/୨/୧୯୭୯ରେ ଜନମ ହେଇଥିଲେ । ତାଙ୍କର କୋସଲି କବିତା ମାନେ ଭିନ୍ନେ ଭିନ୍ନେ ପତ୍ରପତ୍ରିକାଥି ବାହାରି ଆସୁଛେ । **କାର୍ତିକେଶ୍ୱର ବେହେରା**, ବଲାଂଗିର ଜିଲ୍ଲା ଖପ୍ରାଖୋଲ ନ ରହୁଥିବା କାର୍ତିକେଶ୍ୱର ୨/୨/୧୯୪୨ରେ ଜନମ ହେଇଥିଲେ । ସେ ଓଡିଆ, ହିନ୍ଦୀ, ଇଂରାଜି, କୋସଲିଥି ଲେଖ୍‌ସନ । କୋସଲିଥି ପ୍ରବନ୍ଧ, କଥାନି, କବିତା ଆର ଆଲୋଚନା ମାନେ ଭିନ୍ନେ ଭିନ୍ନେ ପତ୍ରପତ୍ରିକାଥି ଲେଖିଛନ । **ମକରଧ୍ୱଜ କାଲସାଏ**,

ବଲାଂଗିର ଜିଲ୍ଲା ଖ୍ଜେନପାଲି ନ ରହୁଥିବା ମକରଧ୍ୱଜ ୧୪/୨/୧୯୭୫ ସାଲେ ଜନମ ହେଇଥିଲେ । ସେ କୋସଲି ଆର ଉଡିଆଥି କବିତା, କଥାନି ଲେଖସନ । **ଶ୍ରଦ୍ଧାମୟୀ ନାୟକ**, ବିଲେଇସର୍ଡା, ବଲାଂଗିରଙ୍କର କେତନି ପତ୍ରପତ୍ରିକାଥି କବିତା ବାହାରୁଛେ । **ନୀରୂପମା ମିଶ୍ର**, ଚନ୍ଦ୍ରଶେଖର ନଗର, ବଲାଂଗିର କେତନି ପତ୍ରପତ୍ରିକାଥି କବିତା ଲେଖସନ । **ଭରତ ମେହେର**, ଜର୍ଖୋରା, ବଲାଂଗିର, କେତନି ପତ୍ରପତ୍ରିକାଥି କବିତା ଲଗାତାର ଲେଖତେଲ ଆଉଛନ । **ସୁଦେଶା ମିଶ୍ର**, ସାଗରପଡା, ବଲାଂଗିର କେତନି ପତ୍ରପତ୍ରିକାଥି କବିତା ଲେଖତେଲ ଆଉଛନ । **ନିକିତା ସା**, ବଲାଂଗିର, ତାଙ୍କର କେତନି ପତ୍ରପତ୍ରିକାଥି କବିତା ବାହାରୁଛେ । **ପୁଷ୍ପାଂଜଲୀ ମେହେର**, ପାଟଣାଗଡ, ବଲାଂଗିର, କେତନି ପତ୍ରପତ୍ରିକାଥି କବିତା ମାନେ ବାହାରତେଲ ଆଉଛେ । **ସରସ୍ୱତୀ ମିଶ୍ର**, ବଲାଂଗିର କେତନି ପତ୍ରପତ୍ରିକାଥି କବିତାମାନେ ବାହାରୁଛେ । **ଦୀଲିପ କୁମାର ମିଶ୍ର**, ତାଲକ୍ଜୁରୀ, ବଲାଂଗିର, କେତନି ପତ୍ରପତ୍ରିକାଥି କବିତାମାନେ ବାହାରୁଛେ । **ଧମେନ୍ଦ୍ର ପ୍ରଧାନ**, ପଞ୍ଚିକିଟାଲ, ସୋହେଲା, ବରଗଡ, କବିତା, କଥାନୀ, ନାଟ, ପ୍ରବନ୍ଧ ଲେଖସନ । ତାଙ୍କର ଲେଖାମାନେ ହେଲା, ଆମର ଗାଁର ବହ, ମାଁ ସରବମଂଗଲା ଜନାନ, ସବୁ ବରତ ତମର ଲାଗି । ୮୦୦ ନୁ ଅଏତକା କବିତା ବାହାରିଛେ, କଥାନି ୨୦୦ ନୁ ଅଏତକା, ନାଟ ୩୦ଟା, ପ୍ରବନ୍ଧ ୫୦ ଉପରେ, ଉପନ୍ୟାସ ୨ଟା ଆଦି ଲେଖିଛନ । **ଗୋବର୍ଦ୍ଧନ ନାୟକ**, ବଡଟାଁକା, ବଲାଂଗିର ଲେଖିଛନ ବାମଲାମନ, ଏକଲାପନ ଆଦି । **ମମତା ବର୍ଗୀ**, ରାଣୀକଟା, ପୁଇଁତଲା, ବଲାଂଗିରଙ୍କର କେତନି ପତ୍ରପତ୍ରିକାଥି କବିତାମାନେ ବାହାରୁଛେ । **ଯାଜ୍ଞସେନୀ ସାହୁ**, ସରସ୍ୱତୀ ନଗର, ବଲାଂଗିରଙ୍କର କବିତା, କଥାନୀ ପତ୍ରପତ୍ରିକାମାନକୁ ବାହାରୁଛେ । **ହରେକୃଷ୍ଣ ନାୟକ**, ଚିମନିଭାଟି, ବଲାଂଗିର କେତନି ପତ୍ରପତ୍ରିକାଥି କବିତାମାନେ ବାହାରୁଛେ । **ରାଜୀବ ପ୍ରସାଦ ଭୋଇଙ୍କର** କୋସଲି କବିତା ସଙ୍କଲନ ହଉଛେ କୋସଲି ରାନୀ । **ଆଶ୍ତୋଷ ଠାକୁର**, ମଣ୍ଡଲ ବେଲପଡା, ବଲାଂଗିରଙ୍କର କୋସଲି କବିତା ସଙ୍କଲନ ଦେଖ ଦୁନିଆଁର ଚଲନ ୨୦୨୪ ସାଲେ ବାହାରିଥିଲା । **ରୋଶନ ସାହୁ**, ତରଭା, ସୋନପୁରଙ୍କର କେତନି ପତ୍ରପତ୍ରିକାଥି କବିତାମାନେ ବାହାରୁଛେ । **ଲିସା ବାରିକ, କୁଦୋପାଲି, ପଦମପୁରଙ୍କର** କବିତାମାନେ ଲଗାତାର ପତ୍ରପତିକାଥି ବାହାରି ଆସୁଛେ । **ସାଗରିକା ସାହୁ**, ପାଟକୁଲୁଣ୍ଡା, ବରପାଲି, ବରଗଡଙ୍କର କବିତା ଆର ପ୍ରବନ୍ଧମାନେ ଲଗାତାର ପତ୍ରପତିକାଥି ବାହାରି ଆସୁଛେ । **ସାଗରିକା ସାହୁ**, ଗିଦମାଲ, ଗାଏସିଲେଟଙ୍କର

ଲେଖାମାନେ ବି କେତନିଟେ ପତ୍ରପତ୍ରିକାଥି ବାହାରୁଛେ । **ଯଶୋବନ୍ତ କୁମ୍ଭାର,** ଭରସୁଜା, ଆଗଲପୁର, ବଲାଂଗିର ନୂଆଁପିଢିର ଗୁଟେ ଜବର ସୋର ।

ପତ୍ରିକା ଆର ସଂଗଠକ

ଆଏଜ ଯେନ କୋସଲି ଭାଷା ଆର ତାର ସାହିତ୍ୟର ଏତେ ବଡ ଗଛତେ ଡେଁଗଡାହଲୋ ହେଇକରି ବୁରୁସାଲ ହେଇ ବଢିଛେ ଖାଲି କବି ଲେଖକମାନେ ସାହିତ୍ୟ ସିରଜିନା କରି ଲେଖିଛନ ବଲି ବଜର ନି ହେଇ । ସେ କବି ଲେଖକମାନକୁ ତହଁକ ଦେବାରକେ ସାହିତ୍ୟ ପତ୍ରିକା ଚଲଉଥିବା କି ସାହିତ୍ୟ ସଂସ୍ଥା ଚଲଉଥିବା ମୁଲିହାର ମାନକର ପାଟ ବି କେତନିକେତେ ଆଏ । ହେନ୍ତା କିଛି ହେଲେ:

ଦୀଲ୍ଲିପ କୁମାର ପଣାୟତ

ଦୀଲ୍ଲିପ ପଣାୟତ ୫ନେ ଜନାଶୁନା କୋସଲି ଭାଷାକର୍ମୀ । ସେ ୫ନେ ଭଲ ସଂଗଠକ । ସେ କୋସଲି ଭାଷା ଆଦୋଲନ ସାଂଗେ ସକ୍ରିୟ ହିସାବେ ଯୁଡିଛନ । ଜନ୍ତରମନ୍ତର ଦୀଲ୍ଲି ନ ଧାରଣା ଦେବାର ନୁ ମୂଲ କରି ଟିଟିଲାଗଡ ନ ଜାତୀୟସ୍ତରର କୋସଲି ସମ୍ମେଲନ ଉଜୁକ କରିଛନ । କୋସଲି ସାହିତ୍ୟ ପତ୍ରିକା ଝାଁପି ବାହାର କରଉଛନ । କୋଶଲୀ ଭାଷା ସୁରକ୍ଷା ସମିତି ଟିଟିଲାଗଡର ମଁଗୁଆଲ ହିସାବେ ଜନାଶୁନା । ତାଙ୍କର ଭାଷା ସାହିତ୍ୟର ସାଧନା ଲାଗି କେତନି ଅନୁସ୍ଥାନ ନୁ ମାଏନ ପାଇଛନ ।

ଦେବେନ୍ଦ୍ର କୁମାର ନାୟକ

ଦେବେନ୍ଦ୍ର କୁମାର ନାୟକଙ୍କର ଅନୁସ୍ଥାନର ନାଁ ହେଲା କୋଶଲ ସାହିତ୍ୟ ଏକାଡେମୀ । ତରଭା ସୋନପୁର ଇଲାକା ନ କବି ଲେଖକମାନକୁ ସଚେତନ କରବାର, ତହଁକ ଦେବାର ଆର କୋସଲି ଭାଷାର ସାୟଧାନିକ ମାଏନ ଲାଗି ଭିନେ ଭିନେ କାର୍ଯ୍ୟକ୍ରମ ଉଜୁକ କରିଆସୁଛନ ଦେବେନ୍ଦ୍ର । ତାଙ୍କର ଭାଷା ସାହିତ୍ୟର ସାଧନା ଲାଗି କେତନି ଅନୁସ୍ଥାନ ନୁ ମାଏନ ପାଇଛନ ।

ରାଜେଶ ଦଣ୍ଡସେନା

ରାଜେଶଙ୍କର ବାପା ବି କୋସଲିଥି କେତନି ଲେଖାସବୁ ଲେଖିଛନ । ତାଙ୍କର ଅନୁସ୍ଥାନ 'ତହଁକ' ବଲାଂଗିର ସହର ଆର ଆଖରପାଖର ଇଲାକା ନ ଲାଗେତ ସାହିତ୍ୟ କାର୍ଯ୍ୟକ୍ରମ ମାନେ ଉଜୁକ କରିକରି କବିଲେଖକ ମାନକୁ ତହଁକ ଦେଇଆସୁଛେ । ଅନୁସ୍ଥାନର ନାଁ ହିସାବେ କୋସଲି ସାହିତ୍ୟ ପତ୍ରିକା ତହଁକର ସେ

ସଂପାଦକ ଅଚ୍ଛନ । ବାପା ନାରାୟଣ, ମାଁ ନିରବତୀ । ତାଙ୍କର ଜନମ ୨୮/୬/୧୯୮୬ ସାଲେ ବଘଲା, ଚନ୍ଦନଭାଟୀ ଠାନେ ହେଇଥିଲା । ରାଜେଶ ଝନେ ବରକସ ସଂଗଠକ, ଆଶୁକବି, ମଚାନ ସଂଯୋଜକ, ସଂପାଦକ ଆର ସାମ୍ବାଦିକ । ତାଙ୍କର ଭାଷା ସାହିତ୍ୟର ସାଧନା ଲାଗି କେତନି ଅନୁଷ୍ଠାନ ନୁ ମାୟନ ପାଇଛନ ।

ଲାଲଚନ ବର୍ଗଟ୍

କୋସଲି ଭାଷା ସାହିତ୍ୟ ଲାଗି କାମକରୁଥିବା ଆଗଧାଡିର ଅନୁଷ୍ଠାନ କୋସଲି ଡେରା ପାଟଣାଗଡର ସଂଗଠକ ହଉଛନ ଲାଲଚନ । ଲାଲଚନ ଆଧୁନିକ କବିତା ବି ଲେଖଥସନ । ହେଲେ ସେ ଜହକରି ଭାଷା ଆଦୋଲନ ଆର ସାଙ୍ଗଠନିକ କାମ ଲାଗି ଜନାଶ୍ଚନା । କୋସଲି ଡେରା, ପାଟଣାଗଡ ଇଲାକାର କବି ଲେଖକ ଆର ବୁଦ୍ଧିଜୀବୀ ମାନଙ୍କୁ ଯୁଡିକରି ସଫଳ ହିସାବେ ଭାଷା ଲାଗି କାମ କରିଆସୁଛେ ।

ରଣଜୀତ ସିଂ ମହାରଥା, ଖରିଆଲ, ନୂଆଁପଡା, **କେକି ସିଂ ଭୋଇ**, ବଂଗୋମୁଣ୍ଡା, ବଲାଂଗିର, **କୃପାସିନ୍ଧୁ ମହାକୁର,** ବିନକା, ସୋନପୁର ଆଦି ହଉଛନ ଭାଷା ସାହିତ୍ୟ ଲାଗି କାମ କରୁଥିବା କିଛି ନିସ୍ୱାର୍ଥପର ଯୁଆନ ସଂଗଠକ ।

କୋସଲି ଭାଷା ଉଲଗୁଲାନ ଅଶୀ ଦଶକନୁ ମୂଲ ହେଇଥିଲେ ବି ଗଲା ଡେଢ ଦଶକ ଭିତରେ ଉଲଗୁଲାନ ଜହ ତେଜ ହେଇଛେ । ଭାରତରେ ସବୁନୁ ଜହ ଜୋର ହିସାବେ ସାମ୍ବିଧାନିକ ମାନ୍ୟତା ଲାଗି ଦାବି କରୁଥିବା ଭାଷାମାନେ ହେଲେ ଭୋଜପୁରି ଆର ରାଜସ୍ଥାନୀ । ହେଲେ ଗଲା ଡେଢ ଦଶକଥି କୋସଲି ଭାଷା ଉଲଗୁଲାନ ସେମାନକୁ ବି ପଛାଡେ ପକେଇଛେ । ଆଜିର ତାରିଖରେ କୋସଲି ଭାଷା ଉଲଗୁଲାନ ଦେଶରେ ସବୁନୁ ତେଜରେ ବଢ଼ିଛେ ଆର ଉଲଗୁଲାନକେ କେତନି ସଫଳତା ବି ମିଲିଛେ । ସରକାରୀ ସ୍ତରରେ ସଫଳତା ନାମମାଁ ବୟେଲେ ରାୟଜ ନ ଥିବା ରାଜନୈତିକ ଦଲମାନେ ଭିନେ ଭିନେ ସମିଆଁଥି ଭାଷାର ସାମ୍ବିଧାନିକି ସ୍ୱୀକୃତି ଲାଗି ବିଧାନସଭା, ଲୋକସଭା, ଆର ରାଜ୍ୟସଭା ନ ଦାବି କରିଆସୁଛନ । ଇଟା ଉଲଗୁଲାନ ଲାଗି ବଲି ହେଇପାରିଛେ । ରାଜନୈତିକ ପ୍ରତିନିଧିମାନେ କୋସଲି ଭାଷା ସାଙ୍ଗେ ଲୋକର ଭାବାବେଗ ଯୁଡିଥିବାର ଅନୁମାନ କରିପାରିଛନ । ଅନୁମାନ କରଲେ ଜାନିପାରବେ ଯେ ଇ ଡେଢ ଦଶକଥି କୋସଲ ଇଲାକା ନ ଲୋକ ନିଜର ମାତୃଭାଷା ପ୍ରତି ସଚେତନ ହେଇଛନ । ଆଘୋ ଯେନ ସଭାସମିତି ମାନକୁ ଓଡିଆ ଥି କହେବାର ଚଲନ ଥିଲା ସେଠାନେ ଇହାଦେ ଲୋକ ନିଜର ମାତୃଭାଷା ବେଭାର କରୁଛନ । ଯେନ ଭାଷା ଭନର ବାବୁ ଆର ପଢାଲିଖା ଲୋକକୁ ବେଭାର କରବାରକେ

ଅସକଟ ଲାଗୁଥିଲା, ଅପସରୁଥିଲେ ସେଟା ସେମାନଙ୍କୁ ଇହାଦେ ସୁରୁତ ଲାଗୁଛେ । ପଶ୍ଚିମ ଓଡ଼ିଶାର ମାତୃଭାଷାକେ ୧୮୯୫ରେ ଯେନ 'ନିତାନ୍ତ କଦର୍ଯ୍ୟ ଦଶାପନ୍ନ ଭାଷା' ବଲା ହେଇଥିଲା, ସେ ଭାଷାଇ ଲୋକକୁ ଇହାଦେ ହିରାନୀଲା ଝଲକୁଥିବାର ଦିଶିଛେ । ପଶ୍ଚିମ ଓଡ଼ିଶାର ସାଧାରଣ ଲୋକ ବି ନିଜର ମାଁର ଭାଷାର ହକ, ଅଧିକାରକେ ସମର୍ଥନ ଜନେଇଛେ । ଭାଷାର ସାମ୍ବିଧାନିକ ସ୍ୱୀକୃତିର ଲଢ଼େଇକେ ଗାଁନୁ ସହର ଆର ଖେତଖଲାର ଲୋକନୁ ବିଧାନସଭା, ଲୋକସଭାର ଲୋକ ତକ ଭଲ ପାଇଛନ ଆର ସମର୍ଥନ କରିଛନ । ସେଟା ଇ ଡେଢ଼ ଦଶକର ହାସିଲ ବଲାଯାଇପାରେ ।

ଇ ସମିଆଁକେ ପଶ୍ଚିମ ଓଡ଼ିଶାର କୋସଲି ଭାଷାର ଚର୍ଚା ଯୋର ଧରିଛେ । ସଭା-ସମିତି ନ କୋସଲି ଭାଷାର ସାମ୍ବିଧାନିକ ମାନ୍ୟତା ବିଷୟ କଥା ଉଠିଛେ ଆର ଧିରେ ଧିରେ ବୌଦ୍ଧିକ ଆନ୍ଦୋଲନ ନୁ ଜନଆନ୍ଦୋଲନର ଆକାର ନେଇଛେ । କୋସଲି ଭାଷାରେ ତିନଟା ଜିନିଷକେ ନେଇକରି ସାହିତ୍ୟିକ ମହଲରେ ସବୁନୁ ଜହ ଚର୍ଚା ହେଇଛେ; ୧) ବ୍ୟାକରଣ, ୨) ନାମକରଣ ୩) ସାମ୍ବିଧାନିକ ମାନ୍ୟତା । ଇଟା କୋସଲି ଭାଷା ସାହିତ୍ୟ ଲାଗି ଗୁଟେ ପରିବର୍ତନକାଲିନ (Transitory Phase) ସମିଆଁ ଆଏ ବଲି ବୁଝବାରକେ ପଡବା ।

ସାହାୟକ ବହି, ପତ୍ରିକା, ଲେଖା

ଯୋଷୀ ଲୋହିତାକ୍ଷ, ଦାନୀ ସାମୁଏଲ, ବିଶ୍ୱୀ ସୁଶାନ୍ତ କୁମାର, (୨୦୨୧) ପଣ୍ଡିତ ପ୍ରୟାଗଦତ୍ତ ଯୋଷୀ ରଚନା ସମଗ୍ର (ପ୍ରଥମ ଖଣ୍ଡ)

ବିଶ୍ୱୀ ଡ ଦୋଲଗୋବିନ୍ଦ, (୨୦୧୨) କୋଶଲୀ ଭାଷାର ସଂକ୍ଷିପ୍ତ ପରିଚୟ

ପ୍ରସେଠ ନାରାୟଣ (ସଂ) କନ୍ଦ କବି ଯୁଗ ଦାସ (୧୯୯୩)ଶ୍ରୀ ନୃସିଂହ ଚରିତ

ପଣ୍ଡା ଶଶାଙ୍କ ଶେଖର, (୨୦୦୪), ପଶ୍ଚିମ ଓଡିଶାର ଗୀତି କବିତା, ଓଡିଶା ସାହିତ୍ୟ ଏକାଡେମୀ

ପଞ୍ଚାୟତ ଚିତ୍ରସେନ, (୨୦୦୮) ପଶ୍ଚିମ ଓଡିଶାର ଲୋକଗୀତ, ଫୋକଲୋର ଫାଉଣ୍ଡେସନ

ସାହୁ ସାକେତ ଶ୍ରୀଭୂଷଣ, (୧/୮/୨୦୧୪), ଚର୍ଯ୍ୟାଗୀତି କୋସଲିର ପହେଲା ସାହିତ୍ୟ, ମହକ, ସମାଜ

ମିଶ୍ର ପୁରୋଷୋତମ (୧୪/୮/୨୦୧୦) ଡଣ, ବେନି

ପାଣିଗ୍ରାହୀ ନିମାଇଁ ଚରଣ, (ଭାଗ ୧– ଭାଗ ୭) ଚ୍ଛୁଆକର ଲୋକ ସାହିତ୍ୟ, ବେନି ମେହେର ଡ. ସୁବାସ, (ସୁରତା ୨୦୦୯) ହଲିଆ ଗୀତ

ପାଣିଗ୍ରାହୀ ନୀଳମାଧବ, (୧/୮/୧୯୯୨) ହାମେ କୋଶଲୀ ହାମର ଭାଷା କୋଶଲୀ, କୋଶଲ ଭାରତୀ ପ୍ରତିଷ୍ଠାନ

(ସଂ) ପ୍ରଧାନ ହୃଦମଣି (୨୦୧୨), ଉଜ୍ଜଲବତୀ ରାମାୟଣ

ବରାଲ ଡ ଆଲୋକ(୨୦୨୨) ନାଟ୍ୟ ଜିଜ୍ଞାସା

ପରିଚୟ, ଲେଖକ ପରିଚିତି, ୨୦୦୪, ଜିଲ୍ଲା ଲେଖକ ପରିଷଦ ବଲାଂଗିର

ଖଡିଆଲ କୁସୁମ (୧୯୮୩), (ସଂ.) ନୀଲ ଲୋହିତ ସିଂ ଦେଓ

ଯୋଷୀ ପ୍ରୟାଗଦତ୍ତ, (୧୯୮୨) କୋଶଲ ଭାରତୀ, ପ୍ରଥମ ବର୍ଷ ପ୍ରଥମ ସଂଖ୍ୟା, କୋଶଲୀ ଭାଷା ସାହିତ୍ୟ ପରିଷଦ

ସାହୁ ମନୋରଞ୍ଜନ, (୨୬/୧୨/୨୦୧୬) ହସି କହେ ନନ୍ଦ ହୋଇ କାନ୍ଦ କାନ୍ଦ

ହରୁଦ୍ ମଣିଁ ହୃଦମଣିଁ, (୨୦୨୧) ସମଲପୁରି ସାହିତ୍ୟ ପରିଷଦ, ବରଗଡ

ଷଡ଼ଙ୍ଗୀ ଡ. ସଙ୍ଗୀତା ପଣ୍ଡା, (୧୦ ଡିସେମ୍ବର, ୨୦୨୩) ହାତୁଁ ହାତକେ, ନୂଆଁସକାଲ ପବ୍ଲିକେସନ୍, ଡୁଙ୍ଗୁରିପାଲି

Tripathy Dr. Byomakesh, Buddhist Remains in Western Orissa, Orissa Review May - 2005

Dhangadamajhi, Jharana. (2021); Folk Drama and Theatrical Conventions: Kalahandi"s Danda Jatra in/as the Context. IAR J Human Cul. Stud. 2(4) 32-39.

■■

www.ingramcontent.com/pod-product-compliance
Lightning Source LLC
Chambersburg PA
CBHW010610310726
48969CB00010B/2643